20
25

GUILHERME AUGUSTO GIROTTO

O CONTRATO DE COPARENTALIDADE

DE ACORDO COM A PROPOSTA DE REFORMA/ATUALIZAÇÃO DO CÓDIGO CIVIL

EDITORA
FOCO

Dados Internacionais de Catalogação na Publicação (CIP) de acordo com ISBD

G527c   Girotto, Guilherme Augusto
     O contrato de coparentalidade / Guilherme Augusto Girotto. - Indaiatuba, SP : Editora Foco, 2025.

     272 p. ; 16cm x 23cm.

     Inclui bibliografia e índice.

     ISBN: 978-65-6120-334-0

     1. Direito. 2. Direito familiar. 3. Coparentalidade. I. Título.

2025-792   CDD 342.16   CDU 347.61

Elaborado por Odilio Hilario Moreira Junior - CRB-8/9949

Índices para Catálogo Sistemático:

1. Direito familiar 342.16

2. Direito familiar 347.61

GUILHERME AUGUSTO GIROTTO

O CONTRATO DE COPARENTALIDADE

DE ACORDO COM A PROPOSTA DE REFORMA/ATUALIZAÇÃO DO CÓDIGO CIVIL

2025 © Editora Foco

Autor: Guilherme Augusto Girotto
Diretor Acadêmico: Leonardo Pereira
Editor: Roberta Densa
Coordenadora Editorial: Paula Morishita
Revisora Sênior: Georgia Renata Dias
Capa Criação: Leonardo Hermano
Diagramação: Ladislau Lima e Aparecida Lima
Impressão miolo e capa: FORMA CERTA

Impresso no Brasil (3.2025) – Data de Fechamento (3.2025)

2025
Todos os direitos reservados à
Editora Foco Jurídico Ltda.
Rua Antonio Brunetti, 593 – Jd. Morada do Sol
CEP 13348-533 – Indaiatuba – SP

E-mail: contato@editorafoco.com.br
www.editorafoco.com.br

Dedico este trabalho a minha querida mãe, que faleceu no transcorrer da elaboração desta pesquisa, e com muito pesar não conseguirá se fazer fisicamente presente na conclusão deste sonho concretizado.
Rogo a Deus pela alma dela.

PREFÁCIO

Com muita felicidade recebi o convite para prefaciar a obra intitulada "O contrato de coparentalidade no contexto pós-moderno do Direito das Famílias", de leitura obrigatória para aqueles que estudam o Direito de Família no viés contratualizado. Afigura-se enquanto contribuição ímpar ao direito das Famílias contemporâneo, marcada pela sofisticação teórica, rigor metodológico e pertinência salutar para prática.

O autor, meu orientando de mestrado no Programa de Pós-graduação *Stricto Sensu* da Universidade Estadual de Londrina (PPGD-UEL), demonstra notável habilidade em navegar por conceitos complexos e aparentemente conflitantes, como a tradição do negócio jurídico e as demandas familiares emergentes na pós-modernidade, oferecendo uma solução jurídica inovadora e cuidadosamente estruturada para um fato social contemporâneo: a constituição de família coparentais.

A pesquisa, fruto da dissertação de mestrado, parte da seguinte premissa: que o contrato, enquanto instituto clássico do Direito Privado, pode e deve ser ressignificado para acolher e regulamentar arranjos familiares que escapam ao paradigma tradicional da conjugalidade. Sob essa perspectiva, o autor não apenas desafia preconceitos e dogma arraigados, mas de igual forma propõe um modelo jurídico que respeita e promove os direitos fundamentais dos corresponsáveis e, sobretudo, da prole.

O texto é marcado pela clareza argumentativa e pela solidez das premissas teóricas, conforme apontou na banca de qualificação, pela professora Doutora Rita de Cássia Resquetti Tarifa Espolador. A análise dos planos de existência, validade e eficácia do negócio jurídico é conduzida de forma clara, demonstrando a técnica do autor em construir um instrumento contratual que seja juridicamente hígido e adequado à realidade prática. A abordagem, somada à atenção dos princípios psicossociais e jurídicos, culmina em uma solução que harmoniza os interesses da família coparental, sem jamais perder de vista o melhor interesse da criança e do adolescente.

O estudo é enriquecido com casos concretos, por julgados diversos, e evidenciam que o contrato de coparentalidade não é apenas uma construção teórica, mas uma realidade social pulsante e demandada. As decisões judiciais mencionadas reforçam a atualidade do tema e a pertinência de regulação, enquanto as sugestões para o aprimoramento do Estatuto da Criança e do Adolescente apontam para a necessidade de uma legislação cada vez mais alinha às transformações sociais e à proteção integral das pessoas em desenvolvimento.

Este livro é único, pois transcende a mera investigação acadêmica e se posiciona como um verdadeiro marco para o Direito das Famílias, alinhado às recentes discussões sobre a proposta de reforma/atualização do Código Civil. Ele reafirma o papel da pesquisa jurídica como instrumento de inovação e mudança social, ao mesmo tempo em que honra as melhores tradições da dogmática jurídica. Que esta obra inspire outros juristas a seguirem pelo mesmo caminho de excelência e comprometimento.

Daniela Braga Paiano

Pós-doutora e Doutora em Direito Civil pela Faculdade de Direito de São Paulo (USP). Professora da graduação e do Programa de Mestrado e Doutorado em Direito Negocial da Universidade Estadual de Londrina (UEL). Coordenadora da Pós Graduação em Direito de Família e Sucessões da UEL. Membro do IBDFAM e do IBERC.

APRESENTAÇÃO

Guilherme Augusto Girotto foi aluno no programa de pós graduação *stricto sensu* da Universidade Estadual de Londrina (PPGD-UEL), de onde resultou a dissertação de mestrado ora publicada e que tenho a honra, não de prefaciar ou de "posfaciar", com a licença do neologismo, mas de apresentar. Mas a honraria é a mesma.

O trabalho enfeixa aprofundado estudo sobre um tema específico, inovador e ainda objeto de pouca produção bibliográfica: o "contrato de coparentalidade" e que o autor, mesmo ressaltando tratar-se de um "conceito aberto que deverá ser estruturado a depender de cada situação em concreto", definiu, em linhas gerais, como o negócio jurídico apto a constituir a família coparental ou, em suas próprias palavras, o "instrumento hígido para instituir, acomodar e compor esse arranjo familiar, com maior segurança jurídica".

Já tive a oportunidade de escrever sobre as famílias coparentais, ajustes afetivos caracterizados pela inexistência de conjugalidade e cuja formação se deve ao único propósito de efetivar um projeto parental de paternidade ou maternidade, sem conjugalidade. Em um passado preconceituoso e misógino, usava-se a expressão "produção independente", sempre que as mulheres se valiam de bancos de sêmen para a concretização da maternidade. Era uma realidade em que a mulher assumia, sozinha, as funções paterna e materna, muitas vezes dividindo tais funções com seus pais. A coparentalidade, especialmente quando formalizada pelo negócio jurídico objeto deste trabalho, permite às pessoas superarem esse dogma ultrapassado de que precisam de um vínculo conjugal para que sejam pais ou mães. Admite-se, por força da vontade manifestada de homens e mulheres, homens e homens, mulheres e mulheres, que não há, e nem nunca existiu, um casal conjugal (aquelas pessoas nunca mantiveram relações sexuais, nunca se comportaram como casal). A única relação entre eles é a de parentalidade com a mesma pessoa. O vínculo que os une é a relação de afeto com o filho que geraram ou pretendem gerar, e não entre si.

Os parceiros ou contratantes de um relacionamento coparental, no que se refere às relações jurídicas internas, não se subordinam à regência normativa do Direito de Família, mas à disciplina do Direito das Obrigações. Suas relações serão objeto de um acordo de vontades, nos termos sugeridos por Guilherme

Augusto Girotto, nesta pesquisa qualificada e muito bem orientada pela professora Daniela Braga Paiano.

Não são cônjuges e, especialmente à falta de conjugalidade, também não são companheiros ou conviventes. Não formam uma sociedade conjugal, não submetendo as suas relações patrimoniais às regras específicas dos regimes de bens. Tampouco serão parentes entre si, subsistindo o nexo de parentesco apenas da parte de cada um, isoladamente, em relação aos filhos. Portanto, entre as pessoas que exercem a coparentalidade não existem direitos sucessórios recíprocos, ao menos na sucessão legítima.

No decorrer do livro, o autor enfrenta questão polêmica, referente ao enquadramento desse pacto na teoria geral do negócio jurídico à luz da tricotomia dos seus planos, destacando que a essência do contrato coparental, verdadeiro elemento existencial do negócio, é a cláusula "que declara a vontade dos corresponsáveis em concretizarem o projeto parental, seja mediante a via sexual ou por reprodução humana assistida, com a disposição clara que estes não se encontram em vínculo amoroso ou em união estável, tampouco que a prole será um elemento caracterizador de tal instituto".

Dentro da amplitude que propugna para o contrato de coparentalidade, Guilherme Girotto defende, de forma assertiva, a possibilidade de inserção de cláusulas extrapatrimoniais e existenciais, tais como aquelas relativas à concepção da filiação (se por reprodução sexual ou assistida, socioafetividade ou adoção) e aos custos decorrentes do processo e da própria gestação; ao nome dos(as) filhos(as); ao aleitamento materno; ao reconhecimento filial, à autoridade parental, à guarda/cuidado, convivência; à educação religiosa, entre outros. A propósito, em torno da educação religiosa costuma gravitar acerba controvérsia quando os pais não professam a mesma crença, o que torna premente a necessidade de uma pactuação prévia sobre a religião a ser ensinada aos filhos, evitando divergências e discordâncias aptas, até mesmo, a ensejar o término do relacionamento afetivo.

Concordo irrestritamente com o autor em todas as suas proposições. Aliás, o livro dialoga em perfeita sintonia com as ideias que expressei em outros textos publicados.

A temática eleita por Guilherme Girotto para as suas pesquisas de mestrado, curso que concluiu com maestria, bem representa a atual quadra histórica do Direito de Família, que caminha a passos largos para uma maior contratualização das relações familiares. Nessa seara, o arranjo de coparentalidade constitui o *locus* apropriado para contratualização do Direito de Família, contribuindo para que os conflitos familiares tenham maiores chances de serem solucionados do modo mais adequado, e condizente com os interesses das partes envolvidas. E é precisamente nesse ponto que reside a contribuição inovadora do autor, tendo logrado sintetizar as discussões sem sacrificar o essencial, neste livro, que tem tudo para se tornar uma obra de referência sobre o tema.

São Paulo/SP, em 15 de janeiro de 2025.

Mário Luiz Delgado

Doutor em Direito Civil pela USP. Mestre em Direito Civil Comparado pela PUC-SP. Membro da Academia Brasileira de Direito Civil-ABDC. Membro da Comissão Especial do Senado Federal para Reforma do Código Civil. Presidente da Comissão de Assuntos Legislativos do Instituto Brasileiro de Direito de Família - IBDFAM. Advogado, professor e parecerista.

SUMÁRIO

INTRODUÇÃO

O período contemporâneo é explicado, estudado e pode ser traduzido em escritos e palavras por múltiplas áreas do conhecimento humano, em especial as vinculadas às ciências humanas e sociais. O delineamento do momento atual se faz importante para que a presente pesquisa seja fundamentada, posto que tratará de uma configuração familiar, relativamente nova e não usual, que se institui mediante um negócio jurídico – o contrato. Assim, apenas com essas poucas informações já se denota a essencialidade e a justificativa de se apresentar o contexto social que tais institutos estão inseridos.

Para atingir tal desiderato – elucidar o estágio hodierno –, a presente pesquisa abordará algumas das questões trazidas pelas pesquisas científicas na atualidade, a exemplo do conceito de pós-modernidade e modernidade líquida, os novos arranjos familiares, que, por vezes, ensejam a denominada "contratualização das relações familiares", a importância que o instituto da família possui no ordenamento jurídico pátrio, posto que ocupa todo este – desde a Constituição até resoluções do Conselho Nacional de Justiça (CNJ).

E, assim sendo, mediante a demonstração de que a pós-modernidade promoveu a liquidez de inúmeros institutos, isto é, alterou substancialmente seus conceitos e razões para existir, é que se torna possível mensurar um arranjo familiar – até pouco tempo inexistente para o Direito. A persuasão racional se utilizará de diversos aportes teóricos que escapam ao Direito, mas que com ele possuem estreita relação, como é o caso da psicanálise e da psicologia, cujo objeto de estudo (possibilitar uma melhor compreensão do comportamento humano) está diretamente ligado às concepções próprias e pertencentes ao Direito das Famílias.

O conceito de família é alargado cotidianamente pela sociedade contemporânea, que, por meio de novas configurações, demanda do intérprete do Direito a busca por tutela e segurança jurídica. Há muito que o vínculo de filiação é regido pelo Direito, isto é, a prole oriunda desses arranjos familiares impõe a sua consideração, ainda que por muito tempo tenha sido feita por uma conotação por vezes hierárquica e discriminatória, para então atingir-se a ideia de que todos os filhos deverão receber o mesmo tratamento jurídico.

Chega-se então a cogitar e classificar a família como democrática, uma vez que, dentro do conceito mais adequado à realidade cotidiana, a família não é mais exclusivamente aquela que decorre do casamento/matrimônio. Em verdade, a família é aquele agrupamento que o indivíduo constituiu para concretizar um plano parental, para instituir seu mais íntimo vínculo de afeto, partilhar de felicidades, emoções, angústias e dores. No percorrer da vida, o ser humano estabelece diversos vínculos, entre os quais os familiares, o que implica o reconhecimento destes para além do casamento. Todavia, não se pretende demonstrar a inadequação ou inviabilidade desta união tradicional, mas distinguir tais vínculos.

Desta feita, delineada está a contextualização da presente pesquisa: não obstante a ausência de superação do período moderno, a pós-modernidade impõe que conceitos paradoxais convivam em um mesmo ambiente. Neste sentido, a família deve ter em seu conceito tanto os vínculos formados pela formalidade do casamento, quanto as uniões menos burocráticas. O que implica, por conseguinte, que as novas configurações se utilizem de institutos já consolidados no Direito, para lhes conferir segurança jurídica. Ressalte-se que a ideia não é tornar o conceito de família mais uma vez fechado, pelo contrato, e sim que, exercendo a autonomia privada e a autodeterminação, os indivíduos possam constituir o seu arranjo familiar.

O objetivo central é demonstrar que, por intermédio do que se denomina pós-modernidade, ou modernidade líquida, é que um negócio jurídico – o contrato – poderá ser o instrumento para que uma inusitada configuração familiar seja instituída – a coparental.

A construção do desenvolvimento da pesquisa concentrará em expor que se destacou uma espécie da teoria geral do negócio jurídico – o contrato, para que seja funcionalizado a serviço da constituição de uma família coparental, a qual poderá dispor de cláusulas que, em atendendo à dignidade da pessoa humana e do melhor interesse da criança e do adolescente, poderão concretizar o plano parental dos correspsáveis.

Os objetivos secundários concentram-se em esclarecer qual o conceito de família coparental, tanto para outros ramos do conhecimento como também para o Direito. E, em especial quanto a este último, partindo de uma perspectiva psicossocial, os aspectos jurídicos serão formados com uma base principiológica, seguindo pela autonomia privada, e pela elucidação do vínculo de filiação e da autoridade parental que serão exercidos.

Outro objetivo secundário é fixar o parâmetro mínimo do conteúdo deste contrato para que ele exista, seja válido e tenha eficácia. Para tanto, a análise do negócio jurídico será esclarecida pela clássica visão tripartite dos planos do negócio jurídico. Outro objetivo secundário é o de expor os limites contratuais quanto ao inadimplemento. Por conter disposições existenciais, mais uma vez será necessário o entendimento ampliado do conceito de contrato e não a sua simples visão clássica – transmissão de bens materiais, para o conceito de um instrumento apto a conter disposições extrapatrimoniais.

Outro objetivo complementar é descrever, com todos os aportes analisados, um conteúdo mínimo para que exista um instrumento hábil, isto é, adotando critérios mínimos, cada família coparental poderá reger a suas particularidades, com a importante menção que não haverá possibilidade de que os corresponsáveis estabeleçam qualquer disposição que diminuam ou ofendam a dignidade de qualquer um dos componentes, tampouco o anseio pela realização do projeto parental pode ser privilegiado a ponto de colocar a prole em situação de sujeição, isto é, ferindo o princípio do melhor interesse da criança e do adolescente.

O capítulo inaugural concentrará em expor os pensamentos que traduzem a ideia de pós-modernidade, em especial traçará o pensamento conceituado como "modernidade líquida", segundo a visão do sociólogo polonês Zygmunt Bauman. A liquidez dos enlaces afetivos, por óbvio, acarreta reflexos jurídicos, como o exemplo do casamento, na atualidade não se cogita de modo sério a volta da impossibilidade do divórcio, como já acontecido no passado. Ao revés, discute-se o divórcio liminar.

As novas concepções de família são explicadas por este fenômeno da pós-modernidade, em que o indivíduo não busca mais construir laços duradouros, posto que para se configurarem como sólidos, necessitam e demandam esforços não mais encontrados comumente. O indivíduo pós-moderno escolhe e institui seus relacionamentos afetivos da mesma maneira que efetua as suas compras, desenfreadas, injustificadas e sem maiores reflexões. E, diante dessa realidade inevitável que o Direito não absorva tais conceitos, e passe a buscar uma forma mínima de garantir a estes sujeitos a capacidade de regular suas condutas de maneira razoavelmente estável.

Para que isto seja possível, utilizam-se instrumentos já consolidados no Direito – o contrato, e não há contradição em incluir neste instrumento milenar o novo arranjo familiar, uma vez que a pós-modernidade se refere a isto, na ausência de superação completa de um período anterior, mas que impõe a adoção e a reformulação destes preceitos frente a nova realidade. Com este fundamento, a pesquisa será estruturada – mediante a utilização de um instrumento consolidado, que por sua vez é revisto conceitualmente, no qual se instituirá um novo arranjo familiar.

E, este movimento conceitual de intensa transformação, enseja mudanças em conceitos clássicos e consolidados para o direito, como é o caso do negócio jurídico e do contrato, por muito tempo, concebido como instrumento somente conteria apenas disposições patrimoniais, para então evoluir e ser funcionalizado e carregar disposições existenciais.

O contrato, enquanto instrumento milenar, reflexo direto da ordem social liberal, instrumento máximo da circulação de riquezas e patrimônios, é revisitado e ampliado em seu conceito. Uma vez que a estrutura social sofre essas mutações, por decorrência espera-se que o ordenamento jurídico a acompanhe, isto é, novos contornos são demandados do contrato, uma outra vertente é explorada, o que se revela favorável a permanência e justificativa da existência deste.

Mediante tal construção, o texto conceituará aquilo que se entende por contrato existencial, segundo o qual conterá para além do conteúdo patrimonial, o seu primordial aspecto que é extrapatrimonial. Assim sendo, a seção inicial se encerra com a possibilidade de se inserirem, em um contrato, as cláusulas extrapatrimoniais. Pretendendo-se, portanto, comprovar que, mediante um contrato, outras formas de famílias podem ser formadas, bem como que os contratos já existentes podem ser ampliados e conterem este conteúdo não necessariamente patrimonial, como o caso do pacto antenupcial com disposições existenciais.

O segundo capítulo versará sobre a multiplicidade de famílias encontradas na realidade contemporânea, cuja concretude implicou ao Direito o seu reconhecimento e tutela. A Constituição Federal de 1988 é o marco legislativo para a família democrática, bem como por instituir esta como base da sociedade, determinou enquanto um dever do Estado a sua proteção, o que revela a sua importância na arquitetura jurídica atual, implicando que desde o topo – a Constituição, ela esteja prevista e seja resguarda, até as resoluções infralegais sejam por ela ocupadas.

Neste cenário, insere-se a interlocução multidisciplinar, para que o tema "família" seja acrescido de conceitos de outros ramos do conhecimento. Alguns excertos de Freud e Lacan expõem a visão da psicanálise e da psicologia sobre a temática familiar, com o propósito de encaminhar a pesquisa a uma ampliação do conceito de família. Com tais aportes não jurídicos, é possível identificar um elemento adicionado ao conceito de família – o afeto. E, assim sendo, abre-se um caminho para ideias subjetivas, com o consequente declínio da autoridade masculina, como regente da família.

Pretende-se demonstrar que o caráter psicológico sempre esteve presente na formação de uma família, isto é, o subjetivismo do ser humano, as suas emoções e afetos sempre marcaram os relacionamentos por ele formados, porquanto a família é essa construção subjetiva que independe do enlace biológico. Com tais aportes, busca-se evidenciar que a família é constituída por vínculos subjetivos, como o afeto e o amor.

Com essa visão, continua-se a esquadrinhar a importância que o instituto da família alcançou no ordenamento jurídico vigente, posto que, para além da previsão constitucional, há na normativa civilista, importantes preceitos que reafirmam a possibilidade de maior liberdade e autodeterminação aos sujeitos. E, por isso, diversos regramentos que não necessariamente são legislações, como por exemplos resoluções do Conselho Nacional de Justiça, passam a reger e regrar alguns assuntos pertinentes à família, como nos casos da alteração de regime de bens na união estável e a sua conversão extrajudicial em casamento.

As pluralidades familiares se constituem como um retrato da realidade em que as famílias estão sendo formadas, muito mais do que projeções hipotéticas, os arranjos familiares atuais são uma constatação fática e inevitável. Sendo assim, estes recortes servirão como fundamento à posterior demonstração de que o conceito de família permanece aberto e em construção, cuja concepção também incorpora a coparentalidade.

Denota-se que estes diversos arranjos são por vezes instituídos mediante negócios jurídicos, o que permitiu à doutrina classificar e elucidar a ideia de contratualização das relações familiares. Para além de fornecer outros substratos à comprovação de que o contrato pode conter disposições existenciais, busca-se evidenciar a plausibilidade de que os indivíduos tenham maior liberdade para constituírem sua família. Ao Estado, portanto, incumbirá o caráter positivo – isto é, a proteção da família, somente justificando a sua interferência neste aspecto e não como um limitador da autonomia privada das partes.

O terceiro capítulo desenvolverá o próprio conceito de coparentalidade, o que se revela necessário uma vez que o termo é utilizado com outros significados, como, por exemplo, para psicologia em que se vincula à ideia do vínculo psicológico estabelecido entre a prole e os pais. Diligencia-se em excluir alguns preceitos equivocados da família coparental, porquanto tal configuração não seria uma intenção de afastar a união estável, tampouco suplantaria o melhor interesse da criança e do adolescente.

Fundamentar-se-á, portanto, no fato do declínio do patriarcalismo implicar uma consequente ampliação de liberdades, aumentando o rol de possibilidades e escolhas afetivas e sexuais, que por sua vez ensejam tais novos arranjos. Dentre estes, a coparentalidade, como uma forma de dois indivíduos, sem qualquer vínculo amoroso, tampouco matrimonial, união estável ou namoro, resolverem juntos concretizar o projeto parental. Pretende-se esclarecer que o vínculo estabelecido será com a prole futura, mediante única e específica concordância de vontades então os corresponsáveis poderão se tornar pais da prole.

A fim de comprovar a ideia de que a família coparental tem fundamento psicossocial, isto é, que tal arranjo será benéfico à psique dos indivíduos em especial da prole, um item no terceiro capítulo será reservado. De igual forma, para demonstrar que esta configuração possui seus aspectos jurídicos, ou seja, que vínculos formados serão afetivos (subjetivos), mas também jurídicos, se desenvolverá o restante da terceira seção.

Tais aspectos jurídicos servirão como fundamento a justificar que os princípios regentes da família contemporânea se farão presentes, como por exemplo: o da dignidade da pessoa humana; do melhor interesse da criança e do adolescente; da solidariedade familiar; da igualdade; da pluralidade de formas de família e da afetividade. Neste sentido, insere-se a concepção de autonomia privada e liberdade, estabelece-se que o vínculo de filiação não será hierarquizado, como outrora. Encerra-se o capítulo confirmando que os demais direitos e deveres (guarda, convivência e alimentos) serão de igual forma resguardados.

O capítulo certifica-se de que a prole será devidamente respeitada enquanto um dos componentes da família, isto é, não se pretende colocar os filhos em sujeição à mera vontade dos pais – os corresponsáveis. Para tanto, não só a atenção à base principiológica deverá ser atendida, mas a própria concepção de que os filhos se constituem como sujeitos de direito e assim devem ser respeitados, esta ideia é primordial.

A quarta seção cuidará do núcleo essencial da presente pesquisa, porquanto se voltará exclusivamente à análise do contrato de coparentalidade à luz da tricotomia dos planos do negócio jurídico, exposta por Pontes de Miranda e desenvolvida pela doutrina pátria.

Assim sendo, utilizar-se-á do marco teórico que confirma a ideia de uma tripartição do negócio jurídico, isto é: plano da existência, validade e eficácia. E, somente com o preenchimento de todos esses planos, a plena eficácia dos efeitos jurídicos pretendidos pelos corresponsáveis será alcançada. Perpassará o capítulo pelas premissas metodológicas, posto que se faz necessário definir e delimitar o marco teórico, uma vez que a doutrina sobre o negócio jurídico é ampla e por vezes concentra-se apenas nas invalidades deste e não na sua análise pela tripartição anunciada.

A forma de início do contrato, a sua real existência será verificada mediante a forma de declaração, se oral ou escrita (a qual se recomenda que seja escrita), bem como o objeto (o conteúdo do negócio jurídico – no caso as disposições que caracterizam a família coparental), as circunstâncias negociais, que se revelam na declaração da vontade. Para integralizar e tornar existente o contrato coparental, deve-se atentar para a especificação dos agentes (corresponsáveis), o lugar e o tempo.

Por conseguinte, o plano da validade será analisado mediante o preenchimento de requisitos mínimos que conferem aos elementos da existência as características necessárias para se inserirem no mundo jurídico. Desta forma, em síntese, buscar-se-á averiguar a maneira de se desenvolver a vontade de maneira livre, resultante de um processo volitivo desimpedido; o objeto lícito, possível e determinado; e, a forma livre, uma vez que a princípio inexiste forma prescrita em lei.

Os fatores de eficácia serão estudados na sequência, a fim de que os efeitos pretendidos com a declaração da vontade dos corresponsáveis sejam atendidos, sejam eles de eficácia imediata ou de eficácia condicionada, para aquelas disposições para momento posterior ao nascimento da prole, por exemplo. Ou seja, os contratantes e pais podem deliberar sobre questões com eficácia imediata como é o caso da divisão dos custos com o procedimento de reprodução humana, bem como suspender os efeitos de outras, como a convivência com a prole, depois do nascimento desta.

A questão da (des)necessidade de homologação judicial também será analisada, à luz de diversos entendimento doutrinários e jurisprudenciais, os quais apontam pela sua necessidade, não obstante existam concepções em contrário. Dentre os argumentos favoráveis pela necessidade, explorar-se-á o aspecto protetivo dos interesses do filho, que a participação do membro do Ministério Público e do Estado-juiz poderão proporcionar ao resguardo e tutela dos interesses da prole. Este é o fundamento a justificar tal homologação, isto é, não se conceberá a possibilidade de o Estado-juiz negar a formação familiar pela coparentalidade.

Os limites da contratualização coparental serão explorados de maneira a esclarecer a princípio a máxima conservação daquilo que foi pactuado entre as partes, porquanto o limite contratual não deverá ser o impedimento de que a família coparental seja constituída. Ao revés, delimitando o que não pode ser parte integrante do contrato, objetiva-se que o instrumento seja efetivamente apto a produzir os efeitos pretendidos inicialmente. Com a ressalva de sempre atender ao princípio da dignidade da pessoa humana da prole e do melhor interesse da criança e do adolescente.

De igual maneira, em razão da essência deste negócio jurídico ser existencial o inadimplemento não será regido da mesma forma como nos contratos de cunho patrimonial, razão pela qual abordar-se-á a forma de se pactuar eventuais situações de inadimplemento. De toda maneira, será explorada a necessidade de que a dignidade dos pretensos pais seja respeitada em conformidade com a dos filhos, inadmitindo hipóteses de sujeição e menosprezo de um deles.

O quinto capítulo abordará os reflexos práticos que a família coparental poderá atingir, logo de início o ambiente virtual será objeto de investigação, uma vez que é a partir de tal realidade que muitos pares coparentais se encontram.

Explorar-se-ão os sites e redes/mídias sociais especificamente criadas para servir de ambiente apto a promover o encontro de pessoas cujo interesse seja exclusivo de formar uma família coparental.

As hipóteses para configuração familiar mediante a coparentalidade também se alargam, uma vez que a filiação atinge em tempos atuais uma diversidade de origem, como é o caso da multiparentalidade, isto é, a família coparental poderá ser configurada com a união de mais de dois genitores. Da mesma forma que a adoção poderá ser a forma escolhida, com a ressalva de que desta configuração exsurge a sugestão de alteração do Estatuto da Criança e do Adolescente, abordada no último capítulo. A gestação por substituição também poderá ser escolhida pelos pretensos correspónsáveis, por isso será analisada na sequência.

Com o advento das mídias sociais e da multiplicidade de formas de contatos atuais, como por exemplo videochamadas e trocas instantâneas de mensagens em dispositivos móveis, a virtualidade dos enlaces familiares já foi integralizada ao cotidiano de muitas famílias. Assim sendo, explorar-se-á as hipóteses de um dos correspónsáveis residir em outro país. Encerra-se com um retrato da realidade vivenciada nos Estados Unidos da América.

O sexto e derradeiro capítulo concentrar-se-á em analisar três julgados, cujos dois primeiros são oriundos do Tribunal de Justiça do Estado de Minas Gerais e julgam especificamente as disposições contratuais de uma família coparental, que após celebrarem o contrato divergiram sobre a forma de cuidar e gerir a vida da prole, implicando em ajuizamento da demanda correspondente. O julgado emanado pela Corte do Estado do Paraná, reforça a ideia de contratualização e afirma que a família coparental deve ser analisada sob o prisma contratual.

Buscar-se-á, na sequência, elaborar uma proposta para que o parágrafo segundo do art. 42 do Estatuto da Criança e do Adolescente, seja atualizado, uma vez que, mediante a análise de alguns julgados, pretende-se demonstrar que a dupla coparental poderá se utilizar da adoção como forma de concretização do projeto parental. Tratando-se de atualizações legislativas, o projeto para reforma do atual Código Civil de igual forma será analisado, ressaltando-se as intenções dos professores componentes da Comissão formada para tanto.

E, por fim, a elaboração do contrato de coparentalidade será regida pela liberdade dos pares coparentais, desde que atendidos primordialmente os princípios da dignidade da pessoa humana e do melhor interesse da criança e do adolescente. Não obstante, algumas cláusulas essenciais serão abordadas, com objetivo de delimitar claramente as características do contrato coparental. Destarte, não se buscará elaborar um contrato estanque e adequado a todas as famílias coparentais.

A problemática a ser enfrentada, portanto, se revela na verificação de que um negócio jurídico – o contrato, seja o instrumento hábil e apto a instituir o arranjo familiar coparental. Uma vez que a própria utilização do contrato para regrar disposições existenciais já encontra resistência doutrinária, a revisão de seu conceito à luz da pós-modernidade se torna imprescindível e consolida a problematização a ser investigada.

Revela-se primordial caracterizar e conceituar a família coparental no ambiente em que se insere – pós-modernidade. E, esta, por sua vez, também importa em uma necessária delimitação conceitual, posto que é controversa a sua real verificação prática e até mesmo múltiplas as formas de conceber o seu significado.

O método empregado será o lógico-dedutivo, segundo o qual delineadas as premissas gerais aplicáveis (a pós-modernidade implica em releitura de institutos jurídicos, dentre os quais o contrato; e, este negócio jurídico uma vez ampliado e apto a receber disposições existências), passa-se as premissas específicas (uma vez que o contrato seja um instrumento hábil ele poderá ser utilizado pela família coparental, a fim de regrar as disposições patrimoniais e extrapatrimoniais).

Utilizar-se-á de pesquisa bibliográfica com comparação de estudos clássicos de Códigos não mais vigentes, com aportes recentes em obras publicadas e em estudos desenvolvidos em teses, dissertações e artigos científicos, permitindo uma visão ampliada dos institutos e não se resumindo a uma mera reprodução de assuntos já tratados.

A jurisprudência será abordada a fim de permitir visualização prática das argumentações apresentadas, com especial relevância às cortes brasileiras. Da mesma forma, aportes atuais e extratos de mídias sociais e reportagens serão introduzidos com o objeto de justificar a pertinência e atualidade do tema.

O marco teórico, portanto, não será limitado à doutrina clássica, tampouco será resumida aos autores contemporâneos. Serão utilizados aportes da doutrina estrangeira, possibilitando uma visão diversificada do tema. Os artigos científicos referenciados e os excertos das mídias sociais serão empregados com o objetivo de conferir atualidade à pesquisa, sem descuidar da cientificidade esperada. Assim, pretende-se desenvolver ao longo do estudo que seguirá um diálogo harmônico de argumentações e construções, para que, ao final, a conclusão pela viabilidade do contrato coparental seja comprovada.

1
DO CONTEMPORÂNEO: A PÓS-MODERNIDADE E A LIQUIDEZ DOS INSTITUTOS[1]

O período contemporâneo pode ser estudado por diversos prismas explicativos, uma vez que se faz presente uma extensa gama de ciências dedicadas a este estudo, como por exemplo a sociologia, o direito, a psicologia etc. Todas relacionadas direta ou indiretamente com as ciências sociais e humanas,[2] razão pela qual a escolha do recorte desta variedade se concentrará na obra de Zygmunt Bauman, não apenas pela sua ampla difusão em decorrência da tradução de sua obra para o português, mas em virtude da correlação que as modificações nas estruturas sociais hodiernas acarretam e influenciam o direito das famílias.

O referido escritor faz uma análise na sociedade contemporânea, nas mais diversas áreas, que não escapam de críticas,[3] mormente quando se trata

---

1. Conforme se verá nas linhas que seguem os conceitos de modernidade líquida e pós-modernidade não possuem o mesmo significado pelos autores que buscam descrevê-los. Todavia, com o objetivo de evitar a repetição de termos, bem como em razão das diversas formas como o período contemporâneo é explicado por outros autores, adotar-se-á uma similaridade de conceitos, sem, no entanto, confundir-se com a diferença conceitual-sociológica já mencionada, posto que para o direito e para os conceitos que seguirão a mencionada diferenciação não se afigura como imprescindível.

2. A profusão de noções e conceitos sobre a temática é compilada por Eduardo C. B. Bittar em sua tese para livre docência apresentada 2003, ao Departamento de Filosofia e Teoria Geral do Direito da Faculdade de Direito da Universidade de São Paulo, que assim afirma sobre o surgimento e utilização da expressão "pós-modernidade": "[...] O surgimento da expressão está eivado de contestações, o seu uso e emprego são passíveis de severas críticas, bem como a sua significação ganha coloridos e matizes diversos conforme a tendência ou corrente de pensamento.

   Outras expressões já foram indicadas para designar esse *status quo*, com suas diversas projeções sobre a vida humana, como *supermodernidade* (Georges Balandier), *modernidade reflexiva* (Ulrich Beck) [...] a afirmação dessa expressão, pós-modernidade parece ter ganho maior alento no vocabulário filosófico (Lyotard. Habermas, Beck) e sociológico (Bauman, Boaventura de Souza Santos)". BITTAR, Eduardo C. B. *O direito na pós-modernidade*. 3. ed. modificada e atualizada. São Paulo: Atlas, 2014. p. 84-85.

3. Para delinear as críticas ao denominado período pós-moderno vale-se dos escritos de Sergio Paulo Rouanet, em sua obra as razões do Iluminismo, cujas conclusões são precedidas por fatores como a pós-modernidade "nas estruturas do cotidiano"; "na economia"; "no Estado"; "no saber"; "na moral"; e, "na arte", para então concluir que: "O cotidiano pós-moderno seria qualitativamente diferente do moderno, por características como a estetização da mercado "a, a predominância da informação, a substituição do livro pelo vídeo". ROUANET, Sergio Paulo. *As razões do Iluminismo*. São Paulo: Companhia das Letras, 1987. p. 257-258. Porém, "Nada mais moderno que à obsessão com a tecnologia e seus efeitos sobre a

do capitalismo de mercado leve, em que o capital não se prende ao plano físico. Entretanto, cumpre observar que a escolha dos mencionados escritos se refere ao relato em que o autor constrói sobre as características reais dos enlaces afetivos contemporâneos e, por decorrência, a família. O próprio autor, que inicia os escritos utilizando o termo "pós-modernidade", muda a nomenclatura para "modernidade líquida",[4] para caracterizar de forma marcante o seu pensamento, em que os institutos todos estariam em sua forma líquida, isto é, sem a rígida forma estável do período, denominado, por ele, como modernidade.

Há muito que, no Brasil, o casamento é passível de ser dissolvido, mas nem sempre essa foi a realidade;[5] de igual modo, o estado de filiação,[6]

---

vida, positivos ou negativos. Nesse sentido, não vejo nenhuma diferença entre o deslumbramento (ou o horror) atual pela informática e a admiração (ou a aversão) protomoderna pela máquina." Ibidem. p. 258. Ainda: "A economia pós-moderna seria diferente da moderna: esta era industrial, e aquela pós-industrial. Nessa versão, a tese da ruptura é de uma banalidade desoladora. Ela ignora o fato de que não há nenhuma ruptura no modo de produção. Ontem como hoje, continuamos vivendo numa economia capitalista, baseada na apropriação privada do excedente. Além disso, ela confunde o declínio do setor industrial com o declínio do sistema industrial". Ibidem. p. 259. Para concluir então que: "O pós-moderno é muito mais a fadiga crepuscular de uma época que parece extinguir-se ingloriamente que o hino de júbilo de amanhãs que despontam. A consciência pós-moderna não corresponde uma realidade pós-moderna. Nesse sentido, ela é um simples mal-estar da modernidade, um sonho da modernidade. É, literalmente, falsa consciência, porque é a consciência de uma ruptura que não houve. Ao mesmo tempo, é também consciência verdadeira, porque alude, de algum modo, às deformações da modernidade". ROUANET, Sergio Paulo. *As razões do Iluminismo*. São Paulo: Companhia das Letras, 1987. p. 269.

4. A mudança e até atualização do pensamento é retratada na seguinte obra Legisladores e intérpretes de 2010, que será mais a frente analisada.

5. Para tanto cita-se: "Como era um preceito consagrado na Constituição, para ser admitido o divórcio, havia a necessidade de alterar o texto constitucional. A resistência era de tal ordem que foi preciso, inclusive, mudar o quórum de emenda à Constituição: de dois terços foi reduzido para maioria simples. Só assim, depois de 27 anos da incansável luta do Senador Nelson Carneiro, em 26 de dezembro de 1977, foi admitida a dissolução do vínculo matrimonial no País. Ainda assim, a rejeição persistia. Para a aprovação da Lei do Divórcio (Lei 6.515/77), foi necessário manter o desquite, procedendo-se a uma singela alteração terminológica. O que o Código Civil chamava de desquite a Lei do Divórcio (LD) denominou de separação, com idênticas características: terminava a sociedade conjugal, mas não dissolvia o vínculo matrimonial, o que só ocorria com o divórcio ou a morte. Surge no ordenamento jurídico brasileiro o sistema binário de dissolução da sociedade e vínculo conjugal, com a introdução do instituto do divórcio, exigindo a lei que os cônjuges se separem, para depois se divorciarem. Com o advento do novo sistema, duas eram as modalidades de pôr fim à sociedade conjugal. Primeiro as pessoas precisavam se separar. Só depois é que podiam converter a separação em divórcio. Desde a Lei do Divórcio tem sido feita a distinção entre "terminar" e "dissolver" o casamento. Foi necessário este "jogo" de palavras para dar alguma coerência ao incoerente e inútil instituto da separação judicial". DIAS, Maria Berenice. *Divórcio* [livro eletrônico]: Emenda Constitucional 66/2014 e o CPC. 2. Ed. São Paulo: Revista dos Tribunais, 2017. Uma vez que vigorou no Brasil a ideia de indissolubilidade, em razão da forte influência da Igreja Católica, conforme se estrai: "[...] o estatuto fundamental da família humana prescreve a união de um com uma, para sempre. A indissolubilidade da união conjugal é a expressão da ordem, a lei que corresponde à nobreza e à dignidade humana". FRANCA, Leonel. *O Divórcio*. 8. ed. Rio de Janeiro: Agir, 1955. p. 23. De igual maneira, confira-se: "A resistência positivada ao divórcio era de tal ordem que até mesmo os textos constitucionais traziam previsão da indissolubilidade do casamento, o que perdurou até nossa penúltima Constituição. Essa diretriz começou a mudar em 1977, com o advento da Lei 6.515, de 26 de

as uniões homoafetivas[7] e diversos outros reflexos jurídicos que poderiam ser citados.[8]

dezembro, amparada pela Emenda Constitucional 9, de 28 de junho de 1977, que deu nova redação ao § 1º do art. 175 da Constituição Federal vigente à época, para admitir que "o casamento somente poderá ser dissolvido, nos casos expressos em lei, desde que haja prévia separação judicial por mais de três anos [...]". GAGLIANO, Pablo S. *O divórcio na atualidade*. São Paulo: Saraiva, 2018. E-book. Disponível em: https://app.minhabiblioteca.com.br/#/books/9788553604050/. Acesso em: 13 jan. 2024.

6. Utiliza-se do seguinte recorte para demonstrar a hierarquia do estado de filho no Brasil: "Ainda, a Consolidação das Leis Civis fazia a distinção entre filhos legítimos (os nascidos de pais casados entre si) e filhos ilegítimos. Estes podiam ser classificados em naturais ("cujo pai e mãe, ao tempo do coito, não tinham entre si parentesco, ou outro impedimento para casarem" – art. 208) e espúrios (os nascidos de pais com impedimentos para se casarem, em virtude de parentesco entre si, ou do estado de casado de um ou de ambos os pais). Os espúrios, por sua vez, podiam ser, consoante os arts. 209 e 210, sacrílegos (filhos de clérigo, religioso ou religiosa), adulterinos (os ilegítimos de homem casado ou de mulher casada) ou incestuosos (os nascidos "de ajuntamento de parentes em grau proibido"). Curiosamente o texto do art. 209 referia-se aos filhos espúrios como sendo "de danado e punível coito". No aspecto sucessório, a Consolidação das Leis Civis admitia a sucessão legítima pelos filhos legítimos e filhos ilegítimos naturais, estes desde que reconhecidos pelo pai mediante escritura pública, além da sua habilitação e prova de serem simplesmente filhos naturais (arts. 961 e 964)". FUJITA, Jorge S. *Filiação*. 2. ed. São Paulo: Grupo GEN, 2011. E-book. Disponível em: https://app.minhabiblioteca.com.br/#/books/9788522466917/. Acesso em: 13 jan. 2024.

7. Sobre o julgamento da ADI 4.277 e da ADPF 132, Maria Berenice Dias, faz os seguintes comentários: "O Supremo Tribunal Federal, ao reconhecer a união homoafetiva como entidade familiar, exerceu com coragem, sensibilidade e sabedoria o encargo que lhe é conferido pela Constituição Federal de colmatar as lacunas no sistema legal. Não simplesmente se acomodou em face da inexistência de regra explícita. Com tecnicismo jurídico e preocupação social, deu a devida interpretação à legislação existente para reconhecer a união homoafetiva. Leu o art. 226. § 3º da Constituição Federal de forma sistemática com os princípios da igualdade, da dignidade da pessoa humana, da liberdade e da segurança jurídica, para dele afastar exegese discriminatória relativamente à união homoafetiva. Ato contínuo atribuiu ao art. 1.723 do Código Civil interpretação conforme a Constituição, excluindo qualquer interpretação que impedisse o reconhecimento da união pública, contínua e duradoura entre pessoas do mesmo sexo como entidade familiar, mediante as mesmas regras e requisitos impostos à união estável heteroafetiva. O Supremo Tribunal Federal enterrou uma grande hipocrisia jurídico-social. Talvez nunca se tenha visto posicionamento tão homogêneo e consensual da Suprema Corte brasileira, ao menos no que diz respeito ao resultado, ao considerar que a união homoafetiva é, sim, um modelo familiar". DIAS, Maria Berenice. *Homoafetividade e os Direito LGBTI* [livro eletrônico]. São Paulo: Revista dos Tribunais, 2016.

8. Sobre estas outras possibilidades, que serão oportunamente exploradas, destaca-se a questão das famílias paralelas, que podem ser entendidas como: "Entre essas formações familiares, apresenta-se a simultaneidade como pluralidade sincrônica de dois ou mais núcleos familiares dotados de um componente comum. Tal situação, ainda que não venha a se subsumir a um modelo legal, não é alheia ao direito tomado como sistema aberto, que pode apreendê-la e atribuir a ela certos efeitos jurídicos. Evidenciada a configuração da simultaneidade familiar, não é possível, de antemão, reputá-la como irrelevante para o direito. Se é certo que uma dada espécie de simultaneidade familiar se apresenta, desde logo, no interior do sistema – no caso, a bigamia, situada no lugar do ilícito, mas nem por isso totalmente ineficaz – a maior parte das hipóteses em que podem ser identificadas famílias simultâneas parte da exterioridade do sistema, do "não direito", como situações de fato". RUZYK, Carlos Eduardo Pianovski. Famílias simultâneas: da unidade codificada à pluralidade constitucional. 2003. 204 f. *Dissertação* (Mestrado) – Curso de Direito, Universidade Federal do Paraná, Curitiba, 2003. Ou ainda: " No que diz respeito, propriamente, aos modelos familiares de conjugalidades concomitantes, isto é, a famílias conjugais (por casamento ou por união estável) paralelas ou simultâneas, o assunto tem caminhado a passos duros e lentos, com a maioria dos julgados não reconhecendo a possibilidade de

Desta forma, para que se possa chegar a uma conclusão é de antemão necessário entender que os arranjos familiares são compostos por diversas formas[9] e, dentre elas, a coparental – e, assim, não se torna possível permanecer preso a conceitos de que família é um conceito fechado e inapto a receber novos contornos, tudo em razão da evolução e do desenvolvimento que as famílias foram adotando nos últimos anos – demarcando, assim, alguns traços descritivos sobre o período contemporâneo.

Como reflexo direto no cenário da pesquisa científica brasileira, tem-se que, em consulta realizada no endereço eletrônico "Oasis.br", portal brasileiro de publicações e dados científicos em acesso aberto,[10] identificam-se 136 (cento e trinta e seis) trabalhos que trazem no título "modernidade líquida". No caso do termo "pós-modernidade", o número cresce para 2.082 (dois mil e oitenta e dois), demonstrando-se assim a pertinência, a atualidade e influência que o tema em questão possui, na comunidade científica.

1.1 DA MODERNIDADE LÍQUIDA

A obra do mencionado escritor chegou à marca de ao menos 44 livros traduzidos para o português,[11] não se resumindo a explicar um fator ou se redu-

---

tutela concomitante. Mas, aqui e ali, já se apresentam decisões que, corajosamente, já têm chancelado a possibilidade de reconhecimento. Chegaremos lá, num futuro nem tão longínquo, quiçá, quando a jurisprudência se enrobustecerá e o Poder Legislativo – ou o ativismo do Poder Judiciário – entenderem que "a lei não refaz a sociedade, mas que a sociedade refaz a lei!" HIRONAKA, Giselda Maria Fernandes Novaes. Famílias paralelas. *Revista da Faculdade de Direito da Universidade de São Paulo*. São Paulo, v. 108, p. 199-219, jan./dez. 2013, p. 201. Posteriormente, ao atualizar o estudo anterior, agora em coautoria com Flavio Tartuce, os autores concluem que: "[...] acompanhando a evolução jurisprudencial do tema, verifica-se que a tendência dos Tribunais – ao contrário do que previam os juristas – tem caminhado, ao menos aparentemente, em direção ao não reconhecimento das famílias paralelas como entidades que são juridicamente validadas e protegidas pelo ordenamento jurídico como entidades familiares". HIRONAKA, Giselda Maria Fernandes Novaes; TARTUCE, Flávio. Famílias paralelas. Visão atualizada. *Revista Pensamento Jurídico*, São Paulo, v. 13, n. 2, dez. 2019. p. 34.

9. Ver item "3.3"
10. Sobre o site: "Oasisbr. O Portal Brasileiro de Publicações e Dados Científicos em Acesso Aberto (Oasisbr) é uma iniciativa do Instituto Brasileiro de Informação em Ciência e Tecnologia (Ibict) que reúne a produção científica e os dados de pesquisa em acesso aberto, publicados em revistas científicas, repositórios digitais de publicações científicas, repositórios digitais de dados de pesquisa e bibliotecas digitais de teses e dissertações. Deste modo, o Oasisbr tem por objetivo reunir, dar visibilidade e acesso à boa parte dos conteúdos científicos produzidos por pesquisadores que atuam nas instituições brasileiras e portuguesas, publicados em sistemas agregadores de produção e dados científicos. Por meio de uma única interface, o Oasisbr dá acesso às mais diversas tipologias documentais que contêm informações científicas, a saber: artigos científicos, livros, capítulos de livros, artigos apresentados em conferências, conjuntos de dados de pesquisa, preprints, dissertações, teses, trabalhos de conclusão de curso etc. Ademais, o Oasisbr também dá acesso ao conteúdo científico presente no Repositório Científico de Acesso Aberto de Portugal (RCAAP)". Disponível em: https://oasisbr.ibict.br/vufind/about/home. Acesso em 04 ago. 2023.
11. Conforme enunciado nas páginas pré-textuais do livro modernidade liquida. BAUMAN, Zygmunt. *Modernidade líquida*. Trad. Plínio Dentzien. Rio de Janeiro: Zahar, 2001.

zindo a traduzir em palavras o que um determinado local do mundo enfrenta; em verdade, e até mesmo em razão do tema que o autor se dedica, não há como analisar individualmente os problemas tratados, posto que as implicações da globalização acarretam problemas de cunho generalizado. Sendo assim, a escolha bibliográfica se concentrará nos livros que tratam do assunto pertinente a este trabalho – laços afetivos e configurações familiares.

Todavia, inevitável que para o início do estudo da metáfora da "modernidade líquida" que se entenda este conceito. Posto isto, o sociólogo confecciona uma espécie de trilogia em que inicia o estudo da *Globalização: as consequências humanas*, em seguida *Em busca da política*, para então, por derradeiro, cunhar o termo mencionado no terceiro livro.

Convém, entretanto, consignar que o autor, no prefácio da obra traduzida para o português de Legisladores e Intérpretes, afirma e informa aos leitores a sua mudança de pensamento e, por conseguinte, da nomenclatura adotada, uma vez que a pós-modernidade seria um estágio entre a modernidade e o que estava por vir, ou seja, a pós-modernidade apenas negaria a modernidade e, pouco dizia e explicava o momento atual. Assim, houve um avanço no pensamento do autor para que se então pudesse cunhar o termo "modernidade líquida", este sim poderia trazer alguma lucidez ao período contemporâneo.[12]

No primeiro escrito mencionado o escritor polonês analisa, como o próprio título autoexplicativo aduz, o fenômeno da "globalização", fazendo uma análise sobre a maneira como tal fenômeno implica em mudanças nas relações sociais, como o uso da propriedade, a busca por liberdade, a autoconstituição, o consumo etc.

No capítulo inicial do livro, há uma observação na estruturação das sociedades mediante a definição de classes sociais "altas" e "baixas" e a noção de "proprietário ausente", uma vez que as classes de cima são denominadas como elites globais, e não se prendem nos problemas locais das classes baixas, afigurando-se, assim, um cenário mutável.[13] Passa-se ao seguinte tópico para se analisar como as

---

12. BAUMAN, Zygmunt. *Legisladores e intérpretes*: sobre modernidade, pós-modernidade e intelectuais. Trad. Renato Aguiar. Rio de Janeiro: Zahar, 2010. p. 7-13. Oportuno trazer em nota que o autor afirma que três foram as deficiências encontradas no conceito de 'pós-modernidade', a primeira seria o caráter negativo, ou seja, ela apenas se referia o que a realidade atual já não era e, pouco explicava sobre o que estava presente. A segunda foi a afirmação sobre o fim da modernidade, uma vez que ainda se vivia em grande parte na realidade e sob o julgo de conceitos e instituições da modernidade. E, por fim, a terceira a falta de informações necessárias para se compreender as características específicas da nova forma de vida. Ibidem, p. 10-12.

13. BAUMAN, Zygmunt. *Globalização*: as consequências humanas. Trad. Marcus Penchel. Rio de Janeiro: Zahar, 1999. p. 13-33.

novas estruturas de planejamento urbano descartam o Panóptico[14] como modelo de controle social.[15]

O terceiro seguimento trata da visão da derrocada da autoconstituição e autogoverno dos Estados-nação frente às forças da globalização.[16] O quarto capítulo se refere à dualidade existente entre as classes mencionadas no primeiro trecho do livro, ou seja, como a sociedade se comporta com a mobilidade existente no cenário contemporâneo.[17] O derradeiro momento do livro trata da impossível "maneira de se viver – a imobilidade" e as incertezas que implicam em um cenário de insegurança existencial.[18]

Antes da análise do segundo livro (*Em busca da política*), convém tecer comentários sobre outra obra denominada *Tempos líquidos*, uma vez que há um paralelo sobre as inseguranças existenciais mencionadas no primeiro livro.[19] O autor avança na ideia desses medos da vida líquido-moderno, em que se vivencia o período em que as armas contra a insegurança são o próprio gerador da insegurança, ou seja, apenas reforça o sentimento.[20] No tópico sobre a humanidade em movimento, o escritor relata a realidade dos grupos de refugiados, em que não há condições mínimas de se estabelecerem como sujeitos de direito.[21]

Neste momento, já se torna possível a reflexão sobre o direito das famílias na realidade destes indivíduos, posto que ausente qualquer tipo de proteção estatal. Nesse sentido, como seria possível conceber conceitos jurídicos muito específicos como o casamento, a filiação, o registro de nascimento, o nome? A essa discussão, segue-se outra, sobre a falta de mobilidade social, com destaque

---

14. Sobre "Panóptico" o autor afirma: "Michel Foucault utilizou o projeto do Panóptico de Jeremy Bentham como arquimetáfora do poder moderno. No Panóptico, os internos estavam presos ao lugar e impedidos de qualquer movimento, confinados entre muros grossos, densos e bem-guardado, e fixados a suas camas, celas ou bancadas. [...] O Panóptico era um modelo de engajamento e confrontação mútuos entre os dois lados da relação de poder. [...] O que quer que a história da modernidade seja no estágio presente, ela é também, e talvez acima de tudo, *pós-Panóptica*. O que importava no Panóptico era que os encarregados 'estivessem lá', próximo, na torre de controle. O que importa, nas relações de poder pós-panópticas é que as pessoas que operam as alavancas do poder de que depende o destino dos parceiros menos voláteis na relação podem fugir do alcance a qualquer momento – para a pura inacessibilidade". BAUMAN, Zygmunt. *Modernidade líquida*. Trad. Plínio Dentzien. Rio de Janeiro: Zahar, 2001. p. 17-19.

15. BAUMAN, Zygmunt. *Globalização*: as consequências humanas. Trad. Marcus Penchel. Rio de Janeiro: Zahar, 1999. p. 34-62.

16. Ibidem. 1999. p. 63-84.

17. Ibidem. p. 85-110.

18. Ibidem. p. 111-136.

19. BAUMAN, Zygmunt. *Tempos líquidos*. Trad. Carlos Alberto Medeiros. Rio de Janeiro: Zahar, 2021. p. 7-10.

20. BAUMAN, Zygmunt. *Tempos líquidos*. Trad. Carlos Alberto Medeiros. Rio de Janeiro: Zahar, 2021. p. 11-32.

21. Ibidem. p. 33-60.

para como as classes baixas são tratadas como o "excedente", ou, nas palavras do autor, "massas cada vez maiores de pessoas desperdiçadas no equilíbrio político e social da coexistência humana planetária".[22]

O segundo livro que prepara o terreno para a discussão a respeito da modernidade líquida tem como argumento a ideia de que a liberdade individual somente acontecerá quando houver um trabalho da coletividade, ou seja, é um produto deste esforço, tornando-se possível apenas na hipótese em que houver garantia pelo coletivo. Todavia, caminha-se para "privatização dos meios de garantir/assegurar/firmar a liberdade individual".[23] Assim, o autor pretende que os problemas pessoais sejam enfrentados pelo coletivo, uma vez que, segundo o movimento existente, dificilmente poderão ser resolvidos tais problemas, posto que não há um agrupamento para que possam se revelar em questões coletivas.[24]

O ponto que se extrai da obra, sem olvidar as inúmeras passagens que podem ser igualmente citadas, é a suposta "crise de valores" com que, avidamente, se criticam os novos arranjos familiares hoje existentes. O autor menciona que a suposta "crise de valores" em verdade seria a não adequação do sujeito à norma imposta e não à questão da adoção de conduta responsável.[25] Assim, não mais se sustenta que os arranjos familiares estão embasados na crise de valores, ligados à ideia de falta de responsabilidade ou ligados à imoralidade, posto que em verdade apenas não se adequam à norma do casamento.

Nos escritos que compõe o título "modernidade líquida", o autor cuida de decifrar a metáfora do líquido, pela sua característica de volatilidade, mutabilidade e capacidade de se adequar ao espaço que ocupará, de forma transitória, e, sempre capaz de readaptar no instante seguinte, sob pena de ser inadequado ao novo momento. A mutabilidade e a incerteza são as únicas constantes e certezas neste período; neste paradoxo, o sociólogo afirma que as algemas, as amarradas, as grades das instituições sólidas se encontram derretidas pela pós-modernidade. Todavia, a "tarefa de construir uma ordem nova e melhor para substituir a velha ordem não está hoje na agenda".[26]

Quanto ao instituto da família, logo no prefácio, o autor afirma pela superação de paradigma há muito esquecido, não obstante, a existência de filhos, crianças e avós. Fato é que a família se desintegra no divórcio e os ancestrais são

---

22. Ibidem. p. 35.
23. BAUMAN, Zygmunt. *Em busca da política*. Trad. Marcus Penchel. Rio de Janeiro: Zahar, 2000. p. 15.
24. Ibidem. p. 15.
25. Ibidem. p. 153.
26. BAUMAN, Zygmunt. *Em busca da política*. Trad. Marcus Penchel. Rio de Janeiro: Zahar, 2000. p. 12.

excluídos da composição familiar, sem poderem sequer opinar. Assim, os "grupos de referência" são suplantados pela "comparação universal".[27]

A autodeterminação, que é essencial, para formação de um indivíduo (*de facto*),[28] se esvai, uma vez que o poder não está mais no Estado-nação que conferiria aos indivíduos (*de jure*)[29] a legitimidade de se tornarem cidadãos (indivíduos *de facto*), o poder está em estado líquido e corre de forma veloz pela extraterritorialidade que as redes eletrônicas permitem.[30]

Uma das formas de se entender o pensamento do autor é a ideia de consumo desenfreado que a sociedade desenvolveu e pratica de forma ávida, uma vez que o ato de compra é visto como o exorcismo dos demônios que atormentam o ser, como a insegurança e, assim, a compra de objetos se revela, na falsa ideia, de segurança, ou a promessa desta.[31]

Os indivíduos sob este prisma do consumo buscam nas compras sucessivas não somente se afastarem das inseguranças que os rondam, também pretendem exercer a liberdade que imaginam ter em se autoidentificarem por produtos postos à venda. Ocorre que estes objetos são produzidos em massa e, apenas, carregam a ideia de autodeterminação, ou seja, inexiste a plena satisfação dos desejos que motivaram a compra.[32] Todavia, a ânsia pela liberdade de escolha de produtos é hoje um valor em si mesma, razão pela qual não há tanta importância na coisa escolhida e comprada, mas na liberdade de escolher.[33]

Mais uma vez se utilizando de metáfora o sociólogo afirma que esta movimentação é uma corrida, cuja linha de chegada não é o mote de se iniciar a corrida e vencê-la, uma vez que não se exaure o anseio com o fim da corrida, portanto, a própria corrida em si mesma é o que entusiasma o indivíduo e, por mais exaustiva que seja, o fim desta, se é que se pode afirmar que a corrida se

---

27. Ibidem. p. 13-14.
28. "De facto" pode significar "algo praticado" "[...] há um grande e crescente abismo entre a condição de indivíduos *de jure* e suas chances de se tornarem indivíduos *de facto* – isto é, de ganhar controle sobre seus destinos e tomar as decisões que em verdade desejam". BAUMAN, Zygmunt. *Modernidade líquida*. Trad. Plínio Dentzien. Rio de Janeiro: Zahar, 2001. p. 53.
29. "De jure" pode significar "pela lei" ou "pelo direito". Todavia, o autor assim afirma: "O impulso modernizante, em qualquer de suas formas, significa a crítica compulsiva da realidade. A privatização do impulso significa a compulsiva *auto*crítica nascida da desafeição perpétua: ser um indivíduo *de jure* significa não ter ninguém a quem culpar pela própria miséria, significa não procurar as causas das próprias derrotas senão na própria indolência e preguiça, e não procurar outro remédio senão tentar com amis e mais determinação". Ibidem. p. 54.
30. BAUMAN, Zygmunt. *Em busca da política*. Trad. Marcus Penchel. Rio de Janeiro: Zahar, 2000. p. 54-56.
31. Ibidem. p. 104-15.
32. Ibidem. p. 106-108.
33. BAUMAN, Zygmunt. *Em busca da política*. Trad. Marcus Penchel. Rio de Janeiro: Zahar, 2000. p. 112.

encerra, se afigura mais agradável permanecer correndo do que chegar ao final. E, por mais fugaz que seja, assistir a todo esse movimento veloz da corrida dos mais ricos acarreta naqueles que não são o desejo de igualmente correrem, ainda que por apenas um momento.[34]

Neste prisma deliberativo, o cidadão da sociedade de consumo e da liberdade de escolha trata e vive todas as suas escolhas, ou seja, "como a capacidade de tratar qualquer de tratar qualquer decisão na vida como uma escolha de consumidor".[35] As escolhas afuniladas para o direito das famílias serão oportunamente estudadas mais à frente. Para este momento, convém fixar a ideia de que, para os ricos, mais importante do que o poder de escolha, está o afastamento das consequências das escolhas erradas, uma vez que podem se inserir em novos contextos, de forma instantânea.[36] Ao tratar sobre o trabalho autor faz afirmações que concentram parte do pensamento exposto:

> [...] Vivemos num mundo de flexibilidade universal, sob condições de *Unsicherheit* aguda e sem perspectivas, que penetra todos os aspectos da vida individual – tanto as fontes de sobrevivência quanto as parcerias do amor e do interesse comum, os parâmetros da identidade profissional e da cultural, os modos de apresentação do eu em público e os padrões de saúde e aptidão, valores a serem perseguidos e o modo de persegui-los.[37]

Para concluir seu livro sobre a modernidade líquida o autor se utiliza mais uma vez de metáfora para dizer que a comunidade contemporânea seria uma espécie de "cloackroom communities",[38] em que o primeiro termo empregado se refere ao espaço reservado para que os espectadores de um teatro guardem suas capas ou sobretudos durante a apresentação do espetáculo.[39]

Estes indivíduos se dirigem ao teatro e ali permanecem apenas enquanto dura a apresentação do espetáculo, depois, saem do recinto e continuam suas vidas, dissolvendo-se na multidão. O espetáculo une os indivíduos, temporariamente, sem, no entanto, que os anseios individuais sejam adicionados às questões e interesses do grupo.[40]

Desta forma, é possível identificar que o pensador supramencionado traduz os anseios sociais nesta atmosfera de uma "corrida", sem linha de chegada, em

---

34. Ibidem. p. 112-114.
35. BAUMAN, Zygmunt. *Em busca da política*. Trad. Marcus Penchel. Rio de Janeiro: Zahar, 2000. p. 114.
36. Ibidem. p. 114-116.
37. Ibidem. p. 171. *Unsicherheit* – pode ser traduzido como: insegurança, incerteza, instabilidade, falta de confiança.
38. *Cloackroom communities* – por tradução informal é: comunidades de vestiário.
39. Ibidem. p. 247-248.
40. BAUMAN, Zygmunt. *Em busca da política*. Trad. Marcus Penchel. Rio de Janeiro: Zahar, 2000. p. 249-250.

que o movimento e a permanência nele são a própria razão de existência, lidando com decisões como se fossem atos e condutas de compra, o indivíduo trilha seu caminho, os mais ricos se afastam das consequências de suas escolhas, o que não acontece com os não ricos.

As relações humanas e vínculos formados possuem essa característica de acabarem quando não forem mais convenientes à "corrida"; tampouco há uma formação de sociedade preocupada em enfrentar, em coletividade e em solidariedade, os anseios individuais, o que torna a "corrida" competitiva e desenfreada. Os indivíduos que, por um momento se unem, permanecerão entrelaçados apenas enquanto existir a vontade de correrem juntos.

E, sendo assim, as famílias sofrem este impacto, uma vez que há muito não são mais formadas exclusivamente pelo casamento; agora, surgem relacionamentos em que os envolvidos sequer possuem uma vontade de constituir vínculo entre si de forma duradoura e pública, como pretende a quadratura da união estável. Debate a doutrina[41] e a jurisprudência[42] contemporânea para enquadrar o namoro, entre simples e qualificado – diferenciando-os da união estável.[43]

Desta composição social efêmera, emergem outros arranjos familiares e, que pela sua pouca idade, anda não puderam ser tutelados pelo Estado. Todavia,

---

41. "A doutrina divide o namoro em simples e qualificado. O namoro simples é facilmente diferenciado da união estável, pois não possui sequer um de seus requisitos básico. É, por exemplo, o namoro às escondidas, o namoro casual, o relacionamento aberto. [...] Já o namoro qualificado apresenta a maioria dos requisitos também presentes na união estável. Trata-se, na prática, da relação amorosa e sexual madura, entre pessoas maiores e capazes, que, apesar de apreciarem a companhia uma da outra. E por vezes até pernoitarem com seus namorados, não têm o objetivo de constituir família. Por esse motivo é tão difícil, na prática, encontrar as diferenças entre a união estável e o namoro qualificado". MALUF, Carlos Alberto Dabus; MALUF, Adriana Caldas do Rego F. *Curso de direito de família* [livro eletrônico]. São Paulo: Saraiva, 2013.

42. Extraem-se os seguintes dizerem do REsp 1.454.643/RJ, de relatoria do Ministro Marco Aurélio Bellizze, Terceira Turma, julgado em 03.03.2015, DJe de 10.03.2015: "Da análise acurada dos autos, tem-se que as partes litigantes, no período imediatamente anterior à celebração de seu matrimônio (de janeiro de 2004 a setembro de 2006), não vivenciaram uma união estável, mas sim um namoro qualificado, em que, em virtude do estreitamento do relacionamento projetaram para o futuro - e não para o presente -, o propósito de constituir uma entidade familiar, desiderato que, posteriormente, veio a ser concretizado com o casamento". BRASIL. Superior Tribunal de Justiça. REsp 1.454.643/RJ, relator Ministro Marco Aurélio Bellizze, Terceira Turma, julgado em 3/3/2015, DJe de 10/3/2015. Disponível em: https://processo.stj.jus.br/SCON/GetInteiroTeorDoAcordao?num_registro=201400677815&-dt_publicacao=10/03/2015. Acesso em: 05 set. 2023.

43. "[...] apesar de a doutrina majoritária e a jurisprudência dominante entenderem que o contrato de namoro deve ser considerado nulo, por meio dele é possível identificar a existência ou não da intenção de constituir família, sendo o que diferencia a união estável do namoro. Ademais, é de notório conhecimento que não basta apenas o contrato, havendo a necessidade de se espelhar a realidade vivida pelo casal, que deverá ser analisada pelo Magistrado no caso concreto." REIS, Jordana Maria Mathias dos; ALMEIDA, José Luiz Gavião de. Contrato de namoro. *Revista de Direito Privado*, São Paulo, v. 19, n. 93, p. 55-76, set. 2018. p. 72.

uma vez que o fato é percebido na sociedade, e possui relevância jurídica, não se pode negar o devido tratamento. Neste sentido, o próximo subtítulo cuidará de especificar de que maneira a liquidez das relações humanas afeta a família.

1.2 DA FAMÍLIA E A LIQUIDEZ DAS RELAÇÕES HUMANAS

A intencionalidade de recorte do pensamento de Bauman se concentra na ideia de não antecipar os escritos que influem na família e, por conseguinte, no direito das famílias. O autor, mais do que um relato fidedigno à realidade, oferece uma explicação de como os arranjos familiares chegaram à liquidez, bem como a forma que a pós-modernidade nos relacionamentos continua a gerar insegurança e incerteza.

Porém, antes se faz necessário rememorar que o modelo de uma família monogâmica e reconhecida apenas como a que decorre do matrimônio, não se afigura como a primeira formação familiar, tampouco a que sempre se fez presente na história da humanidade. É clássica a obra "A origem da família, da propriedade privada e do Estado", de Friedrich Engels, cujos escritos relatam a formação das organizações familiares primitivas.

Assim, é possível identificar que, nos primórdios da humanidade, em período que se consiga extrair certeza, o ser humano se constituiu em uma família primitiva em que havia "um estado de coisas em que os homens praticam a poligamia e suas mulheres a poliandria, e em que, por consequência, os filhos de uns e outros tinham que ser considerados comuns".[44]

Neste linear, a família foi se desenvolvendo e tomando outras formas e configurações, com início na dita promiscuidade o conceito de incesto foi um marco para que a primeira configuração familiar se transformasse na próxima "Família Panaluana".[45] Este arranjo excluiria as relações sexuais recíprocas entre consanguíneos e criaria a categoria dos sobrinhos e sobrinhas, primos e primas. Na sequência, com a "Família Sindiásmica",[46] haveria a consagração do matrimônio por pares/duplas, não obstante a poligamia e a infidelidade se afigurasse como um direito ao sexo masculino. Esta última permitirá o desenvolvimento da família monogâmica.[47]

---

44. ENGELS, Friedrich. *A origem da família da propriedade privada e do Estado*. Rio de Janeiro: Global, 1986. p. 31
45. Ibidem.
46. Ibidem.
47. Ibidem.

O recorte histórico se faz necessário para que a liquidez dos relacionamentos pós-modernos seja estudada na sequência, revelando, portanto, a incessante evolução dos enlaces afetivos e das relações humanas. Inexistem razões para impedir a perene travessia dos tempos e as necessárias adequações que a humanidade demanda, mormente quanto à família. Sendo assim, com a visão dos arranjos familiares, infere-se que ainda há grande espaço para novas possibilidades.

Bauman trabalha o conceito de família, na obra "Modernidade Líquida" ainda que de forma indireta ao tratar de outros temas, como o trabalho. A fim de explicar as "novas tendências" sobre trabalho, o autor traça um paralelo que acaba explicando as relações humanas e a família. Ao dizer que o trabalho não mais é visto como uma união de juntos para eternidade, na ideia ultrapassada de uma única carreira para todo o sempre, o autor afirma que o rompimento das relações humanas pode ocorrer a qualquer momento e por qualquer razão, como acontece entre o capital e o trabalho.[48]

Os compromissos, seja os de trabalho, seja os de enlaces familiares, existem para serem consumidos e não produzidos, ou seja, não há "até que a morte os separe", mas em verdade serão mantidos "enquanto durar a satisfação", suscetíveis, portanto, de serem extintos, sempre quando um dos envolvidos visualizar que em outros lugares e momento existem outras – e, melhores – oportunidades, possuindo assim maior valor a nova tentativa, do que o alto custo da inimaginável força de recuperá-lo.[49]

Com esse diálogo entre os relacionamentos humanos e como o próprio indivíduo se comporta em relação ao ambiente, com destaque ao consumo,[50] que o pensamento exposto é construído, para que então se possa ter uma pri-

---

48. BAUMAN, Zygmunt. *Em busca da política*. Trad. Marcus Penchel. Rio de Janeiro: Zahar. 2000. p. 187.

49. Ibidem. Convém citar diretamente o autor no seguinte trecho: "[...] Se o participante numa parceria é 'concebido' em tais termos, então não é mais tarefa para ambos os parceiros 'fazer com que a relação funcione', 'na riqueza e na pobreza', na saúde e na doença, trabalhar a favor nos bons e maus momentos, repensar, se necessário, as próprias preferências, conceder e fazer sacrifícios em favor da uma união duradoura. É, em vez disso, uma questão de obter satisfação de um produto pronto para o consumo; se o prazer obtido não corresponder ao padrão prometido e esperado, ou se a novidade se acabar junto com o gozo, pode-se entrar com a ação de divórcio, com base nos direitos do consumidor". Ibidem. p. 205.

50. "A precariedade da existência social inspira uma percepção do mundo em volta como um agregado de produtos para consumo imediato. Mas a percepção do mundo, com seus habitantes, como um conjunto de itens de consumo, faz da negociação de laços humanos duradouros algo excessivamente difícil. Pessoas inseguras tendem a ser irritáveis; são também intolerantes com qualquer coisa que funcione como obstáculo a seus desejos; e como muitos desses desejos serão de qualquer forma frustrados, não há escassez de coisas e pessoas que sirvam de objeto a essa intolerância. Se a satisfação instantânea é a única maneira de sufocar o sentimento de insegurança (sem jamais saciar a sede de segurança e certeza), não há razão evidente para ser tolerante em relação a alguma coisa ou pessoa que não tenha óbvia relevância para a busca ou pessoa complicada ou relutante em trazer a satisfação que se busca". Ibidem. p. 206.

meira concepção de como as famílias são constituídas na pós-modernidade. A modernidade líquida, referida nos mencionados escritos, pode ser refutada por diversas vertentes, como por exemplo no contexto do capitalismo fluído e a realidade brasileira.[51] Todavia, impende mencionar que as relações humanas são expostas nas linhas recortadas mais como uma extração da realidade, isto é, um relato, pelo viés sociológico do mundo fático, do que se impor uma nova teoria sobre o comportamento humano.

Em outro excerto, ao se referir ao conceito de "comunidade" e "comunitarismo",[52] o sociólogo aduz que a brevidade, a fraqueza e a impermanência dos relacionamentos humanos são o preço a se pagar pelo direito que os indivíduos possuem para irem ao encalço de seus objetivos individuais. Entretanto, está fixado o paradoxo, uma vez que representa um obstáculo para se obter algum sucesso neste objetivo, a ausência de relacionamentos amorosos saudáveis.[53]

Sem a pretensão de esgotar o pensamento exposto sobre a família e, primordialmente, os enlaces afetivos e familiares contidos na obra supramencionada, para que se possa avançar na persuasão racional da proposição deste trabalho, convém colher alguns ensinamentos de outro livro, cuja tradução chegou ao Brasil em anos mais recentes, como no caso de "Amor líquido: sobre a fragilidade dos laços humanos", cujo próprio título contém, *a priori*, a técnica de já expor o tema e as conclusões obtidas.

O autor expõe a maneira de constituição pretérita dos enlaces afetivos (para durar) e como são atualmente (para serem consumidos imediatamente). Logo no prefácio, o sociólogo alude às metáforas atuais como a conexão o ligar e o desligar, o *plugar* e *desplugar*, para construir noções sobre o iniciar e o encerrar de um relacionamento, a maneira como o indivíduo se comporta diante do amor – denota-se, desta forma, que o "principal herói deste livro é o relacionamento humano".[54]

Observa-se, portanto, que há uma preponderância em evidenciar fugacidade dos enlaces afetivos contemporâneos e, quando são instituídos pelos envolvidos, somente o são para que durem enquanto servir de uma espécie de fuga da

---

51. Uma vez que o Brasil ainda é marcado pela economia do agronegócio, a economia brasileira estaria presa ao território.
52. "Em termos sociológicos, o comunitarismo é uma reação esperável à acelerada 'liquefação' da vida moderna, uma reação antes acima de tudo ao aspecto da vida sentido como a mais aborrecida e incômoda entre suas numerosas consequências penosas – crescente desequilíbrio entre a liberdade e as garantias individuais". BAUMAN, Zygmunt. *Em busca da política*. Trad. Marcus Penchel. Rio de Janeiro: Zahar, 2000. p. 212-213.
53. Ibidem.
54. BAUMAN, Zygmunt. *Amor líquido*: sobre a fragilidade dos laços humanos. Rio de Janeiro: Zahar, 2021. p. 8.

incerteza, todavia, por gerarem mais incerteza ainda se constata o paradoxo das relações afetivas.[55]

Uma breve conceituação do que seria o amor é apresentada,[56] mas para tão logo ser arrebatada por diversas outras concepções, mais atuais, como de costume, há um paralelo entre a forma em que os relacionamentos são iniciados, a partir de uma ideia de consumo,[57] em que se escolhe o parceiro(a) como se seleciona uma mera mercadoria em uma diversidade de outras ofertas e, caso esta não seja adequada e entregue suprimento para os anseios será, com toda a certeza, e tão velozmente quanto escolhida, descartada.[58]

Nem mesmo o desejo é algo que pertence ou pode se agarrar aos caçadores[59] na corrida que percorrem, uma vez que demanda tempo para nascer e crescer e, pela inexistência de tempo a se perder, não se espera que decisões sobre tais aspectos (consumo e afetivo) sejam fruto de maturidade e reflexão, razão pela qual a satisfação de um impulso[60] é a ordem de comando para as mencionadas escolhas.[61]

---

55. Ibidem. p. 7-13.
56. "[...] não é ansiando por coisas prontas, completas e concluídas que o amor encontra o seu significado, mas no estímulo a participar da gênese dessas coisas. O amor é afim à transcendência; não é senão outro nome para o impulso criativo e como tal carregado de riscos, pois o fim de uma criação nunca é certo". Ibidem. p. 21.
57. "E assim é numa cultura consumista como a nossa, que favorece o produto para uso imediato, o prazer passageiro, a satisfação instantânea, resultados que não exijam esforços prolongados, receitas testadas, garantias de seguro total e devolução do dinheiro. A promessa de aprender a arte de amar é a oferta (falsa, enganosa, mas que se deseja ardentemente que seja verdadeira) de construir a 'experiência amorosa' à semelhança de outras mercadorias, que fascinam e seduzem exibindo todas essas características e prometem desejo sem ansiedade, esforço sem suor e resultados sem esforço". BAUMAN, Zygmunt. *Amor líquido*: sobre a fragilidade dos laços humanos. Rio de Janeiro: Zahar, 2021. p. 21-22.
58. Ibidem. p. 21-23.
59. O autor se utiliza de uma metáfora entre guarda-caças, jardineiros e caçadores, para dizer que em um primeiro momento (pré-moderno) os indivíduos seriam guarda-caças e se baseavam na ideia de que as coisas seriam melhores se não fossem consertadas, ou seja, deveria seguir seu curso natural. Quanto ao jardineiro (moderno) possuiria o caráter de colocar as coisas em ordem. Todavia, em tempos atuais é a figura do caçador que toma conta, por sua vez, "Diferentemente dos dois tipos que prevaleceram antes do início de seu mandato, o caçador não dá a menor importância ao 'equilíbrio' geral 'das coisas', seja ele 'natural' ou planejado e maquinado. A única tarefa que os caçadores buscam é outra 'matança', suficientemente grande para encherem totalmente suas bolsas. Ibidem. p. 105.
60. "[...] Render-se aos impulsos, ao contrário de seguir um desejo, é algo que se sabe ser transitório, mantendo-se a esperança de que não deixará consequências duradouras capazes de impedir novos momentos de êxtase prazeroso". Ibidem. p. 27.
    "Guiada pelo impulso [...], a parceria segue o padrão do shopping e não exige mais que as habilidades de um consumidor médio, moderadamente experiente. Tal como outros bens de consumo, ela deve ser consumida instantaneamente (não requer maiores treinamentos nem uma preparação prolongada) e usada uma só vez, 'sem preconceito'. É, antes de mais nada, eminentemente descartável". Ibidem. p. 28.
61. Ibidem. p. 23-27.

Ao fazer um paralelo entre as relações afetivas e ações na Bolsa, o autor afirma que o primeiro passo dos acionistas é checar as notícias nos jornais pela manhã – para saberem se mantêm as ações ou se é chegada a hora de se desfazer delas; de igual forma, funcionariam os relacionamentos, com a diferença de que, nestes últimos, não existem profissionais habilitados para auxiliarem os enamorados, isto é, seguem os indivíduos por sua conta e risco.[62]

Os relacionamentos são, portanto, um problema caracterizado pela incerteza eterna, situação que se agrava, posto que o indivíduo ao procurar uma forma de mitigar suas inseguranças, manifestadas na solidão, acaba por se sentir mais inseguro, uma vez que há um iminente risco de que a outra parte saia, repentinamente, sem demonstrar qualquer razão para isto, ou seja, os investimentos na bolsa dos relacionamentos podem ser revistos, para que não existam maiores prejuízos ao acionista.[63]

O relacionamento também pode ser visto pelo prisma das conversas atuais via *chat*, que enfatizam muito mais a velocidade na transmissão da conversa (que deve obrigatoriamente ser curta) do que no conteúdo da conversa (quando há conteúdo), por isso, devem os sujeitos trilharem caminhos seguros entre a solidão e comprometimento, entre a utilidade do desprendimento e as amarguras de se prender. E assim, neste contexto há afirmação de que "o casamento ao estilo antigo, 'até que a morte nos separe', já desestabilizado pela coabitação 'vamos ver como funciona', reconhecidamente temporária, é substituído pelo 'ficar juntos', de horário parcial ou flexível".[64]

O segundo capítulo se refere à falta de ferramentas para sociabilidade, tendo como premissa de que o ser humano possui a necessidade de se fazer presente a outro ser humano e, assim, transformar esse encontro em união, fazendo-se mais completo e realizado.[65] Há uma explanação sobre o sexo e como os rela-

---

62. Ibidem. p. 28-29.
63. BAUMAN, Zygmunt. *Amor líquido*: sobre a fragilidade dos laços humanos. Rio de Janeiro: Zahar, 2021. p. 29.31. E ainda: "[...] 'Estar num relacionamento' significa muita dor de cabeça, mas sobretudo uma incerteza permanente. Você nunca poderá estar plena e verdadeiramente seguro daquilo que faz – ou de ter feito a coisa certa ou no momento preciso. [...] Você busca o relacionamento na expectativa de mitigar a insegurança que infestou sua solidão; mas o tratamento só fez expandir os sintomas, e agora você talvez se sinta mais inseguro do que antes, ainda que essa 'nova e agravada' insegurança provenha de outras paragens. Se você pensa que os juros de seu investimento em companhia seriam pagos em moeda forte da segurança, parece que sua iniciativa se baseou em falsos pressupostos. [...] não está em seu poder evitar que o parceiro ou parceira prefira sair do negócio. Há muito pouco que você possa fazer para mudar essa decisão ao seu favor. Para o parceiro, você é a ação a ser vendida ou o prejuízo a ser eliminado – e ninguém consulta as ações antes de devolvê-las ao mercado, nem prejuízos antes de cortá-los". Ibidem. p. 30.
64. Ibidem. p. 54.
65. Ibidem. p. 56.

cionamentos se desenvolvem a partir ou em razão deste. Neste sentido, a reprodução se afastou do ato sexual em razão do avanço tecnológico que a medicina proporcionou.[66]

Quanto à ideia de procriação, os filhos representariam uma ponte para algo além (e mais duradouro), uma vez que a formação das famílias dura menos do que os componentes desta, ou seja, o arranjo familiar tem dissolução antes do falecimento dos membros e, assim, a escolha de ter filhos se torna uma possibilidade de realizar algo com maior durabilidade.[67]

Sendo assim, conscientes de que os filhos não possuem mais o sentido antigo de contribuição em mão de obra na família rural, a incerteza e a ausência de empregos estáveis acarretam a inevitável noção de gastos materiais com a criação de filhos.

> [...] ter filhos é, em nossa época, uma questão de decisão, não um acidente – o que aumenta a ansiedade. Tê-los ou não é comprovadamente a decisão com maiores consequências e de maior alcance que existe, e, portanto, também a mais angustiante e estressante.[68]

Os relacionamentos humanos estariam em conformidade e em similaridade com o que ocorre com as conexões virtuais, uma vez que no ambiente virtual os enlaces são conectados de forma rápida e superficial e, por isso mesmo, podem ser desconectados na mesma velocidade. E quando se encerram não deixam rastros, consequências ou outros traumas. E estas características revelam que estas conexões são fugazes e breves demais para se condensarem em enlaces efetivos.[69]

Como solução, não obstante o autor não empregar como uma forma de se resolver o problema, é apresentada a ideia de "economia moral", em que a solidariedade humana se mostra como um ambiente em que os seres humanos não

---

66. Ibidem. p. 57-59. Neste sentido confira-se "A reprodução humana assistida, conjunto de operações para unir, artificialmente, os gametas feminino e masculino, dando origem a um ser humano, poderá dar-se pelos métodos ZIFT e GIFT (Resolução – ROC 23/2011 da ANVISA). A ectogênese ou fertilização in vitro concretiza-se pelo método ZIFT (*Zibot Intra Fallopian Transfer*), que consiste na retirada de óvulo da mulher para fecundá-lo na proveta, com sêmen do marido ou de outro homem, para depois introduzir o embrião no seu útero ou no de outra. Como se vê, difere da inseminação artificial, que se processa mediante o método GIFT (*Gametha Intra Fallopian Transfer*), referindo-se à fecundação in vivo, ou seja, à inoculação do sêmen na mulher, sem que haja qualquer manipulação externa de óvulo ou de embrião". DINIZ, Maria H. *O estado atual do biodireito*. São Paulo: Saraiva, 2017. E-book. Disponível em: https://app.minhabiblioteca.com.br/#/books/9786555598551/. Acesso em: 05 set. 2023.
67. Entretanto, o autor afirma que essas pontes são incertas e, "portanto, é improvável que provoque muita emoção, menos ainda que alimente o desejo inspirador da ação", cujo sentido de ação seria a de gerar prole. BAUMAN, Zygmunt. *Amor líquido*: sobre a fragilidade dos laços humanos. Rio de Janeiro: Zahar, 2021. p. 60.
68. Ibidem. p. 61.
69. Ibidem. p. 82-83.

são objetos de consumo, tampouco consumidores, mas em verdade se afiguram como ajudantes recíprocos, "no esforço contínuo e interminável de construir vidas compartilhadas e torná-las possíveis".[70]

Sob outro viés de análise na doutrina pátria, há expressões no sentido de afirmar que a Constituição Federal implicou uma transformação da família. A exemplo do que afirma Luiz Edson Fachin que os vínculos sanguíneos passam a ser vínculos de afeto, de forma que as novas maneiras para definir o próprio direito de família. Para o autor:

> Mosaico da diversidade, ninho de comunhão no espaço plural da tolerância. Tripé de fundação, como se explica. Diversidade cuja existência do *outro* torna possível fundar a família na realização pessoal do indivíduo que respeitando o "outro" edifica seu próprio respeito e sua individualidade no coletivo familiar. Comunhão que valoriza o afeto, afeição que recoloca novo sangue para correr nas veias de um renovado parentesco, informado pela substância de sua própria razão de ser e não apenas pelos vínculos formais consanguíneos. Tolerância que compreende o convívio de identidades, espectro plural, sem supremacia desmedida, sem diferenças discriminatórias, sem aniquilamentos. Tolerância que supõe possibilidade e limites. Um tripé que, feito desenho, pode-se mostrar apto a abrir portas e escancarar novas questões.
>
> Eis, então, o direito ao refúgio afetivo.[71]

Até este ponto já é possível identificar a forma em que os arranjos familiares são formados. Não cabe tecer críticas com viés moralista, tampouco construir um *standard* de padrões a serem seguidos ao se analisarem as constatações da realidade supramencionadas com o que se entende como mais adequado sobre os enlaces afetivos. Mais propício e correto é esclarecer que a sociedade está sendo composta desta forma e, por enquanto, pouco é visto para que os relacionamentos e os enlaces voltem a tomar contornos de serem indissolúveis e perpétuos, uma vez que não há interesse da sociedade.[72] Para aqueles que possuem a necessidade de vínculo duradouro/durável/longevo, há institutos em pleno vigor, como o casamento.[73]

---

70. Ibidem. p. 92.

71. FACHIN, Luiz Edson. *Direito de família*: elementos críticos à luz do novo Código civil Brasileiro. 2. ed. Rio de Janeiro: Renovar, 2003. p. 318.

72. "Nos compromissos duradouros, a líquida razão moderna enxerga a opressão; no engajamento permanente percebe a dependência incapacitante. Essa razão nega direitos aos vínculos e liames, espaciais ou temporais. Eles não têm necessidade ou uso que possam ser justificados pela líquida racionalidade moderna dos consumidores. Vínculos e liames tornam 'impuras' as relações humanas – como o fariam com qualquer ato de consumo que presuma a satisfação instantânea e, de modo semelhante, a instantânea obsolência do objeto consumido". BAUMAN, Zygmunt. *Amor líquido*: sobre a fragilidade dos laços humanos. Rio de Janeiro: Zahar, 2021. p. 66.

73. Aliás, sobre o casamento o autor afirma que "Nesse caso, a ambiguidade se resolve e a incerteza é substituída pela garantia de que os atos realmente têm uma importância que ultrapassa o seu próprio espaço temporal e acarretam consequências que podem durar mais do que as suas causas. A incerteza é exilada da vida dos parceiros e seu retorno é impedido enquanto o término do casamento não esteja em vista". Ibidem. p. 71.

Assim, a família coparental não seria um reforço ao denominado consumismo em que as pessoas envolvidas poderiam se submeter. A conciliação de interesses em que os corresponsáveis pretendem gerar sua prole permite que a família seja composta por indivíduos cientes de suas possibilidade e impossibilidades, como reflexo do que melhor pode ser feito e consentido entre os membros, sem serem tomados pela sensação de competição que um litígio pode fazer incidir.

Destarte, em tópicos posteriores serão vistos os contornos psicossociais que as famílias coparentais possuem, uma vez que, para os envolvidos, há plena certeza da modalidade de família que está sendo composta; assim, as incertezas podem ser mitigadas pelos aspectos jurídicos que logo seguirão no estudo. A liquidez das relações humanas de fato implica novas composições, sem que isto implique em juízo de valor, posto que é a partir da análise de uma realidade existente que surge a família coparental. Não se busca instituir ou criar forma de conjuntura familiar, mas, em verdade, pretende-se demonstrar uma forma mais adequada e segura da parentalidade existir, valer e ser eficaz.

1.3 DO NEGÓCIO JURÍDICO E DO CONTRATO NA PÓS-MODERNIDADE

Decorre da teoria geral do conceito de negócio jurídico a linha central do presente estudo e, assim sendo, opta-se pela nomenclatura de contrato como espécie daquele que é gênero. Essa categorização e escolha estão em consonância com o que a doutrina tem conceituado como "contratualização das relações familiares" em que diversos negócios jurídicos são celebrados, mediante a observação da autonomia privada dos agentes e que serão explorados nos tópicos a seguir.

Pela introdução que os dois itens anteriores proporcionaram, denota-se que a pós-modernidade (ou modernidade líquida), não obstante ser contrária a diversos conceitos, instituições e paradigmas da modernidade, não conseguiu por completo afastá-la, razão pela qual a constatação feita é a de permanência enquanto a modernidade ainda resiste, mesmo que a vivência entre as duas concepções seja conflituosa, uma vez que é a própria característica da pós-modernidade em não se ater a conceitos predeterminados.[74]

---

74. "A pós-modernidade chega para se instalar definitivamente, mas a modernidade ainda não deixou de estar presente entre nós, e isso é fato. Suas verdades, seus preceitos, seus princípios, suas instituições, seus valores (impregnados do ideário burguês, capitalista e liberal), ainda permeiam grande parte das práticas institucionais e sociais, de modo que simples superação imediata da modernidade é ilusão. Obviamente, nenhum processo histórico instaura uma nova ordem, ou uma nova fonte de inspiração de valores sociais, do dia para a noite, entre dois universos de valores, enfim, entre passado erodido e presente multifário". BITTAR, Eduardo C. B. *O direito na pós-modernidade*. 3. ed. modificada e atualizada. São Paulo: Atlas, 2014. p. 87-88.

Neste sentido, não apenas as estruturas sociais contemporâneas sofrem os efeitos desta nova dinâmica, de consumo, de velocidade e de mutação, mas de igual forma os paradigmas e instrumentos do próprio direito e, assim sendo, o direito civil, bem como o negócio jurídico e o contrato. Este último que se revelou por considerável período um reflexo da ordem social instalada pelo liberalismo e era considerada a máxima da circulação de riquezas,[75] hoje está ampliando o espectro de matérias, objetos e disposições que comporão as avenças dos indivíduos, com grande relevância para questões existenciais que serão *a posteriori* apreciadas.

O contrato pode ser definido como uma "estrutura milenar de fundação do direito privado" conforme título do artigo de Giselda Hironaka, cujos escritos descrevem algumas das mudanças paradigmáticas que o contrato adotou no período em que houve uma afirmação sobre a crise dos contratos. Para tanto, a autora é categórica em afirmar que os fatos mudam, assim como os homens, a realidade social e, por consequência, "a arquitetura jurídica subjacente".[76]

Neste sentido, a autora afirma que, entre o período de triunfo da burguesia até a contemporânea pós-modernidade, foi a submissão da vontade dos indivíduos contratantes ao interesse público, atuando como um repressor que mitigou e atenuou a liberdade contratual, em atenção ao mencionado interesse coletivo, bem como em nome do bem comum. Assim, o paradigma de hoje exige uma ampliação deste sistema que antes era fechado à intervenção externa. Para que este objetivo seja alcançado, devem-se introduzir as novas bases principiológicas.[77]

---

75. "O liberalismo econômico, a ideia basilar de que todos são iguais perante a lei e devem ser igualmente tratados, e a concepção de que o mercado de capitais e o mercado de trabalho devem funcionar livremente em condições, todavia, que favoreçam a dominação de uma classe sobre a economia considerada em seu conjunto permitiram fazer-se do contrato o instrumento jurídico por excelência da vida econômica". GOMES, Orlando. *Contratos*. Rio de Janeiro: Grupo GEN, 2022. E-book. Disponível em: https://app.minhabiblioteca.com.br/#/books/9786559645640/. Acesso em: 10 set. 2023.

76. HIRONAKA, Giselda Maria Fernandes Novaes. Contrato: estrutura milenar de fundação do direito privado. *Revista Da Faculdade De Direito*, Universidade De São Paulo, 2002, v. 97, p. 127-138. Disponível em: https://www.revistas.usp.br/rfdusp/article/view/67537. Acesso em: 10 set. 2023. p. 128. Nas palavras da autora: "Sob o paradigma simplesmente individualista da burguesia revolucionária francesa, ou sob o paradigma de consagração dos princípios contratuais como princípios próprios da ordem natural, ou sob o paradigma meramente dogmático de conformação do Direito com a lei, o contrato muda de feição e atende aos interesses jurídicos dos contratantes de cada época. Até que se mostre, a cada época, como insustentável ou deficiente, quando então ele se remoldura e busca sua readequação, para prosseguir como o que sempre fundamentalmente foi: u m instrumento essencial da organização social". Ibidem. p. 128-129.

77. Ibidem. p. 129. Ademais, afirma a autora: "Segundo o meu sentir, mais importa, hoje, identificar e reconhecer os princípios que regem a conformação contratual atual que continuar e m debate acerca da presença ou da ausência dos novos tipos na composição positiva do Direito atual, mesmo porque o fato de estarem consagrados, ou não, pelo beneplácito do legislador contemporâneo, e m sede codicista, não parece ser exatamente o viés de maior importância". Ibidem. p. 129-130.

Na doutrina brasileira clássica, os conceitos são variáveis e há grandes discussões sobre as diferenças existentes em conceitos como negócio jurídico, pacto, convecção e contrato.[78] Entretanto, conforme já exposto nos tópicos anteriores, estes conceitos podem não guardar mais a importância que outrora seriam essenciais, vez que o paradigma contratual de referir-se a uma obrigação econômica está mais aproximado da ideia de formulação a partir da confluência de vontades que originarem uma relação jurídica.[79]

Neste sentido, Roberto de Ruggiero afirma que o contrato se emancipou do direito obrigacional desde a Idade Média; em tempos mais recentes, passou a aglutinar uma variedade de possibilidades para o seu conteúdo, o que ocasionou uma reformulação de seu conceito para se elevar à ideia de ser um esquema abstrato, genérico e amplo, capaz de atender a multiplicidade das necessidades humanas.[80]

> Desde que se possam reduzir ao esquema abstrato e geral, todas as declarações bilaterais de vontade se tornam contratos. Este não é limitado a indicar apenas os acordos que originam relações de obrigações (contratos obrigatórios), abrangendo também qualquer outro acordo destinado a dissolver um precedente vínculo obrigatório, (contratos liberatórios ou solutórios), a modificar um vínculo existente ou constituir relações de direito real ou de família.[81]

De igual sorte, Hans Kelsen afirma que, para configuração de um contrato, basta que existam "declarações de vontades concordes das partes contratantes, declarações segundo as quais as partes querem o mesmo. Através deste fato é criada uma norma cujo conteúdo se determina pelas declarações concordantes".[82]

---

78. "Para nomear os negócios jurídicos plurilaterais em geral, usam alguns o termo convenção, nele incluindo todos os acordos, estabeleçam, ou não, vínculo obrigacional. A convenção compreenderia não só os negócios plurilaterais destinados a criar obrigações, mas também a modificar ou extinguir obrigações preexistentes, enquanto o contrato seria idôneo exclusivamente à criação de obrigações. Teria, para outros, sentido especial, compreendendo apenas os acordos normativos. A questão é, no entanto, puramente terminológica. Interessa, assim mesmo, fixar o exato sentido da palavra contrato porque a outras modalidades do concurso de vontades não se aplicam as regras que o regem. Deve ser observada para designar o negócio bilateral, cujo efeito jurídico pretendido pelas partes seja a criação de vínculo obrigacional de conteúdo patrimonial". GOMES, Orlando. *Contratos*. Rio de Janeiro: Grupo GEN, 2022. E-book. Disponível em: https://app.minhabiblioteca.com.br/#/books/9786559645640/. Acesso em: 10 set. 2023.
79. "Conceito. – Se foi nítida e compreensível entre os romanos a distinção entre contrato, convenção e pacto (não obstante todas as controvérsias dogmáticas e históricas que se levantaram ao redor destes conceitos) é ténue e descolorida qualquer distinção entre eles na terminologia moderna. Qualquer acordo entre duas ou mais pessoas, que tenha por objecto uma relação jurídica, pode ser indiferentemente chamado contrato ou convenção e às vezes pacto, visto este termo ter perdido aquele significado técnico e rigoroso que lhe atribuía a linguagem jurídica romana". RUGGIERO, Roberto De. *Instituições de Direito Civil*. Trad. Ary dos Santos. 3. ed. São Paulo: Saraiva, 1973, v. III. p. 203.
80. Ibidem. p. 185.
81. Ibidem. p. 185.
82. KELSEN, Hans. *Teoria pura do direito*. Trad. João Baptista Machado. 8. ed. São Paulo: Martins Fontes. 2009. p. 288.

Francisco Amaral analisa a figura do contrato pela característica de transferência patrimonial entre os indivíduos, revelando-se como instituto básico do direito civil, no campo patrimonial, o que dá origem às obrigações, que são elementos dinâmicos do direito patrimonial.[83] O autor tece críticas sobre a importância do negócio jurídico, afirmando que as condições econômicas e políticas da época de sua criação não são mais encontradas na realidade contemporânea; assim, o ato jurídico (como gênero) permaneceria vigente e com crescente importância ao contrato.[84]

Convém mencionar que a doutrina brasileira persiste em afirmar o caráter e a essencialidade de natureza patrimonial do contrato, conforme se pode extrair de escritos de Álvaro Villaça Azevedo[85] "[...] um conceito de contrato, como a manifestação de duas ou mais vontades, objetivando criar, regulamentar, alterar e extinguir uma relação jurídica (direitos e obrigações) de caráter patrimonial".[86]

Maria Helena Diniz entende que "poder-se-á dizer que contrato é o acordo de duas ou mais vontades, [...], destinado a estabelecer uma regulamentação de interesses entre as partes, com o escopo de adquirir, modificar ou extinguir relações jurídicas de natureza patrimonial".[87]

O Código Civil italiano de 1942 afirma, na redação do art. 1.321, que "o contrato é um acordo de duas partes ou mais, para constituir, regular, ou extinguir entre elas uma relação jurídica patrimonial" (Itália, 1942, n.p.).[88] O Código Civil brasileiro, por sua vez, não traz o conceito deste instrumento, em igualdade com outros Códigos como o alemão (1900), o polonês (1933) e o suíço (1907).[89]

---

83. AMARAL, Francisco. *Direito Civil*: introdução. 9. ed. rev. modif. e ampl. São Paulo: Sarava, 2017. p. 243.

84. Ibidem. p. 473-475.

85. AZEVEDO, Álvaro Villaça. *Curso de direito civil*: teoria geral dos contratos. 4. ed. São Paulo: Saraiva, 2019. p. 24.

86. Ibidem. Todavia, o autor afirma na sequência que "Certo é que contratos existem, sem cogitação de interesses patrimoniais; contudo, nesse ramo do Direito Civil (Direito Contratual), estudamos o contrato em seu sentido restrito, nas relações jurídicas de caráter econômico". Ibidem. p. 24.

87. DINIZ, Maria H. Curso de Direito Civil Brasileiro: *Teoria Das Obrigações Contratuais e Extracontratuais*. São Paulo: Saraiva, 2023. v. 3. E-book. Disponível em: https://app.minhabiblioteca.com.br/#/books/9786553628007/. Acesso em: 10 set. 2023.

88. Tradução livre de: "il conttrato è l'accordo di due o più parti per costituire, regolare o estinguere tra loro un rapporto giuridico patrimoniale". Disponível em: https://www.normattiva.it/uri-res/N2Ls?urn:nir:stato:regio.decreto:1942-03-16;262. Acesso em: 10 set. 2023.

89. Comparação exposta por Flavio Tartuce. TARTUCE, Flávio. *Direito Civil*: Teoria Geral dos Contratos e Contratos em Espécie. São Paulo: Grupo GEN, 2023. v. 3. E-book. Disponível em: https://app.minhabiblioteca.com.br/#/books/9786559646913/. Acesso em: 10 set. 2023.

Nota-se, ademais, que o Código Civil brasileiro despreza qualquer distinção entre pacto, quando trata de "pacto antenupcial"[90] no art. 1.653; ou, no art. 1.657 em que faz referência às "convenções antenupciais", razão pela qual denota-se que a classificação é de cunho qualitativa, em razão da extensão do objeto, ou seja, ao ser constituído por uma multiplicidade de partes, denomina-se convenção; tratando-se de poucos integrantes, fala-se em contrato, que é restrito no seu conteúdo; e, em sendo acessório denomina-se como pacto.[91]

Cumpre destacar que Pontes de Miranda já afirmava que na esfera do direito de família existe a figura do contrato, e, por ele, é possível criar, modificar e extinguir pretensões e obrigações de relações jurídicas familiares, sejam de direitos, deveres, pretensões, obrigações, ações, exceções, ou seja, exemplificando: "O casamento é contrato. A adoção é contrato. O restabelecimento da sociedade conjugal é contrato".[92]

Os conceitos e paradigmas clássicos podem não guardar relevância na realidade contemporânea, não obstante as fortes e, até em certa medida, razoáveis oposições. Todavia, o cerne das questões sociais e culturais reflete de forma

---

90. Interessante pontuar inclusive que por determinado interregno temporal o casamento foi considerado um contrato e o "pacto antenupcial" um contrato preliminar, ou seja, novamente desde os primórdios históricos da legislação brasileira, inexistiu a intenção de delimitar contrato para o que for exclusivamente patrimonial. Sobre a passagem histórica do pacto antenupcial, confira-se: "Dentro da sistemática do Esboço, evidenciada pela leitura dos artigos seguintes e pelo próprio título do capítulo em que eles se inserem, o casamento é visto como um contrato. Nessa lógica, o pacto antenupcial assume a forma de um contrato preliminar, sendo seu contrato definitivo correspondente o casamento. O desenvolvimento histórico dessa categoria contratual evidencia que a característica própria do contrato preliminar é a introdução paulatina dos interesses visados pelo contrato definitivo. Seguindo esse raciocínio, é importante evidenciar que o contrato preliminar deve conter, pelo menos, todos os elementos categoriais inderrogáveis do contrato definitivo". BIAZI, João Pedro de Oliveira de. Pacto Antenupcial: uma Leitura à Luz da Teoria do Negócio Jurídico. RJLB – *Revista Jurídica Luso-brasileira*, Ano 2 (2016), n. 1, 2016. Disponível em: http://www.cidp.pt/publicacoes/revistas/rjlb/2016/1/2016_01_0229_0264. pdf. Acesso em: 02 de jun. 2024. p. 233-234.
91. BAPTISTA, Silvio Neves. Contratos no direito de família. *Conferência pronunciada no VI Congresso Brasileiro de Direito de Família*. 14 a 17 de novembro, Belo Horizonte, MG. Anais (on-line). Belo Horizonte: IBDFAM, 2007. Disponível em: Acesso em: 10 set. 2023.
92. PONTES DE MIRANDA. *Tratado de Direito Privado*. 2. ed. Rio de Janeiro: Borsoi, 1954, v. III. p. 211. No parágrafo o autor afirma que: "c) O direito de família tem a figura do contrato, e por ele criam-se, modificam-se ou extinguem-se relações jurídicas familiares, de que se irradiam direitos, deveres, pretensões e obrigações, ações e exceções. O casamento é contrato. A adoção é contrato. O restabelecimento da sociedade conjugal é contrato [...]". Ibidem. p. 211. Em específico sobre a adoção nota-se que houve um afastamento deste conceito, pois, "Até a CR/88, que equiparou todas as formas de filiação, discutia-se a natureza jurídica do instituto da adoção: como ficção jurídica, como ato bilateral (contrato), como instituição etc. [...] Até o advento da Lei 4.655/65, que introduziu no Brasil a "Legitimação Adotiva", o processo de adoção era visto como um simples ato bilateral. Bastava a manifestação de vontade do adotante e adotado – se capaz, ou de seu representante legal, se incapaz ou nascituro –, para que se efetivasse a adoção". PEREIRA, Rodrigo da C. *Direito das Famílias*. Rio de Janeiro: Grupo GEN, 2023. E-book. Disponível em: https://app.minhabiblioteca.com.br/#/books/9786559648016/. Acesso em: 05 set. 2023.

direta em questões judiciais,[93] o que reafirma que, para o direito contemporâneo, o contrato se afastou de questões estritamente patrimoniais, mormente quanto ao direito das famílias, o que pode ser facilmente exemplificado pelos itens que seguirão, as disposições existenciais em contrato de famílias e o que se denomina por "contratualização das relações familiares".

Neste mesmo sentido, observa-se que, entre os últimos enunciados aprovados pela Jornada de Direito Civil, houve a confirmação de que em relação a temas, institutos e instrumentos no direito das famílias, os termos de pacto (para pacto antenupcial) e contrato (para contrato de convivência) podem conter cláusulas existenciais,[94] bem como se afirma que, em ambos instrumentos, pode-se estipular o afastamento da súmula 377 do STF,[95] o que revela a possibilidade tanto do contrato (de convivência) contar com disposições existenciais, quanto o pacto (antenupcial) conter cláusula patrimonial, isto é, inexiste a obrigatoriedade de denominar o pacto antenupcial como contrato antenupcial.

Por isso, pode-se falar em contrato de namoro[96] e contrato de coparentalidade,[97] sem que exista um real conflito de conceitos, uma vez que ambos

---

93. "Qualquer afetação dos modos pelos quais a cultura é feita traduz-se, quase imediatamente, em soluções ou crises, em modificações ou alterações, em inovações ou em retrocessos, que afetam diretamente o *mundus iuris*". BITTAR, Eduardo C. B. *O direito na pós-modernidade*. 3. ed. mod. e atual. São Paulo: Atlas, 2014. p. 92.
94. VIII Jornada de Direito Civil - Enunciado 635: O pacto antenupcial e o contrato de convivência podem conter cláusulas existenciais, desde que estas não violem os princípios da dignidade da pessoa humana, da igualdade entre os cônjuges e da solidariedade familiar". BRASIL. Conselho Nacional de Justiça. VIII Jornada de Direito Civil. Enunciado de n. 635. Disponível em: https://www.cjf.jus.br/enunciados/pesquisa/resultado. Acesso em: 05 set. 2023.
95. VIII Jornada de Direito Civil - Enunciado 634 É lícito aos que se enquadrem no rol de pessoas sujeitas ao regime da separação obrigatória de bens (art. 1.641 do Código Civil) estipular, por pacto antenupcial ou contrato de convivência, o regime da separação de bens, a fim de assegurar os efeitos de tal regime e afastar a incidência da Súmula 377 do STF. BRASIL. Conselho Nacional de Justiça. VIII ornada de Direito Civil. Enunciado de n. 634. Disponível em: https://www.cjf.jus.br/enunciados/pesquisa/resultado. Acesso em: 05 set. 2023.
96. Zeno Veloso afirmou "Tenho defendido a possibilidade de ser celebrado entre os interessados um 'contrato de namoro', ou seja, um documento escrito em que o homem e a mulher atestam que estão tendo um envolvimento amoroso, um relacionamento afetivo, mas que se esgota nisso, não havendo interesse ou vontade de constituir uma entidade familiar, com as graves consequências pessoais e patrimoniais desta. [...] nada na lei veda que os interessados celebrem tal contrato. E mais: em muitos casos ele pode ser de enorme utilidade, evitando delicadas questões futuras". VELOSO, Zeno. *Contrato de namoro*. 2009. Disponível em: http://www.soleis.adv.br/artigocontratodenamorozeno.htm. Acesso em: 10 set. 2023. No mesmo sentido Marilia Pedroso Xavier que afirma "o contrato de namoro é uma espécie de negócio jurídico no qual as partes que estão tendo um relacionamento afetivo acordam consensualmente que não há entre elas objetivo de constituir família". XAVIER, Marília Pedroso. *Contrato de namoro*: amor líquido e direito de família mínimo. Belo Horizonte: Fórum, 2022. p. 116.
97. GIROTTO, Guilherme Augusto. Aspectos Civis-Constitucionais Dos Contratos No Direito Das Famílias Pós-Moderno. *Quaderni degli Annali della Facoltà Giuridica*, v. 5, p. 1-80, 2024. Disponível em: https://afg.unicam.it/sites/afg.unicam.it/files/QuadernoAFG-n.5_2024.pdf. Acesso em: 31 maio 2024.

os instrumentos de maneira preponderante serão compostos por disposições existenciais, não obstante, que o de coparentalidade poderá conter diversas cláusulas com teor puramente patrimonial. A questão técnica de que a espécie "contrato" deve pertencer ao gênero "negócio jurídico" com conteúdo estritamente patrimonial não se revela, portanto, como imprescindível, para o direito das famílias. Consigne-se, ademais, que a mencionada discussão poderia retirar ou desviar a concentração que deve ser mantida na família que está se formando por este instrumento.[98]

Seria mais adequada, pois, a concepção de contrato exposta por Paulo Nalin,[99] cujas conclusões apontam que seria equivocado afirmar que o contrato seria capaz de conter todas a multiplicidade de formas contratuais existentes na contemporaneidade, tampouco há que afirmar a inexistência de um conceito. Em verdade, pode-se pensar na coexistência de múltiplos conceitos para o contrato; deve-se, entretanto, afastar-se da ideia de um conceito com base no modelo clássico.[100]

Uma vez que o contrato de coparentalidade deverá reger as disposições existenciais (cujo detalhamento será apreciado no transcorrer deste trabalho), haverá, de igual forma, as inerentes cláusulas patrimoniais, que decorrem das relações parentais, como o nítido caso dos alimentos. Todavia, antes se mostra necessária uma explicação sobre as cláusulas existenciais do contrato, do qual o próximo item se incumbirá.

1.3.1 Do contrato e as disposições existenciais

Feitas as considerações, denota-se que o contrato no contexto da pós-modernidade concentra diversas características que se afastam do paradigma do liberalismo, para se aproximar do conceito de regular primordialmente as questões

---

98. Antônio Junqueira de Azevedo tece comentários sobre o direito pós-moderno e a codificação, considerando que sob a ótica contemporânea houve a superação de que todos os assuntos devem ser levados ao juiz, para que então exista a concentração no caso em concreto, nas palavras do autor: "A lei e o juiz ficarão para os casos extremos. O paradigma jurídico, portanto, que passara da lei ao juiz, está mudando, agora, do juiz ao caso. A centralidade do caso é este: o eixo e m torno do qual gira o paradigma jurídico pós-moderno". AZEVEDO, Antônio Junqueira de. O direito pós-moderno. *Revista USP*, [S. l.], n. 42, p. 96-101, 1999. DOI: 10.11606/issn.2316-9036.v0i42p96-101. Disponível em: https://www.revistas.usp.br/revusp/article/view/28458. Acesso em: 05 set. 2023.

99. NALIN, Paulo. *Do contrato*: conceito pós-moderno em busca de sua formulação na perspectiva civil-constitucional. 2. ed. Curitiba: Juruá, 2008. Mencionado autor constrói o conceito de contrato pós-moderno da seguinte forma "[...] sendo o contrato interprivado a relação jurídica subjetiva, nucleada na solidariedade constitucional, destinada à produção de efeitos jurídicos existenciais e patrimoniais, não só entre os titulares subjetivos da relação, como também perante terceiros". Ibidem. p. 253.

100. NALIN, Paulo. *Do contrato*: conceito pós-moderno em busca de sua formulação na perspectiva civil-constitucional. 2. ed. Curitiba: Juruá, 2008. p. 251-252.

existenciais dos indivíduos envolvidos. Não se descuida do caráter e do conteúdo patrimonial, todavia, a figura da pessoa humana e de sua realização por meio do instrumento do contrato se afigura como o ponto central da própria existência deste, ou seja, a razão de ser do contrato é a plena satisfação do ser humano.

Feito o recorte para que a família coparental seja constituída a partir de um contrato, que é uma das espécies do gênero – negócio jurídico –, convém percorrer uma construção doutrinária sobre a possibilidade de que tal contrato contenha disposições existenciais. Sabe-se que, tradicionalmente, o instrumento era utilizado para transmissão de propriedade; porém, na contemporaneidade, carrega uma diversidade maior de objetos contratuais. Somente assim, com estes conceitos prévios, perpassando também pelos modelos das famílias atuais, é que ao final será possível construir um contrato coparental.

A possibilidade de o contrato conter diversas disposições para além das questões patrimoniais é vista pela doutrina como uma forma de fazer o olhar se voltar à essencialidade do conteúdo do contrato, isto é, para além do bem da vida objeto, que o inerente aspecto extrapatrimonial por vezes é o primordial. Neste sentido, as próximas linhas cuidarão de identificar não a derrocada dos contratos de lucros, mas a necessária diferenciação de tratamento.

Será evidenciado, ao longo deste trabalho, que a simples existência de direitos fundamentais no contrato coparental não se afigura como um impedimento para que estes estejam na esfera de negociabilidade dos corresponsáveis. Conforme afirma Virgílio Afonso da Silva, ainda que não se adote uma teoria exclusivamente liberal sobre os direitos fundamentais, é preciso que se entenda que estes, em grande número e dada certas circunstâncias, podem ser "objeto de disposição pela livre vontade de seus titulares".[101]

Cumpre observar que o contrato recebeu uma nova categorização de 'contrato existencial' inicialmente por Antônio Junqueira de Azevedo, em entrevista concedida à Revista Trimestral de Direito Civil, em que afirma ser esta a nova dicotomia contratual do século XXI, uma vez que não se pode, na prática, tratar as duas espécies de contrato (existencial e de lucro), de forma igual. Existente, portanto, o interesse da pessoa natural que se refere às suas necessidades fundamentais, as cláusulas que as violarem devem ser afastadas pelo juiz.[102]

No mesmo sentido, Teresa Negreiros afirma que a classificação feita pela doutrina clássica sobre os contratos ignora a importância do objeto do contrato,

---

101. SILVA, Virgílio Afonso da. *A constitucionalização do direito*: os direitos fundamentais nas relações entre particulares. Tese de Livre Docência. São Paulo: USP, 2004. p. 131.
102. AZEVEDO, Antônio Junqueira de. *Revista Trimestral de Direito Civil*. RTDC, v. 9, n. abr./jun. 2008, p. 299-308, 2008. p. 304-35.

uma vez que não se tem este como elemento de caracterização de uma classe de contratos, a ser elaborada em razão da função de sua relevância para o atendimento das necessidades essenciais das pessoas que contratam. Desta forma, a tipologia contratual deveria se ater à importância da esfera existencial do contratante para que se possa individualizar a normativa aplicável.[103]

Quanto à complexidade das situações patrimoniais, há, em concomitância, a necessária observação de interesses não patrimoniais, como expõe Pietro Perlingieri,[104] ao afirmar que o crédito e o débito devem ser entendidos como situações subjetivas complexas nos conteúdos, perfazendo como útil evidenciar a influência que o interesse não patrimonial pode exercer sobre o título, de forma que "as obrigações contraídas no interesse da família, as obrigações alimentares etc. assumem papéis paradigmáticos".[105]

Para Ruy Rosado, os contratos existenciais teriam por objeto a prestação de um bem, visto como essencial para a sobrevivência da pessoa humana, que deve preservar os valores inerentes à sua dignidade, nos termos da Constituição Federal. E, sendo assim, definir "bem essencial" que deve se tornar o núcleo do trabalho hermeneuta, de forma que se constituem nessa classificação aqueles ligados à dignidade da pessoa (educação e cultura), qualidade de vida (entretenimento), prevenção de risco (segurança) etc.[106]

Assim, de imediato é possível identificar que no campo do direito das famílias as obrigações existentes, ainda que se afigurem como essencialmente como patrimoniais, como é o exemplo do dever de prestar alimentos, não se dissocia do caráter não patrimonial que este instituto possui, razão pela qual afirma-se que todo contrato familiar é dotado de interesses extrapatrimoniais. Dessa forma, a partir da visão de contratos existenciais, os oriundos do direito das famílias poderiam ser assim classificados, uma vez que presente nestes a essencialidade de atenderem às necessidades existenciais dos envolvidos.

---

103. NEGREIROS, Teresa. *Teoria dos Contratos*. Novos Paradigmas. Rio de Janeiro: Renovar, 2002. p. 352-365.
104. Para explicar o conceito de situação subjetiva recorta-se o seguinte trecho escrito por Pietro Perlingieri: "Já se notou que a situação subjetiva foi pensada para dar forma conceitual a comportamentos. Tais comportamentos constituem o perfil dinâmico da situação subjetiva. A atividade ou o ato jurídico outras coisas não são que a realização de uma situação, de um poder conferido ao sujeito. O interesse reconhecido a um sujeito traduz-se, no momento do seu exercício, em comportamento e, normalmente, em atividade: o reconhecimento, isto é, a existência de interesse juridicamente relevante, precede logicamente o exercício, a atuação e as vicissitudes do interesse", PERLINGIERI, Pietro. *Perfis de direito civil*: introdução ao direito civil constitucional. Trad. Maria Cristina De Cicco. 3. ed. Rio de Janeiro: Renovar, 2007. p. 106.
105. Ibidem. p. 211.
106. AGUIAR JÚNIOR, Ruy Rosado de. Contratos relacionais, existenciais e de lucro. *Revista Trimestral de Direito Civil*: RTDC, Rio de Janeiro, v. 12, n. 45, p. 91-110, jan./mar. 2011. p. 101.

Em sendo o "bem essencial" no direito das famílias sempre um complexo formado pelo interesse patrimonial somado ao caráter extrapatrimonial, tem-se que, na hipótese de um contrato prever estritamente disposições patrimoniais, como o caso de pensão alimentícia, não se pode afastar a essencialidade deste objeto, razão pela qual se verifica a possibilidade de funcionalizar o contrato com as disposições para além da mencionada cláusula patrimonial.

Denota-se, portanto, a ideia de que os contratos existenciais resguardam a ideia de que uma das partes contratantes não busca, em primeiro momento, a patrimonialidade, posto que esta é a segunda intenção/vontade do contratante. Com efeito, o primordial ao agente neste caso é a extrapatrimonialidade que o bem da vida possa lhe garantir, isto é, o fundamental é a garantia das necessidades fundamentais do indivíduo.[107]

Uma vez que todo contrato em direito das famílias será necessariamente existencial, não podendo se excluir o caráter extrapatrimonial, o contrato de coparentalidade abrigará as disposições patrimoniais entre os genitores da prole e, em relação ao que for devido aos próprios filhos (cláusulas patrimoniais), bem como a forma de organização cotidiana da família, como guarda e convivência (cláusulas existenciais).

A título de exemplo, denota-se a existência de cláusulas extrapatrimoniais nos pactos antenupciais, bem como nos contratos de convivência, uma vez que parcela da doutrina pátria afirma ser o pacto antenupcial um instrumento que visa exclusivamente definir qual o regime de bens adotado pelo casal.[108]

---

107. AZEVEDO, Antonio Junqueira de. *Revista Trimestral de Direito Civil. RTDC*, v. 9, n. abr./jun. 2008, p. 299-308, 2008. p. 304-35. Ou ainda: "Na análise dos contratos existenciais, há de se levar em conta a existência de interesse extrapatrimonial por uma parte contratante, além do interesse patrimonial. Dito de outra maneira, enquanto que para a parte dominante o objeto representa apenas interesse patrimonial, visto que visa o lucro, para a parte vulnerável/hipossuficiente o objeto apresenta duas ordens de interesses, sendo a primeira extrapatrimonial e a segunda patrimonial. Verifica-se, portanto, que para a parte vulnerável, a extrapatrimonialidade do objeto é mais importante do que a sua patrimonialidade, haja vista não ter em conta o lucro, mas sim um bem existencial, relacionado ao mínimo existencial. BIZELLI, Rafael Ferreira. Contratos existenciais: contextualização, conceito e interesses extrapatrimoniais. *Revista Brasileira de Direito Civil – RBDCivil.* v. 6, out./dez. 2015. p. 90.

108. Washington de Barros Monteiro afirma que "em primeiro lugar, fazendo lavrar pacto antenupcial, devem os nubentes ater-se, tão-somente, às relações econômicas, não podendo ser objeto de qualquer estipulação os direitos conjugais, paternos e maternos". MONTEIRO, Washington de Barros. *Curso de Direito Civil*, 35. ed. São Paulo: Saraiva, 2007. v. II, p. 193. De igual forma Silvio Salvo Venosa: "O pacto antenupcial é negócio jurídico de direito de família e sua finalidade é exclusivamente regular o regime patrimonial dos cônjuges no casamento a realizar-se. Não se admitem outras disposições estranhas a essa finalidade". VENOSA, Sílvio de S. *Direito Civil*: Família e Sucessões. Barueri: Grupo GEN, 2022. v. 5. E-book. Disponível em: https://app.minhabiblioteca.com.br/#/books/9786559773039/. Acesso em: 10 set. 2023. E ainda: "O pacto antenupcial é negócio dispositivo que só pode ter conteúdo patrimonial, não admitindo estipulações alusivas às

Todavia, conforme já mencionado antes, a doutrina contemporânea avançou no sentido de defender a possibilidade de que este instrumento contemple disposições existenciais, com as devidas ressalvas, de continuarem vedadas condutas contrárias à lei.

O pacto antenupcial[109] possui pouca aquiescência na vida cotidiana brasileira,[110] seja pelo pouco conhecimento da potencialidade deste instrumento e o desconhecimento da possibilidade de se operacionalizá-lo. Todavia, entende-se que, a partir do momento em que as disposições existenciais forem de forma ampla integradas a este pacto, poder-se-á considerar o crescimento de novas celebrações,[111] em razão do interesse gradativo que a temática tem despertado,

---

relações pessoais dos consortes, nem mesmo as de caráter pecuniário que não digam respeito ao regime de bens ou que contravenham preceito legal. [...] Conforme a lição de Carbonnier, embora o pacto antenupcial seja um negócio de conteúdo patrimonial, não é um contrato idêntico aos disciplinados no Livro das Obrigações, dada sua natureza institucional, porque uma vez realizado o matrimônio, que é a condição que subordina o início de sua eficácia jurídica, os nubentes não mais podem alterá-lo a seu bel-prazer, conservando-se até a dissolução da sociedade conjugal, a fim de proteger interesse da família ou de terceiro que venha a se relacionar economicamente com os cônjuges, salvo se houver autorização judicial para sua alteração, baseada em pedido motivado de ambos os cônjuges e mediante apuração da procedência dos motivos invocados, ressalvando-se, porém, direitos de terceiros (CC, art. 1.639, § 2º)". DINIZ, Maria H. *Curso de Direito Civil Brasileiro*: Teoria Das Obrigações Contratuais e Extracontratuais. São Paulo: Saraiva, 2023. v. 3. E-book. Disponível em: https://app.minhabiblioteca.com.br/#/books/9786553628007/. Acesso em: 10 set. 2023.

109. Artigo cujo título é Pacto Antenupcial Como Garantidor Da Autonomia Privada Dos Nubentes. Publicado na *Revista da Faculdade de Direito do Sul de Minas*, [S. l.], v. 39, n. 1, 2023. Disponível em: https://revista.fdsm.edu.br/index.php/revistafdsm/article/view/549. Acesso em: 12 ago. 2023.

110. "Mesmo com a popularidade do casamento, o uso do pacto antenupcial ainda é muito tímido. Em recente esforço empírico, os tabelionatos paulistas participantes da referida pesquisa de campo deram notícia de apenas 311 pactos antenupciais lavrados em 2008 no estado de São Paulo. Em contrapartida, o IBGE indica que, no estado de São Paulo, 255.603, casamentos foram registrados em 20086. Embora não seja possível uma comparação direta entre as duas pesquisas, já é possível ao menos ilustrar que é esmagadora a maioria dos casamentos que não fazem uso do pacto antenupcial. Os motivos dessa negação ao uso do pacto provavelmente passam por razões sociológicas, mas também, em certa medida, jurídicas. Não há clareza na doutrina no que tange sua natureza jurídica e seu âmbito operativo. Mesmo assim, são poucos os esforços doutrinários específicos sobre a matéria". BIAZI, João Pedro de Oliveira de. Pacto antenupcial: uma leitura à luz da Teoria do Negócio Jurídico. *Revista Jurídica Luso-Brasileira*. Lisboa, ano 2. n. 1. p. 229-264. 2016. p. 230.

111. Fabiana Domingues Cardoso assevera que "Para aqueles que militam na área de Direito de Família, ou qualquer que tenha experimentado uma separação familiar pode atestar as inúmeras mazelas e prejuízos emocionais, psicológicos e materiais que um litígio pode provocar aos cônjuges, à prole e à família como um todo, levando a crer que um pacto que permita a convenção sobre o maior número de questões possíveis relacionadas ao casamento, fará com que o instrumento exerça a função preventiva de litígios, ou ao menos facilitados da resolução de desavenças que eventualmente o casal venha a enfrentar, especialmente nos momentos críticos da dissolução do casamento". CARDOSO, Fabiana Domingues. *Pacto antenupcial no Brasil*: formalidades e conteúdo. 2009. 305 f. Dissertação (Mestrado em Direito) – Pontifícia Universidade Católica de São Paulo, São Paulo, 2009. p. 196.

em especial pelas decisões judiciais[112] que permitem a estipulação de multas pela infidelidade, como nos casos americanos.[113]

Entre as possíveis cláusulas que o pacto antenupcial pode conter, Fabiana Domingues Cardoso assevera que podem existir cláusulas extrapatrimoniais exclusivas e de caráter misto, ou seja, interesses pessoais e patrimoniais: a religião da prole, as indenizações decorrentes de violação de dever conjugal ou término do relacionamento; a rotina doméstica; o consenso sobre as formas reprodutivas; o reconhecimento filial; guarda e regulamentação de visitas[114] da prole; a nomeação de tutor.[115]

---

112. Notícia veiculada no site do Tribunal de Justiça de Minas Gerais: "Um casal de Belo Horizonte resolveu fazer um pacto antenupcial uma cláusula de multa de R$ 180 mil em caso de traição. O documento foi validado pela juíza Maria Luiza de Andrade Rangel Pires, titular da Vara de Registros Públicos de Belo Horizonte, que autorizou a inclusão da cláusula de multa no contrato. O pacto antenupcial é um contrato elaborado antes do casamento, no qual os noivos estabelecem as regras que vão vigorar durante a constância da união, como as repercussões econômicas em um possível término do relacionamento. Os noivos argumentaram na Justiça que o "lado inocente deverá receber a indenização pelo possível constrangimento e vergonha que pode passar aos olhos da sociedade". Segundo a juíza Maria Luiza Rangel Pires, embora para muitos soe estranha essa cláusula no contrato – porque já se inicia uma relação pontuada na desconfiança mútua -, essa decisão é fruto da liberdade que eles têm de regular como vai se dar a relação deles, uma vez que o dever de fidelidade já está previsto no Código Civil Brasileiro. A magistrada ainda ressaltou que os casais têm autonomia para decidir o conteúdo do pacto antenupcial, desde que não violem os princípios da dignidade humana, da igualdade entre os cônjuges e da solidariedade familiar. Para a juíza, o Poder Público tem que intervir o mínimo possível na esfera privada, de modo que o pacto antenupcial é definitivamente para o casal escolher o que melhor se adequa para a vida que escolheram levar a dois". BRASIL. Tribunal de Justiça do Estado de Minas Gerais. Justiça autoriza pacto antenupcial com multa de R$ 180 mil em caso de infidelidade. Disponível em: https://www.tjmg.jus.br/portal-tjmg/noticias/justica-autoriza-pacto-antenupcial--com-multa-de-r-180-mil-em-caso-de-infidelidade.htm. Acesso em: 11 set. 2023.

113. Como exemplos pode-se citar: "A atriz Jennifer Lopes e o ator Bem Affleck, segundo notícias de jornais, estabeleceram em seu pacto antenupcial a obrigação de relações sexuais de qualidade, quatro vezes por semana; Catherine Zeta-Jones e Michael Douglas condicionaram o casamento a tratamento do noivo de um distúrbio ninfomaníaco, sob pena de multa milionária; Nicole Kidman estabeleceu em seu pacto pré-nupcial que o cantor Keth Urban receberia um prêmio de US$ 600 mil por ano se ele se mantivesse livre de drogas ilícitas e não tivesse relação com outras mulheres; Mark Zuckerberg, conhecido como um workaholic, estabeleceu em seu pacto com Priscilla Chan que, além de fazer sexo no mínimo uma vez por semana, ele deveria ter pelo menos cem minutos de tempo dedicado a ela; Justin Timberlake e Jessica Biel estabeleceram multa em caso de traição. Na Inglaterra, a rainha Elizabeth II exigiu que William e Kate Middleton assinassem um pacto antenupcial em que ela perderia o título de duquesa, o trono, a casa e a guarda dos filhos, e seria impedida de falar com a mídia, em caso de divórcio". FREITAS, Ciro Mendes. Cláusula de (in)fidelidade no pacto antenupcial. *IBDFAM*. 2023. Disponível em: https://ibdfam.org.br/artigos/1954/Cl%C3%A1usula+de+%28in%29+fidelidade+no+pacto+antenupcial. Acesso em: 11 set. 2023.

114. Não obstante este trabalho adote o direito à convivência como melhor expressão do antigo "direito de visita", conforme será mais a frente explicado, neste momento adotou-se a expressão utilizada pela autora em referência.

115. CARDOSO, Fabiana Domingues. *Pacto antenupcial no Brasil*: formalidades e conteúdo. 2009. 305 f. Dissertação (Mestrado em Direito) - Pontifícia Universidade Católica de São Paulo, São Paulo, 2009. p. 198-214.

Uma vez ampliado o conteúdo do pacto antenupcial para abranger disposições existenciais, deve-se, de igual forma, traçar limites ao exercício desta liberdade. Sendo assim, quanto aos limites denota-se que não poderá existir afronta a preceitos constitucionais, bem como é vedada qualquer sujeição de submissão, desigualdade ou dependência de uma das partes a outra, tampouco poderá infringir a dignidade humana e a solidariedade familiar.[116]

Outras questões controversas sobre a possibilidade de afastar os deveres conjugais tradicionais, são levantadas. Como pontua Gustavo Tepedino, cada caso deve ser analisado isoladamente, e desde que seja resguardada a dignidade da pessoa do cônjuge "não parece haver, *a priori*, óbice na ordem pública para a sua admissão".[117]

Em igual sentido aduzem Ana Carla Harmatiuk Matos e Ana Carolina Brochado Teixeira, cujos escritos afirmam que, a princípio, é válido o ajuste de cláusulas extrapatrimoniais no pacto antenupcial, sendo a vontade expressa das partes, uma vez que o Código Civil veda as interferências externas à família nos exatos termos do art. 1.513.[118] Este artigo deve ser lido e entendido em seu sentido amplo, para além da possibilidade de multiplicidade de composições familiares,

---

116. GIROTTO, Guilherme Augusto; PAIANO, Daniela Braga; MENDONÇA, Ana Luiza. Pacto antenupcial como garantidor da autonomia privada dos nubentes. *Revista da Faculdade de Direito do Sul de Minas*, Pouso Alegre, v. 39, n. 1, p. 348-368, jan./jun. 2023. p. 16. Disponível em: https://revista.fdsm. edu.br/index.php/revistafdsm/article/view/549/525. Acesso em: 11 set. 2023. Ademais: "Enunciado 635 – Art. 1.655: O pacto antenupcial e o contrato de convivência podem conter cláusulas existenciais, desde que estas não violem os princípios da dignidade da pessoa humana, da igualdade entre os cônjuges e da solidariedade familiar. Justificativa: Não há, no ordenamento jurídico, óbice para que o pacto antenupcial trate de questões extrapatrimoniais. Pelo contrário: a lei assegura às partes o livre planejamento familiar (art. 226, § 7º, Constituição Federal e art. 1.565, § 2º, Código Civil) e veda que qualquer pessoa, de direito público ou privado, interfira na comunhão de vida instituída pela família (art. 1.513, Código Civil). Os pactos antenupciais também podem dispor acerca de questões existenciais, contudo, apenas diante de um juízo de merecimento de tutela, tendo como limite a principiologia constitucional. Nesse sentido, os pactos não podem ser utilizados para colocar uma das partes em situação de desigualdade ou dependência, restringir sua liberdade, violar a dignidade humana ou a solidariedade familiar; sendo esses limites que se impõem a qualquer pacto realizado na seara do direito de família. Embora seja papel do Estado intervir para continuar a garantir a supressão, tanto quanto for possível, de vulnerabilidades no âmbito da família, é preciso também que alguns assuntos sejam regulados pelos próprios partícipes da relação, levando-se em conta a necessidade de tutelar a pessoa de cada membro da família". BRASIL. Conselho Nacional da Justiça. Enunciado 635 da VIII Jornada de Direito Civil. Disponível em: https://www.cjf.jus.br/cjf/corregedoria-da-justica-federal/centro-de-estudos-judiciarios-1/publicacoes-1/jornadas-cej/viii-enunciados-publicacao-site-com--justificativa.pdf. Acesso em: 11 set. 2023.

117. TEPEDINO, Gustavo. Contratos em Direito de Família. In: PEREIRA, Rodrigo da Cunha (org.). *Tratado de Direito de Família*. Belo Horizonte: IBDFAM, 2015. p. 478.

118. "Art. 1.513. É defeso a qualquer pessoa, de direito público ou privado, interferir na comunhão de vida instituída pela família". Brasil. Lei 10.406, de 10 de janeiro de 2002. Institui o Código Civil. Disponível em: https://www.planalto.gov.br/ccivil_03/leis/2002/l10406compilada.htm. Acesso em: 11 set. 2023.

como também para disposição de regras que buscam reger a convivência dos cônjuges.[119]

Sobre os limites dessas disposições existenciais, Ana Carolina Brochado Teixeira e Carlos Nelson Konder expõem que, sobre os deveres conjugais estampados no art. 1.566 do Código Civil, os deveres da fidelidade (inciso I) e da coabitação (inciso II), se afiguram como o modo em que os nubentes resolveram vivenciar a sua conjugalidade, sendo a sua disposição "plenamente defensável num mundo plural e democrático".[120] O mesmo não acontece com os demais deveres, como a mútua assistência (inciso III), sustento, guarda e educação dos filhos (inciso IV) e o respeito e consideração mútuos, vez que a limitação da autonomia se justifica no princípio da solidariedade familiar.[121]

As relações familiares podem se valer de instrumentos contratuais para funcionalizarem as disposições que regerão o relacionamento vindouro, sem que haja afronta aos preceitos constitucionais, tampouco ofenda a legislação civilista, posto que a intenção deve ser privilegiar o convívio harmônico entre os cônjuges e a prole, e não o revés.

É do negócio jurídico como figura central que diversas outras composições familiares se valem para regrarem os reflexos jurídicos que pretendem, isto é, da essência do negócio jurídico que se pode extrair a possibilidade de que determinados efeitos jurídicos possam ser escolhidos pelos componentes do arranjo familiar. E, para além disso, é necessária uma nova análise dos institutos já vigentes, como dito alhures, sobre o pacto antenupcial, para que o instituto seja funcionalizado e sua máxima potencialidade seja explorada na contemporaneidade.

Os aportes doutrinários deste subitem foram essenciais para que se comprovasse a possibilidade de um contrato carregar disposições existenciais, não apenas novos contratos assim celebrados, mas de igual forma outros já existentes. O que permite ao próximo capítulo explorar os novos arranjos familiares, cuja formação comumente faz uso de contratos, corroborando-se a essa ideia, tratar-se-á do que se denomina de "contratualização das relações familiares".

---

119. MATOS, Ana Carla Harmatiuk; TEIXEIRA, Ana Carolina Brochado. Pacto antenupcial na hermenêutica civil-constitucional. In: MENEZES, Joyceane Bezerra de; CICCO, Maria Cristina de; RODRIGUES, Francisco Luciano Lima (Coord.). *Direito civil na legalidade constitucional*: algumas aplicações. Indaiatuba: Foco, 2021. p. 33.

120. TEIXEIRA, Ana Carolina Brochado; KONDER, Carlos Nelson. Situações jurídicas dúplices: continuando o debate sobre a nebulosa fronteira entre patrimonialidade e extrapatrimonialidade. In: TEIXEIRA, Ana Carolina Brochado; RODRIGUES, Renata de Lima (Coord.). *Contratos, Família e Sucessões*. 2. ed. Indaiatuba: Foco, 2021.

121. Ibidem.

Sendo assim, nos itens do capítulo seguinte enfrentar-se-á com maiores detalhamentos os desdobramentos que as contratualizações das relações familiares podem conter na atualidade, para então, a partir de um debate sobre os temas sensíveis como o contrato, as disposições existenciais, os novos arranjos familiares, chegar-se à possibilidade de se compor uma família coparental por um contrato.

2
DAS FAMÍLIAS CONTEMPORÂNEAS NO ORDENAMENTO JURÍDICO BRASILEIRO

Tendo em vista os múltiplos conceitos expostos pela doutrina pátria e estrangeira sobre a família contemporânea, os próximos itens cuidarão de apresentar um breve levantamento histórico, sem o objetivo de exaurir o tema. A análise será construída em concomitância com conceitos fornecidos por outros ramos do conhecimento, para que seja possível identificar as mudanças no paradigma da formação e da tutela estatal que fora adquirido nos últimos anos por este instituto.

O marco legislativo referencial é a Constituição Federal de 1988, que elencou, em especial no art. 226, que a família é a base da sociedade e tem, portanto, especial proteção do Estado. Desta normativa, é possível identificar que o conceito de família fora expandido, em razão dos parágrafos do mencionado artigo que preveem como família aquela que decorre do casamento, da união estável (entre um homem e uma mulher) e da monoparentalidade.

Sendo assim, em percepção à realidade em que a sociedade contemporânea vem adotando para sua composição, mediante as formas de conjugalidade e parentalidade, a doutrina busca conceituar e elencar algumas das possibilidades: família matrimonial; família constituída pela união estável (heteroafetiva e homoafetiva); família monoparental; família unilinear; família anaparental; família unipessoal; *e-family*; família mosaico, recomposta ou reconstituída; família multiparental ou pluriparental; famílias simultâneas ou paralelas; famílias poliafetivas; e, família coparental.[1]

Desta forma, o primeiro item cuidará de apresentar a diversidade de conceitos encontradas no direito, na psicologia e na sociologia, sem se restringir a uma obra ou a um único autor, para que seja possível, a partir da descrição da diversidade de conceitos, confirmar que as famílias contemporâneas são um

---

1. Rol sem acréscimos apresentado por Edwirges Elaine Rodrigues e Maria Amália de Figueiredo Pereira Alvarenga. RODRIGUES, Edwirges Elaine; ALVARENGA, Maria Amália de Figueiredo Pereira. Novos Tempos, novas famílias: da legitimidade para a afetividade. *Civilistica.com*. Rio de Janeiro, a. 10, n. 3, 2021. Disponível em: http://civilistica.com/novos-tempos-novas-familias/. Acesso em: 22 ago. 2023.

conceito aberto, múltiplo e passível de receber novos contornos, vez que não se afigura como *numerus clausus* mas em verdade *numerus apertus*.

Após, haverá a incursão pelas normativas em que as famílias estão previstas ordenamento jurídico pátrio, posto que estão elencadas para além do texto constitucional, como por exemplo no Código Civil, em legislações esparsas, nas Resoluções e Provimentos do Conselho Nacional de Justiça (CNJ), nas Resoluções dos Concelhos de Classe (como por exemplo do CRM, para casos em que é preciso a definição de questões de biodireito e direito de família), entre outros.

Na sequência, todo o pensamento será concatenado com as novas composições conjugais e parentais encontradas nas relações humanas. Por derradeiro, a última parte cuidará de explicar a contratualização das relações familiares, com suas consequentes implicações.

2.1 DA INTERLOCUÇÃO MULTIDISCIPLINAR

Para Jean Carbonnier, cujos escritos inserem na ciência do direito a ideia de interdisciplinaridade, ampliando, portanto, no direito civil a contribuição da sociologia jurídica, para que os institutos jurídicos sejam mais bem compreendidos. No direito das famílias, o mencionado autor ofertou contribuições que se adequam ao tema proposto no presente estudo, uma vez que alarga a compreensão sobre a formação de família mediante a ruptura do casal formado pela conjugalidade.[2]

O autor afirma, mais à frente em seus escritos, que os estudiosos perguntavam há cem anos sobre a origem da família, e se perguntam para onde vai, uma vez

---

2. Sobre a concepção de família o autor a descreve a família em três pessoas como: "Une famille, mais en trois personnes: plutôt qu'une identité, ce qui fait la famille est une ressemblance, un air de famille. L'air de famille, dans l'exemple choisi, se reconnaît à ceci que les trois individus, en des occasions différentes, ont réagi familialement. Tous familialement, quoique chacun à as façon. On voit mieux ce que peut être la famille: non pas une entité qui serait distincte de ses membres, mais, en chacun des membres, cette partie de la personnalité qui est familialisée. De même que la conscience collective selon Durkheim (du moins à suivre la conception la plus raisonnable) n'est pas un esprit transcendant qui flotterait au dessus de la société, mais, dans l'animal sociable, cette portion de conscience qui est socialisée." p. 274. que pode ser traduzido livremente como: "Uma família, mas em três pessoas: mais do que uma identidade, o que torna o família é uma semelhança, uma semelhança de família. A semelhança familiar em o exemplo escolhido, pode ser reconhecido pelo fato de que os três indivíduos, em ocasiões diferente, reagiu como uma família. Todos em família, embora cada um tenha o seu caminho. Vemos melhor o que pode ser a família: não uma entidade que seria distinto de seus membros, mas, em cada um dos membros, aquela parte da personalidade que está familiarizada. Assim como a consciência coletiva de acordo com Durkheim (pelo menos para seguir a concepção mais razoável) não é um espírito transcendente que flutuaria acima da sociedade, mas, no animal sociável, aquela porção da consciência que é socializada". CARBONNIER, Jean. *Flexible droit*: pour une sociologie du droit sans rigueur. 10e édition. Paris: LGDJ, 2001 [1969].

que há quem afirme que a família como instituição está perdendo suas funções.[3] Todavia, o autor aduz que no mais íntimo do que pode se entender como família está um possível paradoxo individualista, posto que é a partir de uma constituição de família, que os indivíduos se realizam.[4]

Seguindo a linha da interdisciplinaridade, Sigmund Freud, que funda a psicanálise (matéria que possui estreita relação com o direito das famílias), institui o conceito do Complexo de Édipo, cuja ideia central se revela na expressão do ser humano na busca de sua identidade. A libido, o desejo, se afigura como expressão da pulsão, que, por sua vez, é o centro da lei na aliança (no sentido de matrimônio) e na filiação.[5] Desta forma, observa-se uma ideia de decadência da autoridade paterna e uma realocação da família como nova ordem simbólica. Freud aborda a mudança de paradigma que revela o caráter da afetividade nos relacionamentos.[6]

---

3. "FAMILLE. Les savants d'il y a cent ans se demandaient d'où elle venait, ceux d'aujourd'hui se demandent plutôt où elle va. L'hypothèse étant que l'organe ne se maintient que par la fonction, quelques-uns s'inquiètent de voir la famille perdre peu à peu ses fonctions, notamment au profit de la société. Mais d'autres croient à une pérennité de fonctions en profondeur, sous des remous de surface. La famille du bon vieux temps nous apparaît comme la synthèse élégante de plusieurs fonctions économiques: à la fois unité de production et de consommation, mécanisme d'assurance et réservoir de capital. La fonction de production a subi des dégradations peu niables: les ateliers de famille ont été ruinés par la grande industrie; et les efforts législatifs déployés en faveur de la petite ou moyenne exploitation agricole sont la meilleure preuve qu'elle est menacée". CARBONNIER, Jean. *Flexible droit*: pour une sociologie du droit sans rigueur. 10. ed. Paris: LGDJ, 2001 [1969]. p. 279-280. Traduzido livremente para: "Família. Os estudiosos de cem anos atrás se perguntaram de onde veio, os de hoje se perguntam para onde está indo. Sendo a hipótese de que o órgão se mantém apenas pela função, alguns se preocupam em ver a família perdendo gradativamente suas funções, em particular para benefício da sociedade. Mas outros acreditam na continuidade das funções em profundidade, sob os redemoinhos de superfície. A família de antigamente surge-nos como a elegante síntese das várias funções econômicas: tanto uma unidade de produção e consumo, um mecanismo de seguro e um reservatório de capital. A função de produção sofreu inegáveis degradações: as oficinas familiares foram arruinadas pela grande indústria; e os esforços legislativos em favor dos pequenos ou fazenda média são a melhor prova de que está ameaçada".

4. Nas palavras do autor "Au plus intime du réduit, nous découvrons une fonction que l'on peut dire paradoxalement égocentrique et individualiste, auprès de laquelle toutes les autres semblent extérieures et superficielles, ne font plus figure que de sousproduits: en créant une famille, chacun, homme et femme, s'accomplit luimême". p. 281. Traduzido livremente para: "No mais íntimo do reduzido, descobrimos uma função que podemos dizer paradoxalmente egocêntrico e individualista, com o qual todos outras parecem externas e superficiais, aparecem apenas como subprodutos: constituindo uma família, cada um, homem e mulher, se realiza".

5. CARVALHO FILHO, J, G, T. O conceito de família da teoria psicanalítica: uma breve revisão. *Pesquisas e práticas psicossociais*, São João Del Rey, v. 3, n. 1, p. 117-121, 2008, p. 119.

6. Neste sentido: "A invenção freudiana do Complexo de Édipo não busca nem a restauração da tirania do patriarca, nem a do matriarcado, mas evita a abolição da família, dando conta da natureza do inconsciente e do desejo entre os seus membros, em que reencentra a antiga ordem patriarcal. Como consequência do modelo edipiano, temos: a revolução da afetividade (amor-desejo-casamento), o lugar preponderante concedido ao filho e a prática da contracepção. Tais procedimentos levam a uma modificação intensa na dinâmica e estrutura das famílias dos séculos XX e XXI". Ibidem.

Freud explica o complexo de Édipo, nesta teoria que explora-se a postura afetiva para com a família – e, com relação à figura do pai e da mãe. Assim, havendo falha na forma como essa relação é mantida é que surgem as neuroses, ou ainda: "O complexo de Édipo, ou seja, a postura afetiva para com a família, para com pai e mãe, no sentido mais estrito, é o material que o neurótico fracassa em dominar, e que, por isso, sempre forma o núcleo de sua neurose".[7]

Pode-se, pois, identificar que essa nova acepção de família, no início do século XX, demonstra não apenas o declínio da autoridade paterna, mas igualmente a autonomia do subjetivismo nas relações familiares, "uma vez que tem como seu cerne o amor, o desejo e a sexualidade".[8]

Em um texto mais curto, "O romance familiar dos neuróticos" do ano de 1909, Freud expõe o necessário abandono do lar dos pais pelo filho, para que não se torne um neurótico, vez que os ditos normais conseguiram atingir esse objetivo. E, não somente isto, também afirma que essa relação é marcada pelo afeto e que o rompimento significa uma necessidade a ser alcançada: "é uma das realizações mais necessárias e também mais dolorosas do indivíduo em crescimento".[9]

Deste pequeno recorte, é possível identificar que, de fato, existe, nos escritos de Freud, a descrição da relação subjetiva construída entre pais e filhos, marcada por inúmeros sentimentos, entre eles o afeto e o necessário rompimento familiar. Todavia, conclui o autor que o indivíduo adulto continua a superestimar os seus pais, pelos sonhos.[10] Denota-se, pois, que houve um acréscimo na forma como o afeto é visto, como algo real e concreto nas relações familiares e que se sobrepõe ao mero vínculo biológico.

---

7. FREUD, Sigmund. Obras completas. *História de uma neurose infantil.* "O homem dos lobos". Além do princípio do prazer e outros textos (1917-1920). Trad. Paulo César de Souza. São Paulo: Companhia das Letras, 2010, v. 14, p. 296-297.

8. "Questionando a morte do pai, Freud nos remete ao pai totêmico, primevo, devorador e criminoso, em suas duas grandes obras: Totem e Tabu e Moisés e o Monoteísmo (1939/80), onde torna o complexo de Édipo universal, por ligá-lo aos dois interditos fundamentais da cultura. Consequentemente, o poder na sociedade pode ser centrado em três imperativos: um ato fundador (morte do pai), necessidade da lei (punição) e renúncia ao despotismo do pai tirano da horda selvagem. Na evolução do indivíduo, estes três imperativos têm, como consequência, três estágios: no período animista, onipotência e narcisismo infantil; na fase religiosa, poder divino e paterno; e, finalmente, na época científica, o logos (Freud, 1939/1980). A família freudiana adota como sua base a culpa e a lei moral, fundamenta o desejo entre condições conflitantes da autoridade, rebeldia, universal, diferença, crime, castigo". CARVALHO FILHO, J.G.T. de. O conceito de família na teoria psicanalítica: Uma breve revisão, p. 119. *Pesquisas e Práticas Psicossociais* 3(1), São João del-Rei, Ag. 2008, p. 119.

9. FREUD, Sigmund. O romance familiar dos neuróticos" de 1909. *Romances familiares.* Edição Standard Brasileira das Obras Psicológicas Completas de Sigmund Freud. Trad. Jayme Salomão. Rio de Janeiro: Imago, 1996, v. IX. p. 192.

10. Ibidem, p. 193.

Jacques Lacan, descreve que a família é um instituto, de estrutura cultural, e, no viés da hereditariedade psicológica, desempenha papel primordial na transmissão da cultura, das tradições espirituais, da preservação dos ritos e costumes, bem como a conversação de patrimônio. E, o ponto mais importante, é que ela preside os fundamentos do desenvolvimento psíquico, o que representa a ultrapassagem da consciência.[11]

Ademais, o autor busca refutar a ideia de promiscuidade nas primeiras famílias humanas, em que não haveria relações definidas entre os parceiros e os demais componentes. Assim, as formas primitivas de famílias tinham características essenciais que podem ser identificadas nas composições mais recentes. Tais características são: autoridade, concentrada em certo momento na figura paterna (patriarcado) ou na mãe (pelos homens por ela delegados – matriarcado), a forma de se estabelecerem os parentescos, a herança e sucessão, que comumente seguiam as linhagens maternas e paternas.[12]

No entanto, Lacan observa que, nessas famílias mais primitivas, não haveria uma "célula social", pois os arranjos familiares extrapolavam o simples par biológico. Eles consistiam em um conjunto mais amplo de relações, e essas nem sempre eram baseadas nos laços naturais de consanguinidade.[13] Portanto, desde as famílias mais primitivas, haveria uma relação mais complexa para composição familiar.[14]

O autor aduz então que, não obstante a influência que o casamento exerce sob o conceito da família, estes são institutos diferentes, a despeito da ligação intrínseca dos dois institutos. Assim, é possível identificar um significado unificador e orientador dessa formação, que é complexa, em observação aos arranjos familiares primitivos. O autor de igual maneira afirma que, dentro das relações primitivas complexas, não se nega a existência dos vínculos biológicos. Todavia, não se pode isolar esta configuração, vez que essas não podem ser diretamente comparadas com a forma atual de família.[15]

---

11. LACAN, Jacques. *A família*. 2. ed. Trad. Brigitte Cardoso e Cunha, Ana Paula dos Santos e Graça Lamas Graça Lapa. Lisboa: ASSIRIO & ALVIM, 1981. p. 11.
12. LACAN, Jacques. *A família*. 2. ed. Trad. Brigitte Cardoso e Cunha, Ana Paula dos Santos e Graça Lamas Graça Lapa. Lisboa: ASSIRIO & ALVIM, 1981. p. 12.
13. Ibidem. p. 12.
14. Ibidem. p. 13.
15. Nas palavras do autor: "O grupo reduzido que compõe a família moderna não surge, com efeito, ao ser examinado, como uma simplificação mas antes como uma contracção da instituição familiar. Ele mostra uma estrutura profundamente complexa, da qual mais do que um ponto se esclarece melhor pelas instituições positivamente conhecidas da família antiga do que pela hipótese duma família elementar a qual não se encontra em parte alguma. Isto não é dizer que seja demasiado ambicioso procurar nesta forma complexa um sentido que a unifica e talvez dirija a sua evolução. Este sentido aparece precisamente quando, à luz deste exame comparativo, se apreende a modificação profunda

Rodrigo da Cunha Pereira, que igualmente trabalha com a interdisciplinaridade do direito com a psicanálise, em sua obra "Direito de Família: uma abordagem psicanalítica", expõe a ideia da estrutura familiar de Lacan, mas elabora seu próprio conceito ao afirmar que esta estrutura é preexistente e está em posição superior ao próprio direito. Assim, o direito vem buscando tutelar esse arranjo denominado família, para que o indivíduo possa se crescer de forma livre e adequada, e desenvolver as relações interpessoais e sociais, sem as quais o sujeito se tornaria psicótico.[16]

O autor também faz uma diferenciação entre o instituto da família e do casamento, conforme já mencionado no início deste tópico por Carbonnier, porquanto afirma aquele, que o casamento é objeto de intensa regulamentação jurídica. Para o direito brasileiro, portanto, a ideia de casamento esteve atrelada ao conceito religioso, marcado pela influência da Igreja Católica, visto como vínculo entre um homem e uma mulher, de forma indissolúvel.[17]

Embora o presente subitem explore os aspectos multidisciplinar com aportes da psicologia e os vínculos jurídicos sejam de igual forma explorados no item a seguir, convém uma observação sobre a diferenciação dos vínculos de conjugalidade e parentalidade.[18] Essa diferenciação se alinha a um aspecto central do trabalho – a possibilidade de que exista um vínculo parental, sem necessariamente um vínculo prévio e amoroso entre os genitores, o que por muito tempo sequer foi possível de se pensar, como um vínculo mantido entre as partes apenas para criar um filho.[19]

---

que conduziu a instituição familiar à sua forma actual; reconhece-se ao mesmo tempo que é preciso atribuí-la à influência prevalente que tem aqui o casamento, instituição que se deve distinguir da família". Ibidem. p. 13.

16. PEREIRA, Rodrigo da C. *Direito de Família*: uma abordagem psicanalítica. 4. ed. Rio de Janeiro: Grupo GEN, 2012. E-book. Disponível em: https://app.minhabiblioteca.com.br/#/books/978-85-309-4413-1/. Acesso em: 22 ago. 2023.

17. PEREIRA, Rodrigo da C. *Direito de Família – Uma Abordagem Psicanalítica*. 4. ed. Rio de Janeiro: Grupo GEN, 2012. E-book. Disponível em: https://app.minhabiblioteca.com.br/#/books/978-85-309-4413-1/. Acesso em: 22 ago. 2023.

18. A exemplo da filiação, tem-se o seguinte: "No que se refere à filiação, a assimetria do tratamento legal aos filhos, em razão da origem e do pesado discrime causado pelo princípio da legitimidade, não era inspirada na proteção da família, mas na proteção do patrimônio familiar. A caminhada progressiva da legislação rumo à completa equalização do filho ilegítimo foi delimitada ou contida pelos interesses patrimoniais em jogo, sendo obtida a conta-gotas: primeiro, o direito a alimentos, depois, a participação em 25% da herança, mais adiante, a participação em 50% da herança, chegando finalmente à totalidade dela". LÔBO, Paulo. *Direito civil*. 8. ed. São Paulo: Saraiva Educação, 2018, v. 5: famílias, p. 17.

19. Tal assertiva decorre das diversas classificações que existiam para os filhos, todas que decorriam do tipo ou espécie de vínculo que os pais mantinham, dentre as quais pode-se citar: ilegítimos, espúrios, incestuosos, sacrílegos, adulterinos, naturais e perfilhação solene. PEREIRA, Lafayette Rodrigues. *Direitos de família*. Brasília: Senado Federal, Conselho Editorial: Superior Tribunal de Justiça, 2004. p. 253-270.

Sobre a correlação entre direito e sexualidade Rodrigo da Cunha Pereira afirma que este assunto sempre foi tormentoso ao direito, uma vez que se afigura como um tabu e, assim, por não se legislar sobre a temática tem-se a ideia de que a sexualidade não interessa para o direito. Todavia, para o direito das famílias essa questão é primordial, como exemplo cita a referência feita pelo art. 219, inciso IV, do Código Civil brasileiro de 1916, que previa a possibilidade de anulação do casamento, pelo homem que descobrisse que a esposa não era virgem, razão pela qual é possível identificar que a sexualidade sempre interessou e fez parte do direito das famílias.[20]

O autor faz essa introdução para avançar no tema e tecer comentários sobre as uniões homoafetivas (não obstante utilizar o temo uniões homossexuais), revelando o papel que a jurisprudência desempenhou para tutela destes arranjos, bem como ao conferir o direito ao nome das pessoas transexuais. Após, afirma-se pela situação jurídica do concubinato à união estável, hoje assentada como uma entidade familiar constitucional. E, ao final, descreve a situação da comunidade formada pelos pais e seus descendentes, que igualmente é prevista na Constituição Federal de 1988.[21]

Pontes de Miranda, ao tratar sobre a adoção, afirma que família é "sociedade psicológica, a que a identidade de origem ancestral, se é o seu fundamento remoto, não representava, todavia, seu requisito essencial",[22] ou seja, para o autor, o instituto da família vai muito além do fundamento biológico e revela-se de suma importância reconhecer o aspecto psicológico como fator primordial desta, razão pela qual torna-se imprescindível identificar que tal aspecto sempre deve se fazer presente ao se tratar de família.

Como um dos pontos a ser enfrentado em momento posterior (a pluralidade das composições parentais), é necessário que se faça um avanço na concepção de paternidade – que se afastou da descendência paterna, ou nas palavras de João Baptista Villela a "desbiologização da paternidade". A paternidade não é um fato da natureza, e sim cultural, posto que é, antes, fruto da decisão espontânea do amor, do que propriamente da procriação.[23]

---

20. PEREIRA, Rodrigo da C. *Direito de Família*: uma abordagem psicanalítica. 4. ed. Rio de Janeiro: Grupo GEN, 2012. E-book. Disponível em: https://app.minhabiblioteca.com.br/#/books/978-85-309-4413-1/. Acesso em: 22 ago. 2023.

21. PEREIRA, Rodrigo da C. *Direito de Família*: uma abordagem psicanalítica. 4. ed. Rio de Janeiro: Grupo GEN, 2012. E-book. Disponível em: https://app.minhabiblioteca.com.br/#/books/978-85-309-4413-1/. Acesso em: 22 ago. 2023.

22. PONTES DE MIRANDA. *Tratado de Direito Privado*. Atual. Wilson Rodrigues Alves. Campinas: Bookseller, 2000. t. IX, Direito de Família: Direito Parental, Direito Protetivo, p. 184.

23. VILLELA, João Baptista. Desbiologização Da Paternidade. *Revista da Faculdade de Direito da UFMG*, [S.l.], n. 21, p. 400-418, fev. 2014. Disponível em: https://www.direito.ufmg.br/revista/index.php/revista/article/view/1156. Acesso em: 22 ago. 2023.

Para Daniela Braga Paiano,[24] há se considerar que o reconhecimento da multiparentalidade está sendo reconhecida em casos que a mencionada multiplicidade de pais ou mães já se encontra no campo da realidade social. E, portanto, inexistindo impeditivo legal, não subsiste razão para se negar tal direito.

Desta forma, é possível identificar que, a partir da psicanálise de Sigmund Freud, os sentimentos envolvidos nos enlaces da estrutura familiar ganharam notoriedade e relevância científica, ainda que fosse restrita à época aos tratamentos médicos. Assim, conforme Jean Carbonnier conclui, em seus estudos multidisciplinares entre o direito e a sociologia jurídica, a família é um instituto diferente do casamento, o que também se confirma no ordenamento jurídico brasileiro, em especial após a Lei do Divórcio. Para Jacques Lacan, a família é um instituto cultural, o que é confirmado pelos escritos de João Baptista Villela e Daniela Braga Paiano. Para Rodrigo da Cunha Pereira, as reflexões da psicanálise afetam e transformam o direito das famílias, posto que ambos tratam de assuntos correlacionados.

Feitas tais considerações, é possível iniciar o próximo tópico: em que situação a família está no ordenamento jurídico brasileiro, uma vez que é um valor constitucional e possui proteção do Estado e da sociedade? Possui seu regramento no Código Civil, bem como é disciplinada por inúmeras Resoluções do CNJ e alguns temas tratados pelo Conselho Federal de Medicina. Porquanto, é possível afirmar que a família possui um *locus* (lugar) especialíssimo no ordenamento jurídico pátrio.

2.2 DO *LOCUS* ESPECIALÍSSIMO DAS FAMÍLIAS

A Constituição Federal de 1988 é o marco legislativo da presente pesquisa e a doutrina pátria afirma que este comando supralegal se tornou a "virada de

---

Maurício Bunazar afirma que com a relação ao texto de Villela é possível identificar que não apenas a paternidade se desvinculou do caráter biológico, mas de igual forma a maternidade. Assim, estes dois papeis se relevam como uma "realidade cultural, pertencente, pois, ao mundo da cultura" BUNAZAR, Maurício. Pelas portas de Villela: Um ensaio sobre a pluriparentalidade como realidade sociojurídica. *Direito Unifacs* – Debate Virtual, 2013. Disponível em: https://revistas.unifacs.br/index.php/redu/article/view/2458 Acesso em: 23 ago. 2023. Nas palavras do autor: "Ora, no momento em que Villela demonstrou a absoluta separação entre descendência biológica e paternidade, cessou a possibilidade de confusão entre as duas categorias, vale dizer, se é verdade que só um homem e só uma mulher podem fornecer material genético a alguém, é igualmente verdadeiro que mais de um homem ou mais de uma mulher podem, concomitantemente, comportar-se perante esse alguém e por ele ser encarado(a) como pai ou mãe, afinal o comportar-se é ato de liberdade individual, de autonomia privada que é infenso ao determinismo biológico. Submeter o ser humano ao determinismo biológico é negar-lhe o livre arbítrio, a possibilidade de autodeterminação é, em resumo, negar-lhe o fator que o distingue das demais criaturas".

24. PAIANO, Daniela Braga. *A Família Atual e as Espécies de Filiação*: da possibilidade jurídica da multiparentalidade. Rio de Janeiro: Lumen Juris, 2017. p. 154.

Copérnico"[25] para o ordenamento jurídico, em especial ao direito civil, e ainda mais notável ao direito das famílias, uma vez que é a partir dessa doutrina que as famílias passaram a ser entendidas como democrática,[26] plural, base da sociedade e com especial proteção do Estado.[27]

Daniela Braga Paiano[28] faz um levantamento na doutrina pátria sobre as mudanças que o texto constitucional aplicou às disposições civis, e em consequência ao direito das famílias. Sendo assim, a autora afirma que, no decurso das Constituições anteriores, houve a preocupação estatal para proteção da família de direito, isto é, aquela formada pelo casamento, ignorando-se a existência de outros arranjos familiares, até o advento da atual Constituição. Inclusive, ressalta a autora que o reconhecimento da união homoafetiva como entidade familiar foi possível em razão da interpretação do ordenamento jurídico conforme a Constituição.

---

25. Esse termo alude ao que é proclamada pelo atual Ministro Luiz Edson Fachin como a constitucionalização do Direito Civil, que além de ter sido utilizado no julgamento da ADI 4.277/DF, igualmente é o título ao grupo de pesquisas da Universidade Federal do Paraná, e é encontrado na doutrina como referência ao mencionado Ministro, conforme se pode ver no editorial de Gustavo Tepedino para revista IBDCivil – *Revista Brasileira de Direito Civil*. TEPEDINO, Gustavo. O Supremo Tribunal Federal e a Virada de Copérnico. Editorial. *Revista Brasileira de Direito Civil*. v. 4 abr./jun. 2015. Disponível em: https://rbdcivil.ibdcivil.org.br/rbdc/article/view/96/92. Acesso em: 23 ago. 2023.

26. Este termo é cunhado por Maria Celina Bodin de Moraes, em artigo endereçado ao IBDFAM, em que afirma: "Em termos sociológicos, a tendência da família contemporânea é tornar-se um grupo cada vez menos organizado, menos hierarquizado e independente de laços consanguíneos, e cada vez mais baseado em sentimentos e em valores compartilhados. Na verdade, a partir da década de 1960, no mundo ocidental, a família começa a tornar-se mais atraente porque um de seus princípios fundadores passa a ser o respeito, tanto dos maridos com relação às mulheres, quanto dos pais em relação aos filhos – com o reconhecimento destes como pessoas –, alterando significativamente as relações de autoridade antes existente entre os seus membros. Além disso, uma certa igualdade de tratamento entre os cônjuges, garantida por lei, passou a caracterizar o grupo familiar, também contribuindo para a relevante mudança que permitiu a ampliação, tempos depois, dos espaços de autonomia, crescimento individual e autoafirmação de cada membro dentro do grupo". MORAES, Maria Celina Bodin de. A família democrática. In: MORAES, Maria Celina Bodin de. Na medida da pessoa humana. *Estudos de direito civil constitucional*. Rio de Janeiro: Renovar, 2010.

27. Literalidade do art. 226 da CF/88: "Art. 226. A família, base da sociedade, tem especial proteção do Estado. § 1º O casamento é civil e gratuita a celebração. § 2º O casamento religioso tem efeito civil, nos termos da lei. § 3º Para efeito da proteção do Estado, é reconhecida a união estável entre o homem e a mulher como entidade familiar, devendo a lei facilitar sua conversão em casamento. § 4º Entende-se, também, como entidade familiar a comunidade formada por qualquer dos pais e seus descendentes. § 5º Os direitos e deveres referentes à sociedade conjugal são exercidos igualmente pelo homem e pela mulher. § 6º O casamento civil pode ser dissolvido pelo divórcio. § 7º Fundado nos princípios da dignidade da pessoa humana e da paternidade responsável, o planejamento familiar é livre decisão do casal, competindo ao Estado propiciar recursos educacionais e científicos para o exercício desse direito, vedada qualquer forma coercitiva por parte de instituições oficiais ou privadas. § 8º O Estado assegurará a assistência à família na pessoa de cada um dos que a integram, criando mecanismos para coibir a violência no âmbito de suas relações". BRASIL. [Constituição (1988)]. Constituição da República Federativa do Brasil. Brasília, DF: Senado Federal, 2016. 496 p. Disponível em: https://www2.senado. leg.br/bdsf/bitstream/handle/id/518231/CF88_Livro_EC91_2016.pdf. Acesso em: 23 ago. 2023.

28. PAIANO, Daniela Braga. *A Família Atual e as Espécies de Filiação*: Da possibilidade jurídica da multiparentalidade. Rio de Janeiro: Lumen Juris, 2017. p. 17-18.

Rose Melo Vencelau Meireles,[29] ao tratar das entidades familiares previstas na Constituição, afirma que o próprio termo "família", empregado no texto constitucional, é utilizado no sentido amplo, razão pela qual a função desse instituto é o seu elemento de unificar os conceitos de família. Enquanto existir a comunhão de vida, permitindo-se o livre desenvolvimento de cada um dos integrantes, deve este arranjo receber tutela do Estado como entidade familiar.

Paulo Lôbo[30] sustenta que o pluralismo das entidades familiares se afigura como uma das mais importantes inovações que a Constituição de 1988 trouxe no tocante ao direito das famílias, prevendo, de forma explícita, três entidades familiares: casamento, união estável e monoparental, das quais decorrem outras seis modalidades.[31] E, ao investigar as demais modalidades de família por ele encontradas,[32] conclui que a exclusão dessas teria como consequência a violação ao princípio da dignidade da pessoa humana.[33]

---

29. MEIRELES, Rose Melo Vencelau. Em busca da nova família: uma família sem modelo. *civilistica.com*, v. 1, n. 1, p. 1-13, 31 jul. 2012. Acesso em: 23 ago. 2023.

30. Impende mencionar que a proteção a que o autor alude é: A proteção da família é proteção mediata, ou seja, no interesse da realização existencial e afetiva das pessoas. Não é a família per se que é constitucionalmente protegida, mas o *locus* indispensável de realização e desenvolvimento da pessoa humana. Sob o ponto de vista do melhor interesse da pessoa, não podem ser protegidas algumas entidades familiares e desprotegidas outras, pois a exclusão refletiria nas pessoas que as integram por opção ou por circunstâncias da vida, comprometendo a realização do princípio da dignidade humana. LÔBO, Paulo Luiz Netto. Entidades familiares constitucionalizadas: para além do *numerus clausus*. *IBDFAM*. 2014. Disponível em: http://www.ibdfam.org.br/_img/congressos/anais/193.pdf. Acesso em: 23 ago. 2023.

31. As seis modalidades são: "a) par andrógino, sob regime de casamento, com filhos biológicos; b) par andrógino, sob regime de casamento, com filhos biológicos e filhos adotivos, ou somente com filhos adotivos, em que sobrelevam os laços de afetividade; c) por andrógino, sem casamento, com filhos biológicos (união estável); d) por andrógino, sem casamento, com filhos biológicos e adotivos ou apenas adotivos (união estável); e) pai ou mãe e filhos biológicos (comunidade monoparental); f) pai ou mãe e filhos biológicos e adotivos ou apenas adotivos (comunidade monoparental)." LÔBO, Paulo Luiz Netto. Entidades familiares constitucionalizadas: para além do *numerus clausus*. *IBDFAM*. 2014. Disponível em: http://www.ibdfam.org.br/_img/congressos/anais/193.pdf. Acesso em: 23 ago. 2023.

32. As outras modalidades são: "g) união de parentes e pessoas que convivem em interdependência afetiva, sem pai ou mãe que a chefie, como no caso de grupo de irmãos, após falecimento ou abandono dos pais; h) pessoas sem laços de parentesco que passam a conviver em caráter permanente, com laços de afetividade e de ajuda mútua, sem finalidade sexual ou econômica; i) uniões homossexuais, de caráter afetivo e sexual; j) uniões concubinárias, quando houver impedimento para casar de um ou de ambos companheiros, com ou sem filhos l) comunidade afetiva formada com "filhos de criação", segundo generosa e solidária tradição brasileira, sem laços de filiação natural ou adotiva regular." Ibidem.

33. Razão pela qual o autor afirma: "Em diversas passagens do capítulo dedicado à família, a Constituição demonstra sua atenção primordial com a dignidade das pessoas que a integram, implicitamente, como acima já destaquei, ou explicitamente (§ 7º do art. 226, art. 227, 230). Sujeitos dos deveres são o Estado, a família e a sociedade, que devem propiciar os meios de realização da dignidade pessoal, impondo-se-lhes o reconhecimento da natureza de família a todas as entidades com fins afetivos. A exclusão de qualquer delas, sob impulso de valores outros, viola o princípio da dignidade da pessoa humana". Ibidem.

Não obstante o Código Civil de 2002 tenha buscado se adaptar à Constituição Federal de 1988, abrindo espaço para acolher a igualdade entre cônjuges e filhos, bem como afastar a interferência externa na família e permitir, a partir de um rol de possibilidades, o divórcio, o mencionado diploma legal não atingiu a pretensão de completude. Reforça-se, portanto, a necessária primazia dos preceitos constitucionais para aferição das limitações e probabilidades de novos arranjos familiares, posto que a perspectiva estampada no Código se restringe ao casamento e à união estável.[34]

Ademais, quanto à incompletude do Código Civil (não obstante tenha feito referência ao Código Civil de 1916 – é possível se extrair a forma com que a legislação civil fora concebida ao logo do tempo), Pontes de Miranda afirma que "é lamentável que os Códigos Civil quase só se refiram à união legalizada, ou sacramental".[35] Para o autor, que tece comentários sobre a Constituição de 1946, o emprego do termo "família" se refere "à instituição social da família",[36] que é a diretriz programática do mencionado texto.

José Luiz Gavião de Almeida[37] apresenta os aspectos sociais, econômicos, políticos e culturais que o instituto da família sofreu nos últimos tempos e por conseguinte ao se alterar a concepção de tal instituto, tem-se que as regras a ela aplicas também sofrem alterações, a exemplo o antigo pátrio poder cedeu lugar ao poder familiar que privilegia o interesse dos filhos, quase que exclusivamente. Ademais, afirma o autor:

> O princípio da autoridade paterna sofreu limites necessários. A situação de praticamente escravatura a que a mulher se submetia foi suprimida. Ideias mais democráticas e mais saudáveis foram acolhidas. Do mesmo modo houve evolução em relação à situação dos filhos, antes relegados à posição de meros objetos do direito dos pais. O reconhecimento de seus direitos, independentemente da natureza da filiação, foi conquista necessária e justa.[38]

Com relação à expressão união estável, adotada no texto Constitucional, Rodrigo da Cunha Pereira afirma que o Constituinte de 1988 entendeu a evolução que a sociedade teria atingido, não obstante as críticas sobre a incorreção do termo; fato é que, a partir de então, a família se afastou da ideia de singularidade e

---

34. RUZYK, Carlos Eduardo Pianovski. *Famílias simultâneas*: da unidade codificada à pluralidade constitucional. Dissertação (Mestrado em Direito) – Faculdade de Direito, Universidade Federal do Paraná, Curitiba, 2003, p. 12. Disponível em: https://acervodigital.ufpr.br/bitstream/handle/1884/59793/D%20%20CARLOS%20EDUARDO%20PIANOVSKI%20RUZYK.pdf?sequence=1&isAllowed=y. p. 129 Acesso em: 23 ago. 2023.

35. PONTES DE MIRANDA. *Tratado de Direito Privado*. Parte Especial. São Paulo: RT, 2012. t. VII: Direito de personalidade. Direito de família: direito matrimonial (existência e validade do casamento). p. 241.

36. Ibidem. 245.

37. ALMEIDA, José Luiz Gavião de. *Direito civil*: família. Rio de Janeiro: Elsevier, 2008

38. ALMEIDA, José Luiz Gavião de. *Direito civil*: família. Rio de Janeiro: Elsevier, 2008. p. 7.

passou a ser plural, possibilitando a afirmação de que "o casamento é uma criação jurídica, mas a família existe antes e acima destes artifícios jurídicos".[39]

No tocante à tutela de famílias não formadas pelo casamento, Pietro Perlingieri[40] arrazoa que essas configurações ou arranjos são diversos e as justificativas adotadas como base de cada família, de igual sorte, são inúmeras, inclusive podem ser de ordem ideológicas, contestadoras do sistema ou de cunho patrimonial. Destarte, os modelos de famílias não fundados no casamento são diversos, únicos e expressam diferentes valores morais e sociais, e uma vez que se confere relevância jurídica a estes deveres morais e sociais, devem ser reconhecidos como relevantes e não apenas como superficiais, como causas fundamentais que moldam esses arranjos.[41]

Fachin e Pianovski aludem que os três pilares do Direito Civil (contrato, propriedade e família) são alcançados pela inequívoca repercussão do princípio da dignidade da pessoa humana na conformação da normativa civilista contemporânea, pela eficácia direta e imediata ou vertical do texto Constitucional. Destarte, é possível identificar o âmbito do direito das famílias como um terreno promissor para aplicação do mencionado preceito (dignidade da pessoa humana), vez que as funções pessoais dos componentes se sobrepõem aos papéis institucionais.[42]

Desta forma, as relações familiares começaram a primar pelo afeto, pelas realizações dos anseios existenciais, o que fora apreendido pelo direito; em decorrência, afastou-se da ideia de modelos preconcebidos para que determinada relação familiar obtivesse pertinência para o direito. Tal fenômeno é evidenciado pelo fato de que o regramento atinente à família não mais invoca amarras, em nome de uma suposta estabilidade institucional, e se torna um instrumento de assistência à família pela cooperação dos componentes.[43]

Otavio Luiz Rodrigues Júnior, que é crítico à parcela da doutrina que defende a "constitucionalização do direito civil", afirma que o direito de família se concentra na contemporaneidade na ideia de um avanço da autodeterminação

---

39. PEREIRA, Rodrigo da Cunha. *Concubinato e união estável*. São Paulo: Saraiva, 2016. p. 31-41.
40. PERLINGIERI, Pietro. *O Direito civil na Legalidade Constitucional*. Trad. Maria Cristina de Cicco. Rio de Janeiro: Renovar, 2008. p. 997-998.
41. Mais correto é ter consciência de que existem diversos modelos de família não fundada no casamento "[...] Cada modelo de família não fundada no casamento acaba por ser único, expressão de determinadas instâncias morais e sociais; e se se reconhece relevância jurídica aos deveres morais e sociais, não se podem relegar ao papel de motivos razões que caracterizam o modelo e que representam não os seus motivos, mas sim, as causas". PERLINGIERI, Pietro. *O Direito civil na Legalidade Constitucional*. Trad. Maria Cristina de Cicco. Rio de Janeiro: Renovar, 2008. p. 997-998.
42. FACHIN, Luiz Edson e RUZYK, Carlos Eduardo Pianovski. A dignidade da pessoa humana no direito contemporâneo: uma contribuição à crítica da raiz dogmática do neopositivismo constitucionalista. *Revista trimestral de direito civil*: RTDC, v. 9, n. 35, p. 101-119, jul./set. 2008. p. 22.
43. Ibidem. p. 22.

sobre a tutela estatal, posto que a publicização deste ramo ocorreu no início dos anos 1980. Após este marco temporal, as sucessivas reformas legislativas afastaram a intervenção estatal na família. Ressalve-se que o casamento agora se apresenta mais como um contrato e menos como instituição, de forma que os cônjuges possuem liberdade na formação das relações familiares.[44]

O recorte oportuno dos escritos do mencionado autor consiste na ideia de que houve uma desvinculação histórica do princípio da legitimidade no que se refere ao reconhecimento das famílias, que vigorou por séculos, em que se entendia como família apenas aquele vínculo que decorria diretamente do casamento. E, não obstante se restrinja ao pacto antenupcial, afirma o autor que é possível a aceitação de maior desenvolvimento da autonomia privada e da autodeterminação dos cônjuges, neste instrumento.[45]

Desta forma, o direito das famílias está em processo de desvinculação do direito público, porquanto passou a ter "*status* epistemológico próprio".[46] Na hipótese de se entender a epistemologia como o estudo crítico de princípios, hipóteses e resultados de determinada ciência, passa-se a notar o direito das famílias, de fato, como uma ciência que possui suas próprias especificidades e detém um *locus* especialíssimo no ordenamento jurídico, uma vez que, conforme já exposto, está previsto na Constituição Federal e no Código Civil,[47] além de ocupar espaço nas normativas infralegais.

Eduardo Tomasevicius Filho contribuiu com o artigo "Liberação do casamento igualitário abre debate sobre Direito Civil infralegal", em que destaca como o julgamento pela inconstitucionalidade de leis norte-americanas, que vedavam o casamento homoafetivo, repercutiram nas redes sociais. Ao analisar este fato, ele observa que no Brasil, já em 2013, o Supremo Tribunal Federal reconheceu a existência, validade e eficácia da união estável entre pessoas de igual sexo. Assim,

---

44. JÚNIOR, Otavio Luiz Rodrigues. *Direito Civil Contemporâneo*: Estatuto Epistemológico, Constituição e Direitos Fundamentais. Rio de Janeiro: Grupo GEN, 2023. E-book. Disponível em: https://app. minhabiblioteca.com.br/#/books/9786559646241/. Acesso em: 04 nov. 2023.

45. Ibidem.

46. Ibidem.

47. Para que o trabalho não seja redundante ou repetitivo de forma desnecessária, as maiores especificidades do regramento previsto no atual Código Civil, serão detalhadas a partir do item 4.4. De toda sorte, convém neste momento ressaltar que: "[...] o atual Código Civil também traz em suas normas valores socialmente importantes e condizentes com a sociedade contemporânea. Tanto que a atribuição de personalidade jurídica, ou a sua desconsideração, a autonomia privada, a análise da função social de um contrato ou da conduta de uma pessoa à luz da boa-fé, entre outros, independem de 'homologação' por normas de estrato superior". TOMASEVICIUS FILHO, Eduardo. Liberação do casamento igualitário abre debate sobre Direito Civil infralegal. *CONJUR*. 2015. Disponível em: https://www.conjur.com. br/2015-jul-13/direito-civil-atual-aval-casamento-gay-abre-debate-direito-civil-infralegal/. Acesso em: 04 nov. 2023.

a Corte Suprema fez refletir que no território nacional o reconhecimento deste casamento (homoafetivo), que já era autorizado pela Resolução 175 do Conselho Nacional de Justiça. Nesta toada, os novos direitos, conquistados por lutas, não seguem a lógica do sistema.[48]

Estas observações, de fato, ganham relevância a partir do momento em que se percebe que a família está sendo regulamentada por diversas normas infralegais, como se pode observar pelo recente Provimento 141 editado pelo Conselho Nacional de Justiça – CNJ,[49] as disposições do Conselho Federal de Medicina – CFM[50] sobre as normas para realização de técnicas de reprodução assistida, que inobstante não tratem diretamente de direito das famílias, é evidente a correlação com este. Também se pode destacar outra resolução do CNJ, a 465, sobre a entrega de filho para adoção e a proteção integral da criança.[51]

Consigne-se, ademais, a decisão que sequer se constituiu em Resolução ou Provimento, mas decorreu de um pedido de providências, para que a união poliafetiva não pudesse ser lavrada em cartórios extrajudiciais.[52] Assim, esta

---

48. Para o autor, a conclusão é: "Não é exato sustentar, pela lógica do sistema jurídico, que a Constituição Federal é infalivelmente o único e verdadeiro manancial axiológico do Direito brasileiro – porque, no caso do art. 226, § 3º, trata-se de valor não mais aceito por parcela da sociedade – ou argumentar que estaríamos caminhando para o reconhecimento da existência de um direito civil infralegal. Normas constitucionais ou infralegais devem ser usadas como argumentos adicionais, complementares, jamais como requisitos obrigatórios de todo e qualquer discurso dentro do Direito Civil, para que não se desequilibre a estrutura do ordenamento jurídico, sobrecarregando a Constituição Federal ou uma resolução, enfraquecendo-se o Código Civil".

49. Apresenta a seguinte ementa: "Altera o Provimento 37, de 7 de julho de 2014, para atualizá-lo à luz da Lei 14.382, de 27 de junho de 2022, para tratar do termo declaratório de reconhecimento e dissolução de união estável perante o registro civil das pessoas naturais e dispor sobre a alteração de regime de bens na união estável e a sua conversão extrajudicial em casamento". BRASIL. Conselho Nacional de Justiça. Corregedoria Nacional de Justiça. Provimento 141, de 16 de março de 2023. Disponível em: https://atos.cnj.jus.br/atos/detalhar/4996. Acesso em: 23 nov. 2023.

50. Resolução CFM 2.320/2022: "Adota normas éticas para a utilização de técnicas de reprodução assistida – sempre em defesa do aperfeiçoamento das práticas e da observância aos princípios éticos e bioéticos que ajudam a trazer maior segurança e eficácia a tratamentos e procedimentos médicos, tornando – se o dispositivo deontológico a ser seguido pelos médicos brasileiros e revogando a Resolução CFM 2.294, publicada no Diário Oficial da União de 15 de junho de 2021, Seção I, p. 60". BRASIL. Conselho Nacional de Justiça. Resolução 485 de 18 de janeiro de 2023. Disponível em: https://atos.cnj.jus.br/files/original1451502023012663d29386eee18.pdf. Acesso em: 23 nov. 2023.

51. Lê-se, primeiro artigo: "Art. 1º O atendimento, no âmbito do Poder Judiciário, de gestante ou parturiente que manifeste o desejo de entregar o filho para adoção e a proteção integral da criança obedecerá ao disposto nesta Resolução".

52. "Ao final da votação, oito conselheiros votaram pela proibição do registro do poliamor em escritura pública. A divergência parcial, aberta pelo conselheiro Aloysio Corrêa da Veiga, teve cinco votos. Para Corrêa da Veiga, escrituras públicas podem ser lavradas para registrar a convivência de três ou mais pessoas por coabitação sem, no entanto, equiparar esse tipo de associação à união estável e à família. Houve ainda uma divergência aberta pelo conselheiro Luciano Frota, que não obteve adesões no Plenário. Frota votou pela improcedência do pedido e, portanto, para permitir que os cartórios lavrassem escrituras de união estável poliafetiva. Antes de ser publicado, o texto final será redigido pelo relator do

decisão do CNJ vedou a possibilidade de que a família poliafetiva pudesse ser lavrada por escritura pública, demonstrando nítida interferência da disposição infralegal no direito das famílias.[53]

Rodrigo da Cunha Pereira, prescreve que os Decretos e Convenções Internacionais[54] igualmente compõem estas referências normativas em direito das famílias, ao lado da Constituição Federal,[55] das Leis ordinárias,[56]

---

processo Pedido de Providências (PP 0001459-08.2016.2.00.0000), ministro corregedor nacional de Justiça, João Otávio de Noronha. MONTENEGRO, Manuel Carlos. Cartórios são proibidos de fazer escrituras públicas de relações poliafetivas". *Agência CNJ de notícias*. Disponível em: https://www.cnj.jus.br/cartorios-sao-proibidos-de-fazer-escrituras-publicas-de-relacoes-poliafetivas/. Acesso em: 24 nov. 2023.

53. Não obstante conste na mencionada notícia que: "A presidente do CNJ e do STF, ministra Cármen Lúcia, fez uma ressalva para delimitar o objeto da discussão. O desempenho das serventias [cartórios] está sujeito à fiscalização e ao controle da Corregedoria Nacional de Justiça. Por isso exatamente que o pedido foi assim formulado. Não é atribuição do CNJ tratar da relação entre as pessoas, mas do dever e do poder dos cartórios de lavrar escrituras. Não temos nada com a vida de ninguém. A liberdade de conviver não está sob a competência do CNJ. Todos somos livres, de acordo com a constituição, disse".

54. Decreto-lei 3.200, de 19.04.1941 – Dispõe sobre a organização e proteção da família. 2 – Decreto 62.978, de 11.07.1968 – Promulga a Convenção sobre assistência judiciária gratuita com a Argentina. – Decreto 66.605, de 20.05.1970 – Promulga a Convenção sobre Consentimento para Casamento, 1962. 4 – Decreto 70.391, de 12.4.1972 – Promulga a Convenção sobre Igualdade de Direitos e Deveres entre Brasileiros e Portugueses. 5 – Decreto 99.710, de 21.11.1990 – Promulga a Convenção sobre os Direitos da Criança. 6 – Decreto 166, de 03.07.1991 – Promulga o convênio de Cooperação judiciária em Matéria Civil, entre o Governo da República Federativa do Brasil e o Reino da Espanha. 7 – Decreto 678, de 06.11.1992 – Promulga a Convenção Americana sobre Direitos Humanos (Pacto de São José da Costa Rica), de 22.11.1969. 8 – Decreto 1.212, de 03.08.1994 – Promulga a Convenção Interamericana sobre a Restituição Internacional de Menores, adotada em Montevidéu, em 15.07.1989. 9 – Decreto 1.213, de 03.08.1994 – Promulga a Convenção Interamericana sobre o Regime Legal das Procurações para serem utilizadas no Exterior, adotada na Cidade do Panamá, em 30.01.1975. 10 – Decreto 1.476, de 02.05.1995 – Promulga o Tratado Relativo à Cooperação judiciária e ao Reconhecimento e Execução de Sentenças em Matéria Civil, entre a República Federativa do Brasil e a República Italiana, de 17.10.1989. PEREIRA, Rodrigo da C. *Direito das Famílias*. São Paulo: Grupo GEN, 2023. E-book. ISBN 97865 https://app.minhabiblioteca.com.br/#/books/9786559648016/. Acesso em: 24 nov. 2023.

55. "Constituição Federal de 1988. Arts. 1º, III, 3º, I, III, IV, 4º, II, 5º, I, II, XXX, XXXI, XXXIV, XXXV, XXXVI, XLI, LV, LX, LXVII, LXXIV, LXXVI, LXXVIII, §§ 1º, 2º, 3º e 4º, 226, 227, 228, 229 e 230." Ibidem.

56. Lei 1.110, de 23.05.1950 – Regula o reconhecimento dos efeitos civis ao casamento religioso. 2 – Lei 3.764, de 25.04.1960 – Estabelece rito sumaríssimo para retificações no registro civil. 3 – Lei 5.478, de 25.07.1968 – Dispõe sobre ação de alimentos e dá outras providências. 4 – Lei 5.891, de 12.06.1973 – Altera normas sobre o exame médico na habilitação de casamento entre colaterais de terceiro grau. 5 – Lei 6.015, de 31.12.1973 – Dispõe sobre os registros públicos e dá outras providências. 6 – Lei 6.515, de 26.12.1977 – Regula os casos de dissolução da sociedade conjugal e do casamento, seus efeitos e respectivos processos, e dá outras providências. 7 – Lei 6.880, de 9.12.1980 – Dispõe sobre o Estatuto dos Militares. Art. 50, IV, e, f, g; 2, I, §§ 2º, 3º e 4º. [...] 9 – Lei 8.009, de 29.03.1990 – Dispõe sobre a impenhorabilidade do bem de família. 10 – Lei 8.069, de 13.07.1990 – Dispõe sobre o Estatuto da Criança e do Adolescente e dá outras providências.

das instruções normativas, provimentos, portarias,[57] resoluções, recomendações[58] e súmulas.[59]

---

57. As mais recentes até o lançamento do livro eram: 27 – Provimento 04/2012 da CGJPI – Dispõe sobre a escrituração de união estável homoafetiva nas serventias do Estado do Piauí. 28 – Provimento CGJE 01/2012 – Dispõe acerca do registro da união estável homoafetiva.

58. 1 – Resolução do Conselho Federal de Medicina (CFM) 1.957/2010 – Adota normas éticas para a utilização das técnicas de reprodução assistida. 2 – Resolução do Conselho Federal de Medicina (CFM) 1.955/2010 – Dispõe sobre a cirurgia de transgenitalismo e revoga a Resolução CFM 1.652/2002. 3 – Resolução 9 do STJ – Dispõe, em caráter transitório, sobre competência acrescida ao STJ pela EC 45/2004 (homologação de sentença estrangeira e de carta rogatória). 4 – Resolução 35 do CNJ – Disciplina a aplicação da Lei 11.441/2007 (possibilita a realização de inventário, partilha, separação consensual e divórcio consensual por via administrativa) pelos serviços notariais e de registro. 5 – Resolução 39 do CNJ – Dispõe sobre o instituto da dependência econômica no âmbito do Conselho Nacional de Justiça. 6 – Resolução 40 do CNJ – Dispõe sobre os procedimentos de reconhecimento de união estável no âmbito do Conselho Nacional de Justiça. 7 – Resolução 42 do CNJ – Dá nova redação ao art. 6º da Resolução no 13, de 21.03.2006; revoga a letra k do art. 2º da Resolução 14, de 21.03.2006, e acrescenta ao referido artigo um parágrafo único. Dispõe sobre percepção cumulativa de subsídios, remuneração ou proventos, juntamente com pensão decorrente de falecimento de cônjuge ou companheira(o), determinando a observância do teto mínimo constitucional individualmente. 8 – Resolução 54 do CNJ – Dispõe sobre a implantação e funcionamento do Cadastro Nacional de Adoção. 9 – Resolução 74 do CNJ – Dispõe sobre a concessão de autorização de viagem para o exterior de crianças e adolescentes. 10 – Resolução 77 do CNJ – Dispõe sobre a inspeção nos estabelecimentos e entidades de atendimento ao adolescente e sobre a implantação do cadastro nacional de adolescentes em conflito com a lei.

59. Súmulas 1. Supremo Tribunal Federal. Súmula 49: "A cláusula de inalienabilidade inclui a incomunicabilidade dos bens" (vide Código Civil 1.848). Súmula 116: "Em desquite ou inventário, é legítima a cobrança do chamado imposto de reposição quando houver desigualdade nos valores partilhados". Súmula 149: "É imprescritível a ação de investigação de paternidade, mas não o é a de petição de herança". Súmula 226: "Na ação de desquite, os alimentos são devidos desde a inicial e não da data da decisão que os concede". Súmula 258: "É admissível reconvenção em ação declaraíória". Súmula 377: "No regime da separação legal de bens, comunicam-se os adquiridos na constância do casamento". Súmula 379: "No acordo de desquite não se admite renúncia aos alimentos, que poderão ser pleiteados ulteriormente, verificados os pressupostos legais". Súmula 380: "Comprovada a existência de sociedade de fato entre os concubinos, é cabível sua dissolução judicial, com a partilha do patrimônio adquirido pelo esforço comum". Súmula 381: "Não se homologa sentença de divórcio obtida, por procuração, em país de que os cônjuges não eram nacionais". Súmula 382: "A vida em comum sob o mesmo teto, more uxorio, não é indispensável à caracterização do concubinato". Súmula 420: "Não se homologa sentença proferida no estrangeiro sem prova do trânsito em julgado". Súmula 490: "A pensão correspondente à indenização oriunda de responsabilidade civil deve ser calculada com base no salário-mínimo vigente ao tempo da sentença e ajustar-se-á às variações ulteriores". Súmula 562: "Na indenização de danos materiais decorrentes de ato ilícito cabe a atualização de seu valor, utilizando-se, para esse fim, dentre outros critérios, os índices de correção monetária". Súmula Vinculante 13: "A nomeação de cônjuge, companheiro ou parente em linha reta, colateral ou por afinidade, até o terceiro grau, inclusive, da autoridade nomeante ou de servidor da mesma pessoa jurídica investido em cargo de direção, chefia ou assessoramento, para o exercício de cargo em comissão ou de confiança ou, ainda, de função gratificada na Administração Pública direta e indireta em qualquer dos poderes da União, dos estados, do Distrito Federal e dos municípios, compreendido o ajuste mediante designações recíprocas, viola a Constituição Federal". Súmula Vinculante 18: "A dissolução da sociedade ou do vínculo conjugal, no curso do mandato, não afasta a inelegibilidade prevista no § 7º do art. 14 da Constituição Federal". 2. Superior Tribunal de Justiça. Súmula 1: "O foro do domicílio ou da residência do alimentando é o competente para a ação de investigação de paternidade, quando cumulada com a de alimentos". Súmula 99: "O Minis-

Atualmente, o Congresso Nacional brasileiro está em votação de dois projetos de lei que são opostos em diversas concepções sobre o conceito de família contemporâneo. Conforme assevera Flávio Tartuce,[60] o primeiro (PL 6.583/2013), que dispõe sobre o Estatuto da Família (no singular), restringe o conceito de família ao casamento, às uniões estáveis entre homens e mulheres e seus filhos, ou seja, marcante o caráter restritivo e, em certa medida, inconstitucional,[61] posto

---

tério Público tem legitimidade para recorrer no processo em que oficiou como fiscal da lei, ainda que não haja recurso da parte". Súmula 197: "O divórcio direto pode ser concedido sem que haja prévia partilha dos bens". Súmula 205: "A Lei n. 8.009/90 aplica-se à penhora realizada antes de sua vigência". Súmula 277: "Julgada procedente a investigação de paternidade, os alimentos são devidos a partir da citação". Súmula 301: "Em ação investigatória, a recusa do suposto pai a submeter-se ao exame de DNA induz presunção juris tantum de paternidade". Súmula 309: "O débito alimentar que autoriza a prisão civil do alimentante é o que compreende as três prestações anteriores ao ajuizamento da execução e as que vencerem no curso do processo". Súmula 332: "A fiança prestada sem autorização de cada um dos cônjuges implica a ineficácia total da garantia". Súmula 336: "A mulher que renunciou aos alimentos na separação judicial tem direito à pensão previdenciária por morte do exmarido, comprovada a necessidade econômica superveniente". Súmula 358: "O cancelamento de pensão alimentícia de filho que atingiu a maioridade está sujeito à decisão judicial, mediante contraditório, ainda que nos próprios autos". compreendido o ajuste mediante designações recíprocas, viola a Constituição Federal". Súmula Vinculante 18: "A dissolução da sociedade ou do vínculo conjugal, no curso do mandato, não afasta a inelegibilidade prevista no § 7º do art. 14 da Constituição Federal". 2. Superior Tribunal de Justiça. Súmula 1: "O foro do domicílio ou da residência do alimentando é o competente para a ação de investigação de paternidade, quando cumulada com a de alimentos". Súmula 99: "O Ministério Público tem legitimidade para recorrer no processo em que oficiou como fiscal da lei, ainda que não haja recurso da parte". Súmula 197: "O divórcio direto pode ser concedido sem que haja prévia partilha dos bens". Súmula 205: "A Lei no 8.009/90 aplica-se à penhora realizada antes de sua vigência". Súmula 277: "Julgada procedente a investigação de paternidade, os alimentos são devidos a partir da citação". Súmula 301: "Em ação investigatória, a recusa do suposto pai a submeter-se ao exame de DNA induz presunção juris tantum de paternidade". Súmula 309: "O débito alimentar que autoriza a prisão civil do alimentante é o que compreende as três prestações anteriores ao ajuizamento da execução e as que vencerem no curso do processo". Súmula 332: "A fiança prestada sem autorização de cada um dos cônjuges implica a ineficácia total da garantia". Súmula 336: "A mulher que renunciou aos alimentos na separação judicial tem direito à pensão previdenciária por morte do ex-marido, comprovada a necessidade econômica superveniente". Súmula 358: "O cancelamento de pensão alimentícia de filho que atingiu a maioridade está sujeito à decisão judicial, mediante contraditório, ainda que nos próprios autos" PEREIRA, Rodrigo da C. *Direito das Famílias*. São Paulo: Grupo GEN, 2023. E-book. ISBN 97865 https://app.minhabiblioteca.com.br/#/books/9786559648016/. Acesso em: 24 nov. 2023.

60. TARTUCE, Flávio. Estatuto da Família x Estatuto das Famílias. Singular x Plural. Exclusão x Inclusão. *IBDFAM*. Disponível em: https://ibdfam.org.br/artigos/1076/Estatuto+da+Fam%C3%ADlia+x+Estatuto+das+Fam%C3%ADlias.+Singular+x+plural.+Exclus%C3%A3o+x+inclus%C3%A3o. Acesso em: 24 nov. 2023.

61. Afirma o autor: "O citado Estatuto da Família, no singular, desconsidera toda essa evolução. Sim, *evolução*, pois a tendência dos países ocidentais é a inclusão dos direitos civis de casais homossexuais, sem que isso represente qualquer afronta ou ofensa aos direitos das pessoas que pretendem ter uniões heteroafetivas. Nessa perspectiva, o projeto já soa totalmente inconstitucional. Mas não é só. O art. 2º do Projeto de Lei 6.583/2013 é inconstitucional por desconsiderar o conceito de família monoparental previsto no art. 226, § 4º, do Texto Maior, constituída por um dos ascendentes e seus descendentes. Como antes se transcreveu, a projeção limita a família aos pais que vivem com seus filhos, deixando de fora as famílias monoparentais existentes entre avós e netos. Sem falar em outras entidades que

que prevê em seu texto matéria já julgada pelo Supremo Tribunal Federal (como por exemplo a união homoafetiva).

Ademais, o mencionado autor afirma que, com base na doutrina de constitucionalistas brasileiros, a Constituição Federal de 1988 é inclusiva, afastando-se do sentido de exclusão, razão pela qual "não pode uma lei infraconstitucional limitar o texto superior na concessão de direitos civis sob pena de flagrante inconstitucionalidade".[62] O que se faz presente na intenção do mencionado projeto é a posição de alguns parlamentares, cuja ideologia se refere a questões religiosas,[63] desprezando a laicidade do Estado brasileiro, bem como busca-se impor uma única forma de vida, que despreza a multiplicidade de arranjos familiares, o que torna o mencionado "projeto" desnecessário, retrogrado, inviável e inconstitucional.[64]

De outro lado, existe o projeto de Lei (PL 470/2013), denominado Estatuto das Famílias, no plural, cuja origem decorre do IBDFAM (Instituto Brasileiro de Direito de Família), no qual é adotado o conceito de família de forma cons-

---

também não foram contempladas, caso das famílias mosaico – de várias origens, oriundas de famílias reconstituídas – e das famílias anaparentais (na expressão criada por Sérgio Resende de Barros) – famílias sem pais, formadas por irmãos ou primos que vivem juntos, com intuito comunitário familiar". TARTUCE, Flávio. Estatuto da Família x Estatuto das Famílias. Singular x Plural. Exclusão x Inclusão. *IBDFAM*. Disponível em: https://ibdfam.org.br/artigos/1076/Estatuto+da+Fam%C3%ADlia+x+Estatuto+das+Fam%C3%ADlias.+Singular+x+plural.+Exclus%C3%A3o+x+inclus%C3%A3o. Acesso em: 24 nov. 2023.

62. Ibidem.
63. Em análise psicológica dos discursos dos parlamentares, houve a seguinte conclusão: "Foi possível observar que a construção da factualidade discursiva ampara-se no conteúdo religioso dos argumentos e que os argumentos religiosos ganham fidedignidade através das estratégias retóricas de factualidade" SANTOS, Jerbbson Dias dos; VELÔSO, Thelma Maria Grisi. (2021). Estatuto Da Família: Análise Do Discurso De Parlamentares. *Psicologia & Sociedade*, 33 (Psicol. Soc., 2021 33). Disponível em: https://www.scielo.br/j/psoc/a/YFPWxfGRHxskk85PbQvVPnx/#. Acesso em: 24 nov. 2023.
64. "Considerando-se, portanto, toda a construção histórico-social das entidades familiares e as inúmeras decisões dos tribunais superiores no sentido de reconhecer e garantir direitos a essas instituições pode-se afirmar que o Estatuto da Família foi elaborado com fins meramente religiosos, oportunidade em que sinaliza a conceituação de entidade familiar nos moldes unicamente cristão, deixando de lado as mais variados arranjos familiares. Evidencia-se, pois, uma possível tentativa de violação da laicidade do Estado, posto que, por meio de uma lei ordinária, tenta-se burlar a imparcialidade estatal acerca da instituição familiar, engessando-a e a colocando em contraponto com a realidade plural. Impor uma estrutura única de família representa, portanto, um retrocesso grandioso e uma involução histórica, já que desconsidera todos os esforços da nação para as conquistas atuais. O projeto de lei em debate, ao tentar estabelecer um posicionamento antidemocrático, limita e restringe a concessão de direitos aos homossexuais. Evidencia, ainda, a exclusão de um grupo de pessoas, validando o preconceito e fomentando um discurso de ódio ligado a esses indivíduos. Excluir as demais conformações familiares é não enxergar a realidade, é retirar a dignidade (humana)". FONTENELLE, Neíse; MADEIRA, Daniel. O retrocesso do estatuto da família. In *Revista Jurídica Cesumar* – Mestrado, v. 21, n. 2, p. 345-359, maio/agosto 2021. Disponível em: https://periodicos.unicesumar.edu.br/index.php/revjuridica/article/view/8778/6810. acesso em: 24 nov. 2023.

titucional e amplo. Afasta-se, desta forma, a questão de o conceito de família estar atrelado à união exclusiva entre homem e mulher, por exemplo. Destarte, inegável que este projeto de lei está em consonância com a realidade da sociedade contemporânea, demonstrando maior respeito ao texto constitucional, às instituições civis do território nacional, bem como respeito ao princípio da dignidade da pessoa humana, em sua vasta acepção.

Para consolidar o entendimento de que a família sempre possuiu especial proteção da sociedade, do Estado e, consequentemente, ocasionou reflexos no ordenamento jurídico, tem-se as palavras de Pontes de Miranda:

> [...] Todas essas subordinações do direito de família ao direito das obrigações e ao direito das coisas devem ser postas de parte: as relações de direito de família pertencem ao direito de família e são, por isso mesmo, específicas; *a fortiori*, as relações de direito de família de que se irradiam direitos e deveres, situações que não permitem analogias com as que se apontam no direito das coisas, sob pena de eliminarmos uma das classes do direito civil, os direitos de família, e a própria Parte Geral, em proveito da dicotomia – "direito sobre coisas", "direitos de obrigação" – que não corresponde, em tal formulação exaustiva, à realidade.[65]

Nesta pluralidade de normativas que permeiam a Constituição Federal, o Código Civil e as demais Resoluções e Provimentos, é que se entende pela confluência de comandos em favor da unicidade, de um sistema harmônico, que vise à efetiva proteção da família, porquanto se pode entender que todo o ordenamento jurídico pátrio trabalha a favor da tutela das famílias contemporâneas, plurais, democráticas e constitucionalizadas, cuja garantia para o seu livre desenvolvimento está amplamente prevista por todo arranjo jurídico, esvaindo-se e afastando-se da ideia de se estar atrelada exclusivamente ao matrimônio ou à união estável.

2.3 DA PLURALIDADE DAS COMPOSIÇÕES CONJUGAIS E PARENTAIS

Com o caminhar dos últimos tempos, em especial após a promulgação da Constituição Federal de 1988, se iniciou um período em que o conceito de família se alargou e passou a concatenar múltiplas possibilidades de arranjos a serem considerados como tal. Assim, evidencia-se a existência da família matrimonial; da decorrente de união estável; e, a monoparental (previstas constitucionalmente) e outras que são enumeradas pela doutrina (que serão a frente estudas) e a que

---

65. MIRANDA, Pontes de. *Tratado de direito privado*. Atual. Rosa Maria Barreto Borriello de Andrade Nery. São Paulo: RT, 2012. t. VII. p. 263.

se constituiu em razão da jurisprudência confirmá-la, como é o caso das uniões homoafetivas, que igualmente serão explicadas.

Consigne-se que o presente subitem tratará dos elementos doutrinários, jurisprudenciais e outros que fogem ao direito, revelando, assim, que diversas composições familiares são verificadas em casos concretos. Denota-se, portanto, que a realidade se impõe ao direito, isto é, os indivíduos resolvem e escolhem os seus arranjos familiares com liberdade, porquanto incumbe ao intérprete do direito tutelar e resguardar os interesses provenientes destas novas estruturas familiares.

O casamento é a figura mais emblemática de se constituir família, dada sua trajetória histórica, uma vez que foi a única forma reconhecida de família, por longos anos, e não se propõe acabar, enfraquecer ou afastar este importante contrato ou instituição a depender da classificação de cada autor.[66]

A título de rememorar – o casamento pode ser civil ou religioso com efeitos civis, conforme parágrafos primeiro e segundo do art. 226 da Constituição Federal, o que por si só já demonstra o forte caráter religioso que este carrega ainda nos tempos atuais. Todavia, conforme preleciona Rodrigo da Cunha Pereira, isto não significa dizer que essa forma de família seja superior, melhor ou mais adequada se comparada à outras formas de família.[67]

O casamento, então, continua a ser uma figura importante para o direito das famílias, uma vez que o seu conceito comporta uma natureza incerta e temporária, conforme todas as matérias sociais; ademais, inexiste um concei-

---

66. Pontes de Miranda expõe o cenário jurídico sobre casamento da seguinte forma: "Nos livros brasileiros sobre direito de família anteriores ao Código Civil, encontram-se duas definições que merecem referência especial. O casamento, disse Lafaiete Rodrigues Pereira (Direito de família, 12), é o ato solene, pelo qual duas pessoas de sexo diferente se unem para sempre, sob a promessa recíproca de fidelidade no amor e da mais estreita comunhão de vida. Já diferente, mais classificatório, o que diz Clovis Bevilacqua: é o contrato bilateral e solene, pelo qual um homem e uma mulher se unem indissoluvelmente, legalizando por ele suas relações sexuais, estabelecendo a mais estreita comunhão de vida e de interesses, e comprometendo-se a criar e a educar a prole que de ambos nascer [...]" MIRANDA, Pontes de. *Tratado de direito privado*. Atual. Rosa Maria Barreto Borriello de Andrade Nery. São Paulo: RT, 2012. t. VII. p. 371-372.
67. "O casamento foi, é e continua sendo uma forma paradigmática de se constituir famílias. Não significa que seja melhor ou superior às outras, embora até a Constituição de 1988 assim era considerado. Além de ser um contrato para regular as relações patrimoniais entre os cônjuges, e estabelecer regras pessoais de convivência como fidelidade e assistência mútua, em razão de seu conteúdo religioso, foi importante instrumento de controle da sexualidade. Por muitos séculos ele tentou aprisionar o desejo, e funcionou como o legitimador das relações sexuais. E, assim, toda sexualidade exercida fora do casamento era considerada ilegítima, pecado, sanção moral que se misturava à jurídica". PEREIRA, Rodrigo da Cunha. *Dicionário de direito de família e sucessões ilustrado*. São Paulo: Saraiva, 2015. p. 140.

to que seja válido para todos os tempos e povos.[68-69] Entende-se, assim, que o casamento se revela na união de duas pessoas,[70] com o objetivo de constituir

---

68. MIRANDA, Pontes de. *Tratado de direito privado*. Atual. Rosa Maria Barreto Borriello de Andrade Nery. São Paulo: RT, 2012. t. VII. p 381. No mesmo sentido Caio Mário da Silva Pereira: "É óbvio que a noção conceitual do casamento não pode ser imutável. As ideias que convinham ao povo hebreu do Velho Testamento, que satisfaziam o grego, que agradavam aos romanos, que vigiam na Idade Média, e mesmo as que predominavam no Século XX – já não atendem às exigências da nossa geração, que assiste a uma profunda transformação do social, do político e do econômico. E sendo a família um organismo em lenta, mas constante mutação, o casamento que a legitima há de afeiçoar-se às condições ambientes e contemporâneas". PEREIRA, Caio Mário da S. *Instituições de Direito Civil*: Direito de Família. São Paulo: Grupo GEN, 2022. v. V. E-book. Disponível em: https://app.minhabiblioteca.com.br/#/books/9786559643417/. Acesso em: 19 ago. 2023.

69. Afirma Pontes de Miranda: "Na 1ª edição do livro Direito de Família, formulamos definição, que era restrita ao direito brasileiro daquele momento e hoje: o casamento é contrato solene, pelo qual duas pessoas de sexo diferente e capazes, conforme a lei, se unem com o intuito de conviver toda a existência, legalizando por ele, a título de indissolubilidade do vínculo, as suas relações sexuais, estabelecendo para seus bens, à sua escolha ou por imposição legal, um dos regimes regulados pelo Código Civil, e comprometendo-se a criar e a educar a prole que de ambos nascer. A crítica, que se lhe poderia fazer, consistiria em se lhe exprobrar haver aludido à capacidade para o casamento e aos efeitos dele. Em rigor, difícil fora deixar-se de falar nos efeitos, porquanto o direito sempre lhes deu importância capital no fundamento da instituição. No próprio direito canônico, a descendência, a procriação, com as consequências dos direitos e deveres, entram por muito na definição do casamento, no que se poderia considerar essencial a ele. Em todo o caso, seria possível satisfazermo-nos com simples definição do contrato mesmo, sem aludirmos à capacidade e aos efeitos. Diríamos então: casamento é contrato de direito de família que regula a união entre marido e mulher. Se preferirmos eliminar o conceito de marido, teremos: o contrato de direito de família que regula a vida em comum (não só a união sexual) entre varão e a mulher" MIRANDA, PONTES DE. *Tratado de direito privado*. Atual. Rosa Maria Barreto Borriello de Andrade Nery. São Paulo: RT, 2012. t. VII. p. 282.

70. Sabe-se que a união de pessoas do mesmo sexo foi uma conquista jurisprudencial (STF, ADI 4.277 e ADPF 132, Pleno, Rel. Min. Ayres Brito, j. 05.05.2011). BRASIL. Supremo Tribunal Federal (Tribunal Pleno). Ação Direta de Inconstitucionalidade 4277 – DF e Ação de Descumprimento de Preceito Fundamental 132 – RJ. Relator Ministro Ayres Britto, DJ 05 maio 2011, Dje 198 13 set. 2011. Disponível em: https://redir.stf.jus.br/paginadorpub/paginador.jsp?docTP=AC&docID=628635. Acesso em: 24 nov. 2023.

   Bem como conforme preleciona Maria Berenice Dias: "Da total invisibilidade à aceitação dos vínculos homoafetivos – primeiro como sociedade de fato, depois como união estável até se chegar ao direito ao casamento – longa foi a caminhada. Ainda assim, se comparado ao calvário percorrido pelas uniões extramatrimoniais, o tempo foi bem menor. Levou 70 anos para que o chamado concubinato fosse reconhecido como entidade familiar, merecedora de tutela no âmbito do Direito das Famílias. As uniões homoafetivas passaram a merecer abrigo como família neste século. Apesar de percorrida a mesma trilha, o lapso temporal não chegou a 15 anos. [...] Depois da histórica decisão do Supremo Tribunal Federal, que dispõe de efeito vinculante e eficácia contra todos, nem o Poder Judiciário e nenhum órgão da administração pública pode negar aos parceiros homossexuais os mesmos direitos das demais relações de afeto. Como os notários exercem serviço público delegado, não podem se negar a lavrar escritura de união estável. A negativa configura descumprimento dos deveres funcionais. Inclusive a Associação dos Registradores Civis das Pessoas Naturais do Brasil – Arpen, expediu Nota Oficial reconhecendo a possibilidade de conversão de união estável homossexual em casamento civil. Agora nem cabe mais nomear de forma diferente as uniões estáveis em razão da igualdade ou diversidade do sexo dos conviventes. Ambas merecem ser chamadas simplesmente de uniões estáveis, não comportando mais qualquer adjetivação, se união estável homoafetiva ou heterossexual. São duas espécies de um mesmo gênero de entidade familiar. [...] Não existe hoje qualquer fundamento capaz de conferir normatividade a entendimento excludente da possibilidade de celebração do casamento entre pessoas

família, cujo reconhecimento é conferido pelo Estado mediante um ato solene, em que há plena comunhão de vida espiritual e material.

Em continuidade, a união estável possuía um histórico de ilegalidade, uma vez que não era constituída por um ato solene que decorresse do Estado.[71] Apenas com a edição da Constituição Federal de 1988, vez que a matéria era exclusivamente tratada pelo direito das obrigações, começou a ser vista pelo direito das famílias, inclusive com a alteração de concubinato para união estável.[72]

A terceira e derradeira forma de se constituir família prevista na Constituição é a do parágrafo quarto,[73] cuja nomenclatura adotada é a de família monoparental, basicamente constituída entre o genitor ou genitora e seus filhos, cuja formação pressupõe três critérios explicitados por Eduardo de Oliveira Leite:[74] a idade dos filhos, variando entre 16 e 25 anos; a dependência econômica da prole para com os pais (ou não); e, a convivência isolada ou conjunta dos pais com os filhos.

Ainda pode ser classificada como monoparental 'natural' ou substituta, em conformidade com o Estatuto da Criança e do Adolescente (ECA), nos artigos 25 e 28, respectivamente. Ela surgirá por procriação (desejada ou não), seja por reprodução natural, artificial ou civil (adoção) ou pela desintegração da família

---

do mesmo sexo. A nova definição legal de família se harmoniza com a previsão do casamento 'entre cônjuges' (CC 1.511). Ao mesmo tempo em que deixa de fazer qualquer alusão à oposição de sexos, explicita que a heterossexualidade não é condição para o casamento. Derrubou-se, enfim, a última barreira – meramente formal – para a democratização do aceso ao casamento no Brasil". DIAS, Maria Berenice. *Homoafetividade e direito LGBTI* [livro eletrônico]. 2. ed. São Paulo: RT, 2016.

71. "A união livre entre homem e mulher sempre existiu e sempre existirá, enquanto houver desejo sobre a face da Terra. Entendemos aqui por união livre aquela que não se prende às formalidades exigidas pelo Estado, ou seja, uniões não oficializadas e com uma certa durabilidade. Eram denominadas concubinato; depois da CF/88, mais propriamente de união estável. Essas uniões, registra a história, às vezes acontecem como relações paralelas às relações oficiais. Muitas vezes a história do concubinato é contada como a história de libertinagem, ligando-se o nome 'concubina' à prostituta, à mulher devassa ou à que se deita com vários homens, ou mesmo a amante, a outra [...]". PEREIRA, Rodrigo da Cunha. *Concubinato e união estável*. São Paulo: Saraiva, 2016. p. 36.

72. O desenvolvimento e a evolução de um 'Direito concubinário' no Brasil são muito recentes, apesar de sua existência como fato social marcante desde a colonização portuguesa. Muitos civilistas omitiram ou excluíram esse assunto de seus estudos, alegando ser juridicamente irrelevante. Outros proclamaram a imoralidade dessas relações, e outros simplesmente relegaram-nas ao plano ilegítimo. Contudo, foi o próprio Supremo Tribunal Federal que fincou o esteio para a evolução da construção jurisprudencial e doutrinária, por meio das Súmulas 380 e 382". PEREIRA, Rodrigo da Cunha. *Concubinato e união estável*. São Paulo: Saraiva, 2016. p. 40.

73. "§ 4º Entende-se, também, como entidade familiar a comunidade formada por qualquer dos pais e seus descendentes". BRASIL. [Constituição (1988)]. Constituição da República Federativa do Brasil. Brasília, DF: Senado Federal, 2016. 496 p. Disponível em: https://www2.senado.leg.br/bdsf/bitstream/handle/id/518231/CF88_Livro_EC91_2016.pdf. Acesso em: 24 nov. 2023.

74. LEITE, Eduardo de Oliveira. *Famílias monoparentais*. São Paulo: RT, 1997.

biparental, na hipótese de falecimento de um dos genitores ou pela dissolução do casamento ou união estável.[75]

A família anaparental seria a entendida como a formada a partir da inexistência de pais, tendo em vista que o prefixo 'ana' representa a ideia de privação, e, assim a família não possuiria os genitores, mas pelo afeto familiar e pela convivência mútua, os indivíduos se constituem como família. Como exemplo, tem-se a noção de grupo de irmãos após o falecimento dos pais.[76] De igual modo a família unipessoal seria a formada por uma única pessoa, que é uma constituição decorrente da proteção de patrimônio da pessoa sozinha, bem como pela aplicação da Lei 8.009/90 e da súmula 364 do Superior Tribunal de Justiça.[77]

O termo "*e-family*" é cunhado por Conrado Paulino da Rosa, no título de seu livro, em que conceitua as famílias *on-line* como um novo conceito de família. A família virtual pode ser constituída em caráter provisório, que se daria entre

---

75. A família unilinear, decorre da família monoparental, uma vez que é "representada pela ligação de parentesco com apenas uma das linhas, é considerada um desdobramento da família monoparental. Assim, a família é formada pelo genitor e sua prole, oriunda das técnicas de reprodução assistida, em sua modalidade heteróloga, uma vez que a Resolução 2.168/2017 do Conselho Federal de Medicina (CFM) prevê a possibilidade de pessoas solteiras terem acesso a tais técnicas reprodutivas". RODRIGUES, Edwirges Elaine; ALVARENGA, Maria Amália de Figueiredo Pereira. Novos tempos, novas famílias: da legitimidade para a afetividade *Civilistica.com*. Rio de Janeiro, a. 10, n. 3, 2021. Disponível em: http://civilistica.com/novos-tempos-novas-familias/. Acesso em: 24 nov. 2023.

76. "A denominada família anaparental, não regulada pelo legislador, pode ser definida como a relação familiar baseada na *affectio* e na convivência mútua, entre pessoas que apresentem grau de parentesco. O exemplo mais clássico recairia sobre os casos em que duas irmãs – via de regra solteiras ou viúvas – residam juntas e assim amealhem um patrimônio comum". MALUF, Adriana Caldas do Rego Freitas Dabus. A família na contemporaneidade: aspectos jusfilosóficos. *Revista Trama Interdisciplinar*, v. 3, n. 1, 29 nov. 2012. Disponível em: http://editorarevistas.mackenzie.br/index.php/tint/article/view/5017. Acesso em: 24 nov. 2023.

77. "Como a Lei 8.009/90 não determina expressamente o número de pessoas que deve compor a unidade familiar para sua aplicação, podemos entender que também é passível de ser aplicada à pessoa individualmente considerada independentemente de seu estado civil. O sentido social da norma busca garantir a proteção do patrimônio pessoal. Essa finalidade permite desvendar a exata extensão da lei. Caso contrário, sacrificar-se-ia a interpretação teleológica para prevalecer a interpretação literal. A possibilidade da instituição de bem de família à pessoa sozinha (não apenas a solteira, mas também a viúva, a casada que está separada de fato), por certo, consiste na questão mais intrincada no tema da legitimidade para a instituição do bem de família. É imprescindível a convivência *more uxorio* para se instituir bem de família? Pensamos que não. Diante de uma perspectiva acentuadamente humanista e pluralista, que atingiu a gênese da formação familiar na pós-modernidade, parece-nos bastante viável reconhecer o direito personalíssimo de não se vincular afetivamente a outra pessoa, sem que, no entanto, haja qualquer comprometimento dos direitos reconhecidos àqueles que integrem uma unidade familiar em quaisquer das formas existentes na atualidade. Nesse sentido, entendemos que inexiste qualquer óbice à instituição do bem de família por pessoa sozinha, como dispõem os artigos 1.711 e 1.722 do novo Código Civil". MALUF, Adriana Caldas do Rego Freitas Dabus. A família na contemporaneidade: aspectos jusfilosóficos. *Revista Trama Interdisciplinar*, v. 3, n. 1, 29 nov. 2012. Disponível em: http://editorarevistas.mackenzie.br/index.php/tint/article/view/5017. Acesso em: 24 nov. 2023.

as famílias previstas no ordenamento jurídico, em que um dos componentes não pudesse se fazer presente fisicamente e, assim, a convivência seria realizada por meio do ambiente virtual.[78] A segunda hipótese é a forma permanente da convivência no ambiente virtual.[79]

A família mosaico, recomposta ou reconstituída, decorre da pluralidade de arranjos parentais, cujos pais/genitores se divorciaram ou se separaram e constituem um novo núcleo familiar com a presença de filhos da primeira união com filhos da segunda.[80] Ou, em outras palavras, é o "modelo pelo qual se reconstitui

---

78. Inclusive já há reflexos jurisprudenciais, confira-se: "Menor. Regulamentação de visitas em favor do genitor. Ampliação. Realização da visita durante a semana, mediante vídeo-transmissão. Admissibilidade. Genitor que reside no exterior. Inexistência de prova de qualquer risco de natureza concreta ao menor. Importância do convívio paterno. Ampliação que contribui para o fortalecimento dos laços afetivos entre a menor e o genitor. Ampliação deferida em parte, considerando que o réu reside no exterior de forma irregular. Sentença modificada. Recurso do demandado parcialmente provido (TJSP; Apelação Cível 1002424-49.2016.8.26.0224; Relator (a): Vito Guglielmi; Órgão Julgador: 6ª Câmara de Direito Privado; Foro de Guarulhos – 4ª Vara de Família e Sucessões; Data do Julgamento: 03.12.2019; Data de Registro: 03.12.2019)." BRASIL, Tribunal de Justiça do Estado de São Paulo. TJSP. Apelação Cível 1002424-49.2016.8.26.0224; Relator (a): Vito Guglielmi; Órgão Julgador: 6ª Câmara de Direito Privado; Foro de Guarulhos – 4ª Vara de Família e Sucessões; Data do Julgamento: 03.12.2019; Data de Registro: 03/12/2019. Disponível em: https://esaj.tjsp.jus.br/cjsg/getArquivo. do?cdAcordao=13144733&cdForo=0. Acesso em: 31 maio 2024.

79. "iFamily em caráter provisório: a constituição de uma família virtual, em estrutura temporária, ocorre quando algum dos integrantes de uma entidade familiar (explícita ou implicitamente arrolada no texto constitucional) afasta-se do convívio dos seus para atender a algum compromisso profissional ou, até mesmo, ao cuidado de algum parente enfermo. Nesse sentido, conforme adiantamos anteriormente, poderíamos referir a relação de pais em que estes vão para cidades, estados ou países distantes para atender a compromissos profissionais e, também, filhos que se ausentam do lar para aprimoramento acadêmico. É comum, quando isso ocorre, que a ligação afetiva entre a prole e os genitores se torne até mais intensa, vez que, com a quebra da convivência física diária – e também dos confortos, muitas vezes –, diminuem os conflitos decorrentes das diferenças geracionais. iFamily em caráter permanente: a partir da lógica da família enquanto instrumento para a realização da felicidade de seus integrantes, não há como deixar de albergar, no conceito de família, as pessoas que se identificam como tal, independente de que jamais pretendam conviver sob o mesmo teto. Pessoas que já tiveram uma primeira união e que não desejam o estabelecimento de uma família pluriparental ou mosaico, com receio de que a prole possa não se adaptar às mudanças ou, simplesmente, pelo fato de que não se imaginam no mesmo espaço diariamente com o parceiro afetivo também são exemplos de iFamilies. Dentro das carreiras jurídicas, podemos visualizar o estabelecimento de tal entidade familiar quando, por exemplo, um casal é aprovado para concursos públicos em diferentes Estados da Federação. Também verificamos isso em carreiras que necessitam, durante um bom tempo, de disponibilidade de viagens e moradia fora do Brasil, como é o caso de diplomatas, indivíduos com grande potencial para o estabelecimento de famílias virtuais. Indo um pouco mais longe, não afastamos a possibilidade de que se identifiquem com vínculo familiar pessoas que sequer tiveram ou possuem contatos físicos, mas que cultivem os requisitos anteriormente arrolados. Longe de ser uma utopia, a possibilidade da constituição de uma iFamily em caráter permanente situa-se na lógica da família eudemonista, da concretização da autonomia do indivíduo e de sua realização afetiva". ROSA, Conrado Paulino da. *Ifamily*: um novo conceito de família? São Paulo: Saraiva, 2013. E-book. Disponível em: https://app.minhabiblioteca.com.br/#/books/9788502208674/. Acesso em: 19 ago. 2023.

80. "As famílias pluriparentais, também conhecidas como famílias mosaicos, famílias patchwork (Alemanha), famílias ensambladas (Argentina), step-families (Estados Unidos), familles recomposées (França), representam o mais novo e desafiante modelo familiar já conhecido pelo Direito de Família. As famílias

família pela junção de duas famílias anteriores, unindo filhos de um e de outro dos genitores, além dos filhos comuns que eventualmente venham a ter".[81]

As famílias multiparentais ou pluparentais, conforme Daniela Braga Paiano,[82] decorrem de um fenômeno jurisprudencial e doutrinário, que conferem um reconhecimento de mais de um pai ou mãe a uma mesma pessoa, para que, então, possa constar em seu registro de nascimento essa pluralidade de genitores, com alteração do nome e a inclusão dos avós. Ressaltando que inexiste a prevalência de uma parentalidade sobre a outra (biológica e socioafetiva), com vista a garantir o melhor interesse da criança (ou do filho), bem como preserva a igualdade entre jurídica entre todos os filhos.[83]

Os arranjos familiares denominados como "famílias simultâneas ou paralelas", para Carlos Eduardo Pianovski Ryzyk, podem ser divididos na perspectiva da parentalidade e na da conjugalidade. Na primeira, tem-se que pela extinção da família nuclear o progenitor que mantiver a relação familiar com os filhos acaba por "se colocar como elementos comuns de duas novas entidades familiares, originárias da primitiva família nuclear".[84] No que tange à segunda modalidade,

---

pluriparentais resultam da pluralidade das relações parentais, especialmente fomentadas pelo divórcio, pela separação, pelo recasamento, seguidos das famílias não matrimoniais e pelas desuniões. A estrutura das recomposições familiares vem caracterizada por matrimônios ou uniões sucessivas e a presença de filhos de outras relações. Em decorrência desta ordem familiar, questões permanentes do Direito de Família, agora redimensionadas pelas especificidades das famílias mosaicos, transportam para o centro das reflexões dilemas como: alteração do nome de família, a divisão do pátrio poder e guarda dos menores, o direito de visita e o dever alimentar. A especialidade do formato familiar avulta na medida em que as famílias pluriparentais se desfazem e refazem sempre em busca da trilogia pai, mãe, filhos, consoante o perfil da família tradicional". FERREIRA, Jussara Suzi Assis Borges Nasser; RÖRHMANN, Konstanze. As famílias pluriparentais ou mosaicos. In: Congresso Brasileiro De Direito De Família (5. 2005: Belo Horizonte, MG). Família e Dignidade: *Anais do V Congresso Brasileiro de Direito de Família.* São Paulo: IOB Thomson, 2006, p. 2-3.

81. HIRONAKA, Giselda Maria Fernandes Novaes. O Conceito de Família e Sua Organização Jurídica. In: PEREIRA, Rodrigo da Cunha (Coord.). *Tratado de direito das famílias.* Belo Horizonte: IBDFAM, 2015. p. 58-59.

82. PAIANO, Daniela Braga. *A Família Atual e as Espécies de Filiação*: Da possibilidade jurídica da multiparentalidade. Rio de Janeiro: Lumen Juris, 2017. p. 150-155.

83. Continua a autora afirma que "[...] fazendo uma interpretação do ordenamento em que se visa consagrar tais realidade fáticas e, não havendo nenhuma incompatibilidade ou impedimento para tais reconhecimentos é que os operadores do Direito têm se debruçado sobre o tema e admitido o fenômeno da multiparentalidade como consequência dessa nova ordem familiar – não discriminatória, inclusiva, formada por famílias recompostas e buscando a realização pessoal de seus membros". PAIANO, Daniela Braga. *A Família Atual e as Espécies de Filiação*: Da possibilidade jurídica da multiparentalidade. Rio de Janeiro: Lumen Juris, 2017. p. 150-155.

84. Nas palavras do autor: "Nem sempre, porém, a simultaneidade decorre da extinção de uma família nuclear. É possível, com efeito, que a filiação tenha decorrido de relacionamento esporádico, ou, mesmo, além de esporádico, clandestino, que não implicaria, em princípio, caracterização de uma entidade familiar entre os pais. É inegável, entretanto, que, ainda que os pais jamais tenham vivido – e jamais venham a viver – uma relação familiar na perspectiva da conjugalidade, é possível que o fruto desse relacionamento esporádico venha a nascer, desde logo, em uma situação de simultaneidade familiar. Presente, na situação de fato, convivência familiar duradoura fundada no afeto entre o

afiguram-se as famílias formadas por um componente comum que constitua a conjugalidade em múltiplos arranjos familiares.[85]

Com igual polêmica em relação à sua constituição e validade, as famílias poliafetivas se encontram impedidas de reconhecimento por escritura pública de união estável, conforme já mencionado. Todavia, entende-se o "poliamor como multiconjugalidade consensual".[86] Ademais, o legislador não vedou a poliafetivade, mas sim a deslealdade e, assim, inexiste vedação de constituição ou vinculação entre três pessoas, em união estável.[87]

---

filho e cada um de seus pais, evidenciar-se-á que a criança se integra, desde logo, em duas entidades familiares simultâneas. A constituição de nova família nuclear pelos ex-cônjuges ou companheiros também pode levar à configuração de simultaneidade familiar, haja vista que o progenitor poderá ser o elemento comum de famílias simultâneas compostas, de um lado, por sua relação com os filhos do enlace anterior, e de outro, pela nova família nuclear constituída". (RUZYK, Carlos Eduardo Pianovski. *Famílias simultâneas*: da unidade codificada à pluralidade constitucional. Dissertação (Mestrado em Direito) – Faculdade de Direito, Universidade Federal do Paraná, Curitiba, 2003, p. 137. Disponível em: https://acervodigital.ufpr.br/bitstream/handle/1884/59793/D%20%20CARLOS%20EDUARDO%20 PIANOVSKI%20RUZYK.pdf?sequence=1&isAllowed=y. Acesso em: 24 nov. 2023.

85. "Essas situações em que as famílias simultâneas se configuram a partir de um componente comum que mantém conjugalidade em múltiplos núcleos familiares não podem ser reputadas de antemão como irrelevantes para um direito que se preocupa com a proteção da dignidade coexistencial dos componentes de uma entidade familiar". Ibidem. Para Giselda Hironaka: "Assim consideradas as entidades familiares, simples seria a conclusão acerca licitude da simultaneidade conjugal, situação em que concorreriam, em igualdade de condições, ambos os núcleos, relativamente a direitos e deveres daí derivados. Mas a verdade é que tanto a doutrina, quanto a jurisprudência, têm se dividido quanto a considerar lícita ou ilícita esta simultaneidade de relacionamentos familiais. Pessoalmente considero a possibilidade de se concluir pela licitude da simultaneidade dos relacionamentos, com consequências jurídicas e protetivas, em muitos dos casos". HIRONAKA, Giselda Maria Fernandes Novaes. Famílias paralelas. *Revista da Faculdade de Direito da Universidade de São Paulo*. São Paulo, v. 108, p. 199-219, jan./dez. 2013. p. 202.

86. Termo cunhado por Duina Porto em sua tese de doutoramento, cujas conclusões afirmam: "O poliamor representa um novo arquétipo dos relacionamentos contemporâneos, que não são estruturados apenas de uma maneira, podendo se manifestar por meio de arranjos afetivos multifacetados. Nem todo relacionamento poliamoroso tem como consequência a constituição de uma multiconjugalidade, com intuitu familiae, visto que as relações poliamorosas também podem ser estabelecidas com a natureza do namoro, sem efeitos jurídicos que interessam ao Direito de Família. A perspectiva da multiconjugalidade consensual concebida na tese vincula-se à ideia das relações poliamorosas que formam conjugalidade múltiplas consentidas, estáveis, concomitantes e integradas em um mesmo núcleo familiar. A multiconjugalidade consensual ou poliamorosa diferencia-se das conjugalidades múltiplas, paralelas ao casamento ou à união estável: estas acontecem em núcleos familiares diversos e simultâneos, frequentemente sem harmonia e sem comunhão de vida entre todos os integrantes dos relacionamentos, ao passo que aquela preza a convivência recíproca, a comunhão de vidas e o intuitu familiae, tendendo a possuir apenas um núcleo familiar, e não dois ou mais núcleos". PORTO, Duina. *O reconhecimento jurídico do poliamor como multiconjugalidade consensual e estrutura familiar*. Tese (Doutorado) – UFPB/CCJ, João Pessoa, 2017. p. 247. Disponível em: https://repositorio.ufpb.br/jspui/handle/123456789/12253?locale=pt_BR. Acesso em: 25 nov. 2023.

87. GIROTTO, Guilherme Augusto; SCHIAVON, Isabela Nabas; SILVA, Viviane Pereira da; BITTENCOURT, Bianca da Rosa. Reflexões acerca da (in) aplicabilidade da união estável na poliafetividade. *XVI Encontro Toledo de Iniciação Científica*, 2020, Presidente Prudente. Anais do XVI Encontro Toledo de Iniciação Científica, 2020. p. 14.15.

A família coparental pode ser entendida como a entidade familiar em que os pretensos pais não formam vínculo conjugal entre si, mas possuem a intenção de criar a prole vindoura em conjunto. Denota-se, então, que a família se inicia com a intenção dos pretensos genitores em criarem conjuntamente os filhos que virão, sem que exista qualquer relacionamento amoroso entre eles, tampouco necessita ser precedida por relação sexual, uma vez que a concepção pode se dar por meio de técnicas de reprodução assistida.[88]

O ideal a ser perseguido é que estes pretensos pais firmem um contrato de coparentalidade, em que poderão estabelecer as disposições existenciais da prole, como por exemplo, a convivência com os genitores, a modalidade da guarda a ser exercida, bem como as questões patrimoniais, para além dos alimentos devidos aos filhos, a possibilidade de rateio dos custos para reprodução assistida.

Feitas essas considerações sobre as diversas formas de famílias encontradas na sociedade contemporânea, não se deve olvidar de estudá-las como de fato são – famílias. Deve-se evidenciar a forma como o direito pode conferir legalidade à sua constituição e resguardar o interesse dos envolvidos. A multiplicidade não se encerra neste breve rol apresentado; todavia, para este momento as que foram expostas servem para conferir um panorama mínimo sobre as novas configurações familiares, outras poderiam ser citadas, como a família multiespécie,[89] ectogenética[90] e a fissional.[91]

---

88. Sobre o tema, já se afirmou: "Este termo vem sendo utilizado para se denominar que, a partir de um negócio jurídico, os pretensos pais possam regulamentar um acordo para gerarem um filho. Ou seja, com o objetivo comum exclusivo de geração de prole, duas pessoas (ou um número maior pela multiparentalidade), indivíduos não unidos pelo casamento ou por união estável, possam se autorregrar para a gestação e como se desenvolverá a vida desta prole no futuro". GIROTTO, Guilherme Augusto. Aspectos Civis-Constitucionais Dos Contratos No Direito Das Famílias Pós-Moderno. *Quaderni degli Annali della Facoltà Giuridica*, v. 5, p. 1-80, 2024. Disponível em: https://afg.unicam.it/sites/afg.unicam.it/files/QuadernoAFG-n.5_2024.pdf. Acesso em: 31 maio 2024.

89. Os animais de estimação ou pets sempre existiram nas famílias brasileiras, mas deixaram de ocupar espaços exclusivamente destinados aos bichos para conviverem na sala de estar e nos quartos dos humanos. Nesses elos de genuíno afeto e parceria, os animais de estimação integram os espaços domésticos na qualidade de membros especiais das famílias, conhecidas como famílias multiespécies, pela combinação das espécies humana e não humana. Gatos, cachorros, pássaros e outros ora são tratados como filhos não humanos de seus tutores, ora como companhias especiais. Para além do contexto legislativo brasileiro, os animais possuem categoria sui generis, dada a incontestável capacidade de sentir e transmitir sentimentos como amor, saudade, medo, raiva, dor, depressão, tristeza, exteriorizando suas emoções por comportamentos, latidos, miados ou somatizando emoções traumáticas por meio de doenças. Tal capacidade é a senciência animal". DUFNER, Samantha. *Famílias Multifacetadas*. São Paulo: RT, 2023. Disponível em: https://proview.thomsonreuters.com/launchapp/title/rt/monografias/307799437. Acesso em: 25 nov. 2023.

90. "As técnicas de reprodução humana representam um marco significativo para o Direito das Famílias, permitindo que novas estruturas parentais se apresentem no mundo jurídico. Deste modo, com a possibilidade proporcionada pela Medicina reprodutiva e a Biotecnologia, surgiram as famílias ectogenéticas, que são os arranjos familiares com filhos provenientes das técnicas de reprodução humana assistida. O

Neste sentido, expostos os novos arranjos familiares, entende-se que o estudo sobre a forma de constituição destas famílias se dará por um instrumento – o contrato. O que tem ocasionado na doutrina a denominada "contratualização das relações familiares e sucessórias", que será abordado no item seguinte.

2.4 DA CONTRATUALIZAÇÃO DAS RELAÇÕES FAMILIARES

O presente estudo tem como orientação central a teoria do negócio jurídico e, a partir dessa, apurar a modalidade de contrato adequada para se viabilizarem os regramentos inerentes à família coparental. Em sendo assim, denota-se que o estudo está em consonância com a denominação "contratualização das relações familiares", que será objeto de estudo neste subitem. Assim, as novas composições familiares não são originadas de forma exclusiva pelo matrimônio, tampouco pelo fato jurídico da união estável.[92] O que implica a utilização, por vezes, do instrumento do contrato, conforme se verá adiante.

Cumpre ressaltar, entretanto, que a contratualização não se restringe às novas configurações familiares, posto que há uma ampliação aos instrumentos já

---

modo de formação dessas famílias pode variar entre processos homólogos ou heterólogos conforme o material genético seja de ambos, apenas de um ou de nenhuma das partes envolvidas no projeto parental e, ainda, incluir o recurso a gestação de substituição tradicional ou gestacional, conforme o óvulo pertença ou não a cessionária do útero. Tais famílias, mesmo sem legislação, continuam sendo formadas e se adaptando a essa realidade, assim como outros modelos familiares, que muitas vezes não encontram respaldo jurídico, exemplo das famílias simultâneas e poliafetivas. Contudo, é crucial para o Direito o reconhecimento e a proteção jurídica de todas estas entidades familiares, em especial, diante da previsão constitucional da família plural no art. 226, CF". RODRIGUES, Edwirges Elaine. Famílias ectogenéticas: a necessidade de normatização da reprodução assistida e regulamentação das suas consequências jurídicas. *civilistica.com*, v. 9, n. 2, p. 1-21, 9 set. 2020. p. 6. Disponível em: https://civilistica.emnuvens.com.br/redc/article/view/419. Acesso em: 25 nov. 2023.

91. "É a entidade familiar composta por pessoas que fizeram a opção, ou por circunstâncias da vida, de viverem juntas somente nos finais de semanas ou por períodos de férias, viagens ou lazer. Esta expressão tem sua origem no latim fissione, de fissão, cindir. Mas na verdade não é uma família que tenha uma fissão, apenas uma maneira diferente de convivência". PEREIRA, Rodrigo da C. *Direito das Famílias*. Rio de Janeiro: Grupo GEN, 2023. E-book. Disponível em: https://app.minhabiblioteca.com.br/#/books/9786559648016/. Acesso em: 25 nov. 2023.

92. Na atualidade, a classificação da união estável possui duas principais posições. A primeira feita pelo professor Marcos Bernardes de Mello, cuja opinião foi revista, é pela consideração da união estável como negócio jurídico, confira-se: "Em edições anteriores dávamos como exemplo de ato jurídico *stricto sensu* compósito a união estável. Revimos essa posição, chegando à conclusão de que se trata de negócio jurídico" MELLO, Marcos Bernardes de. *Teoria do fato jurídico*: plano de existência. São Paulo: Saraiva, 2022. E-book. Disponível em: https://app.minhabiblioteca.com.br/#/books/9786553620261/. Acesso em: 29 dez. 2023. Já a segunda posição do professor Paulo Lôbo há consideração de que a união estável seria ato-fato jurídico, confira-se: "[...] a união estável é ato-fato jurídico. Por ser ato-fato jurídico (ou ato real), a união estável não necessita de qualquer manifestação de vontade para que produza seus jurídicos efeitos". LÔBO, Paulo. *Direito civil*. 8. ed. São Paulo: Saraiva Educação, 2018, v. 5: famílias, p. 120.

conhecidos e utilizados, como é o exemplo das cláusulas existenciais nos pactos antenupciais e nos contratos de convivência, razão pela qual o estudo seguirá concomitante entre estes institutos conhecidos e as novas famílias.

Observa-se que a mera existência de direitos indisponíveis no direito das famílias não lhe retira a possibilidade de negociação, uma vez que "se direitos fundamentais são essencialmente direitos de liberdade do cidadão, nada mais coerente do que aceitar a liberdade de não os exercitar, de deles dispor ou de a eles renunciar".[93]

Os aspectos constitucionais que influenciam a disciplina do direito das famílias já foram estudados em tópicos anteriores,[94] quais sejam: o alargamento do conceito de família e a previsão expressa da família matrimonial, da formada pela união estável e a família monoparental. Assim sendo, explorou-se de igual maneira as novas entidades familiares, cuja formação advém ou poderá decorrer da confluência de vontades mediante a formalização de um contrato.[95]

---

93. Nas palavras do autor: "Os direitos fundamentais, junto com a separação de poderes, são conquistas essencialmente liberais e sempre serviram – não somente na sua origem, mas também nos dias atuais ~ como forma de evitar ingerência estatal em esferas estritamente individuais. Ora, se direitos fundamentais são essencialmente direitos de liberdade do cidadão, nada mais coerente do que aceitar a liberdade de não exercitá-los, ·de deles dispor ou de a eles renunciar. Renunciar a direitos fundamentais seria um exercício do direito geral de liberdade, imanente à essência dos direitos fundamentais. Essa é uma posição que, embora aceite algumas ressalvas e limitações, e ainda que possa causar desconforto em alguns autores, é perfeitamente compatível uma teoria liberal acerca dos direitos fundamentais. No Brasil, ainda que não seja declarado explicitamente, é possível perceber uma tendência a uma teoria democrático-funcional, no âmbito da qual pode ser coerente sustentar a irrenunciabilidade e a inalienabilidade dos direitos fundamentais". Silva, Virgílio Afonso da. *A constitucionalização do direito*: os direitos fundamentais nas relações entre particulares. Tese de Livre Docência. São Paulo: USP, 2004. p. 128-129.

94. Não obstante o tema já ter sido explorado, para este momento convém a seguinte citação: "Ficou muito claro que a Constituição Federal procurou unir a liberdade do indivíduo à importância que a família representa para a sociedade e para o Estado. Ao garantir ao indivíduo a liberdade através do rol de direitos e garantias contidos no art. 5º, bem como de outros princípios, conferiu-lhe a autonomia e o respeito dentro da família e, por conseguinte, assegurou a sua existência como célula mantenedora de uma sociedade democrática. Isto, sim, é o que deve interessar ao Estado". PEREIRA, Rodrigo da Cunha. *Princípios fundamentais e norteadores para a organização jurídica da família*. 2011. p. 158. Tese (Doutorado em Direito) – Universidade Federal do Paraná, Curitiba/PR. Disponível em: https://acervodigital.ufpr.br/bitstream/handle/1884/2272/TeseDr.%20Rodrigo%20da%20Cunha.pdf. Acesso em: 25 nov. 2023.

95. "O Direito de Família, contemporaneamente, deve ser visto como manifestação máxima da liberdade jurídica. Vivemos a época da subjetivização da família e do próprio Direito de Família. Compreende-se que cada um pode escolher e definir o que família deve significar na sua vida, sobretudo através de contratos não patrimoniais. Aposta-se, desse modo, na diminuição dos espaços de regulação estatal no âmbito das famílias e na plena autonomia de vontade das partes nas relações privadas. Cada família pode criar seu próprio Direito de Família? Por que não??" CARVALHO, Dimitre Braga Soares de. Contratos familiares: cada família pode criar seu próprio Direito de Família. In: TEIXEIRA, Ana Carolina Brochado; RODRIGUES, Renata de Lima (Coord.). *Contratos, Família e Sucessões*. 2. ed. [livro eletrônico] Indaiatuba: Foco, 2021.

Neste aspecto, cumpre observar que o Código Civil prevê no art. 1.513 a vedação a qualquer interferência na comunhão de vida instituída pela família,[96] o que enseja a discussão sobre a liberdade que o indivíduo possui para constituir sua composição familiar, em que há espaços para uma "construção da normativa própria a cada família, segundo as aspirações de seus membros".[97]

De igual sorte, não obstante com um tom moderado de liberdade, Pontes Miranda afirma que há um princípio da liberdade a reger o direito das famílias, posto que há liberdade na escolha de casar-se ou não, de desquitar-se, e, excepcionalmente, é retirada a liberdade de escolha do regime matrimonial de bens, liberdade em adotar, e outras implicações de proteção.[98]

Em razão disso, deve-se investigar o que pode ser objeto de negociação e o que deve ser mantido sob o crivo do Estado, em disposições tanto patrimoniais quanto existenciais e, por decorrência, as situações dúplices, uma vez que estão sujeitas à negociabilidade no direito das famílias, como por exemplo a comunhão de vida dos cônjuges e companheiros, e o pleno desenvolvimento da personalidade dos filhos.[99]

Denomina-se, portanto, como um "direito de família mínimo" em que a liberdade do indivíduo é predominante para constituição de famílias, sem maiores solenidades, com a característica mais marcante do afeto, ou seja, a partir do reconhecimento deste elemento, entende-se que deve haver autorização para o pleno exercício da autonomia privada. São exemplos deste direito de família mínimo a união estável e a filiação socioafetiva.[100]-[101]

---

96. Art. 1.513. É defeso a qualquer pessoa, de direito público ou privado, interferir na comunhão de vida instituída pela família.

97. CARVALHO, Dimitre Braga Soares de. Contratos familiares: cada família pode criar seu próprio Direito de Família. In: TEIXEIRA, Ana Carolina Brochado; RODRIGUES, Renata de Lima (Coord.). *Contratos, Família e Sucessões*. 2. ed. [livro eletrônico] Indaiatuba: Foco, 2021.

98. PONTES DE MIRANDA. *Tratado de Direito Privado*. Parte Especial. São Paulo: RT, 2012. t. VII: Direito de personalidade. Direito de família: direito matrimonial (existência e validade do casamento). p. 264.

99. TEIXEIRA, Ana Carolina Brochado; RODRIGUES, Renata de Lima (Coord.). *Contratos, Família e Sucessões*. 2. ed. [livro eletrônico] Indaiatuba: Foco, 2021.

100. ALVES, Leonardo Barreto Moreira. *Por um direito de família mínimo*: a possibilidade de aplicação e o campo de incidência da autonomia privada no âmbito do direito de família. Dissertação (Mestrado em Direito) – Faculdade de Direito, Pontifícia Universidade Católica de Minas Gerais, Belo Horizonte, 2009. Disponível em: http://www.biblioteca.pucminas.br/teses/DireitoAlvesLB1.pdf. Acesso em: 25 nov. 2023.

101. Nas palavras do autor: "Em sendo a família hodierna uma entidade democrática, aberta, plural, em que a promoção da dignidade dos seus membros é a sua principal missão, não há que se olvidar que a incidência da autonomia privada, no seu âmbito, deve ser uma regra geral, permitindo-se que cada indivíduo cultive e desenvolva uma relação afetiva da maneira que mais lhe interessar, conforme já abordado no tópico anterior. Isso significa, também como regra geral, que o Estado não deve ingerir no âmago familiar, devendo ser reservado espaço íntimo para que seus próprios componentes, por meio do afeto, busquem a felicidade própria, desenvolvam a sua personalidade, e, por consequência,

Dessa maneira, o Estado deve intervir no âmbito do direito das famílias, com o critério positivo em garantir a promoção dos direitos fundamentais dos indivíduos que compõe uma família (como a dignidade, a igualdade, a liberdade, a solidariedade etc.),[102] permitindo, desta forma, que, pela autonomia privada, o sujeito possa desenvolver sua personalidade, buscar a sua realização plena através da felicidade da vida privada e a manutenção dos vínculos afeitos,[103] "Em outras palavras, o Estado apenas deve utilizar-se do Direito de Família quando essa atividade implicar uma autêntica melhora na situação dos componentes da família".[104]

Entre as disposições no âmbito de negociabilidade dos sujeitos vinculados pela composição de um família, estão as questões patrimoniais, em que há discussão sobre a (im)possibilidade de se contratualizar a renúncia ao direito

---

fomentem a satisfação uns dos outros. Nesse sentido, relembre-se mais uma vez que a família dos dias de hoje, por envolver relações afetivas, é muito mais uma entidade de fato do que uma instituição jurídica de monopólio do Estado, como outrora era tratada. Assim, não pode o Estado pretender sufocar as relações familiares, devendo permitir o exercício da liberdade afetiva por parte dos seus membros. Há muito tempo a família deixou de constituir célula do Estado, sendo que atualmente a sua participação, como um elemento estranho, externo às relações afetivas, pode prejudicá-las, daí por que deve ser ao máximo evitada". Ibidem.

102. "O reconhecimento do caráter instrumental da família para o desenvolvimento de seus membros era, até recentemente, tido como o avanço fundamental do direito de família. Hoje, estranhamente, dizer tanto ainda significa dizer pouco. Torna-se imprescindível considerar este instrumento notável que é a família com novos olhos, atentando agora para seu uso disfuncional, para as raízes dessa disfunção e para o papel promocional que o Direito pode desempenhar em sua prevenção. Se atualmente se afirma que a relação conjugal pode ser uma questão privada entre dois adultos – a ser resolvida mais por meio de pactos do que por meio de regras imperativas –, tem-se, por outro lado, cada vez mais consciência da fragilidade e das consequências devastadoras do mau tratamento infantil. Quando faltam responsabilidade sobre as crianças ou liberdade para os adultos, os efeitos são indeléveis: seja para o florescimento ou para o fenecimento individual, não se apaga a influência que teve a família na formação da pessoa humana. Todos os esforços, assim, ainda serão poucos para proteger as crianças do desamparo, e os adultos da solidão". MORAES, Maria Celina Bodin de. A nova família, de novo – Estruturas e função das famílias contemporâneas. *Revista de ciências jurídicas*. v. 18 n. 12. 2013. p. 23. Disponível em: https://ojs.unifor.br/rpen/article/view/2705/pdf. Acesso em: 25 nov. 2023.

103. ALVES, Leonardo Barreto Moreira. *Por um direito de família mínimo*: a possibilidade de aplicação e o campo de incidência da autonomia privada no âmbito do direito de família. Dissertação (Mestrado em Direito) – Faculdade de Direito, Pontifícia Universidade Católica de Minas Gerais, Belo Horizonte, 2009. Disponível em: http://www.biblioteca.pucminas.br/teses/Direito_AlvesLB_1.pdf. Acesso em: 25 nov. 2023.

104. Neste sentido: "É bem-vinda a intervenção estatal, contudo, esta deve ser mínima, preservando-se a liberdade e a autonomia privada. A família como dito alhures, é dotada hoje de um caráter instrumental, ou seja, serve de meio para a realização pessoal e a felicidade humana. Nesta senda, não se pode mais conceber uma família engessada no conservadorismo, em que não se reconhece a liberdade de escolha do consorte, e a forma familiar que se pretende constituir". AMORIM, Ana Mônica Anselmo de. A (des)necessária intervenção do Estado na autonomia familiar. *Civilistica.com*. Rio de Janeiro, a. 10, n. 2, 2021. Disponível em: http://civilistica.com/a-desnecessaria/. Acesso em: 26 nov. 2023.

de alimentos entre os cônjuges,[105] e as questões existenciais que não ofendam a dignidade da pessoa do cônjuge, companheiro ou da prole.[106]

No tocante ao que estaria fora da possibilidade e da livre negociação das partes, estariam as questões relacionadas às vulnerabilidades, como ocorre com a infância e a adolescência, uma vez que, por serem considerados pessoas em desenvolvimento e em formação, devem ocupar primordialmente a atenção da família, para que sejam concretizados os direitos fundamentais.[107] De igual forma, as vulnerabilidades da pessoa idosa. Seja pelo avanço da idade, seja pelas condições peculiares de saúde, por vezes essas pessoas se tornam dependentes de outros membros das famílias.[108]

---

105. "Alguns entendem que, tal regra, calcada na solidariedade familiar, pode assumir uma inegável faceta paternalista, na medida em que houve simetria no momento da negociação de um acordo que põe fim ao casamento e estabelece seus consectários jurídicos. Muitas vezes, a renúncia aos alimentos pode ser um importante fator negocial, motivador de outras concessões, por exemplo, de ordem patrimonial, não havendo razões para que essa vedação alcance os ex-cônjuges. Mesmo porque, segundo o art. 1.704 do Código Civil, parece que o legislador previu que o momento para se requerer alimentos é até a concessão do divórcio, dando a entender que o dever de mútua assistência findaria com o divórcio. Todavia, essa regra geral não alcança situações excepcionais, que devem ser analisadas casuisticamente. Outros entendem pela impossibilidade de renúncia, na esteira do que determina o art. 1.707 do Código Civil, uma vez que a função dos alimentos é garantir a sobrevivência de alguém – no caso, o cônjuge ou companheiro, caso deles venha a necessitar. Por ter relação direta com o direito à vida, pode-se argumentar que a vedação à renúncia é coerente com os valores do ordenamento jurídico, para salvaguardar o exercício desse direito a qualquer tempo, se surgir a necessidade". MORAES, Maria Celina Bodin de. Teixeira, Ana Carolina Brochado. Contratos No Ambiente Familiar. In: TEIXEIRA, Ana Carolina Brochado; RODRIGUES, Renata de Lima (Coord.). *Contratos, Família e Sucessões*. 2. ed. [livro eletrônico] Indaiatuba: Foco, 2021.

106. "O mais importante é a verificação objetiva e concreta da presença de eventual desigualdade entre os cônjuges – o que a princípio, não existe, pelo menos no âmbito formal – a fim de se incentivar a criação das próprias regras, de modo a potencializar a autorrealização no ambiente familiar". Ibidem.

107. "Nesse sentido, como a busca e a garantia do melhor interesse do menor constitui dever de todos, nos termos do art. 227, e justamente por isso é preciso reafirmar a possibilidade de intervenção estatal na família sempre que essa proteção especial de que gozam os vulneráveis se tornar enfraquecida ou ameaçada. Assim, é necessário investigar os limites que podem ser impostos à autonomia familiar por meio da cláusula geral de bons costumes. Para isso, toma-se como exemplo a possibilidade de perda do poder familiar, que tem numa de suas causas os atos contrários aos bons costumes". CASTRO, Thamis Dalsenter Viveiros de. *Bons costumes no direito civil brasileiro*. São Paulo: Almedina, 2017. p. 261.

108. "Em relação ao idoso, verificam-se vulnerabilidades de várias origens manifestadas nas relações familiares: doenças físicas e problemas psíquicos advindos da idade que os tornam dependentes de cuidados, dificuldades financeiras decorrentes da aposentadoria e aumento dos custos com a saúde. Em razão desses obstáculos que podem se manifestar em situações de senilidade, o idoso pode não estar em condições de definir questões sobre a própria vida – se houver déficits de discernimento – ou de renunciar a espaços de atuação adequando-os à sua situação de vida contemporânea, por exemplo. Por isso, criou-se mecanismos de proteção para efetividade de seus direitos fundamentais previstos no art. 230 da Constituição Federal e no Estatuto do Idoso, além de normas administrativas, como a Portaria 2.528 de 19 de outubro de 2006, oriunda da Secretaria de Atenção à Saúde, Política Nacional de Saúde da Pessoa Idosa. No próprio grupo dos idosos, a Lei 13.466/2017 reconheceu vulnerabilidade ainda mais acentuada aos maiores de 80 anos, atribuindo-lhes prioridade, inclusive em processos". MORAES, Maria Celina Bodin de. Teixeira, Ana Carolina Brochado. Contratos No Ambiente Familiar.

Sobre o tema, já se teve a oportunidade de afirmar que, para o direito das famílias, a dicotomia entre pertencer ao direito público ou privado, se encontra em certa medida superada, uma vez que este ramo do direito civil sempre adotará normas de caráter público (para proteção das pessoas vulneráveis, por exemplo). Todavia, a própria contratualização das relações familiares demonstra a contemporânea privatização deste ramo. Assim, a confluência entre o público e o privado deve estar a serviço do livre desenvolvimento da pessoa humana.[109]

Como um caracterizador da autonomia para se constituírem como família, Pietro Perlingieri afirma que o "sangue" e o "afeto" são situações independentes para fundação da família; todavia, o afeto, como aspecto consensual, tem se mostrado o papel determinante e denominador comum aos arranjos familiares, porquanto "O merecimento de tutela da família não diz respeito exclusivamente às relações de sangue, mas, sobretudo àquelas afetivas que se traduzem em uma comunhão espiritual de vida".[110]

Desta forma, o inerente limitador ao poder de negociação pode ser entendido como o interesse do próprio indivíduo, isto é, de cada um dos componentes do arranjo familiar, uma vez que não há um interesse autônomo da família, ou seja, a situação e o interesse de cada um, em separado. Portanto, não é crível que exista uma sobreposição de um interesse dito maior da família, que esteja em conflito com o interesse do indivíduo.[111] A possibilidade de cada arranjo familiar estabelecer o seu regramento pode ser vista da seguinte forma:

> A função serviente da família deve ser realizada de forma aberta, integrada na sociedade civil, com uma obrigatória colaboração com outras formações sociais: não como uma ilha, mas como um autônomo território que é parte que não pode ser eliminada de um sistema de instituições civis predispostas para um escopo comum e todos merecedores de tutela, desde que a sua regulamentação interna seja inspirada no respeito à igual dignidade, à igualdade moral e jurídica dos componentes, à democracia. Valores que representam, juntamente com

---

In: TEIXEIRA, Ana Carolina Brochado; RODRIGUES, Renata de Lima (Coord.). *Contratos, Família e Sucessões*. 2. ed. [livro eletrônico] Indaiatuba: Foco, 2021.

109. GIROTTO, Guilherme Augusto. Aspectos Civis-Constitucionais Dos Contratos No Direito Das Famílias Pós-Moderno. *Quaderni degli Annali della Facoltà Giuridica*, v. 5, p. 1-80, 2024. Disponível em: https://afg.unicam.it/sites/afg.unicam.it/files/QuadernoAFG-n.5_2024.pdf. Acesso em: 31 maio 2024.

110. PERLINGIERI, PIETRO. *O Direito civil na Legalidade Constitucional*. Trad. Maria Cristina de Cicco. Rio de Janeiro: Renovar, 2008. p. 973.

111. "O interesse individual de cada familiar não pode ser pensado se não em relação àquele dos outros familiares: diante da comunhão material e espiritual, o interesse de cada um se torna, em diferentes medidas, o interesse dos outros; a convivência (e as necessidades que o seu desenrolar manifesta) é interiorizada. A harmonização das exigências individuais, a consideração das recíprocas interferências e a comunhão ou o concurso de interesses, frequentemente, podem fazer com que mais de uma situação subjetiva pareça de natureza, antes que individual, coletiva e familiar". Ibidem. p. 975.

a solidariedade, o pressuposto, a consagração e a qualificação da unidade dos direitos e dos deveres no âmbito da família.[112]

Convém mencionar que há considerações no sentido de que a família coparental não seria uma recontratualização do direito das famílias, posto que, em verdade, seria uma tutela de uma situação existencial, que vai além do mencionado contrato e busca estabelecer a proteção da vida do ser humano que será concebido pela dupla parental, fundamentando-se na liberdade destes pares.[113]

Portanto, neste tópico buscou-se esclarecer os contornos de hipóteses e possibilidades, bem como das limitações que a contratualização das relações familiares contemporâneas possuem, não olvidando de esclarecer que a dignidade de cada um dos componentes não pode ser violada sob o pretexto de um "interesse ou direito maior" (da família), posto que o interesse, o desenvolvimento, a liberdade e os direitos de todos os membros devem ser observados, em especial aos componentes vulneráveis (crianças, adolescentes e idosos).

No capítulo, o objetivo foi traçar as premissas que a família contemporânea impôs ao ordenamento jurídico, uma vez que o levantamento histórico do conceito de família não se mostrou relevante para o trabalho, socorreu-se da necessária observância da interlocução multidisciplinar entre o direito, a sociologia jurídica e a psicanálise. O que possibilitou afirmar, no item que seguiu, por um *locus* especialíssimo do direito das famílias no ordenamento jurídico pátrio, ou seja, um ramo do direito que possui epistemologia própria, uma vez que a matéria está prevista no texto constitucional, expressa e implicitamente, em tratados e convenções internacionais, na legislação ordinária e nas normas infralegais.

Os últimos dois pontos abordaram, pois, a pluralidade das composições conjugais e parentais, sem o objetivo de apresentar um rol exaustivo e exauriente.

---

112. PERLINGIERI, PIETRO. *O Direito civil na Legalidade Constitucional*. Trad. Maria Cristina de Cicco. Rio de Janeiro: Renovar, 2008. p. 975-776.

113. Guilherme Wunsch afirma: "[...] Na família biotecnológica, não há credor e não há devedor. Há uma ressignificação do sujeito que se considera como *ser-de-uma-família*, que virtualiza o amor para a busca de sua realização pessoal, motivado pelo anseio parental e não contratual. Assim, tem-se o afastamento da consideração da família biotecnológica como um modelo de recontratualização do Direito de Família, pois se trata da tutela de uma situação existencial para além do contrato de coparentalidade, mas para a vida do ser que será concebido pelo copais, com base na liberdade que se afigura a eles e que dever tutelado juridicamente pelo Direito". WÜNSCH, Guilherme. *Do suporte fático ao suporte constitucional como fundamento para o desvelar biotecnológico das famílias contemporâneas*: os contratos de coparentalidade nas famílias design entre a estirpe tradicional e a façanha internética. Tese (Doutorado Universidade Vale do Rio dos Sinos) Rio Grande do Sul, 2017. p. 294. Disponível em: http://www.repositorio.jesuita.org.br/bitstream/handle/UNISINOS/6258/Guilherme%20W%C3%BCnsch.pdf?sequence=1&isAllowed=y. Acesso: 28 nov. 2023.

Todavia, intentou-se demonstrar como o conceito de família atual abarca uma pluralidade de arranjos e todos dignos de tutela por cada indivíduo, pela sociedade e pelo Estado. Finalizou-se, então, com a possibilidade de se contratualizarem esses novos arranjos familiares, o que é um permissivo, um fundamento e uma abertura para o próximo capítulo, cujo objetivo é estabelecer a família coparental na realidade da sociedade hodierna, nas suas especificidades psicossociais e os inerentes reflexos jurídicos.

3
DA COPARENTALIDADE COMO UMA FORMA DE CONFIGURAÇÃO FAMILIAR

A coparentalidade é um termo, de certa forma, novo,[1] vez que remete à ideia de um estudo após a instalação da figura do divórcio. Todavia, não é utilizado de modo exclusivo por um ramo do conhecimento, posto que em pesquisa realizada pelo OASIS,[2] encontrou-se a utilização desse vocábulo na psicologia e no direito. Entretanto, no que se refere ao direito, o termo "coparentalidade" enquanto uma família é um instituto relativamente novo, uma vez que os trabalhos confeccionado como livros, e utilizados ao logo deste estudo, são datados de 2022[3] e 2023.[4] Denota-se que a família coparental é estudada por meio da elaboração de artigos científicos, que de igual sorte, decorrem de publicações mais recentes.[5]

1. A questão de ser ou não algo novo será mais bem esclarecida ao longo deste trabalho. A tarefa de cuidados para com a prole é que faz surgir este termo e os respectivos estudos, ou seja, é a partir do interesse em estudar a forma como os ex-cônjuges se relacionam entre si a respeito das questões dos filhos. O termo surge então para psicologia da seguinte forma: "A origem do termo coparentalidade (co-parenting) não está clara na literatura. Foram realizadas diversas buscas em algumas bases de dados internacionais utilizando-se o descritor *coparent*, desde o início de indexação de cada um. Na base de dados ERIC, o termo aparece pela primeira vez em 1978, em um livro de Galper: "Coparenting: sharing your child equally. A source book for the separated or divorced family". No Sociological Abstracts a primeira vez que o termo aparece é em 1984, em um artigo de Koch e Lowery intitulado "Visitation and the Noncustodial Father". Examinando a base de dados PsycINFO, o termo coparentalidade aparece pela primeira vez em 1981, em um artigo de Ahrons intitulado "The continuing coparental relationship between divorced spouses". Já no IndexPsi, que cobre a literatura nacional o termo não foi encontrado". FRIZZO, Giana Bitencourt; KREUTZ, Carla Meira; SCHMIDT, Carlo; PICCININI, Cesar Augusto; BOSA, Cleonice. O conceito de coparentalidade e suas implicações para a pesquisa e para a clínica. *Revista Brasileira Crescimento e Desenvolvimento Humano*. 2005, p. 84-94. Disponível em: https://www.revistas.usp.br/jhgd/article/view/19774/21841. Acesso em: 09 ago. 2023.
2. Esclarecimentos sobre o site já feitas em linhas anteriores.
3. VALADARES, Nathália de Campos. *Famílias Coparentais*. Curitiba: Juruá, 2022.
4. DUFNER, Samantha. *Famílias Multifacetadas*. São Paulo: RT, 2023. Disponível em: https://proview.thomsonreuters.com/launchapp/title/rt/monografias/307799437. Acesso em: 09 ago. 2023.
5. De todos, tem-se: PEREIRA, Rodrigo da Cunha. Coparentalidade abre novas formas de estrutura familiar. *CONJUR*. Disponível em https://www.conjur.com.br/2017-ago-13/processo-familiar-coparentalidade-abre-novas-formas-estrutura-familiar. Acesso em: 9 ago. 2023.

Não obstante a aparente característica de ser recente, buscar-se-á elencar e elucidar os conceitos que o termo alcançou, no direito e na psicologia, com foco no primeiro. Para tanto, estabelecer-se-ão alguns conceitos prévios para compreensão do recorte temático. Após, para que seja delimitado o conceito de coparentalidade, cuidar-se-á de afastar as divergências que o termo carrega, porquanto será apresentado o que não é a coparentalidade. Com isso, na sequência, será possível traçar o que se entende pela coparentalidade.

O esclarecimento dos aspectos psicossociais se faz necessário, posto que a esfera da psicologia permeia o direito das famílias, e o termo está atrelado ao sentido psicológico. Após, a base principiológica que rege todo o direito das famílias fará parte do estudo, bem como elencar-se-ão quais são aplicados diretamente nessa composição familiar.

Os aspectos jurídicos compõem o último item e engloba a autoridade parental, a guarda, a convivência e os alimentos, uma vez que tais institutos ganham novos contornos na contemporaneidade e devem se fazer presentes na família coparental.

3.1 DOS CONCEITOS PRÉVIOS

A interlocução do direito com a psicanálise e com a psicologia já foi tratada em linhas anteriores, inclusive com a apresentação de alguns excertos de escritores consolidados, o que permite, neste momento, iniciar os estudos em concomitância, posto que a coparentalidade é de igual forma estudada pela psicologia e pelo direito, com o objetivo de fixar conceitos. Assim, a psicologia cuida de explicar a forma como a dinâmica entre os genitores acontece em relação à prole, em especial em casais divorciados, ou seja, quais são os reflexos na psicologia (na *psique*) tanto dos pais (coparentais) quanto nos filhos destes casais.[6]

O vocábulo "coparentalidade" decorre do equivalente em língua inglesa: "coparenting", e é abordado como o liame, o trato, a relação que os pais detêm em relação aos filhos, isto é, a forma e a intensidade do vínculo entre os genitores em específico com a questão da vida dos filhos. Seria, portanto, a relação dos genitores (e dos cuidadores), o envolvimento recíproco e concomitante com as inerentes responsabilidades e funções parentais no cuidado e criação dos filhos. Presente, dessa forma, a tarefa da criação, da educação, do apoio ao desenvolvimento,

---

6. Embora os trabalhos da psicologia não tracem esse paralelo, é possível concluir que, não só pela possibilidade de rompimento do divórcio, surge o interesse pela coparentalidade. Em verdade, uma vez que o pátrio poder se enfraquece (fenômeno do direito), denota-se que a psicologia passou a demonstrar interesse na relação existente entre os genitores com lida dos filhos.

mediante o emprego de mútuas responsabilidades, com o compartilhamento de responsabilidade e coordenação da dicotomia parental:

> [...] 'coparenting' is a conceptual term that refers to the ways that parentes and/or parental figures relate to each other in the role of parente. Coparenting occurs when individuals have overlapping or shared responsability for rearing particular children and consists of the support and coordination (or lack of it) that parental figures exhibit in chindrearing. The coparenting relationship does not include the romanti, sexual, companionate, emotional, financial, and legal aspects of the adults relationship that do not relate to childrearing. Furhermore, the term coparenting does not imply that parenting roles are os should be equal inautorithy or responsability. The degreee of equality in the coparenting relationship is determined in each case by the participans, who are influenced of course by the larger social and cultural context.[7]

No trecho, o autor expressa a ideia central do que seria a coparentalidade, tanto para a psicologia (quando faz menção às responsabilidades e a falta desta na criação dos filhos) e para o direito, uma vez que deixa clara a hipótese de completa inexistência de vínculo entre os pais, para além dos interesses que dizem respeito à prole, ou seja, não há qualquer relação, romântica, sexual, emocional ou financeira entre eles, somente em relação à prole.

Impende mencionar que não se configura a coparentalidade apenas quando houver o divórcio ou a partir da formação da família coparental pelo contrato, mas em verdade sempre que existir esta divisão de tarefas, responsabilidades e incumbências familiares, isto é, a partir do momento em que as famílias resolverem dividir estes deveres frente à prole, estar-se-á diante da coparentalidade – para a psicologia.[8]

---

7. FEINBERG, Mark E. Coparenting and the Transition to Parenthood: A Framework for Prevention. *Clin Child Fam Psychol Rev.* 2002 September, p. 96-97. online. Disponível em: https://www.ncbi.nlm.nih.gov/pmc/articles/PMC3161510/. Acesso em: 09 ago. 2023. Em tradução livre: "[...] 'coparentalidade' é um termo conceitual que se refere às formas como os pais e/ou figuras parentais se relacionam entre si no papel de familiar. A coparentalidade ocorre quando os indivíduos têm responsabilidades sobrepostas ou compartilhadas pela criação de determinados filhos e consiste no apoio e na coordenação (ou na falta dela) que as figuras parentais exibem na criação dos filhos. A relação de coparentalidade não inclui os aspectos românticos, sexuais, de companheirismo, emocionais, financeiros e legais da relação dos adultos que não se relacionam com a criação dos filhos. Além disso, o termo coparentalidade não implica que os papéis parentais devam ser iguais em termos de autoridade ou responsabilidade. O grau de igualdade na relação coparental é determinado em cada caso pelos participantes, que são influenciados, claro, pelo contexto social e cultural mais amplo".

8. "Beyond the sharing of childcare labor, three primary, core features of coparental aliances were initially articulated in reports by McHale (1995) and by Belsky, Crnic, and Gable (1995): these included the degree of solidarity and support between the coparental partners, the extent of dissonance and antagonism present in the adults' coparental strivings, and the extent to which both partners participated actively in engaging with and directing the child". MCHALE, James P.; KUERSTEN-HOGAN Regina; RAO Nirmala. Growing Points for Coparenting *Theory and Research. J Adult Dev.* 2004 Jul. online. Disponível em: https://www.ncbi.nlm.nih.gov/pmc/articles/PMC2994416. Acesso em: 09 ago. 2023. Em tradução livre: "Além da partilha do trabalho de cuidados infantis, três características principais e essenciais das alianças coparentais foram inicialmente articulados em relatórios de McHale (1995)

Esta afirmação, que decorre de uma pesquisa na área cientifica da psicologia, serve como fundamento para demonstrar que a coparentalidade não se liga aos vínculos entre os genitores, mas em verdade revela o caráter exclusivo de uma relação que é vista sob o enfoque dos cuidados que estes (pais) devem ter com os filhos – o vínculo coparental é a partir da prole para com os seus cuidadores (caso seja aplicada a visão ampla), e não entre eles em si.

Para configuração coparental na visão da psicologia, que para além de expor a configuração, de igual forma busca explicar e demonstrar quais são os possíveis problemas, também apresenta possíveis formas de melhorar o convívio familiar. Assim, há autores que afirmam pela existência de três aspectos preponderantes:

i) a quantidade ou o nível de conflito quanto às decisões do arranjo parental;

ii) a colaboração (a harmonia, a cooperação e a valorização) entre os genitores; e

iii) a triangulação, ou seja, o vínculo dos filhos com os genitores.[9] Em complemento aos três aspectos Feinber[10] inclui outros quatro componentes necessários para se configurar o modelo coparental – os quais serão explanados a seguir.[11]

O "Childrearing Agreement" é o primeiro elemento e está relacionado ao grau de concordância com que cada um dos genitores tem em relação aos cuidados com o filho: valores morais, comportamentos, disciplinas, suprimento de necessidades emocionais, educacionais e estabelecimento de prioridades, bem

---

e de Belsky, Crnic e Gable (1995): estes incluíam o grau de solidariedade e apoio entre os parceiros coparentais, a extensão da dissonância e do antagonismo presentes nos esforços coparentais dos adultos, e a até que ponto ambos os parceiros participaram ativamente no envolvimento e na orientação da criança".

9. GRZYBOWSKI, Luciana Suárez; WAGNER, Adriana. Casa do Pai, Casa da Mãe: A Coparentalidade após o Divórcio. *Psicologia*: Teoria e Pesquisa. jan./mar. 2010, v. 26 n. 1, p. 77-87. online. Disponível em: https://www.scielo.br/j/ptp/a/9nVDRLhm4xH44wbQtQMBZxB/abstract/?lang=pt. Acesso em: 09 ago. 2023.

10. FEINBERG, Mark E. Coparenting and the Transition to Parenthood: A Framework for Prevention. Clin Child *Fam Psychol Rev*. 2002 September, p. 173-195. online. Disponível em: https://www.ncbi. nlm.nih.gov/pmc/articles/PMC3161510/. Acesso em: 09 ago. 2023.

11. Em suma os pontos são assim explicados: "(a) o apoio *versus* a oposição no papel parental (afirmação, respeito, apoio às decisões e à autoridade parental); (b) as divergências em questões e valores que concernem à criação da criança (valores morais, prioridades, padrões educacionais); (c) a divisão de deveres, tarefas e responsabilidades relacionadas a rotinas diárias, cuidado infantil e tarefas domésticas; e (d) o manejo dos pais de aspectos interacionais da famílias (conflito, coalizões e equilíbrio). Esse modelo diferencia-se do anterior pois propõe uma divisão da dimensão cooperação em relação ao apoio parental, aos valores e à divisão de tarefas, mantendo a triangulação como manejo de aspectos interacionais". GRZYBOWSKI, Luciana Suárez; WAGNER, Adriana. Casa do Pai, Casa da Mãe: A Coparentalidade após o Divórcio. *Psicologia*: Teoria e Pesquisa. jan./mar. 2010, v. 26 n. 1, p. 77-87. online. Disponível em: https://www.scielo.br/j/ptp/a/9nVDRLhm4xH44wbQtQMBZxB/abstract/?lang=pt. Acesso em: 09 ago. 2023.

como segurança. O "desagreement" seria o oposto, ou seja, os efeitos negativos decorrentes da não concordância com esses valores. Sua existência, na dinâmica familiar, pode acarretar hostilidade e conflitos intraparentais.[12]

Na sequência, estaria o "Division of Labor", como o próprio nome diz, refere--se à divisão dos deveres parentais, das responsabilidades com a rotina diária, seja com os compromissos estudantis, seja com os profissionais, seja com o cuidado de tarefas domésticas. A falta ou o desajuste desta incumbência pode acarretar uma quebra de expectativas da prole para com os pais, bem como poderá se fazer presente certo desentendimento entre os corresponsáveis, acabando por gerar estresse entre os componentes familiares.[13]

O terceiro elemento é "Suppport – Undermining", cujo sentido estaria ligado à forma de suporte, de cooperação que um corresponsável dispende para com o outro, ou seja, é a própria sinergia de harmonia e cooperação que deve ser re-troalimentada pelos membros. Isto acontece quando um corresponsável reforça a contribuição positiva do outro corresponsável, garantindo maior respeito às contribuições do outro no desempenho das funções parentais. O problema estaria concentrado na hipótese de que os pais deixam de adotar essa postura ativa, benéfica e positiva para assumirem comportamento de competição, de desvalorização e críticas ao outro corresponsável.[14]

O quarto, e derradeiro, item apontado pelo autor é o "Joint Family Mana-gement", e estaria ligado ao tratamento dos genitores entre si. Seria a forma e a maneira como eles se tratam, afastando-se da fala agressiva, em especial na presença da prole. Passando, posteriormente, para a forma como os próprios corresponsáveis se relacionam em todos os seus vínculos familiares, seria, por-tanto, a dimensão de relacionamentos com toda a família.[15]

Assim, é possível identificar que, a cada trabalho desenvolvido neste cam-po, novas acepções são introduzidas, revelando os aspectos psicológicos, que consequentemente acarretarão reflexos jurídicos. Assim sendo, entende-se que há "uma divisão da dimensão de cooperação em relação ao apoio parental",[16] ou

---

12. FEINBERG, Mark E. Coparenting and the Transition to Parenthood: A Framework for Prevention. Clin Child *Fam Psychol Rev*. 2002 September, p. 173-195. online. Disponível em: https://www.ncbi.nlm.nih.gov/pmc/articles/PMC3161510/. Acesso em: 09 ago. 2023.

13. Ibidem.

14. FEINBERG, Mark E. Coparenting and the Transition to Parenthood: A Framework for Prevention. Clin Child *Fam Psychol Rev*. 2002 September, p. 173-195. online. Disponível em: https://www.ncbi.nlm.nih.gov/pmc/articles/PMC3161510/. Acesso em: 09 ago. 2023.

15. Ibidem.

16. GRZYBOWSKI, Luciana Suárez; WAGNER, Adriana. Casa do Pai, Casa da Mãe: A Coparentalidade após o Divórcio. *Psicologia*: Teoria e Pesquisa. jan./mar. 2010, v. 26 n. 1, p. 77-87. online. Disponível em: https://www.scielo.br/j/ptp/a/9nVDRLhm4xH44wbQtQMBZxB/abstract/?lang=pt. Acesso em: 09 ago. 2023.

seja, espera-se que exista uma plena divisão de tarefas, com o objetivo de manter harmônica a triangulação do arranjo familiar coparental.

De igual forma, outras contribuições podem ser citadas, a exemplo de Van Egeren e Hawkins,[17] cujos escritos postulam outros quatro tipos ou dimensões de coparentalidade da seguinte forma:

i) a coparentalidade solidária, entendida como a afetividade existente entre os corresponsáveis, possibilitando um crescimento conjunto das duas figuras, na forma de uma parentalidade unificada;

ii) o apoio coparental, composto pelos esforços dos genitores para beneficiar o desenvolvimento da prole;

iii) a coparentalidade destrutiva, que seria o fator negativo, isto é, na hipótese de um dos corresponsáveis agir de maneira a prejudicar a cooperação; e

iv) a parentalidade compartilhada, caracterizada pelo nível em que cada genitor se mostra como responsável pelos limites na divisão das corresponsabilidades.[18]

Para a psicologia, a coparentalidade seria a forma, a dinâmica que os corresponsáveis adotam para criação, cuidado e desenvolvimento da prole, cujas relações entre si são igualmente importantes (mas não como um casal, apenas nos cuidados com a prole), para que sejam superados os possíveis desentendimentos de um convívio, perseguindo assim a cooperação e a harmonia. Assim, este ramo do conhecimento humano se preocupa de início com a relação entre os genitores face à existência de prole. Não está inserida neste primeiro momento, portanto, qual a modalidade de relacionamento que os pais possuem, se casados, divorciados, namoro etc.

É possível, pois, identificar que, para o direito, surgem algumas questões, com a superação do pátrio poder,[19] os filhos e a esposa não estão mais sob o comando

---

17. EGEREN, Laurie A.Van; HAWKINS, Dyane P. Coming to terms with coparenting: Implications of definition and measurement. *Journal of Adult Development*. 2004; v. 11, n. 3. p. 165-178. Disponível em: https://www.researchgate.net/profile/Lauriegeren/publication/225960849_Coming_to_Terms_with_Coparenting_Implications_of_Definition_and_Measurement/links/5666d16508ae418a-786f5a49/Coming-to-Terms-with-Coparenting-Implications-of-Definition-and-Measurement.pdf. Acesso em: 09 ago. 2023.

18. EGEREN, Laurie A.Van; HAWKINS, Dyane P. Coming to terms with coparenting: Implications of definition and measurement. *Journal of Adult Development*. 2004; v. 11, n. 3. p. 165-178. Disponível em: https://www.researchgate.net/profile/Lauriegeren/publication/225960849_Coming_to_Terms_with_Coparenting_Implications_of_Definition_and_Measurement/links/5666d16508ae418a-786f5a49/Coming-to-Terms-with-Coparenting-Implications-of-Definition-and-Measurement.pdf. Acesso em: 09 ago. 2023.

19. "[...] Na estrutura familiar e jurídica do Código Civil de 1916, associava-se à ideia de poder para a completa definição do destino dos filhos. A divisão sexual do trabalho do início do século XX pressupunha que a mãe cuidasse dos filhos e o pai exercesse o papel de provedor. Essa estrutura só começou

do pai, razão pela qual as responsabilidades entre os filhos (todos eles, vez que não há mais distinção[20]). E, assim, os casais que decidem não mais viverem juntos como casal e possuem prole, formam um campo de interesse para o direito.[21] De igual forma, e este é o recorte deste estudo, os pais que sequer se compuseram como um casal, mas decidem ter filhos estarão diante da coparentalidade.

3.1.1 Das situações excluídas do conceito de coparentalidade

Feita a introdução sobre a configuração da coparentalidade sob o viés da psicologia, é possível identificar que, para o direito contemporâneo, surgem duas áreas que lhe serão afetas: a coparentalidade formada após a separação do casal – por união estável, por casamento ou por outras formas de relacionamento amorosos; e, aquela formada pelos genitores que não se constituíram como um casal amoroso ou sexual.

A primeira poderá encontrar sua regulamentação, sua forma de se organizar por ações judiciais, com a consequente intervenção do Estado-juiz por uma sentença, pela autocomposição que os genitores puderem alcançar no curso do mencionado processo judicial, pela conciliação, pela mediação ou pelo simples acordo. Esta forma de exercer o poder-dever da paternidade e da maternidade responsável é a realidade que comumente se vê nas varas especializadas em litígios de família. Não há como afastar sua existência, posto que, para se afastar a

---

a ser modificada quando a mulher ingressou no mercado de trabalho e as tarefas domésticas tiveram que ser repartidas, pois era – e ainda é, em algumas circunstâncias – prevalentemente atribuída à mãe. As mudanças no interior da família impuseram a revisão dos tipos e da forma de atribuição da guarda, de modo a acompanhar o que, atualmente, é entendido como melhor para a criança ou o adolescente: a coparticipação parental. Por isso, a concepção contemporânea de guarda, na perspectiva funcional, é de companhia e acompanhamento do cotidiano dos filhos". TEPEDINO, Gustavo; TEIXEIRA, Ana Carolina B. *Fundamentos do Direito Civil*: Direito de Família. Rio de Janeiro: Grupo GEN, 2023. v. 6. E-book. Disponível em: https://app.minhabiblioteca.com.br/#/books/9786559647880/. Acesso em: 11 set. 2023.

20. "O artigo 227, § 6º, da Constituição Federal veio para terminar com o odioso período de completa discriminação da filiação no Direito brasileiro, sob cuja epidemia viveu toda a sociedade brasileira, e sua história legislativa construiu patamares discriminando os filhos pela união legítima ou ilegítima dos pais, conforme a prole fosse constituída pelo casamento ou fora dele. O texto constitucional em vigor habilita-se a consagrar o princípio da isonomia entre os filhos, ao pretender estabelecer um novo perfil na filiação, de completa igualdade entre todas as antigas classes sociais de perfilhação, trazendo a prole para um único e idêntico degrau de tratamento, e ao tentar derrogar quaisquer disposições legais que ainda ousassem ordenar em sentido contrário para diferenciar a descendência dos pais. Qualquer movimento de distinção dos filhos representaria, como diz Luiz Edson Fachin, um passo na contramão do Estatuto, cuja gênese impõe um tratamento unitário aos filhos credores de proteção integral contra quaisquer designações discriminatórias". MADALENO, Rolf. *Direito de Família*. Rio de Janeiro: Grupo GEN, 2023. E-book. Disponível em: https://app.minhabiblioteca.com.br/#/books/9786559648511/. Acesso em: 11 set. 2023.

21. Afirma-se, desta maneira, que os filhos devem ter sua guarda, convivência e alimentos (no mínimo) regulamentadas.

coparentalidade (que surge após a separação amorosa do casal), as uniões entre os pais deveriam voltar a ser indissolúveis, o que retira qualquer razoabilidade em discursos que visem descredibilizar ou declarar a coparentalidade como ilegal ou indevida.

Todavia, conforme já exposto, o presente estudo busca esclarecer a maneira, a forma, os percalços e as vantagens que o contrato de coparentalidade pode conferir aos pretensos pais que não possuem intenção de conviverem amorosamente, tampouco pretendem manter relações sexuais, mas possuem o legítimo interesse para além de ter filhos conjuntamente, intencionam criá-los em uma união de esforços – configurando, pois, a família coparental.

Para tanto, é preciso que haja uma clareza no conceito que se busca estudar, impedindo ou afastando eventuais dissonâncias com o fim pretendido. Desta forma, a explicação daquilo que não seria a coparentalidade se mostra como adequada, promovendo, assim, não apenas uma exatidão semântica, mas de igual forma a possibilidade de adequar o conceito jurídico com a realidade vivenciada pela mencionada família, com o objetivo de tornar essa modalidade de se constituir família algo definido e não uma utopia sem fins práticos, razão pela qual buscar-se-á explorar quais institutos já conhecidos não são uma família coparental.

Quanto ao casamento, tem-se que a família coparental independe de sua prévia existência. Mas, também não se pretende que a coparentalidade (existente mediante um contrato) seja uma configuração familiar contrária ou antagonista ao casamento, vez que este importante instituto jurídico e social não será posto de lado, tampouco afastado do ordenamento jurídico, sequer será tangenciado pelos que pretendem formar uma família coparental, uma vez que os pretensos genitores não possuem qualquer intenção de casarem, civil ou religiosamente, e, como já visto este instituto requer extremo formalismo e solenidade para que exista e seja válido.[22]

---

22. A extrema informalidade em que os corresponsáveis se unem (em oposição ao casamento) é de fácil constatação, vez que os pais coparentais se encontram, em muitos dos casos, por sites destinados a tanto, neste sentido: "[...] Nos sites 'coparent.com', 'pollentreee.com', coparentmatch.com' e 'familyby-design.com' é possível encontrar pessoas que visam exercer a coparentalidade, ter acesso a uma série de informações a respeito do assunto e orientação jurídica. [...] No Brasil, a situação não é diferente. Pela internet, mais especificamente em sites e redes sociais, é possível encontrar um número considerável de informações sobre a coparentalidade [...]". Maiores elucidações sobre a coparentalidade no ambiente virtual serão mais a frente elucidadas. Para este momento, basta ter em vista que os interesses preponderantes entre o casal que pretende o casamento e os corresponsáveis que pretendem a coparentalidade são diversos". VALADARES, Nathália de Campos. *Famílias Coparentais*. Curitiba: Juruá, 2022. p. 50-51.

Em concomitância, não haverá configuração de união estável,[23] posto que os corresponsáveis não são unidos por qualquer um dos elementos que caracterizam este fato jurídico, tampouco se é exigido que os pais tenham formado uma união estável para que sejam, posteriormente, pais coparentais. O instituto da união estável continuará a seguir seu curso, sem que exista qualquer interferência da família coparental para sua existência, ou seja, não se busca diminuir ou anular este instituto.

Do amplo rol de possibilidades que a coparentalidade não é, se revela primordial esclarecer que esta forma de família não é "egoísmo", "irresponsabilidade" ou "descaso com interesses, segurança e proteção" de qualquer ser humano.[24] Estes elementos sequer integram o conceito de família coparental ou de qualquer outra forma de família, posto que, para esta visão, preservar a suposta segurança, proteção e garantia de interesses teria como – única – solução a volta da indissolubilidade das uniões, uma vez que se é "repreensível" que os pretensos pais pensem no melhor interesse do filho, mediante a formação da família coparental,

---

23. "Para a prova da união estável (art. 1723 do CC), exige-se a convivência pública, contínua, estável e duradoura no tempo, com objetivo de formar uma família. Quando a lei diz "pública", quer dizer que é necessária a notoriedade ou publicidade do núcleo pelo olhar da sociedade. Apesar de existirem núcleos e pessoas discretas, a notoriedade estará na maneira pela qual a sociedade enxerga o casal, vislumbrando a comunhão plena de vida da conjugalidade familiar. Além disso, dispensa-se a coabitação no mesmo domicílio desde a edição da Súmula 382 do STF. Por isso, cada vez é maior o número de casais que se encontram em união estável residindo em casas separadas, seja pela profissão, seja por opção. Considerando que o planejamento familiar é livre decisão do casal, os filhos podem surgir na família conjugal ou não. Dada a fluidez das circunstâncias fáticas que envolvem a união estável, confusões são comuns, assemelhando-se, em alguns casos, ao namoro qualificado e, em outros, à coparentalidade. A sociedade tende a evidenciar todo núcleo formado por pai, mãe e filhos como família nuclear do casamento ou união estável, ainda que se trate de uma entidade parental. De outro lado, os fatos podem desenhar casais com expressões de afetividade discretas numa união estável e ascendentes da família coparental com intensa sintonia, afinidade e amizade nos cuidados dispensados aos filhos. A confusão é injusta. A união estável possui efeitos legais decorrentes da conjugalidade do casal. Como consequência, existirão, entre os conviventes, direitos aos alimentos, pensão por morte, regime de bens, direito real de habitação e herança. Quanto à coparentalidade, na ausência de liame entre os ascendentes e com ele estabelecido somente em relação aos descendentes, a entidade não pode ser equiparada em deveres e direitos à união estável. Entre os pares coparentais, não há obrigações nem direitos recíprocos, há responsabilidade conjunta perante os filhos, por eles e para eles as obrigações foram assumidas, tendo por reflexo apenas os efeitos jurídicos do parentesco entre ascendentes e descendentes, como: dever de alimentos aos filhos, sustento, criação, educação, nome, representação dos menores em juízo e fora dele, herança em favor da descendência, poder familiar, guarda etc. Nas famílias parentais, da qual a coparentalidade é espécie, na lacuna da lei, o contrato de geração de filhos (co-parenting agreement) acautelará dissidências e vinculará as partes ao programa que se inicia na gestação até o crescimento dos filhos. Em caso de litígios, servirá de base à discussão judicial com interferência obrigatória do Ministério Público, por conta dos menores". DUFNER, Samantha. *Famílias Multifacetadas*. São Paulo: RT, 2023. Disponível em: https://proview.thomsonreuters.com/launchapp/title/rt/monografias/307799437. Acesso em: 09 set. 2023.

24. Estes termos são empregados por SILVA, Regina Beatriz Tavares. Coparentalidade: egoísmo dos genitores, sofrimento dos filhos. *Estadão*. Disponível em: http://politica.estadao.com.br/blogs/fausto-macedo/coparentalidade-egoismo-dos-genitores-sofrimento-dos-filhos/. Acesso em: 09 set. 2023.

pois não estariam vinculados pela "segurança" de um relacionamento. Não há como conceber que casais com filhos dissolvam qualquer união, em nome de se manter a sobredita estabilidade.

Assim, não se pode por meio de prejulgamentos desconsiderar a existência destas famílias na realidade social contemporânea e, por não ser a forma como se escolheu viver, que esta não seja uma família capaz de ser tutelada pelo direito, Estado e sociedade, razão pela qual a simples discordância do que se pensa ser esta família não pode ensejar a negação de sua existência e dos reflexos jurídicos inerentes, tampouco ser ridicularizada. A mera discordância apenas autoriza e confere poderes para não adotar para si esta forma de família, posto que nenhum tipo ou modalidade de família deve ser imposta.[25]

Também não se afigura como uma "finalidade irresistível" de "descaracterização da união estável",[26] posto que não há qualquer evidência técnico-científica de que algum discurso pretenda afastar a união estável pela coparentalidade, vez que tal afirmação não encontra qualquer fundamento. Inexiste a possibilidade de descaracterizar algo que nunca foi, as partes que pretendem formar a família coparental sequer mantém relacionamento amoroso, seja namoro simples ou qualificado, quanto mais pretendem viver em união estável. A incessante forma de encaixar em conceitos predeterminados (carregados de preconceitos), implicam em uma acepção errônea do que é família.

Os corresponsáveis sequer precisam manter uma única relação sexual, quanto mais possuir interesse em manter relação pública e duradoura; não há intenção de se afastar a união estável, pois sequer chegou-se a cogitar que os genitores assim desejam. Não há, a princípio, intenção de burlar ou infringir qualquer comando legal, seja pela impossibilidade de se atingir tal desiderato, seja porque não há motivos para tanto.[27]

---

25. Para expressar em outras palavras: "Finalmente, cabe concluir que a tutela estatal compreensiva das entidades familiares típicas e atípicas não implica equiparação da respectiva moldura normativa, pois em sendo diversas as suas características, imperioso reconhecer a diversidade de regimes legais, sem que se incorra no equívoco da hierarquização. Não cabe falar em famílias mais ou menos importantes, mais ou menos reconhecidas, mas, simplesmente, famílias diferentes, cada qual a seu modo, e, por isso mesmo, mais ou menos reguladas". DELGADO, Mário Luiz; SIMÃO, José Fernando. Famílias conjugais e famílias (co)parentais. *CONJUR*. Online. 2020. Disponível em: https://www.conjur.com.br/2020-mar-08/processo-familiar-familias-conjugais-familias-coparentais/. Acesso em: 09 set. 2023.

26. VIEIRA, Danilo Porfírio de Castro. O contrato de coparentalidade e a finalidade (ir)resistível: a (des)caracterização da união estável, 7 jan. 2021. *Migalhas*. Disponível em: https://www.migalhas.com.br/depeso/338576/o-contrato-de-coparentalidade-e-a-finalidade--ir-resistivel--a--des-caracterizacao--da-uniao-estavel. Acesso em: 09 set. 2023.

27. Vale-se do seguinte excerto: "Aliás, se bastasse a aparência de conjugalidade para caracterizar a união estável, todo o sistema jurídico necessitaria de revisão. Um homem e uma mulher que moram sob o mesmo teto, dividem despesas, nutrem carinho entre si, respeitam-se e cuidam-se reciprocamente automaticamente são considerados companheiros? É o caso de amigos que moram juntos, de primos

Nestas duas posições, é possível identificar que ambos os autores ou descartam/ignoram ou pretendem extinguir as relações homoafetivas, posto que na hipótese de dois corresponsáveis homoafetivos – um homem e uma mulher – ambos sendo homoafetivos – e formando uma família coparental, como se pode afirmar que eles pretendem afastar a união estável deles, sendo que em nenhuma hipótese existira qualquer possibilidade de formarem um casal. A resposta seria apenas na hipótese de completa ignorância de que pessoas homoafetivas existem, forçando que toda pessoa que pretender ter filhos seja, obrigatoriamente, heteroafetiva ou que viva em uma união indissolúvel.

Por derradeiro, não é "estranho", não é "ter filho por esporte", "ter filho sem afeto" ou que "dois amigos não podem ter filhos".[28] A suposta estranheza novamente está ligada ao desejo de encaixar as formações familiares em conceitos predeterminados, impossibilitando qualquer outra forma de família e, ainda, negando a realidade existente na sociedade contemporânea. Tampouco pode ser considerada como uma forma irresponsável de "ter filho por esporte" uma vez que o comprometimento com a prole será mantido e, em verdade, potencializado. O que não existe e não há como impor até mesmo para os casais que vivem sob o matrimônio é que exista entre eles o amor romântico idealizado.

Ademais, quanto à forma equivocada de ver "dois amigos" tendo filhos é fácil de entender tal ilação, em razão da constatação prática não ser comum. O mais comum e ordinário é que dois inimigos tenham filhos e abarrotem o já sobrecarregado Poder Judiciário[29] com inúmeras ações que poderiam ter sido

---

que moram juntos, de pessoas que se gostam e se respeitam. Vamos mais longe. Se um homem solteiro mantém relação sexual com uma moça solteira e esta engravida. Como forma de acompanhar a gravidez e cuidar da criança que nascera, o homem propõe à mulher que ela more com ele, temos, só por esse fato, uma união estável? Claro que a resposta é negativa. Há um dado relevante. As pessoas que exercem apenas coparentalidade tem suas vidas afetivas próprias e, por isso, no mais das vezes (como parece ser a situação do caso rumoroso que está sendo debatido no Poder Judiciário), tais pessoas se relacionam afetiva e sexualmente com terceiros e não entre si. O comportamento social do "pseudo-casal" é clássico: "somos pais e só pais. Não somos um casal, não somos companheiros, não somos cônjuge". DELGADO, Mário Luiz; SIMÃO, José Fernando. *Famílias conjugais e famílias (co)parentais. CONJUR.* Online. 2020. Disponível em: https://www.conjur.com.br/2020-mar-08/processo-familiar-familias-conjugais-familias-coparentais/. Acesso em: 09 set. 2023.

28. Como afirmou Paulo Lins e Silva em entrevista ao Fantástico. FANTÁSTICO. "Fomos muito felizes durante esses 20 anos", afirma Rose, viúva de Gugu. Produção: *Fantástico.* 09 de fev. de 2020. Rio de Janeiro: Rede Globo. Programa de TV. Disponível em: https://globoplay.globo.com/v/8308029/. Acesso em: 09 set. 2023.

29. Conforme informações fornecidas pelo painel "Justiça em Números do CNJ" apenas no ano de 2022 foram propostas mais de um milhão de novas ações em direito das famílias. BRASIL. Conselho Nacional de Justiça. Estáticas processuais do direito de família com temas afetos à infância e juventude. online. Disponível em: https://paineisanalytics.cnj.jus.br/single/?appid=3cd3e5f-c-5cc5-441e-b508-30261e5d288e&sheet=c0cac07fb08c-492ead32267812fbc70b&theme=horizon&opt=ctxmenu,currsel&select=nome_classe,&select=nome_classe,&select=nome,&select=nome_municipio,&select=sigla_tribunal. Acesso em: 09 set. 2023.

mais adequadamente tratadas pelos indivíduos em sua esfera privada. Assim, o elevado número de mais de um milhão de ações propostas apenas no ano de 2022 demonstra – de maneira inequívoca – que, no panorama atual, dois inimigos estão decidindo criar uma família.

Por este tópico, delimitou-se o conceito de coparentalidade a ser enfrentado ao logo deste estudo, como a relação entre os corresponsáveis em face dos poderes-deveres a serem empregados nos cuidados para o desenvolvimento saudável da prole. Por conseguinte, afastaram-se alguns ruídos que existem quanto à temática que se revelam mais como uma forma de impor certa conduta a despeito do mundo real.

3.1.2 Da delimitação conceitual: família coparental

Feitas as digressões e traçados os limites conceituais, com a importante tarefa de afastar as distorções de significado, torna-se possível e necessário de imediato traçar o que corresponde ao núcleo conceitual da família coparental, em especial aquela formada por um contrato. Para atingir este desiderato, utilizar-se-á de trabalhos e estudos publicados na doutrina pátria e estrangeira, o que servirá de fundamento para se avancem nos demais tópicos, vez que é a partir deste conceito que se poderá falar, por exemplo, na forma como a autoridade parental e guarda será exercida.

Cumpre observar de início que a mera formação de núcleo familiar diverso do casamento não serve de fundamento para afastar a coparentalidade como arranjo familiar, à luz da "Teoria da irrelevância jurídica", posto que conforme afirma Pietro Perlingieri, as formações familiares não fundadas no casamento merecem tutela do ordenamento jurídico.[30]

Rodrigo da Cunha Pereira, um dos expoentes na conceituação desta modalidade de família, o faz afirmando que é a família decorrente da parentalidade, cujos genitores se unem – apenas – para gerarem prole, de maneira planejada, mediante o estabelecimento de uma dinâmica de mútua cooperação, sem que exista enlace afetivo, conjugal ou sexual entre eles. Para o mencionado autor,

---

30. "A teoria não pode ser aceita. Reduzir um fenômeno associativo, caracterizado e inspirado pelo máximo respeito às comunidades intermediárias – onde, de qualquer modo, se desenrola a vida humana – possa ficar indiferente em relação à convivência fora do casamento, como ocasião e lugar de realização das pessoas dos conviventes. Quanto mais a convivência *more uxório* responder esta função primária, tanto mais ela merecerá tutela do ordenamento, que, de qualquer forma, concorre para integrar a auto-regulamentação das partes com os princípios de ordem pública constitucional e com as regras que são a direta aplicação destes, em qualquer setor do sistema elas estejam colocadas". PERLINGIERI, Pietro. *O Direito civil na Legalidade Constitucional*. Trad. Maria Cristina De Cicco. Rio de Janeiro: Renovar, 2008. p. 991.

o tripé do direito de família (sexo, casamento e reprodução) se desmembrou, razão pela qual na contemporaneidade não é mais preciso que exista relação sexual, para então existir reprodução, tampouco o casamento é legitimador das relações sexuais.[31]

Com o declínio do patriarcalismo o conceito de família se ampliou, e por consequência esta se tornou lar do amor e do afeto, com independência das escolhas e orientações sexuais de seus componentes, bem como a forma de reprodução da filiação. Assim, a família coparental é constituída por pessoas (independentemente do sexo biológico e da orientação sexual) que não estabelecem um vínculo amoroso ou conjugal, porquanto o exclusivo objetivo desta parceria é a geração de filhos. Ademais, recomenda o autor que se estabeleça um contrato para tanto.[32]

Paulo Luiz Neto Lôbo trata da família coparental em concomitância com a guarda dos filhos e, afirma ser esta composição familiar como uma modalidade de guarda compartilhada, que decorre do pacto de pessoas sem convivência afetiva ou sexual, que possuem a pretensão de gerarem um filho – razão pela qual o cerne deste acordo é o desejo dos pretensos pais em se realizarem na maternidade ou paternidade. Todavia, para o autor essa forma de guarda compartilha não constitui família, constituindo, quando muito, duas famílias monoparentais paralelas. Assim, entre os pactuantes, por não existir, afeto, estabilidade e convivência pública – estaria ausente o escopo de constituir família.[33]

Para o autor, as denominações "coparentalidade" e "contrato para geração de filhos" não seriam as mais adequadas, posto que na primeira igualmente existe coparentalidade em casais que permanecem unidos, mas compartilham os cuidados e deveres parentais. De igual sorte, o segundo termo não pode ser empregado, salvo, para prova de investigação de paternidade e maternidade – os quais dispensam a forma contratual. Em conclusão, as responsabilidades assumidas são próprias da guarda compartilhada.[34]

---

31. PEREIRA, Rodrigo da C. *Direito das Famílias*. São Paulo: Grupo GEN, 2023. E-book. Disponível em: https://app.minhabiblioteca.com.br/#/books/9786559648016/. Acesso em: 09 set. 2023.

32. Ibidem.

33. LÔBO, Paulo. *Direito civil*: famílias. São Paulo: Saraiva, 2023. v. 5. E-book. Disponível em: https://app.minhabiblioteca.com.br/#/books/9786553628250/. Acesso em: 09 set. 2023.

34. Ibidem. Sobre esta dissonância, Rolf Madelo expõe que não há confundir a guarda compartilhada, entendida como o compartilhamento do poder família, com a coparentalidade, nas palavras do autor:" A guarda compartilhada legal, assim entendido o compartilhamento do poder familiar, não guarda nenhuma correlação com a coparentalidade responsável tampouco com a custódia por períodos repartidos, pois compartir e repartir têm distinto conteúdo semântico, importando aos elevados interesses dos filhos, e não dos pais, a qualidade da convivência, e essa igualdade pode ser compartilhada em tarefas e funções a serem divididas entre os pais, assegurada a ampla comunicação dos genitores para com seus filhos, ou como em resumo concluiu a jurisprudência espanhola de não ocorrer uma distribuição matemática do tempo, mas uma assunção equitativa das responsabilidades, ajustadas às

José Fernando Simão e Mário Luiz Delgado expõem a ideia de que famílias conjugais e parentais não são excludentes, mas em muitas hipóteses concomitantes e sempre complementares, não são, portanto, interdependentes, havendo a possibilidade de uma existir sem a outra. Na mencionada análise, há assertiva no sentido de que a família conjugal se inicia antes e sem intersecção da família parental, e esta, por sua vez, persistirá após o divórcio ou a dissolução da união estável, razão pela qual conclui-se que, por intermédio dos filhos, não se põe fim à família parental, cuja continuidade tem como motivação a possibilidade do desenvolvimento dos filhos.[35]

Quanto ao termo "coparental", tais autores entendem serem famílias, e serem caracterizadas pela inexistência de conjugalidade dada a sua formação se deve em exclusivo pela intenção de concretização de um projeto parental de paternidade ou maternidade, no qual os pretensos pais podem se valer de técnicas de reprodução humana assistida. E, afirmam que na família coparental nunca existiu um casal conjugal, porquanto "Aqui, a parentalidade não é complementar à conjugalidade, mas constitui o único e exclusivo objeto desse agrupamento interpessoal".[36]

---

necessidades do menor, tudo relacionado com a disponibilidade de tempo de cada um dos pais para se dedicarem aos filhos, e tudo em ambiente presidido por mecanismos de flexibilidade e de entendimento [...]". MADALENO, Rolf. *Direito de Família*. Rio de Janeiro: Grupo GEN, 2023. E-book. Disponível em: https://app.minhabiblioteca.com.br/#/books/9786559648511/. Acesso em: 09 set. 2023.

35. DELGADO, Mário Luiz; SIMÃO, José Fernando. Famílias conjugais e famílias (co)parentais. *CONJUR*. Online. 2020. Disponível em: https://www.conjur.com.br/2020-mar-08/processo-familiar-familias--conjugais-familias-coparentais/. Acesso em: 09 set. 2023.

36. Ibidem. "No passado, falava-se em produção independente, quando mulheres resolviam unilateralmente pela maternidade e se valiam de bancos de sêmen. Era uma realidade em que a mulher assumia, sozinha, as funções paternas e maternas, muitas vezes dividindo tais funções com seus pais. A realidade da coparentalidade permite às pessoas a superação da necessidade de um vínculo (conjugal por casamento ou por união estável) para que sejam pais ou mães. Admite-se, por força da vontade de homens e mulheres, que não há e nem nunca existiu um casal conjugal (as pessoas nunca mantiveram relações sexuais, nunca se se comportaram como casal etc.). A única relação entre eles é de parentalidade da mesma pessoa. O vínculo que os une é a relação de afeto com o filho e não entre si. [...] Aqueles que exercem a coparentalidade, no que se refere às relações jurídicas internas, não se subordinam à regência normativa do Direito de Família. Não são cônjuges e, especialmente à falta de conjugalidade, também não são companheiros. É por isso que não se fala em "casal" coparental. Não formam uma sociedade conjugal, por isso não submetem as suas relações patrimoniais às regras próprias dos regimes de bens. Muito menos serão parentes, eis que o nexo de parentesco existirá apenas da parte de cada um, isoladamente, em relação aos filhos. [...] ode acontecer que duas pessoas que celebraram uma parceria coparental pareçam, aos olhos do grande público, da pessoa leiga, dos que não conhecem o direito de família, um casal conjugal, sob a forma de união estável. Entretanto, a aparência, que se identifica com o requisito da publicidade (*reputatio*), não pode se sobrepor aos demais requisitos exigidos pelo art. 1.723 do CCB, entre os quais a intenção de constituir a família conjugal (*animus familiae*), aferível pelo tratamento dos parceiros entre si (*tractatus*). Apesar de não exigir formalidade, nem solenidade, mas tão somente o fato da convivência pública, contínua, duradoura e com o objetivo de constituição de família, a união estável não prescinde da conjugalidade (no sentido de *affectio maritalis*) e da comunhão fática de vidas de ambos, como um verdadeiro par afetivo. Apenas a *reputatio* não se prestará para caracterizar uma união estável, enquanto as partes não concretizarem

Para Nathália de Campos Valadares, a família coparental decorre da daquela formada por indivíduos que pretendem exercer a paternidade ou maternidade, sem, no entanto, a intenção de formarem qualquer vínculo conjugal ou amoroso entre si, pois, o elo entre eles será somente a prole. Assim, esta forma de composição familiar seria a parentalidade planejada de pessoas que não são casadas ou conviventes em união estável, tampouco estabelecem relacionamento amoroso, razão pela qual "a parentalidade responsável e o livre planejamento familiar são a base da coparentalidade".[37]

Ao tratar sobre famílias multifacetadas, Samantha Dufner informa que com o avanço e desenvolvimento da sociedade e das tecnologias, houve um desprendimento de imposições de papéis de gênero, nas famílias e com o valor jurídico do afeto, houve o surgimento no Brasil, o que já era comum nos EUA, o *"co-parenting agrément"*. Esta então seria uma espécie do gênero de famílias parentais, que são marcadas pela formação decorrente do eixo vertical que liga dos ascendentes aos descendentes. O prefixo "co" revelaria o termo conjunto e, assim, demonstraria que esta família seria a realização de um projeto de parentalidade conjunto, formado por duas pessoas (independente do sexo).[38]

Maria Celina Bodin de Moraes e Ana Carolina Brochado Teixeira afirmam que a coparentalidade seria um "aceno para o futuro", isto é, verificados os espaços de liberdade dentro do conceito de família, algumas reflexões para o futuro desta, seriam bem-vindas. Portanto, ao fortalecer a ideia de negociabilidade, entende-se pela viabilidade de se elaborar um acordo para gerar um filho, como uma nova modalidade de planejamento familiar, com especial relevância ao aspecto da filiação.[39]

---

o efetivo convívio como se casados fossem". DELGADO, Mário Luiz; SIMÃO, José Fernando. Famílias conjugais e famílias (co)parentais. *CONJUR*. Online. 2020. Disponível em: https://www.conjur.com. br/2020-mar-08/processo-familiar-familias-conjugais-familias-coparentais/. Acesso em: 09 set. 2023.

37. VALADARES, Nathália de Campos. *Famílias Coparentais*. Curitiba: Juruá, 2022. p. 46.

38. "Com a evolução dos modelos, a coparentalidade não pode ser concebida a partir dos papéis de gênero da família nuclear heteronormativa formada por homem e mulher. Esse modelo é excludente de outros. Portanto, aceitam-se famílias democráticas e multifacetadas do pluralismo consagrado no espírito constitucional. Como consequência, são possíveis núcleos com dois pais, duas mães, uma parceria entre mãe e avó, entre pessoas trans e cis, entre homem e mulher cis, sem a pretensão de esgotar o rol, e um modelo não será excludente do outro. Importa o animus, a razão pela qual a célula foi criada, os acordos estabelecidos na proteção integral, no melhor interesse e desenvolvimento dos filhos gerados pelo planejamento conjunto, além das dignidades envolvidas no processo". DUFNER, Samantha. *Famílias Multifacetadas*. São Paulo: RT, 2023. Disponível em: https://proview.thomsonreuters.com/ launchapp/title/rt/monografias/307799437. Acesso em: 09 set. 2023.

39. Nas palavras das autoras: "Um dos exemplos da expansão dos espaços – a partir de novas relações jurídicas estabelecidas – é o que tem sido denominado de coparentalidade. Ou seja, a partir de um acordo estabelecido para ter um filho, cria-se nova modalidade de planejamento familiar parental, com vistas à realização de um objetivo comum, que prescinde do casamento ou da união estável. A ideia é que, de antemão, os pretensos pais pactuem as regras que regerão as relações parentais futuras,

Conrado Paulino da Rosa conceitua a família coparental como uma estrutura em que os interessados (corresponsáveis), majoritariamente, adotam as técnicas de reprodução assistida, para então exercerem o projeto parental, com independência de vínculos familiares. E, não obstante a ressalva doutrinária, inexiste a possibilidade de que tal configuração não seja um exercício do "livre planejamento família, assegurado constitucionalmente".[40]

Já se afirmou que, mediante a celebração de um contrato, para geração de filhos, os pretensos corresponsáveis se encontram com o objetivo – exclusivo – de tornarem-se pais, isto é, que juntos possam concretizar o seu plano parental, possibilitando que mediante o esforço de ambos de maneira harmônica, cooperativa e respeitando o princípio do melhor interesse da criança e do adolescente, consigam criar um ambiente saudável para os filhos.[41]

Por esta pequena concatenação de conceitos que despontam na doutrina pátria e estrangeira é possível firmar o conceito de coparentalidade como sendo: aquele arranjo familiar formado mediante um contrato (negócio jurídico) pelos pretensos pais e mães, os corresponsáveis, (independentemente de seu gênero e sua orientação sexual) que são unidos exclusivamente pela intenção de se realizarem em um projeto parental comum, cujo único vínculo existente entre eles será a prole gerada (portanto, não existirá vínculo afetivo amoroso entre eles), em que serão empreendidos esforços concomitantes e em coo-

---

durante a gestação e, principalmente, posteriores ao nascimento da criança". MORAES, Maria Celina Bodin de; TEIXEIRA, Ana Carolina Brochado. Contratos no ambiente familiar. In: TEIXEIRA, Ana Carolina Brochado; RODRIGUES, Renata de Lima (Coord.). *Contratos, Família e Sucessões*. [livro eletrônico] 2. ed. Indaiatuba: Foco, 2021.

40. ROSA, Conrado Paulino da. *Curso de Direito de Família Contemporâneo*. 6. ed. rev., ampl. e atual. Salvador: JusPodivm, 2020. p. 244-245. O autor faz algumas considerações que devem ser transcritas quanto ao instrumento e quanto à uma certa eficácia deste, confira-se: "No entanto, para que o contrato de geração de filhos tenha efeitos jurídicos, há de se observar os requisitos contratuais de validade previstos no art. 104 do Código Civil brasileiro, ou seja, o contrato de geração de filhos será válido se celebrado por pessoas civilmente capazes, firmado de forma livre e desembaraçada pelas partes." Em outro excerto: "Ao depois, tendo como norte o melhor interesse da criança, o fato da ausência de relação familiar – e, muitas vezes, sequer de caráter sexual – não significa que a prole estará desprotegida ou em risco gente a essa configuração, até porque a pactuação das responsabilidade de antemão entre os interessados e, acima de tudo, o elemento volitivo que envolve essa parentalidade, por certo, minimiza eventuais problemas futuros na criação dos filhos, em comparação a frequente formação de prole sem nenhum desejo manifestado até então entre os progenitores."

41. Há quem conceitue essa modalidade familiar como o arranjo familiar decorrente de um contrato para geração de filhos cujos pais (genitores) se encontram para gerar prole, de maneira planejada, ou seja, contratualizada, para que possam criar o filho de forma conjunta em cooperação recíproca, sem relacionarem-se pelo matrimônio, união estável ou namoro. A parentalidade não está mais ligada ao casamento, tampouco à família conjugal ou à geração de prole vinculada à sexualidade, razão pela qual a coparentalidade exsurge para garantir que a família seja constituída pelo vínculo único de geração de prole. GIROTTO, Guilherme Augusto. Aspectos Civis-Constitucionais Dos Contratos No Direito Das Famílias Pós-Moderno. *Quaderni degli Annali della Facoltà Giuridica*, v. 5, p. 1-80, 2024. Disponível em: https://afg.unicam.it/sites/afg.unicam.it/files/QuadernoAFG-n.5_2024.pdf. Acesso em: 31 maio 2024.

peração para a criação e desenvolvimentos dos filhos provenientes deles, em especial buscar-se-á o melhor interesse da criança e do adolescente, através de uma convivência harmoniosa.

Ou em outras palavras, mediante o estabelecimento de um contrato os corresponsáveis, concretizam o projeto parental, sem formarem um par conjugal, e dispõem sobre a origem dos filhos (técnica de reprodução); o regramento da autoridade parental, isto é, a forma de exercício do poder-dever da paternidade/maternidade responsável; a divisão dos cuidados para com a prole; e, a forma de custeio da vida dos filhos.

Assim, nas imagens abaixo será possível identificar como o vínculo estabelecido será mais ou menos fraco a depender do arranjo familiar, isto é, em comparação entre a forma como enlace existe no casamento/união estável e na família coparental.

Na família coparental o vínculo entre os corresponsáveis é fraco, pois, os genitores não possuem enlace afetivo ou amoroso (afastando-se o casamento e a união estável). Assim, o vínculo forte é estabelecido em relação à prole – exclusivamente.

Figura 1: vínculo coparental

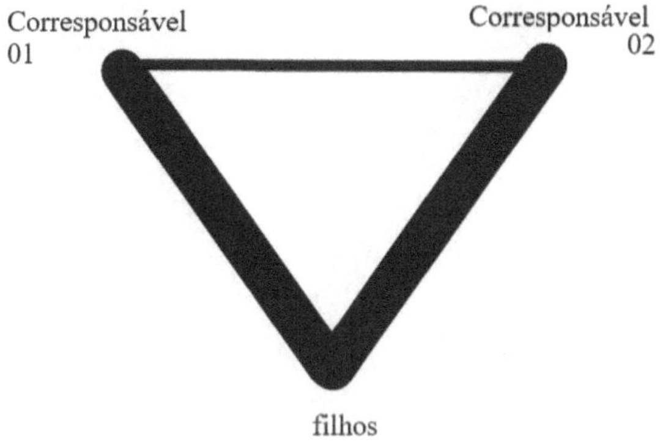

Fonte: O próprio autor.

No casamento ou na união estável, há forte ligação entre os genitores, posto que, para além da prole, também possuem um relacionamento íntimo e amoroso que independe da prole. Não obstante possa ser rompido, o vínculo após o rompimento será diferente daquele formado pela coparentalidade, pois, nesta nunca houve enlace entre os corresponsáveis, já naqueles enlaces (casamento e união estável) houve relacionamento afetivo prévio. Ademais, nota-se que o vínculo com a prole sempre é diferente, isto é, em todas as situações o vínculo seja dos corresponsáveis ou dos cônjuges ou conviventes em união estável é diverso com relação a prole.

Figura 2: vínculo em matrimônio ou união estável

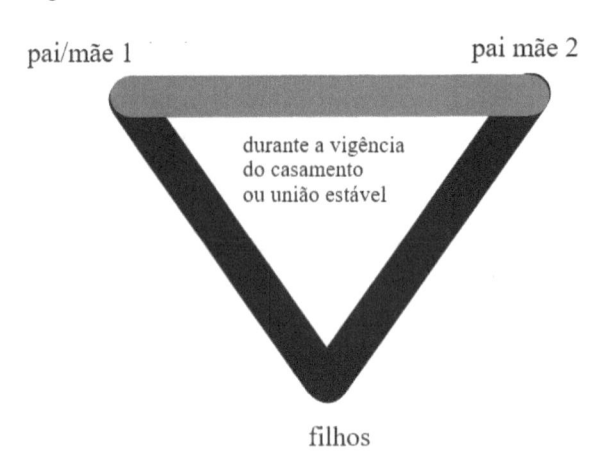

Fonte: O próprio autor.

Figura 3: vínculo após o matrimônio ou união estável

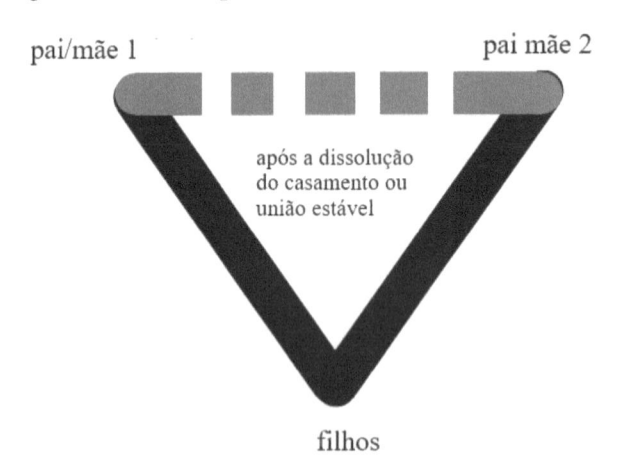

Fonte: O próprio autor.

Por essas imagens, é possível identificar a diferença dos enlaces que existentes a depender da modalidade de família estabelecida pelos componentes, o que torna possível identificar que cada família, dentro das múltiplas possibilidades existentes, será organizada segundo a ampla liberdade, sem a interferência de terceiros ou do Estado (conforme o art. 1.513 do CC), mediante a autonomia privada instrumentalizada, por exemplo, por um contrato.

Inexiste, portanto, confusão conceitual, posto que, a partir da análise da diferença de cada enlace (forte, fraco e inexistente), não há margem para embaralhamento das diversas modalidades de família – isto é, não se pretende afastar a existência de união estável, pela família coparental, na medida em que o enlace dos corresponsáveis pela prole é diferente (a intenção de constituir família não se mostra idêntica nas duas modalidades).

Desta forma, a família coparental resguarda em sua gênese um *animus* diverso de outras modalidades familiares – e em especial – a família coparental que terá sua origem a partir do contrato (que é o objeto central deste estudo), não possui sequer os mesmos enlaces da família coparental originada pela dissolução da união estável ou do divórcio, vez que não houve enlace anterior, a família coparental é um projeto a ser alcançado no futuro.

3.2 DA PERSPECTIVA PSICOSSOCIAL

Não obstante os aspectos psicológicos já tenham sido objeto de estudo em tópicos prévios, neste momento o recorte a ser feito e o viés a ser estudado não será de conceituação da família coparental, mas buscar-se-ão fundamentos psicossociais que confirmem que essa modalidade de família não é prejudicial aos envolvidos, em especial à prole. Consigne-se, ademais, que de igual forma não se afirmará que essa forma de constituir família é superior às demais; em verdade, é similar às demais, com as mesmas características positivas e negativas de todas.[42]

Diogo Lamela, Rui Nunes-Costa, Bárbara Figueiredo entendem a coparentalidade como a dimensão comportamental que os genitores empregam nos cuidados com a prole. Afirmam que a relação coparental influencia e é afetada pelos hábitos e modos que cada genitor exerce na função de parceiro coparental. Assim, a conduta positiva é vista em progenitores que negociam, partilham, discutem questões ligadas à regulação comportamental e emocional da criança, compartilhando entre si, portanto, as tarefas atinentes ao filho em comum.[43]

---

42. Neste sentido, Rodrigo da Cunha Pereira afirma: "Os filhos decorrentes da coparentalidade serão felizes, ou infelizes, como quaisquer outros filhos de famílias tradicionais. Sofrerão bullyng como qualquer outra criança ou adolescente. Infelizes são os filhos de pais infelizes, que brigam eternamente, que manipulam, são violentos, fazem alienação parental etc. Os filhos, independentemente de sua origem, serão felizes é na medida do amor e dos limites que receberem dos seus pais". PEREIRA, Rodrigo da Cunha. Coparentalidade abre novas formas de estrutura familiar. *CONJUR*. online. 2017. Disponível em: https://www.conjur.com.br/2017-ago-13/processo-familiar-coparentalidade-abre-novas-formas-estrutura-familiar. Acesso em: 09 set. 2023.

43. Nas palavras dos autores: "Os progenitores que ao nível comportamental apresentam níveis elevados de coparentalidade positiva aplicam as mesmas regras, normas, reforços e valores na educação dos filhos, não havendo brechas nas directrizes interparentais na interacção directa com o subsistema filial. Por outras palavras, se cada um dos progenitores desenvolver e executar individualmente este comportamento de equipa perante a criança, as possibilidades de triangulações e alianças intergeracionais estão diminuídas, o que potencia um desenvolvimento positivo dos filhos". LAMELA, Diogo; NUNES-COSTA, Rui; FIGUEIREDO, Bárbara. Modelos teóricos das relações coparentais: revisão

Desta forma, a dimensão emocional apropriada da coparentalidade, ou seja, a coparentalidade efetiva decorre do comportamento de cada genitor no sentido de ser capaz de manejar suas emoções e interações com o outro membro da díade coparental. Portanto, ambos os genitores que estiverem inseridos em uma coparentalidade saudável (ou adaptada) deverá ser capaz de desenvolver e expressar afeto positivo, caracterizado em razão da "procura, provimento e partilha de afecto físico e verbal, tom de voz adequado e empático, troca de sentimentos positivos entre ambos, e sem conteúdos verbais que demonstrem raiva, hostilidade, criticismo ou impaciência".[44]

Desta maneira na interlocução entre o direito e a psicologia é possível identificar que a família coparental possui, em sua gênese, em seu motivo para início, o projeto parental que os corresponsáveis pretendem iniciar. O que demonstra, portanto, um genuíno interesse em prover o bem-estar da criança/adolescente fruto da mencionada família, em que haverá prevalência da responsabilidade recíproca e concomitante para o exercício de uma parentalidade responsável. Sendo assim, observa-se uma redução de conflitos oriundos dos desgastes das relações de conjugalidade – razão pela qual "este fato pode, portanto, propiciar um desenvolvimento psicológico mais saudável ao filho".[45]

Se na conjugalidade o foco é o relacionamento existente entre o par amoroso, na coparentalidade inexiste essa preocupação. A maior dedicação, responsabilidade e direcionamento do afeto estarão na criança a ser concebida. Assim, mediante o mútuo exercício de uma parentalidade responsável, os corresponsáveis estão afastados dos ruídos que o relacionamento afetivo pode implicar e irradiar à relação com a prole,[46] isto é: "no caso da coparentalidade, o elo é o afeto exclusivo dos pais ao filho".[47]

---

crítica. *Psicologia em Estudo* [en linea]. 2010. Disponível em: https://www.redalyc.org/articulo. oa?id=287122130022. Acesso em: 10 set. 2023.

44. Ibidem.
45. LAMELA, Diogo; NUNES-COSTA, Rui; FIGUEIREDO, Bárbara. Modelos teóricos das relações coparentais: revisão crítica. *Psicologia em Estudo* [en linea]. 2010. Disponível em: https://www.redalyc. org/articulo.oa?id=287122130022. Acesso em: 10 set. 2023.
46. Nas palavras de Groeninga: "A criança ocupa, muitas vezes, o lugar de projeto, projétil e projeção, na família e nas demandas judiciais. [...] Também, em muitas ocasiões, os filhos acabam sendo colocados na posição de juízes, havendo uma competição entre os pais: quem é melhor, quem é pior. Para esta competição, que tem sua gênese na dinâmica psíquica, acaba por contribuir a lei, sobretudo anteriormente ao ordenamento que inseriu a Guarda Compartilhada e a proteção relativa à Alienação Parental. Embora a guarda deva ser conferida aquele que tiver melhores condições, o resultado de tais batalhas judiciais acaba por ser a valorização de um e a desvalorização do outro". GROENINGA, Giselle Camara. *Direito à convivência entre pais e filhos*: análise interdisciplinar com vistas à eficácia e sensibilização de suas relações no poder judiciário. 2011. Tese (Doutorado em Direito Civil) – Faculdade de Direito, Universidade de São Paulo, São Paulo, 2011. p. 235 e 237-238.
47. SPAGNOL, Débora. Novos arranjos familiares: a coparentalidade. *Jusbrasil*. Publicado em 2016. Disponível em: https://www.jusbrasil.com.br/artigos/novos-arranjos-familiares-a-co-parentalidade/412146047. Acesso em: 10 set. 2023.

Sob o viés social é possível identificar que o genitor solteiro poderá continuar, não só neste "estado civil", mas em verdade manter-se no estilo de vida dito sozinho ou solo (sem o comprometimento amoroso com outra pessoa), sem que seja impedido de gerar/criar/ser pai ou mãe. Ainda que esta forma seja possível na realidade prática (pois, genitores solos sempre existiram), observa-se que, para o filho, haverá uma ampliação de cuidados, vez que para ele existirá a presença de ambos os genitores.

Os corresponsáveis homoafetivos poderão desempenhar a maternidade e a paternidade (projeto parental) com outro indivíduo sem que haja interferência na sua vida íntima, ou seja, o corresponsável, ainda que tenha prole, não estará ligado/vinculado afetiva ou amorosamente com o outro genitor – o único elo será a prole.

Ademais, a questão dos indivíduos homoafetivos é bastante peculiar quando se trata da geração de filhos,[48] posto que deve o indivíduo masculino socorrer-se de gestação por substituição (que é deveras limitada na sua possibilidade de utilização)[49] ou por adoção, que igualmente demanda um processo de extremo preparo e que não são todos os interessados aptos a tal forma de projeto parental.[50]

---

48. Note-se a preocupação com as técnicas de reprodução humana assistida: "A opção pelas técnicas de reprodução assistida não é natural, nem é opção pelo amor, por exprimir uma entrega condicionada à obtenção de um filho artificialmente, nem mesmo é opção pela dignidade da pessoa humana, por tomar o filho como objeto de manipulação instrumental ou de experimentação em laboratório, com intervenção de terceiros que não são os genitores, sejam eles os doadores do material fertilizante, as que cederam o útero para procriação alheia ou os membros componentes da equipe médica que realiza tais técnicas". DINIZ, Maria H. *O estado atual do biodireito*. São Paulo: Saraiva, 2017. E-book. Disponível em: https://app.minhabiblioteca.com.br/#/books/9786555598551/. Acesso em: 11 set. 2023.

49. "Nas parcerias homossexuais masculinas, vislumbra-se a possibilidade de ambos doarem material genético para a procriação, não se revelando qual efetivamente fecundou o material feminino de banco de doação, e eleger-se uma mulher para gestação. Da mesma forma, um único homossexual homem pode, mediante gestação por outrem, realizar seu projeto parental. Por conseguinte, sujeitos com sexualidade exclusivamente voltada para sua orientação homossexual podem, do ponto de vista técnico-científico, tornarem-se pais ou mães biológicos, segundo o estágio de desenvolvimento contemporâneo da reprodução assistida. [...] se acredita que a problemática, ainda no campo do reconhecimento de realidades existentes, já demanda dos juristas reflexões profundas. Aliar à questão da filiação e da homossexualidade outra também polêmica, como o é a da reprodução assistida, não encontra ainda um horizonte de compreensão suficiente para serem devidamente ponderados os valores envolvidos". MATOS, Ana Carla Harmatiuk. Filiação e homossexualidade. *Anais do V Congresso Brasileiro de Direito de Família*. online. 2006. Disponível em: https://ibdfam.org.br/assets/upload/anais/4.pdf. Acesso em: 11 set. 2023.

50. "Ou seja, não se pugna genericamente pela adoção por par homossexual. Da mesma forma que nos relacionamentos heterossexuais, a atenção deve voltar-se principalmente ao devido cuidado na avaliação das habilidades dos candidatos à adoção. Recorde-se de que o procedimento da adoção divide-se em duas fases, quais sejam, a habilitação do(s) adotante(s) e sua decretação judicial. Se a criança ainda não estiver convivendo com o(s) adotante(s), inicia-se o contato entre eles, passando--se para o estágio de convivência, o qual tem o período de duração estipulado pelo juízo, respaldado pelos laudos sociopsicológicos interdisciplinares. Portanto, para aquele sujeito ou aqueles parceiros

A pessoa homoafetiva feminina, via de regra, não pode escolher o parceiro para gerar prole, dada as possibilidades atuais de reprodução assistida.[51]

Observa-se, portanto, que as pessoas homoafetivas poderão exercer sua ampla liberdade de constituir família e de planejamento parental, por meio do contrato de coparentalidade, vez que poderão escolher o corresponsável que dividirá as incumbências inerentes, ou seja, não estarão restringidas às hipóteses supramencionadas.

Outra questão consiste no fato de que duas pessoas podem se entrelaçar e manter relações sexuais esporádicas, sem, portanto, se constituírem um casal e, assim, terem filhos – e, este fato que sempre esteve presente na sociedade configura-se a coparentalidade –, vez que o casal deverá prestar os inerentes cuidados à prole. Entretanto, neste caso não há, comumente, o planejamento, vez que nem sempre um dos indivíduos deseja de fato ser pai/mãe, o que infla cada vez mais o número de investigações de paternidade, por exemplo.

Giro outro, quanto à coparentalidade formada por um contrato prévio, denota-se que a simples cientificação dos pais quanto a cada uma de suas atribuições, auxilia de forma preventiva a resolução de eventuais conflitos, vez que de forma livre e consciente ambos os corresponsáveis já estabeleceram suas respectivas incumbências, o que é demonstrado pela análise jurisprudencial mais à frente.

3.3 DOS ASPECTOS JURÍDICOS

Os aspectos jurídicos enfrentados neste momento serão as balizas prévias de quais princípios estarão presentes e são privilegiados pela configuração fa-

---

homossexuais que desejam adotar, pode ser atestada sua idoneidade asseguradora do melhor interesse da criança mediante os referidos laudos durante o estágio de convivência. Caso houver algum motivo de receio em relação ao candidato, de qualquer orientação sexual, acerca de suas condições de exercer a tão nobre função paterno-maternal, pode-se sempre imaginar um período mais longo do estágio de convivência, de modo a se afastarem as dúvidas eventualmente existentes. Conseguintemente, busca-se que a conclusão acerca da concessão da adoção seja efetuada por meio de análise de dados concretos, os quais a equipe multidisciplinar teria instrumentos para avaliar, e não conjecturas sobre a reprodução de valores pejorativos quanto às questões da homossexualidade". Ibidem.

51. Ademais, há quem seja contra a utilização, confira-se: "Na inseminação artificial heteróloga os problemas jurídicos e morais serão maiores, tais como: [...] b) Possibilidade de transexual ou homossexual pretender que companheira obtenha filho por meio dessa inseminação. [...] No Brasil, o Projeto de Lei 90/99 veda o direito à reprodução assistida a mulheres solteiras e a casais homossexuais, admitindo-o apenas a casados e a conviventes. Se a criança gerada artificialmente deverá ter direito a uma "dupla genitorial" e a uma convivência familiar, que lhe garanta um desenvolvimento físico e psíquico sadio, como admitir que casais homossexuais venham a utilizar-se da reprodução assistida?" DINIZ, Maria H. *O estado atual do biodireito*. São Paulo: Saraiva, 2017. E-book. Disponível em: https://app.minha-biblioteca.com.br/#/books/9786555598551/. Acesso em: 11 set. 2023.

miliar, bem como tratar-se-á da liberdade e da autonomia privada, elementos primordiais a serem respeitados e que servem como fundamento para a família coparental ser formada. Ademais, os conceitos mínimos de autoridade parental, guarda/cuidado, convivência e alimentos serão apresentados, tornando possível que, no capítulo seguinte, estes elementos componham as cláusulas contratuais.

Não há impedimento legal, tanto para a formação da família coparental sem o prévio contrato, quanto para sua formulação – na medida que o art. 425 do atual Código Civil permite a estipulação de contratos atípicos, desde que respeitadas as normas gerais do mencionado Código. As especificidades dos três planos deste negócio jurídico serão alvo de capítulo posterior, cuja dedicação será exclusiva para tanto. Assim, para o momento convém ressaltar que o contrato de coparentalidade abriga cláusulas sobre as mais variadas dinâmicas, que cada arranjo familiar entender pertinente, com a ressalva de que não poderão se afastar dos direitos irrenunciáveis, intransferíveis, inalienáveis e imprescritíveis[52] inerentes ao direito das famílias.

Como visto alhures, a coparentalidade se afigura como uma estrutura familiar em que os pretensos corresponsáveis possuem o único desejo de se unirem para concretização do projeto parental, sem que exista vínculo afetivo, amoroso ou de qualquer espécie de relacionamento entre eles. Esta configuração familiar tem ganhado adeptos em razão de diversos fatos sociais, como a emancipação feminina, a liberdade sexual e de escolha de parceiros, inerentes ao período contemporâneo.

A família coparental, por vezes, é originada por um contrato prévio, ainda que verbal, que permitirá aos corresponsáveis e contratantes terem maior segurança quanto aos reflexos jurídicos prévios ao nascimento, como por exemplo os custos com a técnica para reprodução assistida, se for da escolha deles. Bem como, revela-se como meio para poderem delinear a maneira concreta com que o projeto parental será desenvolvido.

Após delimitar um conceito, com as respectivas exclusões do que não se entende como coparentalidade, bem como após caracterizá-la pelos aspectos psicossociais, ou seja, a classificação antes de família por outros ramos do conhecimento previamente aos aspectos jurídicos. Destarte, resta fixar todo o arcabouço jurídico que permite a configuração enquanto família para o direito e, assim, viabiliza-se que a família coparental seja tutelada pelo ordenamento jurídico.

---

52. "Por ser um direito extrapatrimonial, portanto personalíssimo, é irrenunciável, intransmissível, não admitindo condição ou termo ou o seu exercício por meio de procurador". DINIZ, Maria H. *Curso de direito civil brasileiro*: direito de família. v. 5. São Paulo: Saraiva, 2023. E-book. Disponível em: https://app.minhabiblioteca.com.br/#/books/9786553627802/. Acesso em: 11 set. 2023.

Neste tópico, portanto, serão consignados os preceitos que fixam a família coparental enquanto conceito jurídico de família. Para que seja demonstrada a hipótese, de início serão analisados os princípios inerentes a tal configuração familiar, como por exemplo: o da dignidade da pessoa humana; do melhor interesse da criança e do adolescente; da solidariedade familiar; da igualdade; da pluralidade de formas de família e da afetividade.

Na sequência, serão discutidos os aspectos contemporâneos da autonomia privada e da liberdade, uma vez que é a partir da valorização e atendimento a esses conceitos que se pode cogitar que os indivíduos podem escolher o seu arranjo familiar, isto é, em razão do ordenamento jurídico vigente conceber a autonomia privada é que os corresponsáveis podem concretizar o plano parental pelo contrato da coparentalidade.

De igual forma, oportuno consignar que o vínculo de filiação não será novo. Há tempos passados houve uma diferenciação dos filhos havidos ou não pelo casamento. Portanto, não se pretende criar novo vínculo de filiação, tampouco restaurar essas ultrapassadas formas de classificação, posto que filho é filho, e inexistem razões para classificar ou hierarquizar. O que se pretende, então, é demonstrar que o objeto a ser estabelecido e regrado é a forma de desempenho dos papéis dos corresponsáveis, a fim de atenderem ao princípio do melhor interesse da prole.

Guilherme Wünsch emprega o termo "coparentalidade" com este hífen a mais no vocábulo que aqui foi adotado, para apresentar a ideia de "Family by design", ou seja, as famílias *design*, cujo conceito está ligado à maneira como a família é composta. E, por assim ser, esta modalidade de família se afigura como um desafio ao direito civil contemporâneo, vez que há ressignificação do papel não só dos componentes das famílias, mas também desta, razão pela qual os três pilares do direito civil (família, contrato, propriedade) assumem novos contornos.[53]

---

53. "No family by design, há uma construção híbrida do relacionamento afetivo: inicialmente, é virtual, nas escolhas dos perfis do copais, e em toda a negociação preliminar que envolve a elaboração do contrato de coparentalidade para a gestação do filho. Posteriormente, se esta foi a opção do casal, poderá haver a relação sexual para que o filho programado virtualmente seja fisicamente gestado. Por certo, ainda que haja o contato físico para a gestação do filho, não se trata de uma relação que terá outra finalidade senão esta. A cibernética, conhecida por transcender as disciplinas científicas, desenvolve uma metateoria e metalinguagem, a qual permite que cientistas de disciplinas diferentes e variadas conversem entre si sobre assuntos que podem agora reconhecer como de interesses compartilhados. Além disso, a cibernética recobre as noções que a ciência natural não reconhece. Cada uma dessas noções está no mesmo ponto central do design – pelo menos quando visto de uma perspectiva cibernética. Família, contrato, bens e técnica passam a evidenciar um entrelaçamento entre os institutos, que guiam um novo paradigma jurídico, a família que se desvela em um projeto que não necessita da presença física para se constituir como tal. Destarte, os três pilares fundamentais do Direito acabam por assumirem um novo contorno, passam a assumir novos papeis. Aquilo que antes denominava-se de contrato, família e propriedade,

Por oportuno, a autoridade parental existente no vínculo coparental será delineada, esta por sua vez atualmente substituiu o não mais aceito poder paterno – em que o filho era um objeto a serviço dos interesses únicos e exclusivos do pai. No mesmo subitem, portanto, serão analisados os conceitos jurídicos de guarda, convivência e alimentos, a serem estudados previamente ao capítulo dos planos do negócio jurídico, posto que neste último apenas será utilizada uma forma de se concretizar tais conceitos jurídicos.

3.3.1 Da base principiológica

Uma das questões tormentosas a quem estuda o tema reside na classificação ou na elaboração de quais seriam os princípios desse ramo do direito. Tal dificuldade não decorre da multiplicidade dos princípios existentes, mas, em verdade, pelas inúmeras, infundadas e vociferantes críticas de quem entende que determinado princípio não é válido a ser classificado e elencado como tal. Todavia, a despeito de críticas, neste item serão delineados alguns princípios que possuem ligação com a família coparental.

A título de exemplo, Rodrigo da Cunha Pereira[54] e Flávio Tartuce[55] elaboram uma sequência de princípios que, para eles, se relevaram como de extrema im-

---

passa a ser visto como trânsito jurídico, projeto parental e titularidades. A família gradativamente surge como um fenômeno social, nesta tendência de remodelamento das relações sociais, do singular ao plural". WÜNSCH, Guilherme. *Do suporte fático ao suporte constitucional como fundamento para o desvelar biotecnológico das famílias contemporâneas*: os contratos de coparentalidade nas famílias design entre a estirpe tradicional e a façanha internética. 2017, tese (Doutorado Universidade Vale do Rio dos Sinos) Rio Grande do Sul. Disponível em: http://www.repositorio.jesuita.org.br/bitstream/handle/UNISINOS/6258/Guilherme%20W%C3%BCnsch_.pdf?sequence=1&isAllowed=y. Acesso: 11 set. 2023.

54. O autor adotou o título "Princípios fundamentais e norteadores para a organização jurídica da família" para sua tese de doutoramento na Universidade Federal do Paraná, em 2004, e elencou os seguintes princípios: princípio da dignidade humana; princípio da monogamia; princípio do melhor interesse da criança/adolescente; princípio da igualdade e o respeito às diferenças; princípio da autonomia e da menor intervenção estatal; princípio da pluralidade de formas de família; e, princípio da afetividade". PEREIRA, Rodrigo da Cunha. *Princípios fundamentais e norteadores para a organização jurídica da família*. 2011. p. 157. Tese (Doutorado em Direito) – Universidade Federal do Paraná. Curitiba. Disponível em: https://acervodigital.ufpr.br/bitstream/handle/1884/2272/Tese_Dr.%20Rodrigo%20da%20Cunha.pdf. Acesso em: 11 set. 2023.

55. O autor ao escrever um artigo direcionado ao IBDFAM, elenca os seguintes princípios no direito das famílias pátrio: princípio de proteção da dignidade da pessoa humana (art. 1º, inc. III, da CF); princípio da solidariedade familiar (art. 3º, inc. I, da CF); princípio da igualdade entre filhos (art. 227, § 6º, da CF, e art. 1.596 do CC); princípio da igualdade entre cônjuges e companheiros (art. 226, § 5º, da CF, e art. 1.511 do CC); princípio da igualdade na chefia familiar (arts. 226, § 5º e 227, § 7º, da CF, e arts. 1.566, incs. III e IV, 1.631 e 1.634 do CC); princípio da não intervenção ou da liberdade (art. 1.513 do CC); princípio do melhor interesse da criança (art. 227, caput, da CF, e arts. 1.583 e 1.584 do CC); princípio da afetividade; e, princípio da função social da família. TARTUCE, Flavio. *Novos princípios do Direito de Família Brasileiro. IBDFAM.* online. 2007. Disponível em: https://ibdfam.

portância para o direito das famílias contemporâneo, dos quais serão extraídos alguns, visando lançar um panorama contemporâneo de completude do direito das famílias.

Destes todos, e muitos outros que podem ser citados, em uma simples observação em manuais sobre direito de família, revistas científicas (periódicos) e diversas obras com a verticalização inerente, tem-se, para o escopo deste trabalho, o necessário recorte de alguns que influem diretamente, entre os quais: princípio da dignidade humana; princípio do melhor interesse da criança/adolescente; princípio da solidariedade familiar; princípio da igualdade entre filhos; princípio da igualdade e o respeito às diferenças; princípio da autonomia e da menor intervenção estatal (ou princípio da não intervenção ou da liberdade); princípio da pluralidade de formas de família; e, princípio da afetividade.

Sob pena de incorrer na crítica de José Fernando Simão sobre a vulgarização de um princípio (dignidade da pessoa humana) que é tão importante ao direito[56] – tem-se que o mencionado autor está a se referir das famílias paralelas e simultâneas, o que não corresponde ao presente estudo. Assim, denota-se que este princípio não pode ser afastado, inferiorizado ou negado de sua autoaplicação, não só na composição da família coparental, mas da necessária proteção do Estado e da sociedade.

O princípio do melhor interesse da criança/adolescente[57] já fora tangenciado em linhas anteriores, vez que a família coparental será formada com o único

---

org.br/artigos/308/Novos+princ%C3%ADpios+do+Direito+de+Fam%C3%ADlia+Brasileiro+(1). Acesso em: 11 set. 2023.

56. "A dignidade humana como princípio se transformou em lugar comum, virou nota de rodapé em toda e qualquer decisão judicial que se pretenda atual ou cujos julgadores temam a possibilidade de reforma. O problema da vulgarização de um princípio tão caro ao Direito é que sua invocação em questões banais, corriqueiras, que nenhuma relação guarda com a pessoa humana, ou com sua dignidade, é que se transforma em vazio axiológico, perdendo todo e qualquer significado. Aplicar o princípio para se admitir uma absoluta possibilidade de criação de modelos familiares e que o Direito de Família deve, necessariamente, protegê-las é algo tão anacrônico quanto se sustentar, hoje, que o Estado, por meio dos princípios sociais, não pode intervir no conteúdo do contrato. Essa opção de parte minoritária da doutrina revela um saudosismo sepultado com o Século XIX em que a vontade era expoente máximo e intocável da criação de relações jurídicas". SIMÃO, J. F. Há limites para o princípio da pluralidade familiar na apreensão de novas formas de conjugalidade e de parentesco? *Revista Brasileira de Direito Civil*, [S. l.], v. 2, n. 02, 2017. Disponível em: https://rbdcivil.ibdcivil.org.br/rbdc/article/view/121. Acesso em: 11 set. 2023.

57. "No campo do planejamento familiar, o princípio do melhor interesse da criança ganha relevo, diante da priorização dos seus interesses e direitos em detrimento dos interesses de seus pais, a impedir, assim, que a futura criança venha a ser explorada econômica ou fisicamente pelos pais, por exemplo. Pode-se considerar que o espectro do melhor interesse da criança não se restringe às crianças e adolescentes presentes, mas abrange também as futuras crianças e adolescentes, frutos do exercício consciente e responsável das liberdades sexuais e reprodutivas de seus pais. Trata-se de uma reformulação do conceito de responsabilidade jurídica para abranger as gerações futuras, e, nesse contexto, é fundamental a efetividade do princípio do melhor interesse da criança no âmbito das atuais e próximas relações

objetivo de desenvolvimento e pleno exercício de um plano parental. Torna-se claro, pois, que esse princípio será norteador e regente deste agrupamento familiar. Para além disto, o anseio dos pretensos pais não deve ferir mencionado preceito, razão pela qual se revela um limitador da liberdade e da autonomia privada dos pretensos pais e mães.

Quanto ao princípio da solidariedade familiar,[58] denota-se que a essência da família coparental reside nesse princípio, posto que haverá – obrigatoria-mente – solidariedade familiar no sentido de que além das obrigações/deveres patrimoniais, como o dever de prestar alimentos e demais encargos patrimoniais. Esta composição familiar não deverá ser desintegrada em razão da ausência de convivência em um lar comum, ou seja, diante da inexistência de uma única casa/residência onde a família conviverá, deve-se priorizar o verdadeiro espírito (ou princípio) de solidariedade para que a família seja mantida, preservada e desenvolvida.

Paulo Lôbo afirma que esse princípio, enquanto visualizado como geral, impõe a superação do individualismo, "que por sua vez é a superação do modo de pensar e viver em sociedade a partir do predomínio dos interesses individu-ais".[59] Demonstra-se, assim, a sua repercussão em todo o ordenamento jurídico pátrio, em especial por estar relacionado com a liberdade individual e a ideia de justiça voltada a reduzir as desigualdades, as quais, juntas, compõem o que ele denomina de tríade fundamental brasileira.[60]

---

paterno-materno-filiais". PEREIRA, Caio Mário da S. *Instituições de Direito Civil*: Direito de Família. Rio de Janeiro: Grupo GEN, 2024. v. V. E-book. Disponível em: https://app.minhabiblioteca.com. br/#/books/9786559649129/.

58. "A solidariedade social é reconhecida como objetivo fundamental da República Federativa do Brasil pelo art. 3º, inc. I, da Constituição Federal de 1988, no sentido de buscar a construção de uma sociedade livre, justa e solidária. Por razões óbvias, esse princípio acaba repercutindo nas relações familiares, já que a solidariedade deve existir nesses relacionamentos pessoais. Isso justifica, entre outros, o pagamento dos alimentos no caso de sua necessidade, nos termos do art. 1.694 do atual Código Civil. A título de exemplo, o Superior Tribunal de Justiça aplicou o princípio em questão considerando o dever de prestar alimentos mesmo nos casos de união estável constituída antes de entrar em vigor a Lei 8.971/94, o que veio a tutelar os direitos da companheira. Reconheceu-se, nesse sentido, que a norma que prevê os alimentos aos companheiros é de ordem pública, o que justificaria a sua retroatividade. Mas vale lembrar que a solidariedade não é só patrimonial, é afetiva e psicológica". TARTUCE, Flavio. Novos princípios do Direito de Família Brasileiro. *IBDFAM*. online. 2007. Disponível em: https://ibdfam. org.br/artigos/308/Novos+princ%C3%ADpios+do+Direito+de+Fam%C3%ADlia+Brasileiro+(1). Acesso em: 11 set. 2023.

59. LOBO, Paulo. Princípio da solidariedade familiar. *Revista Brasileira de Direito das Famílias e Sucessões*, Porto Alegre: Magister; Belo Horizonte: IBDFAM a. IX, out./nov. 2007. p. 3.

60. "O princípio da solidariedade contamina e determina o conteúdo dos dois outros princípios da tríade fundamental brasileira. A liberdade individual é funcionalizada à realização da solidariedade, "a promover o bem de todos" (art. 3º, IV, da CF), e não apenas de cada um. A justiça é principalmente material, voltada a "reduzir as desigualdades sociais" (art. 3º, III, da CF). O apelo ético à fraternidade converteu-se em dever jurídico de solidariedade, promanado do respectivo princípio normativo.

Diante disso, na esfera do direito de família, o princípio da solidariedade encontra maior repercussão, posto que não significa que o conceito de família atual, ainda que tenha superado com preceitos ultrapassados de subserviência ao poder marital ou poder paterno, tenha sido rompido.[61] Ao revés, a ideia deve ser de que todos os institutos das famílias sejam funcionalizados à luz deste, em razão "da natureza intrinsecamente solidária da família atual".[62]

Esse princípio possui especial vinculação ao conceito de família coparental, posto que é, com base na solidariedade familiar, que duas pessoas sem vínculo afetivo, amoroso e jurídico entre si adotam como modelo de família e passam necessariamente a pensar, agir e planejar a melhor maneira de criarem a prole.

No que se refere ao princípio da igualdade entre filhos, não obstante não haver mais discussões sobre a "odiosa"[63] diferenciação entre os filhos, que os códigos anteriores realizavam, os que decorrem da família coparental estarão – sempre – em igualdade com a eventual prole oriunda de outro relacionamento, anterior ou posterior. De igual sorte, o princípio da igualdade e o respeito às diferenças[64]

Assim, podemos afirmar que o princípio da solidariedade é um dos grandes marcos paradigmáticos que caracterizam a transformação do Estado liberal e individualista em Estado democrático e social (por alguns, denominado Estado Solidário), com suas vicissitudes e desafios, que o conturbado século XX nos legou. É superação do individualismo jurídico pela função social dos direitos". LOBO, Paulo. Princípio da solidariedade familiar. *Revista Brasileira de Direito das Famílias e Sucessões*, Porto Alegre: Magister; Belo Horizonte: IBDFAM a. IX, out./nov. 2007. p. 3.

61. A solidariedade instiga a compreensão da família brasileira contemporânea, que rompeu os grilhões dos poderes despóticos do poder marital e do poder paterno, especialmente e se vê em estado de perplexidade para lidar com a liberdade conquistada. Porém, a liberdade não significa destruição dos vínculos e laços familiares, mas reconstrução sob novas bases. Daí a importância do papel da solidariedade, que une os membros da família de modo democrático e não autoritário, pela corresponsabilidade. Há solidariedade quando há afeto, cooperação, respeito, assistência, amparo, ajuda, cuidado; o direito os traz a seu plano, convertendo-os de fatos psicológicos ou anímicos em categorias jurídicas, para iluminar a regulação das condutas. Cada uma dessas expressões de solidariedade surge espontaneamente, nas relações sociais, como sentimento. Mas o direito não lida com sentimentos e sim com condutas verificáveis, que ele seleciona para normatizar. Assim, o princípio da solidariedade recebe-os como valores e os transforma em direitos e deveres exigíveis nas relações familiares". Ibidem. p. 5.

62. No todo: "Todos os institutos de direito de família devem contemplar o princípio da solidariedade, em virtude da natureza intrinsecamente solidária da família atual. Questões emergem sobre como realizar a solidariedade familiar, em relação: a) aos deveres comuns dos cônjuges e dos companheiros; b) à garantia de que entidades voltadas à constituição de família sejam tratadas como tais, saindo do limbo das degradantes sociedades de fato; c) ao poder familiar e à prevalência do interesse dos filhos quando os pais se separam, com o compartilhamento da proteção e do contato; d) aos deveres de sustento dos parentes, da assistência material e moral do cônjuge e companheiro, do dever de amparo dos idosos; e) à adoção; f) aos regimes de bens etc.". Ibidem.

63. Termo empregado por parcela da doutrina a se referir à diferenciação dos filhos em códigos anteriores. MADALENO, Rolf. *Direito de Família*. São Paulo: Grupo GEN, 2023. E-book. Disponível em: https://app.minhabiblioteca.com.br/#/books/9786559648511/. Acesso em: 11 set. 2023.

64. "A igualdade e o respeito às diferenças constituem um dos princípios-chave para as organizações jurídicas e especialmente para o Direito de Família, sem os quais não há dignidade do sujeito de

ressalta a importância de perceber no outro a existência de um ser diferente, que embora deva receber igual tratamento – seja do Direito, da legislação, do Poder Judiciário, do Estado etc., deve também ser entendido como um ser diverso e respeitado em suas especificidades.

Os princípios da autonomia, da menor intervenção estatal, da não intervenção ou da liberdade já foram tangenciados em linhas anteriores, com ressalva da autonomia e da liberdade que serão estudados em específico no próximo item. Assim, a menor intervenção ou não intervenção do Estado[65] refere-se ao art. 1.513 do Código Civil.

Atinente ao princípio da pluralidade de formas de famílias,[66] este é o comando constitucional que viabiliza a possibilidade da família coparental existir para o ordenamento jurídico, ou seja, mediante a viabilidade de se constituírem famílias não previstas de forma expressa na legislação, esse arranjo familiar é inserido no ordenamento jurídico. Nos termos do que sustenta Álvaro Villaça de Azevedo:

---

direito, consequentemente não há justiça. O discurso da igualdade está intrinsecamente vinculado à cidadania, uma outra categoria da contemporaneidade, que pressupõe também o respeito às diferenças. Se todos são iguais perante a lei, todos estão incluídos no laço social. O necessário discurso da igualdade traz consigo um paradoxo: quanto mais se declara a universalidade da igualdade de direitos, mais abstrato se torna a categoria desses direitos. Quanto mais abstrato, mais se ocultam as diferenças geradas pela ordem social. Para se produzir um discurso ético, respeitar a dignidade humana e atribuir cidadania é preciso ir além da igualdade genérica. Para isso devemos inserir no discurso da igualdade o respeito às diferenças. Necessário desfazer o equívoco de que as diferenças significam necessariamente a hegemonia ou superioridade de um sobre o outro. A construção da verdadeira cidadania só é possível na diversidade. Em outras palavras, a formação e construção da identidade se fazem a partir da existência de um outro, de um diferente. Se fôssemos todos iguais, não seria necessário falar de igualdade. Portanto, é a partir da diferença, da alteridade, que se torna possível existir um sujeito. Enfim, é a alteridade que prescreve e inscreve o direito a ser humano". PEREIRA, Rodrigo da Cunha. *Princípios fundamentais e norteadores para a organização jurídica da família*. 2011. Tese (Doutorado em Direito). Universidade Federal do Paraná. Curitiba/PR. Disponível em: https://acervodigital.ufpr. br/bitstream/handle/1884/2272/Tese_Dr.%20Rodrigo%20da%20Cunha.pdf. Acesso em: 11 set. 2023.

65. "O Estado abandonou sua figura de protetor-repressor, para assumir postura de Estado protetor-provedor-assistencialista, cuja tônica não é de uma total ingerência, mas, em algumas vezes, até mesmo de substituição a eventual lacuna deixada pela própria família como, por exemplo, no que concerne à educação e saúde dos filhos (cf. art. 227 da Constituição Federal). A intervenção do Estado deve apenas e tão somente ter o condão de tutelar a família e dar-lhe garantias, inclusive de ampla manifestação de vontade e de que seus membros vivam em condições propícias à manutenção do núcleo afetivo". PEREIRA, Rodrigo da Cunha. *Princípios fundamentais e norteadores para a organização jurídica da família*. 2011. Tese (Doutorado em Direito). Universidade Federal do Paraná. Curitiba/PR. Disponível em: https://acervodigital.ufpr.br/bitstream/handle/1884/2272/Tese_Dr.%20Rodrigo%20da%20 Cunha.pdf. Acesso em: 11 set. 2023.

66. "Neste sentido, houve o rompimento com a premissa de que o casamento era o único instituto formador e legitimador da família brasileira, e do modelo de família hierarquizada, patriarcal, impessoal e, necessariamente, heterossexual, em que os interesses individuais cediam espaço à manutenção do vínculo. Esta Constituição trouxe, além de novos preceitos para as famílias, princípios norteadores e determinantes para a compreensão e legitimação de todas as formas de família". Ibidem.

O importante é proteger todas as formas de constituição familiar, sem dizer o que é melhor. O homem é um ser gregário, que necessita viver em família, cujo modo de constituição ele escolhe, firmando-se um costume admitido em sua coletividade, que vai transpondo gerações.[67]

Por derradeiro, o princípio da afetividade,[68] cuja classificação enfrenta as mais variadas e duras críticas,[69] inclusive com passagens que implicam uma revisão de textos já escritos.[70] Não obstante, para o direito das famílias contemporâneo,

---

67. AZEVEDO, Álvaro Villaça. *Estatuto da família de fato*: de acordo com o atual Código Civil – Lei 10.406, de 10.01.2002. 3. ed. São Paulo: Atlas, 2011. p. 268-169.

68. É clássico o posicionamento de João Batista Villella: "A desbiologização da paternidade, que é, ao mesmo tempo, um fato e uma vocação, rasga importantíssimas aberturas sociais. Em momento particularmente difícil, quando o mundo atravessa aguda crise de afetividade, e dentro dele o País sofre com seus milhões de crianças em abandono de diferentes graus e espécies, a consciência de que a paternidade é opção e exercício, e não mercê ou fatalidade, pode levar a uma infeliz aproximação entre os que têm e precisam dar e os que não têm e carecem receber. Explico-me. Por que não acolher, adotar, tomar em legitimação adotiva, ou em outras formas possíveis e imagináveis de ajuda, tantas crianças carentes, ao invés de manter represado o impulso da paternidade? [...]" VILLELA, João Baptista. Desbiologização Da Paternidade. *Revista da Faculdade de Direito da UFMG*, [S.l.], n. 21, p. 400-418, fev. 2014. Disponível em: https://www.direito.ufmg.br/revista/index.php/revista/article/view/1156. Acesso em: 11 set. 2023. p. 416. Ao tratar do parentesco socioafetivo Daniela Braga Paiano afirma que este "é algo funcional, constitui-se por uma estruturação psíquica em que seus membros exercem certas funções uns em relação aos outros e, independente de vínculos biológicos, o exercício dessas funções é o que vincula os familiares. Em vários aspectos atinentes à filiação, o atual Código Civil é omisso e, em especial com relação à filiação socioafetiva, ele já nasce excludente, pois deixou de trazer tal modalidade de modo expresso". PAIANO, Daniela Braga. *A Família Atual e as Espécies de Filiação*: Da possibilidade jurídica da multiparentalidade. Rio de Janeiro: Lumen Juris, 2017. p. 62. Sustenta Ricardo Calderón que: "A perspectiva principiológica da afetividade decorre da leitura civil constitucional do nosso sistema jurídico, restando possível sustentar que é uma categoria adequada para bem tutelar as situações subjetivas existenciais da família brasileira. A presença marcante da afetividade no nosso sistema jurídico demonstra a relevância que a temática adquire no trato dos litígios neste início de século, de modo que sua compreensão pode contribuir para que se edifique, cada vez mais, um direito de Família a serviço da vida". CALDERON, Ricardo. *Princípio da Afetividade no Direito de Família*. 2. ed. rev. atual. e ampl. Rio de Janeiro: Forense, 2017. p. 149.

69. Dentre todas, confira-se: "[...] à afetividade não pode ser atribuído um sentido principiológico similar àquele se que se vê nas obras de Dworkin. As normas do direito de família não devem prestigiar a afetividade na maior extensão fática e juridicamente possível. Uma norma que supostamente prestigie a afetividade não traz, em si, qualquer pretensão de correção aceitável. A afetividade não é um padrão que se impõe como critério de Justiça ou moralidade. No máximo, pode-se constatar que na maioria das famílias, há afetividade entre seus membros, mas daí não se pode extrair um princípio no sentido contemporâneo. Como visto, não se pode tratar o afeto como vinculante, sobretudo quando ele não vem acompanhado da vontade ou quando a vontade contém vícios. Ninguém pode desvincular de uma obrigação de direito de família simplesmente sobre o fundamento de que findou o afeto para uma das partes. Se há um princípio relevante no direito de família, este é a dignidade da pessoa humana como capacidade de autodeterminação". CORREIA, Atalá. Insuficiência da afetividade como critério de determinação da paternidade. *Revista de Direito Civil Contemporâneo*. v. 14. ano 5. p. 335-366. São Paulo: Ed. RT, jan./mar. 2018. p. 361-362.

70. Conforme título de artigo publicado por José Fernando Simão. SIMÃO, José Fernando. Afeto: de valor jurídico à perversão. Eu errei. E muito. *Consultor Jurídico. CONJUR.* 17 dez. 2023. Disponível em: https://www.conjur.com.br/2023-dez-17/afeto-de-valor-juridico-a-perversao-eu-errei-e-muito/. Acesso em: 31 maio 2024.

não há espaço tanto para retirar a importância do afeto, tampouco convém neste momento traçar amplo cenário sobre o caráter principiológico ou não do afeto para o direito, importando, em verdade, sedimentar que o afeto enquanto valor jurídico[71] se fará presente na composição familiar coparental.

Deste breve apanhado de princípios presentes na família coparental, denota-se, de imediato, a congruência com o que é afirmado por Rodrigo da Cunha Pereira, para quem é "inconcebível construir qualquer doutrina, texto normativo ou jurisprudência para o Direito de Família sem que estejam contextualizados em uma concepção principiológica".[72] Ou seja, somente a partir de uma leitura do direito das famílias contemporâneo, à luz desses princípios, é que se pode considerar a construção de uma organização do pensamento jurídico, "para que os julgamentos neste ramo do Direito possam fazer a difícil distinção entre ética e moral e assim estarem mais próximos do ideal de justiça".[73]

Sendo assim, este subitem analisou os princípios jurídicos que influem na configuração familiar coparental, posto que, para o direito das famílias contemporâneo, os princípios se afiguram como um fator de interpretação e que por vezes se revelam como verdadeiros legitimadores dos novos arranjos familiares. Destarte, somente a partir de conceitos mais amplos que auxiliam na interpretação é que se atinge um conceito de família democrática, plural e igualitária, cuja tutela é resguardada por todo o ordenamento jurídico – da Constituição às Resoluções do CNJ.

3.3.2 Da autonomia privada e da liberdade(s)

A autonomia privada e a liberdade são institutos alvos de diversos ramos do conhecimento humano. A cada um, há uma profundidade, bem como a depender

---

71. "Confirma-se, em todas essas manifestações, que o valor jurídico do afeto pode ser compatível com a contratualização nas relações de família. Afinal, para além da espontaneidade, a afetividade supõe compromisso e responsabilidade; e, no plano contratual, a vontade substancialmente declarada prevalece sobre o aspecto formal da manifestação. Tal linha evolutiva prestigia a autonomia para a definição das fronteiras entre relações patrimoniais e existenciais na vida privada e redimensiona, em matéria de família e sucessões, a aplicação do princípio da solidariedade. Este se desprende de modelos impositivos preconcebidos e se associa à liberdade individual para a definição, com igualdade e simetria informativa, do modo de vida e das configurações afetivas na legalidade constitucional". TEPEDINO, Gustavo. O valor jurídico do afeto e a contratualização do direito de família. *Revista Brasileira de Direito Civil* – RBDCivil. Belo Horizonte, v. 31, n. 4, p. 13-15, out./dez. 2022. p. 15. Disponível em: https://rbdcivil.ibdcivil.org.br/rbdc/article/view/916/572. Acesso em: 11 set. 2023.

72. PEREIRA, Rodrigo da Cunha. *Princípios fundamentais e norteadores para a organização jurídica da família.* 2011. Tese (Doutorado em Direito) – Universidade Federal do Paraná. Curitiba/PR. Disponível em: https://acervodigital.ufpr.br/bitstream/handle/1884/2272/Tese_Dr.%20Rodrigo%20da%20Cunha.pdf. Acesso em: 11 set. 2023.

73. Ibidem.

do momento histórico, maior ou menor atenção são dedicadas. Para que haja correlação entre liberdade e autonomia privada com a família coparental, existirá uma delimitação na bibliografia para se analisar, em um primeiro momento, como o direito contemporâneo chegou à autonomia privada (superou-se, portanto, a autonomia da vontade – ligada ao Estado-liberal) e à maneira como o sentido de liberdade se relaciona com a família.

Otavio Luiz Rodrigues Júnior analisa os institutos da autonomia da vontade, da autonomia privada e da autodeterminação, em um artigo intitulado por estes termos. Para o autor, portanto, a primeira expressão se refere a uma influência francesa decorrente da obra de Immanuel Kant "A metafísica dos costumes", que ainda se faz presente na doutrina pátria, a exemplo, cita-se Antônio Junqueira de Azevedo. Neste sentido, a autonomia da vontade estaria ligada à ideia de liberdade conferida ao indivíduo para agir (ou não agir), de determinado modo, razão pela qual a vontade é autorizada pelo ordenamento jurídico.[74]

Neste contexto, a autonomia da vontade não se subsistia a uma vontade no querer vazio – conforme afirma Emilio Betti, cujo conceito de negócio jurídico estaria relacionado à resposta de três perguntas:

i) como é (forma)?

ii) o que é (conteúdo)? e

iii) o por que é (causa)?[75]

---

74. "Para concluir que a autonomia da vontade poderia ser enquadrada em duas proposições essenciais: toda obrigação, por ser sancionada pelo Direito, deve ser livremente consentida; mas, ao inverso, toda obrigação, desde o instante em que é livremente consentida, deve ser sancionada pelo Direito [...] Percebe-se que a autonomia, qualificada apenas como um produto da vontade, revelou-se uma derivação reducionista do individualismo, esquecendo o substrato humanista que lhe deveria permear e, de modo inequívoco, abrindo o flanco para as críticas mais severas por sua posição tributária aos desígnios da lei". RODRIGUES JUNIOR, Otavio Luiz. Autonomia da vontade, autonomia privada e autodeterminação: notas sobre a evolução de um conceito na Modernidade e na Pós-modernidade. *Revista de Informação Legislativa*, Brasília a. 41 n. 163 jul./set. 2004. Disponível em: https://www2. senado.leg.br/bdsf/bitstream/handle/id/982/R163-08.pdf?sequence=4&isAllowed=y. Acesso em: 11 set. 2023.

75. Com a resposta da primeira pergunta denota-se que o negócio jurídico pode ser visto tanto como ato de uma declaração quanto de comportamento, posto que a vontade apenas rompe o fato psicologicamente interno e subjetivo do indivíduo, no exato momento em que se torna reconhecível para o contexto social, passível então de interpretação e valorações pelos celebrantes. Desta forma, apenas declarações ou comportamentos podem se afigurar como objeto de interpretação e por conseguinte instrumento de autonomia privada. Para a segunda pergunta, denota-se que o conteúdo do negócio jurídico é a disposição de autonomia privada destinada aos interesses concretos e próprios daquele que os estabelece, este preceito seria então a própria eficácia do negócio jurídico, posto que ao se criar/ instituir um negócio jurídico pela vontade, por decorrência os efeitos ordenativos correspondentes serão imediatos. Por último, na resposta da terceira pergunta se concentra a ideia de que o direito não tutela ou prevê sanção ao mero capricho do sujeito, com efeito atribui tais consequências ao se percebe como importante, relevante e útil socialmente considerado, isto é, para o coletivo que organiza e no

Desta forma, o instituto do negócio jurídico não corresponde a um querer "no vácuo", posto que o indivíduo realiza uma normatização de seus interesses nos vínculos com os demais e, portanto, estar-se-ia diante de ato de autonomia privada.[76]

Neste sentido, denota-se que a teoria da vontade acabou por se transformar na teoria da declaração, conforme assevera Enzo Roppo.[77] Esta última se afigura como uma sequência de regramentos que disciplinam o contrato, cujo conceito revelaria a ideia de criação/ligação de efeitos e o respectivo tratamento jurídico deste vínculo ao elemento objetivo, exteriores e socialmente reconhecidos. Busca-se, pois, afastar o subjetivismo íntimo para conferir prevalência à declaração da vontade.

Em uma concatenação de pontos de aproximação entre doutrinadores[78] que expuseram a ideia de autonomia privada ao repudiar a autonomia da vontade, Otavio Luiz Rodrigues Júnior afirma que estariam presentes:

i) a supremacia do interesse público;

ii) a colocação do negócio jurídico como uma espécie normativa;

iii) a autonomia privada como um poder decorrente de lei para que os indivíduos possam exercê-lo dentro e em razão desta; e

iv) autonomia privada no sentido de um poder conferido pelo Estado aos particulares.[79]

---

qual ele será aplicado e se desenvolverá. BETTI, Emílio. *Teoria Geral do Negócio Jurídico*. Campinas: Servanda, 2008. p. 89-91.

76. "Com o negócio, o indivíduo não se limita a declarar que quer alguma coisa, mas declara, para outros, o objeto do seu querer: e deve ser um regulamento vinculativo, o que estabelece no seu interesse, para as relações com os outros. Com o negócio, ele não pode limitar-se a manifestar um estado de espírito, um modo de ser do querer, que teria uma importância psicológica puramente individual; mas deve apontar um critério de conduta, estabelecer uma relação de valor normativo. A questão diz respeito, não já ao caráter de ato voluntário, que lhe deve ser atribuído na estrutura de um fato social, como é manifestação da autonomia privada na relação". Ibidem. p. 92.

77. ROPPO, Enzo. *O Contrato*. Coimbra: Almedina, 2020. p. 289-299.

78. "Com maiores ou menores discrepâncias entre suas orientações, podem ser alistados nas hostes da autonomia privada os nomes de Salvatore Romano, Luigi Ferri, Cariota-Ferrara, Santi Romano e Hans Kelsen. Sua linha dogmática tem recebido a denominação de objetivista ou prescritiva, essa última que se evita o uso para não confundir com status peculiar de Emílio Betti". RODRIGUES JUNIOR, Otavio Luiz. Autonomia da vontade, autonomia privada e autodeterminação: notas sobre a evolução de um conceito na Modernidade e na Pós-modernidade. *Revista de Informação Legislativa*, Brasília a. 41 n. 163 jul./set. 2004. Disponível em: https://www2.senado.leg.br/bdsf/bitstream/handle/id/982/R163-08.pdf?sequence=4&isAllowed=y. Acesso em: 11 set. 2023.

79. RODRIGUES JUNIOR, Otavio Luiz. Autonomia da vontade, autonomia privada e autodeterminação: notas sobre a evolução de um conceito na Modernidade e na Pós-modernidade. *Revista de Informação Legislativa*, Brasília a. 41 n. 163 jul./set. 2004. Disponível em: https://www2.senado.leg.br/bdsf/bitstream/handle/id/982/R163-08.pdf?sequence=4&isAllowed=y. Acesso em: 11 set. 2023.

Quanto à autoderminação, estaria ligada à ideia trazida pela pós-modernidade que produz aos particulares novas nuances de liberdades para suas escolhas, como por exemplo questões ligadas à "ideologia, ao partido político, à religião, à dita opção sexual e ao direito de renunciar à própria vida".[80] Ao pensar sobre as funções do direito civil Carlos Pianovski Ruzyk afirma que o contrato se afigura como exercício de autonomia privada, possui como uma de suas funções a "realização de atos de autodeterminação e, mais que isso, pode, ampliar espaços de autodeterminação dos contratantes".[81]

Pietro Perlingieri, ao se debruçar sobre o estudo desses institutos, afirma que mais adequado seria referir-se à autonomia negocial, posto que "mais idônea a acolher a vasta gama das exteriorizações da autonomia",[82] vez que esta denominação seria "capaz também de se referir às hipóteses dos negócios com estrutura unilateral e dos negócios com conteúdo não patrimonial".[83] A autonomia negocial estaria em maior consonância com as relações jurídicas hodiernas de forma que o conceito desta seria "como o poder reconhecido ou atribuído pelo ordenamento ao sujeito de direito público ou privado de regular com próprias manifestações de vontade, interesses privados".[84]

Ademais, Carlos Pianovski Ruzyk analisa as liberdades existentes no direito civil contemporâneo, e resguarda um capítulo exclusivo para família em sua tese de doutoramento, da qual é possível extrair alguns excertos que se relacionam com as liberdades necessárias a serem observadas e respeitadas para o início e o reconhecimento de uma família coparental. Para o autor, a liberdade negativa[85] não se

---

80. Ibidem.
81. RUZYK, Carlos Eduardo Pianovski. *Liberdade(s) e função*: contribuição crítica para uma nova fundamentação da dimensão funcional do Direito Civil brasileiro. Tese (Doutorado em Direito). Universidade Federal do Paraná, Faculdade de Direito, Programa de Pós-Graduação em Direito, Curitiba, 2009. p. 29.
82. PERLINGIERI, Pietro. *O Direito civil na Legalidade Constitucional*. Trad. Maria Cristina De Cicco. Rio de Janeiro: Renovar, 2008. p. 338.
83. Ibidem.
84. Ibidem.
85. "Pode-se dizer que constituir família para além dos modelos referidos no artigo 226 da Constituição (casamento, união estável e família monoparental) não é "ilícito", o que permite dizer que esses outros arranjos cabem no âmbito da liberdade negativa. Afirmar isso não constitui algo propriamente novo: também não eram, por evidente, ilícitas as próprias uniões não matrimonializadas e as famílias monoparentais antes de sua expressa apreensão constitucional. A rigor, pode-se dizer que, como já exposto no título I deste trabalho, a liberdade negativa de constituir família sem contrariar a lei – mesmo que não conforme o modelo por ela privilegiado – é um traço do Direito Civil moderno. Ocorre que a ausência de proibição não significa que essa liberdade seja juridicamente protegida no que se refere às decorrências do seu exercício. Se a codificação de 1916, por exemplo, não vetava constituir família por meio de uniões não matrimonializadas, tais arranjos livres, apesar de não serem ilícitos, sequer eram compreendidos pelo Direito como entidades familiares. Isso trazia como consequência a impossibilidade de se admitir eficácia jurídica própria de relações juridicamente reputadas como familiares: a rigor, como antes exposto, trava-se de uma liberdade que, se exercida, retirava seus titulares

revela como solução para novas configurações familiares, razão pela qual a liberdade positiva, consistente na chancela de efeitos jurídicos, à pluralidade de famílias, deve se fazer presente àquelas famílias que vão além dos modelos legislados.[86]

Assim, na família coparental, a liberdade negativa se verifica na inexistência de vedação legal para que seja formado esse arranjo familiar, por meio de um contrato. De igual sorte, a liberdade positiva é evidenciada pelo princípio constitucional da pluralidade familiar, ou seja, há um comando da norma superior que autoriza e assim confere efeitos jurídicos a esta família. Dessa forma, a autonomia privada (elencada no art. 421 do CC) autoriza que os particulares se autodeterminem como família, mediante o mencionado contrato, cujas cláusulas deverão estar em consonância com todo o ordenamento jurídico.

3.3.3 Do vínculo de filiação e da autoridade parental

A filiação não será classificada de maneira nova ou diversa daquela já consolidada na doutrina, na jurisprudência e na legislação; portanto, convém fixar uma premissa de maneira breve, qual seja: os vínculos de filiação serão biológicos ou socioafetivos na família coparental, a depender da forma em que a prole for gerada. Isto é, caso exista consanguinidade a filiação será biológica,[87] ao passo que inexistindo esta característica será socioafetiva.

---

do âmbito de relevância do direito de família. O direito não a apreendia, como se vê, como liberdade positiva. A resposta do jurídico a esses arranjos se limitava à possibilidade de se afirmar que não havia ilicitude. Não se cogitava, porém, nem de sua apreensão como fattispecie familiar nem, tampouco, de atribuição de efeitos jurídicos de tal natureza". RUZYK, Carlos Eduardo Pianovski. *Liberdade(s) e função*: contribuição crítica para uma nova fundamentação da dimensão funcional do Direito Civil brasileiro. Tese (Doutorado em Direito). Universidade Federal do Paraná, Faculdade de Direito, Programa de Pós-Graduação em Direito, Curitiba, 2009. p. 362-363.

86. Nas palavras do autor: "A ampliação do rol de entidades familiares reconhecidas de forma expressa pela norma jurídica, com o advento da Constituição de 1988, permitiu admitir um incremento da proteção jurídica da liberdade de constituir família. A rigor, desde 1988, optar pela constituição de uma união estável é, também, ter sua liberdade positiva como juridicamente protegida: não apenas o Direito afirma sua não ilicitude, mas a apreende como *fattispecie* de natureza familiar e chancela os efeitos decorrentes dessa opção de vida em comum. A Constituição de 1988 não é, pois, nessa matéria, simples artífice da criação de um novo modelo jurídico de família. Para além disso, ela gerou uma ampliação da liberdade juridicamente protegida em matéria de família, sobretudo no que tange à união estável, que deixa de ser pensada apenas em termos de liberdade negativa para ter juridicamente reconhecida a liberdade positiva que em seu âmbito pode ser exercida. Trata-se de corolário do eudemonismo fundado na liberdade: a função de chancela e promoção da liberdade positiva na autoconstituição coexistencial por meio da família implica a impossibilidade de uma interpretação constitucional que restrinja os modelos de família juridicamente protegidos a um rol exaustivo". Ibidem. p. 363-364.

87. "[...] indubitável que, sob a ótica biológica, e somente sob esse viés, a filiação será assim considerada, uma vez guardada a relação de consanguinidade entre pai, mãe e filho, ou, então entre apenas a mãe e o filho, ou entre o pai e o filho, levando sempre em conta o material genético envolvido [...]" FUJITA, Jorge S. *Filiação*, 2. ed. São Paulo: Grupo GEN, 2011. E-book. Disponível em: https://app.minhabiblioteca.com.br/#/books/9788522466917/. Acesso em: 20 set. 2023.

Daniela Braga Paiano afirma que existem três espécies de filiação: decorrentes de vínculos de sangue, de direito e de afetividade. Os vínculos civis são encontrados nos exemplos da adoção de inseminação artificial, cuja base de formação é a socioafetividade criada entre as partes.[88]

João Baptista Villela, de igual modo, afirma que "a consciência de que a paternidade é opção e exercício, e não mercê ou fatalidade, pode levar a uma feliz aproximação entre os que têm e precisam dar e os que não têm e carecem receber".[89] Para Luiz Edson Fachin:

> A família é um "construído". Uma caminhada que destoa da visão clássica sobre filiação fora do casamento, em especial pela atuação direta e plena do princípio da igualdade. Na superação da "grande família", passando pela "família nuclear", o tempo eudemonista anuncia o estatuto unitário da filiação e a família plural, "pós-nuclear", do que é exemplo a família monoparental. [...] Os fatos implicaram mudança, colocando-se o filho no núcleo das relações, não importando a posição jurídica que o pai ocupe.[90]

Sendo assim, a coparentalidade será formada por vínculo biológico no caso de ambos os pais possuírem consanguinidade com a prole, ao passo que ao utilizarem de técnicas de reprodução humana, haverá vínculo socioafetivo. Este último, reafirma-se, poderá ser expressado antes mesmo da concepção.[91]

Para que se atinja a denominação "autoridade parental", é preciso relembrar que a terminologia passou do "pátrio poder" – marcada pela hierarquia familiar, na qual o homem exercia verticalmente toda a condução familiar – ao "poder familiar", em que ambos os genitores possuem o "poder" de regrar não só os comandos patrimoniais familiares, mas de igual forma conduzir e comandar a vida privada da prole.[92]

---

88. PAIANO, Daniela Braga. *A Família Atual e as Espécies de Filiação*: Da possibilidade jurídica da multiparentalidade. Rio de Janeiro: Lumen Juris, 2017. p. 49-50.

89. VILLELA, João Baptista. Desbiologização Da Paternidade. *Revista da Faculdade de Direito da UFMG*, [S.l.], n. 21, p. 400-418, fev. 2014. ISSN 1984-1841. p. 415-416. Disponível em: https://www.direito.ufmg.br/revista/index.php/revista/article/view/1156. Acesso em: 20 set. 2023.

90. FACHIN, Luiz Edson. *Direito de família*: elementos críticos à luz do novo Código civil Brasileiro. 2. ed. Rio de Janeiro: Renovar, 2003. p. 319.

91. Afirma Maria Berenice Dias que: "é possível o reconhecimento antes do nascimento, não sem condicionar o reconhecimento à sobrevivência do nascituro. Como a lei resguarda seus direitos (CC 2º). Com receio de falecer antes do nascimento do filho já concebido, pode o genitor não esperar o nascimento para reconhecê-lo. Mesmo que o filho nasça sem vida, o reconhecimento existiu e foi válido, devendo proceder-se ao registro do seu nascimento (LRP 53). O reconhecimento voluntário da paternidade não depende da prova da origem genética. É um ato espontâneo, solene, público e incondicional. Como gera estado de filiação, é irretratável e indisponível". DIAS, Maria Berenice. *Manual de direito das famílias*. 14. ed. rev. ampl. e atual. Salvador: JusPodivm, 2021. p. 242.

92. GIROTTO, Guilherme Augusto; VIEIRA, Diego Fernandes. A Função Preventiva da Responsabilidade Civil: um Novo Olhar em Face do Relacionamento Parental e dos Conflitos Familiares. *Ciências*

Alcança-se, portanto, a autoridade parental, que visa afastar a ideia de "poder" como o instituto em que os filhos não são vistos como sujeitos de direitos, para então em nome não só da dignidade humana da pessoa dos filhos, mas de igual forma em atenção ao melhor interesse da criança e do adolescente, desloca-se o foco dos direitos conferidos aos pais para o regramento da vida prole para o *múnus* de deveres de criação.[93]

Lafayette Rodrigues Pereira em 1897, ao demonstrar certo avanço na proteção da pessoa do filho,[94] afirma que o pátrio poder decorre invariavelmente do direito romano, cuja característica era de "severidade". Todavia, sobre o pátrio poder o mencionado autor afirma que "compete exclusivamente ao pai e só recahe: sobre os filhos que nascem de justas núpcias e sobre os menores legitimados por subsequente matrimonio".[95] Excluindo de forma expressa a mãe, posto que "a mãe não tem pátrio poder",[96] não obstante o próprio autor reconhecer vínculos sagrados de uma energia e realidade viva entre a mãe e o filho.[97]

Rolf Madaleno[98] expõe a questão da nomenclatura de poder familiar não ser vista mais adequada por parcela doutrinária.[99] Este instituto consiste em "interesse natural dos pais propiciarem as melhores condições para os seus filhos, tanto no respeitante à sua educação e formação como no pertinente aos seus

---

Jurídicas, v. 24, n. 1, 2023, p. 85-95. Disponível em: https://revistajuridicas.pgsscogna.com.br/juridicas/issue/view/483. Acesso em: 11 set. 2023.

93. Ibidem.
94. "Modeladas em sua generalidade pelas fórmulas severas do Direito romano, que, neste assumpto, reproduzem enérgico resumo, o gênio dominar e avaro do povo latino, as leis civis têm desnaturado grosseira a instituição do pátrio poder, acrescentando-lhe atribuições inconciliáveis com a sua índole e razão de ser e convertendo-o, por uma singular inversão de seu fim, em pesado instrumento da prepotência, do orgulho e da cobiça dos pais. Assim que: O pátrio poder rouba do filho a independência pessoal nas relações do direito privado; despoja-o em favor do pai dos rendimentos da classe mais importante de seus bens: seu jugo não cessa com a menoridade. Felizmente, porém, graças ao progresso das luzes, vão os legisladores modernos reconhecendo a necessidade de separá-lo dos elementos estranhos que o desvirtuão, enforcando-se por aproximá-lo do typo filosófico. É esta a tendência que predomina nos códigos recentemente promulgados". PEREIRA, Lafayette Rodrigues. *Direitos de família*. Brasília: Senado Federal, Conselho Editorial: Superior Tribunal de Justiça, 2004. p. 234.
95. PEREIRA, Lafayette Rodrigues. *Direitos de família*. Brasília: Senado Federal, Conselho Editorial: Superior Tribunal de Justiça, 2004. p. 235.
96. Ibidem. p. 248. E continua o autor: "Dominado da tradição romana, segundo a qual a mulher ocupava no matrimonio uma posição semelhante à filha famílias, o nosso Direito Civil denega às mãis o pátrio poder". Ibidem. p. 248.
97. "Todavia, os vínculos sagrados que existem entre ellas e os filhos, são de uma energia tal e de uma realidade tão viva, que, não obstante inverterados preconceitos, não podião deixar de receber a consagração da lei. Assim, pois, a lei consagra e reveste de sua força certo direitos e obrigações das mãis para com os filhos. " Ibidem. p. 248.
98. MADALENO, Rolf. *Direito de Família*. São Paulo: Grupo GEN, 2023. E-book. Disponível em: https://app.minhabiblioteca.com.br/#/books/9786559648511/. Acesso em: 09 set. 2023.
99. "Existe um compreensível desconforto com o vocábulo poder, que ainda remonta à ideia de domínio dos pais sobre seus descendentes, e que não se concilia com a democratização da família". Ibidem.

interesses físicos, morais, sociais, intelectivos e afetivos".[100] Assim, há presença concomitante de direitos e deveres que interagem para atribuir aos pais a função de desempenharem esta incumbência, com o propósito de "alcançarem a integral e estável formação dos seus filhos".[101]

Denota-se então a mudança que o pátrio poder sofreu com a edição de legislações como os arts. 227 e 229 da CF, o artigo 22 do ECA, e os arts. 1.634 e 1.584 do CC, na medida que não se sujeitam os filhos ao livre e autoritário "pátrio poder". Mas, em verdade, atribui aos pais o dever de proporcionarem um ambiente adequado para o desenvolvimento da pessoa dos filhos. Nesta senda, despontam, na doutrina, afirmações no sentido que o mais adequado ao período atual seria o emprego de "autoridade parental", ao qual se filia este estudo.

A autoridade parental se revela no efeito que as famílias ocidentais contemporâneas vêm adotando, na medida que buscam ser um ambiente de exercício de laços afetivos, que independem das consanguinidades, razão pela qual o respeito mútuo dos componentes tanto no aspecto da conjugalidade quanto na parentalidade. Este fenômeno, que se afasta do anterior poder familiar, demonstra o crescimento de espaços de autonomia, desenvolvimento individual e construção de autoafirmação de cada um dos membros do agrupamento familiar.[102]

Ana Carolina Brochado Teixeira afirma que o antigo pátrio poder não mais subsiste, posto que marcado pela subserviência da prole para o pai – exclusivamente – no sentido de colocá-la em sujeição primordialmente material. Destarte,

---

100. Ibidem.
101. Ibidem.
102. "Descortinada a importância da infância e da adolescência ao longo do século XX, emergiram os já mencionados documentos internacionais sobre direitos humanos, especialmente voltados para a pessoa nessa fase do desenvolvimento. A plataforma protetiva ali estabelecida findou por delinear limites ao poder familiar. Instituiu-se a doutrina da proteção integral, por meio da qual a invisibilidade social do menor cedeu lugar ao princípio do melhor interesse da criança, elemento norteador das decisões que lhes dizem respeito. Os pais, os responsáveis, as instituições, as autoridades, os tribunais ou quaisquer entidades deverão sempre optar pela escolha que lhes proporcionar o máximo bem-estar possível. Nesse processo, a criança ou o adolescente emerge como um sujeito ativo, titular do direito de manifestar suas razões, crenças e pensamentos. [...] A família democrática impõe uma relação coordenada entre pais e filhos, a assimetria existente entre ambos os polos seja mediada pelo perfil funcional que tem o poder familiar de promoção da pessoa do vulnerável. Cabe à autoridade parental acompanhar o menor no paulatino processo de construção da personalidade, reconhecendo-lhes as possibilidades de protagonizar sua própria história. Como indivíduos em formação, sua personalidade ainda está em desenvolvimento e seu direito geral de liberdade não é pleno. Gozam de uma liberdade assistida, eventualmente vigiada, que vai se expandindo na proporção do seu amadurecimento. A permissão exagerada, embora seja apreciada pela população infantojuvenil, não representará, frequentemente, a solução mais adequada. Por vezes, é a limitação saudável e motivada que promoverá o melhor interesse do adolescente ou da criança". MENEZES, Joyceane Bezerra de; MORAES, Maria Celina Bodin de. Autoridade parental e privacidade do filho menor: o desafio de cuidar para emancipar. *Novos Estudos Jurídicos*, Itajaí (SC), v. 20, n. 2, p. 501-532, 2015. Disponível em: https://periodicos.univali.br/index.php/nej/article/view/7881. Acesso em: 10 set. 2023. p. 527-528.

houve o afastamento deste conceito, pois a família, e a relação parental, atualmente é marcada pelo afeto, com a característica de uma família solidarista, porquanto "o autoritarismo cedeu espaço à afetividade. A autoridade é conjugada com o amor".[103] Nas palavras de Luiz Edson Fachin:

> Os filhos não são (nem poderiam ser) objeto da autoridade parental. Em verdade, constituem um dos sujeitos da relação derivada da autoridade parental, mas não são sujeitos passivos, e sim no sentido de serem destinatários do exercício deste direito subjetivo, na modalidade de uma dupla realização de interesses do filho e dos pais.[104]

Frente a essas considerações, é possível identificar que a família coparental não estará sob o julgo do pátrio poder, tampouco do poder familiar (se é que se pode conceber na contemporaneidade que alguma configuração familiar ainda se encontre nestes moldes). Convém, portanto, consignar que a coparentalidade, por ser um arranjo que privilegia o compartilhamento de responsabilidades, se amolda e revela por si mesma a forma como a autoridade parental poderá ser exercida de forma saudável, ou seja, pelo esforço comum de ambos os corresponsáveis, pretende-se que se crie um ambiente propício para que as individualidades e respeito máximo à identidade do filho como sujeito de direitos sejam para além de respeitados, mas incentivados e privilegiados.

3.3.4 Da guarda (ou da custódia),[105] da convivência e dos alimentos

Estes três institutos reúnem, como se grandes gêneros fossem, as espécies de direitos e deveres que os pais/genitores devem se atentar a satisfazer para com os

---

103. TEIXEIRA, Ana Carolina Brochado. *Família, Guarda e Autoridade parental*. 2. ed. Rio de Janeiro, Rio de Janeiro: Renovar, 2009. p. 136-137. A autora fundamenta seus escritos da seguinte forma: "O arcabouço básico do conjunto de deveres que compete à família – e especialmente aos genitores – encontra-se na Constituição, e é correspondente aos direitos fundamentais da criança e do adolescente (art. 227, CF/88). Também não pode ser ignorada a disposição do art. 229 da Carta Constitucional, que estabelece os deveres dos pais de assistir, criar e educar os filhos menores. A constituição relaciona o ofício educativo à filiação, incutindo-lhe responsabilidade morais e jurídicas. É nesta seara que se procederá à análise pormenorizada que o verdadeiro conteúdo da autoridade parental encontra-se nesses dispositivos constitucionais, pois em consonância com o contemporâneo lugar jurídico da autoridade parental [...] Diante das diretrizes constitucionais e estatutárias que ressaltam a função promocial do Direito, o relacionamento entre os genitores e o filho passou a ter como objetivo maior tutelar a sua personalidade e, portanto, o exercício dos seus direitos fundamentais, para que possa, neste contexto, edificar sua dignidade enquanto sujeito". Ibidem. p. 137-138.
104. FACHIN, Luiz Edson. *Direito de família*: elementos críticos à luz do novo Código civil Brasileiro. 2. ed. Rio de Janeiro: Renovar, 2003. p. 244.
105. Convém ressaltar que conforme preleciona Maria Berenice Dias o termo "guarda", não deve ser utilizado para se referir ao regime convivência entre pais e filhos, posto que tal termo se refere à acomodação/armazenamento de objetos e não pessoas. Desse modo, o mais adequado seria tratar de "custódia unilateral" para casos em que a "guarda" seja unilateral e convivência compartilhada para casos em que há compartilhamento da "guarda". Nas palavras da autora: "Primeiro, é necessário eliminar, de vez, o uso da expressão "guarda" quando se fala em regime de convivência entre pais e filhos. Não mais cabe

filhos, razão pela qual para que o próximo capítulo possa tratar de cada um destes elementos nas cláusulas contratuais, sob à luz da teoria ponteana (existência, validade e eficácia), se faz necessário que se delimite cada um destes. Assim, se possibilitará que a guarda, a convivência e os alimentos sejam conceituados, ainda que de forma breve, para então serem aplicados ao contrato de coparentalidade, ou seja, neste momento buscar-se-ão conceitos. De igual forma, estes elementos compõem o conceito de família coparental.

Como guarda se entende como o dever dos pais (ou responsáveis) em zelar e cuidar, no mais amplo sentido, dos filhos, não somente no espaço físico, mas em verdadeira "comunhão de um fraterno amor".[106] Assim, a guarda é o direito dos pais em ter os filhos consigo, fixar residência, coabitar e tê-los sob seus cuidados e direitos. Para os filhos corresponde na obrigação de viverem na residência de seus pais ou responsáveis.[107] O Código Civil cuida da guarda nos arts. 1.583 a 1.590, no capítulo XI – "Da proteção da pessoa dos filhos"[108] – o que evidencia o caráter de zelo que pais devem adotar para proteger a prole.[109]

---

utilizar as expressões guarda unilateral e guarda compartilhada. Guarda vem do verbo guardar, que significa: acondicionar, acomodar, arrumar, armazenar. Ou seja, diz com objetos que se têm sob sua posse. Coisas que se guardam em algum lugar. Ora, pessoas não são objeto de guarda, muito menos crianças e adolescentes. Assim, melhor usar a expressão custódia: ato ou efeito de proteger. Desse modo, em vez de guarda unilateral, corresponde mais à essência desta figura utilizar a expressão custódia unilateral. E, na hipótese de compartilhamento, necessário usar convivência compartilhada. Já que guarda significa guardar, não há como haver guarda compartilhada entre os pais. A não ser que se utilizasse a espada de Salomão para dividir o filho ao meio. Como não cansa de repetir Rodrigo da Cunha Pereira, palavras têm força e poder. Destarte, ao se referir a crianças e adolescentes é descabido continuar utilizando expressões que afrontam as garantias constitucionais que lhes são conferidas, com prioridade absoluta, pela Constituição da República." DIAS, Maria Berenice. "Guarda" no ECA e no Código Civil. *IBDFAM* [online]. 2024. Disponível em: https://ibdfam.org.br/artigos/2106/%22Guarda%22+no+ECA+e+no+C%C3%B3digo+Civil. Acesso em: 15 de mai. de 2024.

106. MADALENO, Rolf. *Direito de Família*. São Paulo: Grupo GEN, 2023. E-book. Disponível em: https://app.minhabiblioteca.com.br/#/books/9786559648511/. Acesso em: 09 set. 2023.

107. Ibidem.

108. BRASIL. Lei 10.406, de 10 de janeiro de 2002. Institui o Código Civil. Disponível em: https://www.planalto.gov.br/ccivil_03/leis/2002/l10406compilada.htm. Acesso em: 09 set. 2023.

109. Inclusive foi objeto de alteração legislativa pela Lei 14.713 de 30 de outubro de 2023, que prevê sobre a hipótese de violência doméstica configurar uma excludente da guarda compartilhada, cujo parágrafo segundo do art. 1.584, ficou com a seguinte redação: "§ 2º Quando não houver acordo entre a mãe e o pai quanto à guarda do filho, encontrando-se ambos os genitores aptos a exercer o poder familiar, será aplicada a guarda compartilhada, salvo se um dos genitores declarar ao magistrado que não deseja a guarda da criança ou do adolescente ou quando houver elementos que evidenciem a probabilidade de risco de violência doméstica ou familiar." BRASIL. Lei 14.713, de 30 de outubro de 2023. Altera as Leis 10.406, de 10 de janeiro de 2002 (Código Civil), 13.105, de 16 de março de 2015 (Código de Processo Civil), para estabelecer o risco de violência doméstica ou familiar como causa impeditiva ao exercício da guarda compartilhada, bem como para impor ao juiz o dever de indagar previamente o Ministério Público e as partes sobre situações de violência doméstica ou familiar que envolvam o casal ou os filhos. Disponível em: https://www.planalto.gov.br/ccivil_03/_ato2023-2026/2023/lei/l14713.htm. Acesso em: 31 maio 2024.

Por força do art. 1.584, parágrafo segundo, do Código Civil, a guarda compartilhada é a regra, a qual será afastada nas hipóteses elencadas na parte final do mesmo dispositivo, ou seja, quando estiver presente a inaptidão para o exercício desta; na hipótese de desinteresse na guarda compartilhada por um dos genitores; e, quando o melhor interesse da criança/adolescente demandar outra solução,[110] ou quando evidenciar a probabilidade de risco de violência doméstica ou familiar.

No que concerne à convivência familiar, não obstante a redação do art. 1.589 do CC[111] empregue o termo "visitas", denota-se que este não corresponde ao real sentido do que o instituto busca preservar e garantir, posto que este emana do princípio da solidariedade familiar, em que a criança/adolescente tem o direito de fortalecer seus vínculos de afeto com seus pais e familiares, proporcionando assim, o desenvolvimento de sua integridade psíquica.[112]

Sobre os alimentos, é possível identificar que este direito está "acanhadamente disciplinado",[113] não obstante decorra da autoridade parental, bem como da solidariedade familiar e do dever de mútua assistência, é devido desde antes do nascimento da prole e se prolonga por até depois da morte, uma vez que é transmitido aos herdeiros do devedor, nos termos do art. 1.700 do Código Civil. No que concerne aos filhos, há presunção absoluta de sua necessidade, e deve englobar o sustento, o custeio com educação, saúde, lazer, enfim tudo o que se

---

110. GIROTTO, Guilherme Augusto. Do exercício da guarda compartilhada em face da legislação e o seu acesso pelos guardiões. In: CACHAPUZ, Rosane da Rosa. (coord.). *Do acesso à justiça no direito das famílias e sucessões*. Londrina: Thoth, 2021. v. II, p. 244.

111. "Art. 1.589. O pai ou a mãe, em cuja guarda não estejam os filhos, poderá visitá-los e tê-los em sua companhia, segundo o que acordar com o outro cônjuge, ou for fixado pelo juiz, bem como fiscalizar sua manutenção e educação. Parágrafo único. O direito de visita estende-se a qualquer dos avós, a critério do juiz, observados os interesses da criança ou do adolescente". Ibidem.

112. "Para essa garantia, o direito à convivência familiar encontra-se previsto no art. 227 da Constituição Federal dentre os direitos fundamentais a serem assegurados às crianças e adolescentes, bem como no art. 1.589 do CC e nos arts. 16, V, e 19 do ECA. O direito à convivência familiar torna jurídica a necessidade humana de troca de experiências e aprendizado a partir do convívio e interação social-familiar. Trata-se de direito cujo conteúdo metajurídico se traduz em transmissão de conhecimentos e experiências, na formação ética e moral da criança; e cujo conteúdo jurídico se traduz em presença e na contribuição para o processo educacional do filho menor. Não há idade mínima para se estabelecer a convivência familiar, quando os pais não vivem juntos". TEPEDINO, Gustavo; TEIXEIRA, Ana Carolina B. *Fundamentos do Direito Civil*: Direito de Família. v. 6. Rio de Janeiro: Grupo GEN, 2023. E-book. Disponível em: https://app.minhabiblioteca.com.br/#/books/9786559647880/. Acesso em: 10 set. 2023.

113. "O Código de Processo Civil, apesar de ter assumido a cobrança dos alimentos – de modo negligente, até irresponsável –, manteve a vigência da Lei de Alimentos (art. 693, parágrafo único do CPC). Legislação editada há quase 50 anos, jamais foi atualizada. Não há prova maior de descaso! Apesar da tentativa de ressuscitar a Lei de Alimentos, a maioria de seus dispositivos está derrogada, por mais bem disciplinados pela legislação processual. O que sobra são algumas poucas regras que podem agilizar – ao menos um pouco – a morosa tramitação da demanda de maior urgência que existe". DIAS, Maria Berenice. *Alimentos* [livro eletrônico]: direito, ação, eficácia e execução. 2. ed. São Paulo: RT, 2017. Disponível em: https://proview.thomsonreuters.com/launchapp/title/rt/monografias/99895939/v2/document/129657949/anchor/a-129657949. Acesso em: Acesso em: 10 set. 2023.

fizer necessário para formação e desenvolvimento da prole. É direito personalíssimo,[114] portanto, indisponível,[115] irrenunciável,[116] impenhorável,[117] irrepetível e incompensável.[118]

No presente capítulo, buscou-se esclarecer qual o conceito da coparentalidade, na intenção de aperfeiçoar o conceito real e efetivo que deve ser considerado sobre esta composição familiar, que fora objeto do segundo ponto abordado. Os aspectos psicossociais se fizeram importantes, na medida que é possível identificar na prática como a família coparental tem se apresentado, portanto, o mencionado tópico cuidou de servir como fundamento psicológico e social para que a coparentalidade seja confirmada como família.

Os aspectos jurídicos foram se desdobrando nas especificidades que esta entidade familiar carrega em seu conceito, assim, a base principiológica foi exposta como forma de demonstrar que a família coparental atende a tais preceitos, de forma satisfatória. Porquanto, a autonomia privada e liberdade de igual sorte foram explicadas. A autoridade parental e os direitos-deveres da guarda, convivência e alimentos também se fizerem presentes.

Feitas as considerações e traçados os conceitos sobre os mencionados direitos-deveres no tocante à família, guarda, convivência e alimentos, torna-se possível que se analise como estes, por fazerem parte integrante do conceito de família coparental, serão organizados nas cláusulas do contrato de coparentalidade, do qual cuidará o próximo capítulo.

---

114. "O mais saliente adjetivo que os alimentos recebem é de ser um direito personalíssimo. Afinal, serve para garantir a sobrevivência de quem não tem condições de subsistir por si mesmo". Ibidem.
115. "A inalienabilidade dos alimentos, ao lado da incindibilidade, impenhorabilidade e incompensabilidade, decorrem do caráter personalíssimo dos alimentos, que impõe e compõe sua característica de indisponibilidade". Ibidem.
116. "Seja qual for a origem da obrigação – poder familiar, mútua assistência ou solidariedade – o credor não pode renunciar ao direito a alimentos. O Código Civil expressamente consagra a irrenunciabilidade, admitindo apenas que o credor não exerça o direito (art. 1.707 do CC). Como não está prevista qualquer exceção, inúmeras são as controvérsias que existem em sede doutrinária. Mas a lei é clara: não é possível a renúncia, até porque é inadmissível a renúncia à própria sobrevivência". Ibidem.
117. "Nem o crédito alimentar nem os alimentos pretéritos podem ser alvo de cessão, compensação ou penhora. A impenhorabilidade dos alimentos não está prevista somente no capítulo dos alimentos, que veda a cessão e a compensação do crédito alimentar (art. 1.707 do CC). Consta também do capítulo que trata da constituição de renda e, modo expresso, isenta das execuções pendentes e futuras as pensões alimentícias (art. 813, parágrafo único do CC)". Ibidem.
118. "Como os alimentos se destinam a assegurar o sustento do credor, não há como buscar sua devolução ou compensação, ainda que venham a ser reconhecidos como indevidos os pagamentos feitos. Talvez um dos princípios mais significativos que rege o tema dos alimentos é que não podem ser nem devolvidos e nem compensados. Como se trata de verba para garantir a vida e a aquisição de bens de consumo para assegurar a sobrevivência, inimaginável pretender que sejam devolvidos ou compensados. Não se compensa dívida de natureza econômica com dívida de natureza existencial". Ibidem.

4
DO CONTRATO DE COPARENTALIDADE À LUZ DA TRICOTOMIA DOS PLANOS DO NEGÓCIO JURÍDICO

O plano de trabalho deste capítulo será o de analisar a formação do instrumento (contrato) da família coparental, segundo a tricotomia dos planos do negócio jurídico, formulada por Pontes de Miranda, com os aportes necessários do atualizador de parte da obra de Marcos Bernardes de Mello, bem como com o auxílio dos escritos de Antônio Junqueira de Azevedo, Pietro Perlingieri, Enzo Roppo, Emilio Betti, entre outros.

O primeiro item cuidará das premissas que essa metodologia necessita, posto que não há consenso doutrinário quanto a sua adoção e reconhecimento, concentrando-se, portanto, em colher referência bibliográfica da teoria geral do negócio jurídico. O segundo momento investigará o plano da existência, seguido, desta forma, pelo plano da validade e da eficácia. O último tópico se ocupará da forma de tratamento que o eventual inadimplemento demandará, bem como dos seus limites.

Desta concatenação de conceitos, pretende-se demonstrar que o contrato da família coparental é um instrumento hígido para instituir, acomodar e compor esse arranjo familiar, com maior segurança jurídica, vez que será capaz de abrigar as diversas cláusulas inerentes.

4.1 DAS PREMISSAS METODOLÓGICAS

Antes de iniciar o estudo sobre cada um dos planos do negócio jurídico, tem-se que essa tripartição foi, inicial e extensivamente, exposta por Francisco Cavalcanti Pontes de Miranda[1] e, inobstante a ausência de plena aceitação dou-

---

1. "[...] expusemos o que concerne ao *plano da existência*; depois, o que se refere ao *plano da validade*; finalmente, o que somente pertence ao *plano da eficácia*. O fato jurídico, primeiro, *é*; se é, e somente se é, pode ser *válido, nulo, anulável, rescindível, resolúvel* etc.; se é, e somente se é, pode irradiar

trinária e jurisprudencial, o presente trabalho se concentrará em estudar os elementos do contrato de coparentalidade à luz dessa teoria, o que tornará possível trazer os conceitos e acepções vistas no capítulos anteriores para o instrumento do contrato coparental.

O mencionado negócio jurídico deverá ser capaz de corresponder ao período contemporâneo, isto é, sem descuidar que este não mais se enquadra na outrora classificação de transmissão ou circulação de bens materiais, para então ser uma ferramenta capaz de conter os anseios dos pretensos pais, em concomitância com o respeito ao melhor interesse do filho vindouro. Nestas cláusulas, portanto, deverão ser inseridos os direitos e os deveres de todos os envolvidos, ou seja, em concomitância os correspondentes aos dos pretensos pais e da prole.

Importante, então, que sejam conceituados os institutos que seguirão, uma vez que o significado de negócio jurídico para o autor de referência surgiu e faz necessário para tratar de eventos em que a vontade do indivíduo é capaz de criar, modificar ou extinguir direitos, interesses, pretensões, ações ou exceções no âmbito jurídico. Assim, por intermédio do negócio jurídico é que o agente estabelece o autorregramento das relações jurídicas em que figurará como "termo".[2]

---

efeitos, posto que haja fatos jurídicos que não os irradiam, ou ainda não os irradiam. No Plano I, a regra jurídica e o suporte fáctico sobre que ela incide são o de que de início nos incumbimos tratar; depois da incidência, que torna fato jurídico o suporte fáctico, versa-se o que define os fatos jurídicos e os classifica. A personalidade e a capacidade entram no estudo do suporte fáctico, porque de tais conceitos precisamos desde logo. No Plano II, o assunto já supõe a existência dos fatos jurídicos; mais precisamente, dos atos jurídicos (negócios jurídicos e atos jurídicos *stricto sensu*), fora os fatos jurídicos *stricto sensu*. São a validade, a nulidade e a anulabilidade o que mais longamente nos ocupa. No Plano III, cogitamos da *eficácia*, que supõe existência e, de ordinário, pelo menos, não ser nulo o ato jurídico" (MIRANDA, , p. 23). Em outra passagem: "[...] existir, valer e ser eficaz são conceitos tão inconfundíveis que o fato jurídico pode ser, valer e não ser eficaz, ou ser, não valer e ser eficaz. As próprias normas jurídicas podem ser, valer e não ter eficácia (H. Kelsen, Hauptprobleme, 14). O que se não pode dar é valer e ser eficaz, ou valer, ou ser eficaz, sem ser; porque não há validade, ou eficácia do que não é [...]". MIRANDA, Francisco Cavalcanti Pontes de. *Tratado de direito privado*. 4 ed. São Paulo: RT, t. V, 1974. p. 15. Ou ainda, curiosa a seguinte passagem: "O estudo dos elementos essenciais, naturais e acidentais do negócio jurídico é um dos pontos mais importantes e controvertidos da Parte Geral do Código Civil. É fundamental estudar a concepção desses elementos a partir da teoria criada pelo grande jurista Pontes de Miranda, que concebeu uma estrutura única para explicar tais elementos. Trata-se do que se denomina Escada Ponteana ou 'Escada Pontiana'. É importante ressaltar que os nossos estudos quanto ao tema surgiram a partir dos ensinamentos transmitidos pela Professora Giselda Maria Fernandes Novaes Hironaka, Titular em Direito Civil da Faculdade de Direito da USP e orientadora de doutorado deste autor. A partir dessa genial construção, o negócio jurídico tem três planos [...]." TARTUCE, Flávio. *Direito Civil*: Teoria Geral dos Contratos e Contratos em Espécie. Rio de Janeiro: Grupo GEN, 2023. v. 3. E-book. Disponível em: https://app.minhabiblioteca.com.br/#/books/9786559646913/. Acesso em: 10 out. 2023.

2. Nas palavras do autor: "O conceito surgiu exatamente para abranger os casos em que a vontade humana pode criar, modificar ou extinguir direitos, pretensões, ações, ou exceções, tendo por fito esse acontecimento do mundo jurídico. Naturalmente, para tal poder fáctico de escolha supõe-se certo autorregramento de vontade, dito "autonomia da vontade", por defeito de linguagem (*nomos* é lei);

Antônio Junqueira de Azevedo afirma que o negócio jurídico pode ser identificado por três formas diferentes, a primeira se refere à classificação segundo a gênese; a segunda pode ser feita conforme a função e, por fim, a terceira pela estrutura do negócio jurídico. A primeira categorização faz menção à ideia do exercício da autonomia da vontade, tendo o ato de vontade como principal característica, ou seja, é a partir deste que se dá origem ao negócio jurídico.[3]

A segunda leva em conta a função, refere-se ao autorregramento da vontade, cujo sentido está ligado ao momento final dos efeitos (regras) que do ato resultam.[4] Quanto à estrutura seria, portanto, a terceira divisão feita pelo mencionado autor, vez que, para este, o negócio jurídico é "essencialmente uma estrutura".[5]

O negócio jurídico se afigura na manifestação de vontade acompanhada de circunstâncias negociais, que implicam o reconhecimento social desta como apta a produzir efeitos jurídicos, é, pois, a hipótese normativa composta pela declaração de vontade[6] (característica primária), que mediante o reconhecimento

---

com esse autorregramento, o agente determina as relações jurídicas em que há de figurar como termo". MIRANDA, Francisco Cavalcanti Pontes de. *Tratado de direito privado*. 4 ed. São Paulo: RT, 1974. t. V, p. 55.

3. AZEVEDO, Antônio Junqueira de. *Negócio jurídico*: existência, validade e eficácia. São Paulo: Editora Saraiva, 2002. E-book. Disponível em: https://app.minhabiblioteca.com.br/#/books/9788553615629/. Acesso em: 10 out. 2023. "As definições do negócio jurídico, como ato de vontade, são as mais antigas na ordem histórica e talvez se possa dizer que, até hoje, mesmo na doutrina estrangeira, são elas ainda as mais comuns. Fala-se, então, para conceituar o negócio jurídico, em manifestação de vontade destinada a produzir efeitos jurídicos, ou em ato de vontade dirigido a fins práticos tutelados pelo ordenamento jurídico, ou, ainda, em declaração de vontade (adotada, porém, esta última expressão em sentido pouco preciso, através do qual não se a distingue de manifestação de vontade). As definições voluntaristas são indubitavelmente dominantes na doutrina brasileira, na qual, aliás, com poucas exceções, nem sequer se cogita da concepção oposta; correspondem elas, grosso modo, à definição que o art. 81 no Código Civil brasileiro dá ao 'ato jurídico'". AZEVEDO, Antônio Junqueira de. *Negócio jurídico*: existência, validade e eficácia. São Paulo: Saraiva, 2002. E-book. Disponível em: https://app.minhabiblioteca.com.br/#/books/9788553615629/. Acesso em: 10 out. 2023.

4. "Para os partidários dessa teoria, o negócio jurídico constitui um comando concreto ao qual o ordenamento jurídico reconhece eficácia vinculante". Ibidem. p. 11-12. Ou ainda: "um preceito (dito até mesmo "norma jurídica concreta") que tira a sua validade da norma abstrata imediatamente superior, dentro de uma concepção escalonada de normas jurídicas supra e infra ordenadas, com o que atende, principalmente, ao caráter juridicamente vinculante de seus efeitos (autorregramento da vontade)". Ibidem. p. 1-2.

5. Ibidem. p. 2.

6. Declaração de vontade é vista pelo autor como: "Ao falarmos, portanto, em declaração de vontade, estamos utilizando esta expressão como uma espécie de manifestação de vontade que socialmente é vista como destinada a produzir efeitos jurídicos. A declaração é, do ponto de vista social, o que o negócio é, do ponto de vista jurídico, ou seja, a declaração tende a coincidir com o negócio na medida em que a visão jurídica corresponde à visão social. O ordenamento jurídico procura tomar a declaração de vontade como hipótese normativa (hipótese legal) dessa espécie de fato jurídico, que é o negócio jurídico". Ibidem. p. 18.

social atribui à declaração os efeitos que foram manifestados como pretendidos (característica secundária).[7]

Marcos Bernardes de Mello[8] elabora uma taxionomia dos fatos jurídicos, perpassando pela doutrina pátria, refutando a classificação conforme os efeitos e segundo a natureza dos fatos, para então, adotar a categorização de acordo com o elemento cerne do suporte fáctico. Assim, convém mencionar que a vontade é elemento a compor o suporte fáctico de certa categoria jurídica, que visando a obtenção de determinados efeitos jurídicos, podem ser predeterminados pela norma jurídica ou livres.[9]

O autor afirma que não há dúvidas quanto à contribuição dos Pandectistas, cuja elaboração é responsável pela criação da Teoria Geral do Direito de valor inigualável, influenciando toda ciência jurídica dos povos que aderiram ao mencionado sistema. Todavia, as instituições jurídicas, por serem instrumentos práticos da vida social, não podem se referir a conteúdo lógico-formal desvinculados à realidade social atual, razão pela qual a ciência jurídica não pode permanecer imutável, sob pena dos conceitos e categorias se afigurarem como algo inútil.[10]

---

7. Em outras palavras: "Como categoria, ele é a hipótese de fato jurídico (às vezes dita "suporte fático"), que consiste em uma manifestação de vontade cercada de certas circunstâncias (as circunstâncias negociais) que fazem com que socialmente essa manifestação seja vista como dirigida à produção de efeitos jurídicos; negócio jurídico, como categoria, é, pois, a hipótese normativa consistente em declaração de vontade (entendida esta expressão em sentido preciso, e não comum, isto é, entendida como manifestação de vontade, que, pelas suas circunstâncias, é vista socialmente como destinada à produção de efeitos jurídicos). Ser declaração de vontade é a sua característica específica primária. Segue-se daí que o direito, acompanhando a visão social, atribui, à declaração, os efeitos que foram manifestados como queridos, isto é, atribui a ela efeitos constitutivos de direito – e esta é a sua característica específica secundária. In concreto, negócio jurídico é todo fato jurídico consistente em declaração de vontade, a que o ordenamento jurídico atribui os efeitos designados como queridos, respeitados os pressupostos de existência, validade e eficácia impostos pela norma jurídica que sobre ele incide". Ibidem. p. 16.

8. MELLO, Marcos Bernardes de. *Teoria do fato jurídico*: plano de existência. São Paulo: Saraiva, 2022. E-book. Disponível em: https://app.minhabiblioteca.com.br/#/books/9786553620261/. Acesso em: 10 out. 2023.

9. "Assim é que, por exemplo, nos contratos – que são a mais importante espécie de negócio jurídico – em geral os figurantes podem ter a liberdade de estruturar o conteúdo de eficácia da relação jurídica resultante, aumentando ou diminuindo-lhe a intensidade, criando condições e termos, pactuando estipulações diversas que dão, ao negócio, o sentido próprio que pretendem". MELLO, Marcos Bernardes de. *Teoria do fato jurídico*: plano de existência. São Paulo: Saraiva, 2022. E-book. Disponível em: https://app.minhabiblioteca.com.br/#/books/9786553620261/. Acesso em: 10 out. 2023.

10. Ibidem. "Daí, parece evidente que, se o Direito varia no tempo e no espaço, ajustando-se às exigências das mutações sociais, com forte dose de elemento ideológico (vide nota 203), os conceitos e as categorias elaborados pela Ciência Jurídica não podem permanecer imutáveis, mas precisam ajustar-se às transformações substanciais quando alteram a própria fisionomia do sistema jurídico para atendê-las. Pretender que as categorias e os conceitos permaneçam tal qual foram formulados, insensíveis às modificações do direito positivado em atos legislativos, é querer fazer deles algo inútil, porque abstração fora da realidade. Ao contrário, ajustá-los à experiência, sempre que mudem as condições existenciais, é fazê-los vivos instrumentos não só da Ciência, mas, principalmente, do próprio Direito. A partir desse

Nesta acepção, por negócio jurídico entende-se como o fato jurídico cuja manifestação ou declaração de vontade é o elemento nuclear do suporte fáctico, no qual o sistema jurídico possibilita aos indivíduos, de acordo com que permite o ordenamento jurídico, o poder de estruturar o conteúdo eficacial das relações jurídicas, bem como determinar o surgimento, permanência e intensidade no âmbito jurídico.[11]

Emilio Betti ao diferenciar o negócio jurídico dos demais atos jurídicos lícitos afirma o conceito daquele como o ato segundo o qual o particular institui seus interesses nas relações com outros indivíduos e se revela como o único capaz de permitir a existência de um critério diferencial com os variados tipos de atos jurídicos lícitos de diferentes naturezas. Ocorre que no negócio jurídico, por ser um ato de autonomia, a vontade e a consciência assumem uma postura mais complexa, porquanto estão direcionadas a estruturar um regramento para o futuro. Assim, essa intenção é de caráter preeminente e decisiva para a nova situação jurídica correlacionada.[12]

O negócio jurídico se diferencia dos demais atos jurídicos, uma vez que esses são valorados pelo direito, todavia, em medida mais fraca do que no negócio jurídico. Os atos lícitos, pois, em geral: "tomam uma atitude mais simples e não apresentam aquela viveza de cores e aquela complexidade de pormenores, que são caraterísticas do negócio jurídico".[13]

Quanto às disposições contratuais no âmbito do direito das famílias, Pietro Perlingieri afirma que a função regulamentar do contrato é prevista expressamente na definição do Código Civil italiano – art. 1.321. Não obstante as situações familiares sejam oriundas diretamente da lei, estas situações subjetivas sobre as quais o ato de autonomia é determinado a recair, não afastam o caráter negocial do ato,

---

ponto de vista, fica patente que a teoria do negócio jurídico, tendo sido formulada no século XIX, não pode permanecer atual quando os padrões jurídicos sofreram tantas e tamanhas modificações à força da influência das mutações experimentadas pelos arquétipos sociais. A ampliação da interferência estatal na regulação de questões tradicionalmente inseridas na área dos interesses privados, com a redução proporcional do poder individual, e a massificação das relações sociais, são dados suficientes para demonstrar que a concepção clássica do conceito de negócio jurídico é insuficiente para explicá-lo tal qual hoje se apresenta (vide adiante § 54.2). Pela constatação dessa realidade, tão lucidamente exposta na obra já citada de Paulo Luiz Netto Lôbo (O contrato no estado social), é que procuraremos formular um conceito de negócio jurídico que o faça atual e útil ao Direito hodierno". Ibidem.

11. Ibidem.

12. Diferenciando, portanto, dos demais atos jurídicos lícitos uma vez que "Consciência e vontade do indivíduo não são neles dirigidas a prescrever aos seus interesses um preceito para o futuro, não tendem a um escopo que transcenda o ato, mas esgotam a sua eficácia orientando-se para resultados mais próximos, mais circunscritos, de caráter imediato e transitório". BETTI, Emílio. *Teoria Geral do Negócio Jurídico*. Campinas: Servanda, 2008. p. 118-119.

13. Ibidem. p. 119.

porquanto: "requisito necessário e suficiente é que o ato seja juridicamente possível, merecedor de tutela e, portanto, idôneo para realizar o efeito que se propõe".[14]

Na visão do autor, em razão da queda do conceito publicista da família, não se pode continuar a excluir do âmbito do direito das famílias o negócio jurídico e a autonomia regulamentar dos seus membros, assim imperioso "avaliar, à luz dos valores constitucionais e das normas inderrogáveis, o merecimento de tutela das cláusulas e das modalidades nas quais se substancia o acordo".[15]

Observa-se, por derradeiro, que o negócio jurídico contemporâneo, de fato, possui novas nuances – influenciados pela pós-modernidade que implica em uma certa maleabilidade de conceitos estritamente fechados, porquanto o período atual demanda do hermeneuta (ou operador do direito) a ampliação de categorias jurídicas, aptas a captarem tanto os anseios sociais quanto a validade dos instrumentos, permitindo que o ser humano se realize por intermédio do direito.[16]

Por todo o exposto, é possível identificar que o negócio jurídico – contrato de coparentalidade – se revela como o instrumento em que os pretensos pais externalizam sua manifestação de vontade, que junto às circunstâncias negociais, conferirão efeitos jurídicos às disposições existenciais e patrimoniais da futura prole. Para que este desiderato seja alcançado deve, portanto, existir, valer e ser eficaz, o que torna possível e oportuno o início do estudo destes nos próximos itens.

4.2 DA EXISTÊNCIA DO CONTRATO DE COPARENTALIDADE

O contrato de coparentalidade se afigura como uma espécie do gênero – negócio jurídico, que por sua vez pode ser estudado na perspectiva tripartite, que será

---

14. PERLINGIERI, Pietro. *O Direito civil na Legalidade Constitucional*. Trad. Maria Cristina de Cicco. Rio de Janeiro: Renovar, 2008. p. 303.
15. Ibidem.
16. Neste sentido: "Muitas relações privadas, atuais, não se enquadram no conceito de negócio jurídico tradicional, vez que não possuem os seus elementos formadores: sujeitos titulares de um direito subjetivo (que decorre de um direito objetivo, ou seja, da atuação normativa que selecionou o fato e o transformou em fato jurídico), que se ligam em razão de uma sujeição de um deles ao direito subjetivo do outro, nem um objeto de cunho patrimonial. Há um novo modelo no qual os sujeitos nela envolvidos não são titulares de um direito subjetivo, mas sim de interesses juridicamente relevantes para o Direito e seu objeto deixa de ser exclusivamente patrimonial, passando para a seara existencial. Ou seja, a relação jurídica dá lugar a situações jurídicas subjetivas existenciais formadoras de centros de interesses relevantes, que também devem ser tutelados e selecionados, ainda que ausente legislação prévia". LÊDO, Ana Paula Ruiz; SABO, Isabela Cristina; AMARAL, Ana Cláudia Corrêa Zuin Mattos do. Existencialidade humana: o negócio jurídico na visão pós-moderna. *Civilistica.com*. Rio de Janeiro, a. 6, n. 1, 2017. p. 11-12. Disponível em: http://civilistica.com/existencialidade-humana-o-negocio--juridico/. Acesso em: 10 out. 2023.

analisada neste item. Convém ressaltar que alguns aportes sobre as invalidades do negócio jurídico foram utilizados nos itens que seguem, porém, consigne-se que a análise será realizada conforme os três planos: existência, validade e eficácia. Neste primeiro, portanto, analisar-se-á de fato como surge o contrato de coparentalidade, posto que somente depois de externalizada a vontade é que se cogita de tal contratação.

Ademais, a importância deste plano não se resume apenas à lógica metodológica de que somente será analisado o contrato existente, mas em verdade o ponto central será o de delimitar os elementos mínimos para que se possa iniciar uma contratação desta espécie.[17] Significa dizer, portanto, que o contrato de coparentalidade em razão de ser um conceito novo aos intérpretes do direito, bem como por encontrar certa resistência doutrinária sobre a sua real existência, validade e eficácia, deve integrar os elementos mínimos e assim ser considerado existente enquanto instrumento jurídico.

Para a compreensão do plano da existência, Antônio Junqueira de Azevedo afirma que este plano é indispensável a todos e quaisquer negócios jurídicos. Assim, entre os elementos gerais intrínsecos ou constitutivos estão: a forma da declaração (oral, escrita, silencio etc.); o objeto – o conteúdo do negócio jurídico (que são as cláusulas); e, por fim, as circunstâncias negociais, ou seja, o que resta da declaração de vontade sem a forma e o objeto, isto é: "aquele *quid*, irredutível à expressão e ao conteúdo, que faz com que uma manifestação de vontade seja vista socialmente como destinada à produção de efeitos jurídicos".[18]

Além destes, estão outros três elementos, que integram o negócio e são indispensáveis à sua existência, quais sejam: o agente; lugar e tempo. São estes, portanto, os elementos extrínsecos e devem existir, isto é, se fazerem presentes antes de o negócio ser feito.[19] Continua o mencionado autor a elencar outros

---

17. "Digamos desde já que a distinção entre nulidade (que é a categoria que se situaria na fronteira) e inexistência não é um mero tema construtivo. É certo que se diz vulgarmente que o negócio nulo não produz efeitos nenhuns (nulo e de nenhum efeito). Mas, como veremos, a expressão é exagerada. Não se produzem os efeitos visados pelas partes, mas podem produzir-se outros. Pelo contrário, na inexistência há que ser radical. Nenhuns efeitos favoráveis se produzem. [...] o negócio inexistente não vale como justo título para efeito de usucapião; e assim por diante. Aqui não há meios termos. [...] Quer dizer que nesses casos não há nada, porque falta o mínimo de voluntariedade, ou a vontade ou a consciência da declaração, ou a exteriorização. Esse é o núcleo da inexistência". ASCENSÃO, José de Oliveira. *Direito Civil*: teoria geral. v. 2. São Paulo: Saraiva, 2010, p. 310-313.

18. AZEVEDO, Antônio Junqueira de. *Negócio jurídico*: existência, validade e eficácia. São Paulo: Saraiva, 2002. E-book. Disponível em: https://app.minhabiblioteca.com.br/#/books/9788553615629/. Acesso em: 10 out. 2023.

19. "Os elementos gerais, sintetizando o que foi dito neste parágrafo até aqui, são, pois, aqueles sem os quais nenhum negócio existe. Podem ser: a) intrínsecos (ou constitutivos): forma, objeto e circunstâncias negociais; e b) extrínsecos (ou pressupostos): agente, lugar e tempo do negócio. Sem os citados elementos gerais, qualquer negócio se torna impensável. Basta a falta de um deles para inexistir o

elementos categoriais que se referem aos elementos próprios de cada categoria de negócio jurídico.[20]

Este é o plano que está sob crítica doutrinária,[21] porém, expostas as premissas básicas para se compreender o plano da existência, tem-se que o contrato de coparentalidade para existir deve conter a forma, o conteúdo e as circunstâncias negociais, bem como os agentes, o lugar e o tempo, os quais serão agora analisados.

A forma deste contrato tanto pode ser oral, mediante a verbalização dos pretensos genitores, quanto escrito, bem como poderá ser particular ou público, com as observações de eficácia, que serão mais a frente analisadas. Recomendando-se, contudo, como desde o início deste estudo, que seja adotada a forma escrita, dada a segurança jurídica conferida por esta modalidade, na medida em que todo e qualquer contrato celebrado na forma verbal demanda maiores esforços de comprovação em eventuais ações futuras, incorrendo no risco de não se considerar existente o contrato.[22]

---

negócio jurídico. Aliás, precisando ainda mais: se faltarem os elementos tempo ou lugar, não há sequer fato jurídico; sem agente, poderá haver fato, mas não ato jurídico; e, finalmente, sem circunstâncias negociais, forma ou objeto, poderá haver fato ou ato jurídico, mas não negócio jurídico. A falta de qualquer um desses elementos acarreta, pois, a inexistência do negócio, seja como negócio, seja até mesmo como ato ou fato jurídico; nesse sentido, são eles elementos necessários e, se nos ativermos ao negócio jurídico como categoria geral, são também suficientes". Ibidem.

20. Os elementos categoriais não resultam da vontade das partes, mas, sim, da ordem jurídica, isto é, da lei e do que, em torno desta, a doutrina e a jurisprudência constroem. Na esteira dos juristas romanos e com base na ideia de natura de cada tipo de negócio, a análise revela duas espécies de elementos categoriais: os que servem para definir cada categoria de negócio e que, portanto, caracterizam sua essência são os elementos categoriais essenciais ou inderrogáveis; e os que, embora defluindo da natureza do negócio, podem ser afastados pela vontade da parte, ou das partes, sem que, por isso, o negócio mude de tipo, são os elementos categoriais naturais ou derrogáveis.

21. Para Eduardo Nunes de Souza uma vez que um ato jurídico dito inexistente seria uma ideia/concepção "contraditória com a própria natureza deontológica da ciência jurídica", posto que caberia ao direito apenas atribuir ou não efeitos ao fato e não reconhecer ou não a sua existência. SOUZA, Eduardo Nunes de. *Teoria geral das invalidades do negócio jurídico*: nulidade e anulabilidade no direito civil contemporâneo. São Paulo: Almedina, 2017. p. 121. Todavia, conforme leciona Maurício Bunazar, quando defende o potencial explicativo da categoria do negócio, que não é suficiente criticar a utilidade deste, mas em verdade deve-se demonstrar a sua insuficiência "enquanto um modelo explicativo". BUNAZAR, Maurício. A invalidade do negócio jurídico. 3. ed. São Paulo: RT, Thomson Reuters Brasil, 2023. Disponível em: https://next-proview.thomsonreuters.com/launchapp/title/rt/monografias/246801768/v3/page/1. Acesso em: 10 out. 2023.

22. Neste sentido, faz-se referência um julgado do Tribunal de Justiça do Paraná em que declarou-se a impossibilidade de auferir os termos pactuados em razão da ausência de demonstração dos fatos constitutivos pela autora: "Recurso de apelação – Ação de rescisão contratual c/c reparação de danos materiais e morais – Sentença que julgou improcedente os pedidos iniciais da parte autora – Inexistência de contrato formal entre as partes – Contrato verbal – Impossibilidade de auferir os termos pactuados como tempo e condições – Parte autora que não logrou êxito em demonstrar os danos sofridos tampouco os fatos constitutivos de seu direito – Art. 373, I, do CPC e art. 402 e 403 do CC (...) (TJPR – 18ª Câmara Cível – 0019731-26.2018.8.16.0035 – São José dos Pinhais – Rel.: Juíza de Direito Substituto em Segundo Grau Ana Paula Kaled Accioly Rodrigues da Costa – J. 09.05.2022)". BRASIL.

Ademais, conforme preleciona Betti[23] a forma tem sua importância e relevância, pois, é a partir dela e mediante ela que a vontade (fenômeno psíquico) se traduz em atos – e, assim adquire relevância social e jurídica. De igual forma, terceiros só identificarão o ato frente a sua forma, porquanto a forma é de ordem jurídica.[24] Assim, "uma forma que satisfaça, ainda que de maneira mínima, a exigência fundamental da recognocibilidade por parte de outros, é um elemento de que nunca pode prescindir-se".[25]

O objeto se revela no autorregramento[26] que a constituição de uma família coparental demanda, ou seja, é um negócio jurídico de natureza existencial e de direito pessoal. Ainda que, para concretização da família coparental, possa existir a gestação, convém destacar que o objeto não se trata de "obrigação em gerar filho", o que encontraria impedimento por violar a dignidade humana da mulher. Maiores esclarecimentos serão abordados nos planos seguintes – validade e eficácia.

As cláusulas (objeto), portanto, dentre outras várias, poderão ser: a forma de concepção da filiação (reprodução sexual ou assistida, socioafetividade ou adoção[27]) e custos decorrentes; nome dos(as) filhos(as); alimentos gravídicos; aleitamento materno (art. 8º, *caput* e § 7º e art. 9º do ECA); domicílio compartilhado ou separado; modalidade de guarda (art. 1583 e 1584 do CC); sustento da prole; autoridade familiar (art. 1630 a 1634 e 1689 a 1693 do CC); convivência com a família extensa (art. 25 ECA); tutores (art. 1728 do CC); foro; indenizações ou restituições em caso de desistência; cláusulas prévias quanto à adoção de meios

---

Tribunal de Justiça do Paraná. TJPR – 18ª Câmara Cível – 0019731-26.2018.8.16.0035 – São José dos Pinhais – Rel.: Juíza De Direito Substituto Em Segundo Grau Ana Paula Kaled Accioly Rodrigues Da Costa – J. 09.05.2022. disponível em: https://portal.tjpr.jus.br/jurisprudencia/j/4100000020083811/Ac%C3%B3rd%C3%A3o-0019731-26.2018.8.16.0035#integra_4100000020083811. Acesso em: 10 out. 2023.

23. BETTI, Emílio. *Teoria Geral do Negócio Jurídico*. Campinas: Servanda, 2008. p. 187-189.

24. "[...] Na realidade, um ato, como fato socialmente eficaz, não existe sem uma forma de comportamento, através da qual se torne reconhecível para os outros. A referida distinção parte do critério de que o direito pode, ou prescrever à autonomia privada o modo do ato, considerando irrelevante qualquer outro modo, ou então deixa-la livre de escolher os meios amis adequados, desde que sejam admissíveis (quanto à sua referência ao autor) e idôneos, para tornar o ato exteriormente reconhecível pelos outros". Ibidem. p. 189.

25. Ibidem.

26. "O elemento central e propriamente característico do negócio, é o conteúdo da declaração ou do comportamento. Declarações e comportamento relevantes no campo do direito privado, podem ter os mais diversos conteúdos. Mas a declaração ou o comportamento só deve qualificar-se como negócio jurídico, quando tenha um conteúdo preceptivo relativo a uma matéria de autonomia privada, e a respeito desse conteúdo assuma uma função constitutiva insubstituível, no sentido de que o preceito só por essa forma pode atingir os efeitos jurídicos correspondentes. Na realidade, o que o indivíduo declara ou faz com o negócio, é sempre uma regulamentação dos próprios interesses nas relações com outros sujeitos: regulamentação, da qual ele compreende o valor socialmente vinculante, mesmo antes de sobrevir a sanção do direito". Ibidem. p. 229.

27. Esta será oportunamente analisada no último capítulo.

alternativos para resolução de conflitos;[28] em caso de escolha por reprodução por biotecnologia, a destinação dos embriões excedentes; ciência do cônjuge ou companheiro de uma das partes (caso exista);[29] forma educacional; saúde, religião e aspectos culturais; exposição da prole em redes sociais; administração de eventual patrimônio; administração e acesso às redes sociais da prole; questões ditas emergenciais; forma de comunicação entre todos os envolvidos; viagens; mudança de endereço etc.

Impende frisar que, a todo momento, evitou-se denominar o contrato de coparentalidade como "contrato de geração de filhos",[30] para justamente, neste momento de delimitar o objeto, esclarecer que notadamente a gestação não é uma "obrigação exequível", isto é, não se cogita a imposição de "gravidez forçada".

---

28. "Em síntese, trata-se de processo de resolução de conflitos que prioriza a negociação entre as partes, com a atuação de intermediário, não se confundindo, contudo, com as demais técnicas de soluções de conflitos, como a conciliação ou a arbitragem. Nestes últimos métodos, o terceiro, (conciliador ou árbitro), exerce influência direta e imediata na solução do conflito, podendo, conforme o caso, efetivamente decidir a contenda, apontando determinada solução. Na mediação, por outro lado, o terceiro apenas auxilia as partes, que irão elas mesmas construir a melhor solução para seu conflito, em espécie de coautoria de acordo, onde ambas saem ganhando. Tal método pode ser eleito para a resolução de conflitos que versem sobre "direitos disponíveis ou sobre direitos indisponíveis que admitam transação", como disposto no art. 3º da Lei 13.140/2015. Podem as partes incluir cláusula de mediação nos contratos celebrados, em pactos antenupciais, pactos de união estável e até mesmo em testamento ou, no caso de não terem sido apostas previamente, uma vez que surja o conflito, as partes podem assinar o termo inicial de mediação e permanecer voluntariamente no procedimento. Além disso, ao contrário do compromisso arbitral, entende-se que tal cláusula não obriga que as partes resolvam o conflito usando a mediação, mas que compareçam à primeira reunião; podendo as partes entenderem, individualmente ou em conjunto, após essa etapa, pela utilização de outro método, considerado mais adequado à solução do conflito". TEPEDINO, Gustavo; PEÇANHA, Danielle Tavares. Métodos alternativos de solução de conflitos no direito de família e sucessões e a sistemática das cláusulas escalonadas. In: TEIXEIRA, Ana Carolina Brochado; RODRIGUES, Renata de Lima (Coord.). *Contratos, Família e Sucessões*. [livro eletrônico] 2. ed. Indaiatuba: Foco, 2021.
29. "Outro ponto importante diz respeito à filiação dos contratantes, sendo que, caso algum deles seja casado ou viva em união estável (reconhecida juridicamente), é pertinente que conste a ciência do outro cônjuge/companheiro, até mesmo numa tentativa de se afastar eventuais obrigações jurídicas desse com o menor que irá nascer." VALADARES, Nathália de Campos. *Famílias Coparentais*. Curitiba: Juruá, 2022. p. 71.
30. Mais acerta a definição de contrato de geração de filhos é que se assemelha à gestação por substituição, veja-se: "O contrato de geração de filhos tem como pressuposto de sua validade e eficácia, nos dois países estudados, o consentimento livre e esclarecido de todas as partes envolvidas na gestação de substituição, na medida em que assumem uma série de direitos e deveres através do instrumento contratual escrito. Um dos principais compromissos arrogados pela gestante diz respeito à sua renúncia ao filho gerado, ou seja, à atribuição de todos os direitos sobre o recém-nascido em favor de outra pessoa ou pessoas que assumirá(ão) a sua paternidade ou maternidade". EHRHARDT JUNIOR, Marcos; ROCHA, Patricia Ferreira. A (im)possibilidade do reconhecimento de responsabilidade civil por incumprimento contratual ante a recusa de entrega ou de recebimento da criança na gestação de substituição: subsídios do direito português para o Brasil. *Revista Brasileira de Direito Civil*, [S. l.], v. 28, n. 02, p. 97, 2021. Disponível em: https://rbdcivil.ibdcivil.org.br/rbdc/article/view/660. Acesso em: 10 out. 2023.

Caso haja desistência da gestação, não haverá outra forma de resilição, senão – a depender da análise do caso em concreto, a eventual indenização ou reparação.[31]

As circunstâncias negociais se revelam na manifestação da vontade que é tida como socialmente apta à produção de efeitos jurídicos.[32] E, portanto, as circunstâncias negociais se revelam como a demonstração das partes em viverem como família coparental e, por conseguinte, uma vez ausente estas circunstâncias, o negócio é inexistente. O que reafirma o afastamento da ideia de que a família coparental estaria sendo constituída para evitar a configuração de união estável, posto que, inexistindo as circunstâncias negociais exclusivas deste arranjo familiar, o contrato coparental sequer existirá como tal, tampouco terá validade, quanto ao afastamento da união estável.

O tempo e o lugar serão definidos no mesmo momento em que a forma for estabelecida entre os pretensos pais, a forma livre será analisada no plano da validade. Convém ressaltar que o lugar da competência jurisdicional de eventual ação proposta pelas partes, será definida antes do nascimento da prole pela cláusula de eleição do foro, todavia, após o nascimento da prole, será de competência o foro do domicílio do detentor de sua guarda, conforme súmula 383 do Superior Tribunal de Justiça.[33] Ademais. o princípio do melhor interesse da criança e do adolescente, excepciona a regra do art. 43 do CPC.[34]

---

31. Maiores esclarecimentos sobre inadimplemento serão apreciados em item futuro. Todavia, para este momento cita-se: "Definir que a revogação da disposição de vontade de cunho existencial que gerou expectativas no destinatário do ato lhe confere direito a indenização seria como estabelecer um preço pelo arrependimento, eis que o sujeito que viesse a se arrepender da declaração anteriormente feita, teria que indenizar a pessoa que se beneficiaria com tal ato. Isto, porém, não é uma garantia e sim coação indireta ao disponente. O disponente simplesmente poderia deixar de revogar o ato por saber que estaria sujeito a pagar uma indenização. A mera expectativa gerada com a declaração de vontade não é suficiente para o surgimento da obrigação. [...] Conclusão contrária tornaria o disponente meio, objeto, coisa; enquanto que não pode ser colocado nessa posição, sob pena de ter violada sua dignidade. Revogar ato de autonomia existencial é ato lícito e, como tal, não gera o dever de indenizar. Isto porém não impede que possa ser configurado abuso de direito no caso concreto, tornando o dano indenizável". MEIRELES, Rose Melo Vencelau. *Autonomia privada e dignidade humana*. Rio de Janeiro: Renovar, 2009. p 262.

32. AZEVEDO, Antônio Junqueira de. *Negócio jurídico*: existência, validade e eficácia. São Paulo: Editora Saraiva, 2002. E-book. Disponível em: https://app.minhabiblioteca.com.br/#/books/9788553615629/. Acesso em: 10 out. 2023.

33. Redação da súmula: "A competência para processar e julgar as ações conexas de interesse de menor é, em princípio, do foro do domicílio do detentor de sua guarda". BRASIL. Superior Tribunal de Justiça. Súmula 383: "A competência para processar e julgar as ações conexas de interesse de menor é, em princípio, do foro do domicílio do detentor de sua guarda." Disponível em: https://www.stj.jus.br/docs_internet/revista/eletronica/stj-revista-sumulas-2013_35_capSumula383.pdf. Acesso em: 10 out. 2023.

34. "Agravo interno no agravo em recurso especial. Processual civil. Ação de investigação de paternidade c/c alimentos. Violação do art. 65 do CPC. Matéria não analisada pela corte de origem. Súmula 211/STJ. Competência declinada para o juízo de Conselheiro Lafaiete (MG). Princípio do melhor interesse da criança. Art. 147, I, do ECA. Súmula 383 do STJ. Afastamento da regra da "perpetuatio jurisdictionis" em detrimento da competência absoluta estabelecida no ECA. 1. No que concerne à suposta violação

Quanto ao tempo, o mais balizado seria a sua formação antes do nascimento da prole, uma vez que o mencionado negócio jurídico abordará questões sobre a gestação, como por exemplo a forma de concepção. Após o nascimento da prole o objetivo será o regramento de questões atinentes a ela, como por exemplo guarda, convivência e alimentos.

Nos agentes, portanto, o tempo influenciará, uma vez que o contrato coparental prévio estabelecerá como agentes os pretensos pais – os corresponsáveis. Já existindo a prole, entende-se que o filho será parte integrante, uma vez que é o destinatário dos alimentos, por exemplo.

As partes serão cotitulares, na expressão utilizada por Pietro Perlingieri, em que se entende a titularidade como complexa, ou seja, "com a cotitularidade tem-se a pertinência (*appartenenza*), ou a potencialidade (*spettanza*), de uma situação jurídica a mais sujeitos contextualmente, contemporânea e solidariamente".[35] Essa noção exprime que em determinado perfil estrutural haverá uma pluralidade de sujeitos ligados a um interesse.[36] Assim, os pretensos pais serão cotitulares das disposições contratuais, ou seja, mais de um sujeito inserido no mesmo contexto (família coparental), de maneira contemporânea e solidária serão ligados a um interesse, o que se afigura como uma titularidade complexa para Perlingieri.

Como parte (contratante ou agentes), entende-se aquele a cuja declaração ou comportamento e o conteúdo devem se referir, mediante a valoração da consciência social que a lei adota. Não bastando, portanto, que um indivíduo possa se referir ao ato em si mesmo, necessário se faz que se possa imputar a ele o conteúdo do ato.[37]

---

do art. 65 do CPC, verifica-se que o Tribunal de origem, apesar da oposição de embargos declaratórios pela parte recorrente, não se manifestou acerca de argumentos trazidos nas razões do recurso especial, motivo que inviabiliza o requisito do prequestionamento, indispensável ao conhecimento do recurso especial. Incide, na espécie, o óbice da Súmula 211 do Superior Tribunal de Justiça. 2. A regra de competência estabelecida pelo art. 147, incisos I e II, do ECA se sobrepõe à disciplina do art. 43 do CPC, possibilitando o afastamento da regra da "perpetuatio jurisdictionis". 3. Segundo a orientação jurisprudencial do Superior Tribunal de Justiça, "a competência para processar e julgar as ações conexas de interesse de menor é, em princípio, do foro do domicílio do detentor de sua guarda" (Súmula 383/STJ), afastando, inclusive, a regra da "perpetuatio jurisdictionis". Agravo interno improvido. (AgInt no AREsp 2.031.399/RJ, relator Ministro Humberto Martins, Terceira Turma, julgado em 19.06.2023, DJe de 22.06.2023.)". BRASIL. Superior Tribunal de Justiça. AgInt no AREsp 2.031.399/RJ, relator Ministro Humberto Martins, Terceira Turma, julgado em 19.06.2023, DJe de 22.06.2023. Disponível em: https://processo.stj.jus.br/SCON/GetInteiroTeorDoAcordao?num_registro=202103759228&-dt_publicacao=20/09/2023. Acesso em: 10 out. 2023.

35. PERLINGIERI, Pietro. *Perfis de direito civil*: introdução ao direito civil constitucional. Trad. Maria Cristina de Cicco. 3. ed. Rio de Janeiro: Renovar, 2007. p. 112.

36. Ibidem.

37. BETTI, Emílio. *Teoria Geral do Negócio Jurídico*. Campinas: Servanda, 2008. p. 125.

Como será abordado no último capítulo, a família coparental pode ser formada pela multiparentalidade,[38] isto é, para além de dois genitores figurando como únicos corresponsáveis, podem os envolvidos se valerem de elencarem outros indivíduos que de igual forma serão pai e mãe. E, neste sentido, é que se mostra razoável dizer que não há distinção ou exclusão de formações hetero ou homoafetivas, a teor do art. 3º inciso II e IV, da Constituição Federal.

Deste item, podem-se colher os elementos indispensáveis para que o contrato de coparentalidade exista: a forma da declaração (oral ou escrita); o objeto (como as cláusulas contratuais); as circunstâncias negociais (a manifestação da vontade de instituir uma família coparental); os agentes (pretensos pais – antes do nascimento da prole, e esta última em concomitância após o seu nascimento); o lugar e o tempo. Necessária, então, a análise da validade destes elementos, os pressupostos.

4.3 DOS PRESSUPOSTOS DE VALIDADE DE UM CONTRATO COPARENTAL

O plano da validade consiste em uma necessidade de que os requisitos prescritos para determinada categoria jurídica sejam preenchidos por aqueles que dela se valeram. Desta forma, acaso exista um descumprimento ou não preenchimento destes, o direito repelirá e negará validade jurídica, tornando o ato inútil para as finalidades que se pretendiam.[39] Assim, a validade é a qualidade que negócio precisa ter para entrar no mundo jurídico, ou seja é o sufixo do negócio jurídico existente.[40]

Diante de certo paralelismo com o plano da existência, esse plano cuidará de atribuir validade aos elementos vistos no item anterior. Assim, a declaração de vontade deve ser resultante de um processo volitivo, com plena consciência, liberdade e sem má fé. O objeto deverá ser lícito, possível e determinado ou determinável. A forma poderá ser livre ou prescrita em lei. As circunstâncias

---

38. "A multiparentalidade surge não só da coexistência da parentalidade socioafetiva com a biológica, mas também da adoção e inseminação heteróloga por casais homossexuais, adoção à brasileira em que posteriormente se busca a filiação biológica, a filiação advinda da posse de estado de filho (quando o filho de criação, por exemplo, busca o reconhecimento dessa dupla parentalidade)". PAIANO, Daniela Braga. *A Família Atual e as Espécies de Filiação*: Da possibilidade jurídica da multiparentalidade. Rio de Janeiro: Lumen Juris, 2017. p. 157.

39. MELLO, Marcos Bernardes de. *Teoria do fato jurídico*: plano da validade. São Paulo: Saraiva, 2022. E-book. Disponível em: https://app.minhabiblioteca.com.br/#/books/9786553620308/. Acesso em: 10 out. 2023.

40. AZEVEDO, Antônio Junqueira de. *Negócio jurídico*: existência, validade e eficácia. São Paulo: Saraiva, 2002. E-book. Disponível em: https://app.minhabiblioteca.com.br/#/books/9788553615629/. Acesso em: 10 out. 2023.

negociais não possuem requisitos exclusivos. Os agentes precisam ser capazes e legitimados para o negócio, o tempo pode ser determinado ou não, mas deve ser útil e o lugar apropriado.[41]

A declaração de vontade é lícita, pois há previsão constitucional e no Código Civil quanto à pluralidade familiar,[42] bem como o livre planejamento familiar,[43] razão pela qual mencionada manifestação de vontade é recepcionada pelo ordenamento jurídico pátrio e, portanto, não encontra qualquer impedimento legal, tampouco afronta à ordem pública.[44] Na hipótese de uma ou mais cláusulas se-

---

41. Ibidem.
42. "Enfim, a Constituição da República Federativa do Brasil, promulgada em 05.10.1998, impulsionada pelas expressivas modificações do contexto político, econômico e social do País, tratou de forma mais pontual a família, provocando uma verdadeira revolução no Direito de Família. [...] Era imperioso que a norma constitucional entrasse em compasso com os fatos sociais e os sentidos axiológicos dados por seus destinatários, sob pena de nascer velha e tornar-se ineficaz. Neste sentido, houve o rompimento com a premissa de que o casamento era o único instituto formador e legitimador da família brasileira, e do modelo de família hierarquizada, patriarcal, impessoal e, necessariamente, heterossexual, em que os interesses individuais cediam espaço à manutenção do vínculo. Esta constituição trouxe, além de novos preceitos para as famílias, princípios norteadores e determinantes para a compreensão e legitimação de todas as formas de família". PEREIRA, Rodrigo da Cunha. *Princípios fundamentais e norteadores para a organização jurídica da família*. 2011. 157 p. Tese (Doutorado em Direito) – Universidade Federal do Paraná. Curitiba/PR. Disponível em: https://acervodigital.ufpr.br/bitstream/handle/1884/2272/Tese_Dr.%20Rodrigo%20da%20Cunha.pdf. Acesso em: 10 out. 2023. p. 117.
43. Rodrigo da Cunha Pereira sustenta que a tutela do Estado à família é peculiar, uma vez que: "Não se deve confundir, pois, esta tutela com poder de fiscalização e controle, de forma a restringir a autonomia privada, limitando a vontade e a liberdade dos indivíduos. Muito menos se pode admitir que esta proteção alce o Direito de Família à categoria de Direito Público, apto a ser regulado por seus critérios técnicos-jurídicos. Esta delimitação é de fundamental importância, sobretudo para servir de freio à liberdade do Estado para intervir nas relações familiares." PEREIRA, Rodrigo da Cunha. *Princípios fundamentais e norteadores para a organização jurídica da família*. 2011. 157 p. Tese (Doutorado em Direito) – Universidade Federal do Paraná. Curitiba/PR. Disponível em: https://acervodigital.ufpr.br/bitstream/handle/1884/2272/Tese_Dr.%20Rodrigo%20da%20Cunha.pdf. Acesso em: 10 out. 2023. p. 109. Continua o autor, ao afirmar que: "Ficou muito claro que a Constituição Federal procurou unir a liberdade do indivíduo à importância que a família representa para a sociedade e para o Estado. Ao garantir ao indivíduo a liberdade através do rol de direito e garantias contidos no art. 5º, bem como de outros princípios, conferiu-lhe a autonomia e o respeito dentro da família, por conseguinte, assegurou a existência como célula mantenedora de uma sociedade democrática. Isto, sim, é que de interessar ao Estado. No texto constitucional está prevista também a liberdade do casal, no que concerne ao planejamento familiar, com fundamento anos princípios da dignidade da pessoa humana e da paternidade responsável. Do Código Civil atual pode-se extrair o fundamento legal para recepcionar a autonomia privada como princípio fundamento do Direito de Família". Ibidem. p. 112.
44. "Não há nenhuma ilegalidade ou ilegitimidade nessas relações. Não há mais filhos ou famílias ilegítimas desde a Constituição da República de 1988. Essas parcerias de paternidade/maternidade têm remetido ao mundo jurídico a elaboração de uma nova espécie de pactos, que são os "contratos de geração e filhos". Nada melhor do que deixar claro, de antemão, as regras decorrentes desta parceria que gerará um filho, tais como, o nome do(a) filho(a), guarda, convivência, sustento etc. Fazer filhos, planejados ou não, desejados ou não, e independentemente da forma que foi gerado, significa antes de tudo, responsabilidade, um dos mais importantes princípios do Direito de Família, que necessariamente está atrelado ao princípio da afetividade". PEREIRA, Rodrigo da Cunha. Coparentalidade abre novas formas de estrutura familiar. *IBDFAM*. online. 2017. Disponível em: https://ibdfam.org.br/artigos/1229/Coparentalidade+abre+novas+formas+de+estrutura+familiar. Acesso em: 10 out. 2023.

rem declaradas inválidas, não se retirará a validade da manifestação da vontade, tampouco atingirá o todo pactuado.

Marcos Bernardes de Mello elenca a boa-fé como pressuposto de validade dos negócios jurídicos que absorvendo ideias do BGB e do Código Civil italiano, a doutrina pátria afirma que este é princípio geral, conjugando-se, portanto, os artigos 113 e 422 do Código Civil atual, denota-se que há uma regra de conduta, segundo a boa-fé.[45]

Eduardo Tomasevicius Filho, em linhas gerais, elucida que a boa-fé atua de maneira a corrigir as relações jurídicas, de modo a ampliar, modificar e atenuar o conteúdo destas; assim, pode ser vista em suas funções típicas e atípicas. Nas primeiras funções, estariam a proteção da crença e a confiança legítima, em relação à pessoa da contraparte e a boa formação e execução dos negócios jurídicos, em especial afirma que "[...] há uma série de atos que exigem o cumprimento de requisitos, para que se produzam os regulares efeitos jurídicos, sob pena de invalidade".[46]

Quanto às funções atípicas, seriam três: a cominação de deveres de defesa aos envolvidos por uma relação jurídica; a proibição do abuso de direito; e o reequilíbrio das prestações contraídas.[47] Estas funções da boa-fé de igual forma devem se fazer presentes no contrato de coparentalidade, uma vez delas decorre a exemplo os deveres de informação e esclarecimento, bem como deve ser um modo de interpretação deste.[48]

Sopesadas as considerações sobre boa-fé, convém esclarecer que, para o direito das famílias, há de observar o duplo aspecto que este ramo do direito detém, uma vez que existirão direitos patrimoniais e existenciais – conforme observa Judith Martins-Costa.[49] A autora afirma que em ambas as naturezas a boa-fé deve se fazer presente.[50] Para o direito patrimonial das famílias, ela des-

---

45. MELLO, Marcos Bernardes de. *Teoria do fato jurídico*: plano da validade. São Paulo: Saraiva, 2022. E-book. Disponível em: https://app.minhabiblioteca.com.br/#/books/9786553620308/. Acesso em: 10 out. 2023.

46. TOMASEVICIUS FILHO, Eduardo. *O princípio da boa-fé no direito civil*. São Paulo: Almedina. 2020. p. 95.

47. Ibidem.

48. Ibidem.

49. MARTINS-COSTA, Judith. *A boa-fé no direito privado*: Critérios para a sua aplicação. 2ª. ed. São Paulo: Saraiva. 2018.

50. "A regulação do Direito de Família vem estruturada, no Código Civil, na distinção e na convergência entre normas de Direito Pessoal, polarizadas pela cláusula geral da "comunhão plena de vida" (Código Civil, art. 1.511), e de Direito Patrimonial, polarizadas, por sua vez, pelo princípio da liberdade de decisão patrimonial (Código Civil, art. 1.639). Essa estrutura, ancorada nos dois grandes eixos enunciados – as relações de direito pessoal e as de direito patrimonial de Família – não é, modo geral, bem destacada pelos comentadores, muito embora do status dos sujeitos na família e das

taca os alimentos, como gênero, ou seja, tanto os devidos à prole quanto entre os cônjuges, no que se refere aos direitos pessoais ela aduz que a boa-fé objetiva "pode incidir na sua função corretora de condutas".[51]

Para que a vontade seja exercida com liberdade, é que em tópico anterior foi explorado o mencionado conceito (item 3.5.2), com a correlação com o direito civil contemporâneo, posto que não basta a ausência de proibição (liberdade negativa), em verdade deve existir a liberdade positiva, que consiste em chancelar efeitos jurídicos à pluralidade familiar para além daquelas previstas de forma expressa no texto legislativo. Com isso, resta à manifestação de vontade apenas o aspecto da plena consciência, que será analisado em concomitância com a capacidade do agente em linhas futuras.

No que diz respeito ao objeto, isto é, às cláusulas contratuais já vistas no plano da existência, neste momento, portanto, devem ser dotadas de respaldo doutrinário, jurisprudencial e legislativo, ou seja, analisar-se-ão mencionadas disposições à luz destes três aspectos, vez que eles em conjunto permitirão que o contrato de coparentalidade possa estar apto a gerar efeitos, porquanto as próximas linhas cuidarão disto.

---

situações pessoais tituladas no âmbito familiar resultem tanto relações econômicas, marcadas pela patrimonialidade quanto relações não econômicas, extrapatrimoniais (por vezes ditas 'existenciais'). Ibidem. p. 190-191. Em linhas conclusivas, após a análise de um julgado, a autora afirma: "Observa-se, pois, nas relações de Direito de Família, o matizamento da boa-fé, fortemente atingida que é pelo reflexo nas relações pessoais, pelos direitos da personalidade e, também, por elementos de cunho publicístico que fazem prevalecer – como no caso acima explanado – o interesse à proteção da integridade dos filhos". Ibidem. p. 195.

51. Ibidem. p. 194. Interessante é o julgado exposto pela supramencionada autora em que o Superior Tribunal de Justiça em que se reconheceu a preponderância da filiação socioafetiva sob a paternidade biológica, uma vez que: "4. Nas relações familiares, o princípio da boa-fé objetiva deve ser observado e visto sob suas funções integrativas e limitadoras, traduzidas pela figura do *venire contra factum proprium* (proibição de comportamento contraditório), que exige coerência comportamental daqueles que buscam a tutela jurisdicional para a solução de conflitos no âmbito do Direito de Família. 5. Na hipótese, a evidente má-fé da genitora e a incúria do recorrido, que conscientemente deixou de agir para tornar pública sua condição de pai biológico e, quiçá, buscar a construção da necessária paternidade socioafetiva, toma-lhes o direito de se insurgirem contra os fatos consolidados. 6. A omissão do recorrido, que contribuiu decisivamente para a perpetuação do engodo urdido pela mãe, atrai o entendimento de que a ninguém é dado alegar a própria torpeza em seu proveito (*nemo auditur propriam turpitudinem allegans*) e faz fenecer a sua legitimidade para pleitear o direito de buscar a alteração no registro de nascimento de sua filha biológica". (REsp 1.087.163/RJ, relatora Ministra Nancy Andrighi, Terceira Turma, julgado em 18.08.2011, DJe de 31.08.2011.)" BRASIL. Superior Tribunal de Justiça. REsp 1.087.163/RJ, Relatora Ministra Nancy Andrighi, Terceira Turma, julgado em 18.08.2011, DJe de 31.08.2011. Disponível em: https://www.stj.jus.br/websecstj/cgi/revista/REJ.exe/ITA?seq=1096596&tipo=0&nreg=200801897430&SeqCgrmaSessao=&CodOrgaoJgdr=&dt=20111024&formato=PDF&salvar=false. Acesso em: 10 out. 2023.

A primeira questão a ser enfrentada é a "forma" que será gerada a prole, posto que atualmente se revela como possível a reprodução via ato sexual, por procedimento de ectogenética, por socioafetividade ou por adoção (como dito a adoção será objeto de estudo em específico, face à atual vedação do ECA). Dito isto, a cláusula que vai cuidar da forma que a prole será gerada culminará nas demais e as influenciará, posto dela decorrem as demais.

Sendo assim, diante da impossibilidade de vedação destas formas de procriação, convém ressaltar que a forma escolhida pelas partes é livre. Entretanto, na hipótese de existirem custos,[52] conveniente que exista uma cláusula específica para dispor, ainda que seja de uma das partes renunciando a eventuais compartilhamentos de custos ou restituições. De igual forma, os alimentos gravídicos (Lei 11.804 de 2008) já podem ser apreciados neste momento, uma vez que se espera o sucesso na geração do filho, bem como se poderá dispor sobre os alimentos devidos ao nascituro.[53]

---

52. "Os exames exigidos costumam ser de sangue, de imagem e genéticos. Segundo a Resolução 1.974/11, do Conselho Federal de Medicina (CFM), é proibido que as clínicas divulguem os preços da fertilização in vitro e de outros procedimentos médicos, porém, a clínica Genics estima seu preço entre R$ 15 mil e R$ 20 mil. Em comparação, a clínica Mater Prime, também em São Paulo, estima o valor entre R$ 15 mil e R$ 25 mil. De acordo com a clínica, a infraestrutura do lugar (como possuir um laboratório próprio), os medicamentos individuais de cada paciente após a fertilização e o congelamento dos óvulos são outros fatores que influenciam no custo do procedimento". LEVASIER, Luana. *Fertilização in vitro*: confira os custos do procedimento e como é feito. online. 2023. Disponível em: https://einvestidor. estadao.com.br/colunas/quanto-custa/fertilizacao-in-vitro-custos/. Acesso em: 11 out. 2023.

53. Sobre a diferenciação, convém mencionar: "O Código Civil põe a salvo, desde a concepção, os direitos do nascituro (art. 2º do CC). Ou seja, quem está para nascer já é titular de direitos. Apesar de a lei não prever expressamente, a obrigação de prestar alimentos ao filho surge antes mesmo de seu nascimento. Dispõe de natureza própria: pôr a salvo o direito à vida do nascituro. Apesar de os seus direitos serem resguardados desde a concepção, a tendência sempre foi reconhecer a obrigação paterna exclusivamente depois do nascimento, e a partir do momento em que o genitor é citado na ação em que o filho pleiteia alimentos. O termo inicial ocorre mesmo antes do ajuizamento da ação, ou seja, desde a concepção, muito embora os tribunais, capitaneados pelo STJ, mantenham o entendimento já cristalizado de que "na ação de alimentos, ainda que não submetida ao procedimento da Lei 5.478/68, serão eles devidos a partir da citação". O silêncio do legislador sempre gerou dificuldades para a concessão de alimentos ao nascituro, por não existir prova do parentesco ou da obrigação. No entanto, a doutrina da proteção integral abraça a criança desde que foi concebida, antes mesmo do nascimento. Ainda que alimentos ao nascituro não se confundam com os alimentos gravídicos, sua regulamentação deixa explícito que as obrigações do pai surgem antes do nascimento do filho. A garantia dos alimentos desde a concepção não significa a consagração da teoria concepcionista, que fundamenta fervorosas crenças religiosas em defesa da vida, negando qualquer possibilidade da interrupção da gravidez. Até porque os alimentos não são assegurados ao nascituro, mas à gestante. Quando a gestante busca alimentos gravídicos, pleiteia a divisão da responsabilidade para atender aos custos decorrentes da gravidez. Trata-se de obrigação solidária. São alimentos para ela, e não para o nascituro, descabendo cumular pedido de alimentos ao filho. Os alimentos devidos à gestante se transformam em alimentos ao filho quando de seu nascimento (art. 6º, parágrafo único da Lei de Alimentos Gravídicos). A mãe pode optar: pleitear que o genitor atenda às despesas da gravidez ou pedir alimentos ao nascituro, hipótese em que precisa cumular o pedido de alimentos à investigação de paternidade". DIAS, Maria Berenice. *Alimentos* [livro eletrônico]: direito, ação, eficácia e execução. 2. ed. São Paulo: Revista dos Tribunais, 2017. Disponível em: https:// proview.thomsonreuters.com/launchapp/title/rt/monografias/99895939/v2/document/129657949/ anchor/a-129657949. Acesso em: 11 out. 2023.

O nome da prole poderá ser escolhido pelo casal de maneira livre, desde que inexista nome ou prenome que exponha a criança ao ridículo (§ 1º do art. 55 da Lei de Registros Públicos – Lei 6.015/1979). Quanto aos casais homoafetivos, o Conselho Nacional da Justiça (CNJ) editou a Resolução 149 de 30.08.2023, que visa assegurar que os filhos de casais homoafetivos, tidos por reprodução assistida, deverá ser adequado para que conste o nome dos ascendentes, sem referência quanto à distinção da ascendência – materna ou paterna. Todavia, não obstante o avanço que a mencionada Resolução proporcionou, existem diversos requisitos para que seja atendida tal condição, como por exemplo a declaração da clínica em que se realizou a técnica de reprodução assistida.[54]

Sabe-se que, na prática social, a inseminação caseira é uma realidade para muitos, cuja utilização se revela polêmica e controversa.[55] Em casos de inseminação caseira, Daniela Braga Paiano afirma que, não obstante a ausência de regramento quanto à técnica, tem-se que o provimento (na época foi analisado o Provimento 63/2017, cuja redação é similar à ora analisada), confere tratamento diverso à reprodução assistida feita em clínica.[56]

A autora afirma que "percebe-se um tratamento diferenciado, ou mesmo uma ausência de regramento, fazendo com que os genitores necessitem, em algumas situações, entrar com uma demanda judicial a fim de que consigam registrar seus filhos".[57] Por isso, segundo a autora, os casais homoafetivos terão certa dificuldade para registro nome dos filhos, o que demanda que a questão seja resolvida via judicial.[58]

---

54. "Art. 513. Será indispensável, para fins de registro e de emissão da certidão de nascimento, a apresentação dos seguintes documentos: I – declaração de nascido vivo (DNV); II – declaração, com firma reconhecida, do diretor técnico da clínica, centro ou serviço de reprodução humana em que foi realizada a reprodução assistida, indicando que a criança foi gerada por reprodução assistida heteróloga, assim como o nome dos beneficiários; III – certidão de casamento, certidão de conversão de união estável em casamento, escritura pública de união estável ou sentença em que foi reconhecida a união estável do casal. § 1º Na hipótese de gestação por substituição, não constará do registro o nome da parturiente, informado na declaração de nascido vivo, devendo ser apresentado termo de compromisso firmado pela doadora temporária do útero, esclarecendo a questão da filiação. § 2º Nas hipóteses de reprodução assistida post mortem, além dos documentos elencados nos incisos do caput deste artigo, conforme o caso, deverá ser apresentado termo de autorização prévia específica do falecido ou falecida para uso do material biológico preservado, lavrado por instrumento público ou particular com firma reconhecida". BRASIL. Conselho Nacional da Justiça (CNJ). Resolução 149 de 30.08.2023. Disponível em: https://atos.cnj.jus.br/atos/detalhar/5243. Acesso em: 11 out. 2023.
55. PAIANO, Daniela Braga. Reprodução assistida: autoinseminação e suas implicações jurídicas e as alterações trazidas pela Resolução 2294/2021 do Conselho Federal de Medicina. *Civilistica.com*. Rio de Janeiro, a. 11, n. 1, 2022. p. 8. Disponível em: http://civilistica.com/reproducao-assistida-autoinseminacao/. Acesso em: 10 out. 2023.
56. Ibidem. p. 9.
57. Ibidem. p. 8.
58. Ibidem. p. 9.

Dentre as decisões apreciadas, destaca-se a que foi proferida pelo Tribunal de Justiça do Paraná, em que se afastou o reconhecimento da filiação de casal homoafetivo. Após o nascimento da prole, o pai biológico reconheceu espontaneamente a paternidade, e o casal rompeu o vínculo.[59] Outra decisão pode ser apreciada, oriunda do Tribunal de Justiça do estado de Minas Gerais, cujo acórdão reconheceu que o provimento do CNJ não pode ser visto como óbice ao registro de dupla filiação materna, por inseminação caseira.[60] Todavia, este não é um entendimento pacífico.[61]

---

59. BRASIL. Tribunal de Justiça do Paraná. Mulher busca a justiça para ser reconhecida como mãe de uma criança. TJPR, 1 set. 2020. Disponível em: https://www.tjpr.jus.br/noticias/-/asset_publisher/9jZB/content/mulher-busca-a-justica-para-ser-reconhecida-como-mae-de-uma-crianca/18319/pop_up?inheritRedirect=false Acesso em: 10 out. 2023.

60. "Ementa: Apelação cível. Registro público. Certidão de nascimento. Casal homoafetivo. Dupla filiação materna. Reprodução assistida caseira. Provimento 63/2017 do conselho nacional de justiça. Precedente do tribunal de justiça de minas gerais. Sentença reformada. – A Constituição da República, valendo-se do princípio da dignidade da pessoa humana, superou os paradigmas anteriores, estabelecendo o conceito de família como amplo e plural. – O Supremo Tribunal Federal no julgamento da ADI 4277 e da ADPF 132 foi pioneiro ao entender que a união homoafetiva é entidade familiar, e que dela decorrem todos os direitos e deveres que emanam da união estável entre homem e mulher. – Verifica-se a existência da socioafetividade da parte para com o infante, visto que mantém união estável e desejam com o nascimento da criança a adesão de um filho à sua entidade familiar. – O Provimento 63/2017, do Conselho Nacional de Justiça, por si, não pode obstar o direito da parte em reconhecer a dupla filiação materna ao fundamento de se ter utilizado método de reprodução assistida "caseira", pois, a exigência para o registro da criança de declaração do diretor da clínica de reprodução humana como requisito indispensável desoa de preceitos constitucionais, haja vista que restringe o direito de filiação aos que não possuem condições de arcar com o tratamento clinico de reprodução assistida que, como fato notório, exige caro dispêndio. – Preenchidos os requisitos legais, deve-se reconhecer a dupla maternidade no caso, devendo a certidão de nascimento da criança constar o nome de ambas às mães, pois, assegura o melhor interesse do infante, retratando com mais exatidão sua realidade social. (TJMG – Apelação Cível 1.0000.22.028850-0/001, Relator(a): Des.(a) Moacyr Lobato , 21ª Câmara Cível Especializada, julgamento em 26.04.2023, publicação da súmula em 27.04.2023)" BRASIL. Tribunal de Justiça de Minas Gerais. TJMG – Apelação Cível 1.0000.22.028850-0/001, Relator(a): Des.(a) Moacyr Lobato , 21ª Câmara Cível Especializada, julgamento em 26.04.2023, publicação da súmula em 27.04.2023). Disponível em: https://www5.tjmg.jus.br/jurisprudencia/pesquisaNumeroCNJEspelhoAcordao.do;jsessionid=1DFE555794AA2617AAD0DD9323E41053.juri_node2?numeroRegistro=1&totalLinhas=1&linhasPorPagina=10&numeroUnico=1.0000.22.028850-0%2F001&pesquisaNumeroCNJ=Pesquisar. Acesso em: 10 out. 2023.

61. "Apelação. Alvará judicial para registro de dupla maternidade. Sentença de extinção do feito sem julgamento do mérito. Insurgência. Recorrentes em relação homoafetiva, que se valeram de inseminação caseira e pretendem o registro da dupla maternidade. Não acolhimento. Ausência de interesse de agir. Demanda que versa sobre nascituro, que ainda não é sujeito de direito. Precedentes do E. TJSP. De salientar que a demanda não versa sobre o registro da dupla maternidade ou da reprodução assistida, já que não há qualquer vedação a tal, nos termos do Provimento 63/2017, CNJ. Pretendem, de fato, contornar a inviabilidade de registro que decorre do método informal de inseminação eleito. Debate que atravessa questões sobre padrões genéticos. Sensibilidade do tema impõe a observância da legislação em vigor. Sentença mantida. Apelo desprovido". BRASIL. Tribunal de Justiça do Estado de São Paulo. 3ª Câmara de Direito Privado. Apelação Cível 1022163-72.2023.8.26.0576. Comarca: São José do Rio Preto Apelantes: M. de A. S. e F. S. F. Apelado: J. da C. Voto 58.590 (m). Disponível em: https://storage.

Dada a adoção de reprodução humana assistida, convém que as partes estabeleçam disposições sobre a destinação dos embriões, posto que, conforme observam Rita de Cássia Resqueti Tarifa Espolador e Juliana C. Pavão, cujos escritos analisam tais disposições no pacto antenupcial, com o avanço da tecnologia, em especial das técnicas de reprodução humana, os instrumentos concernentes aos direitos das famílias devem estar aptos a abarcarem essas novas situações.[62]

O aleitamento materno (nos termos dos art. 8º, *caput* e § 7º e art. 9º do ECA[63]) implica reflexos na convivência da prole com os outros genitores, vez que para não prejudicar a alimentação da prole, o direito de convivência do genitor que não amamenta deverá ser reduzido.[64]

Domicílio compartilhado ou separado, não obstante a eventual confusão que possa causar, pois a família coparental não é união estável, tem-se que os genitores podem resolver compartilhar, com ou sem prazo definido, um mesmo local como residência familiar, razão pela qual podem elencar uma cláusula que defina como o arranjo familiar elegerá a residência deles, bem como a eventual possibilidade de alternância ou a forma como eventual mudança poderá ocorrer.[65]

---

googleapis.com/jus-jurisprudencia/TJ-SP/attachments/TJ-SP_AC_10221637220238260576_70a47.pdf. Acesso em: 11 out. 2023.

62. Afirmam as autoras no que se adequada ao presente trabalho: "Ademais, o fundamento do documento reside na autonomia privada das partes, que hoje deve ser compreendida como autodeterminação. Desta forma, torna-se evidente que tal disposição enquadra-se nessa evolução conceitual do termo 'autonomia', [...] e qualquer ideia contraria estaria negando essa transformação do direito civil". ESPOLADOR, Rita de Cássia Resquetti Tarifa; PAVÃO, Juliana Carvalho. Possibilidade de disposição sobre a destinação dos embriões no pacto antenupcial. In: PAIANO, Daniela Braga; ESPOLADOR, Rita de Cássia Resquetti Tarifa (Coord.). *Relações Jurídicas Familiares sob uma ótica Contemporânea*. Rio de Janeiro: Lumen Juris, 2019. v. II. p. 79.

63. BRASIL. Lei 8.069, de 13 de julho de 1990. Dispõe sobre o Estatuto da Criança e do Adolescente e dá outras providências. Disponível em: https://www.planalto.gov.br/ccivil_03/leis/l8069.htm. Acesso em: 11 out. 2023.

64. "Agravo de instrumento. Tutela de urgência. Guarda provisória. Visitação. Melhor interesse dos menores. (...) 9. Diante da tenra idade da filha do ex-casal, que ainda se encontra em fase de aleitamento materno, de fato, a fixação de período de visitas nos moldes definidos pelo Juízo de primeiro grau, em consonância à manifestação do Ministério Público, consistente na visitação quinzenal, sábados e domingos, de 14h às 18h, poderia prejudicar a alimentação e, por conseguinte, a saúde da pequena. 10. Adequado ao caso sob análise, atentando-se para os períodos de amamentação da pequena, que a visitação do agravado aos filhos seja semanal, sábados e domingos, das 14h às 16h, assistida por parente/responsável indicado pela agravante, no lar materno. (...) (0025833-15.2023.8.19.0000 – Agravo de instrumento. Des(a). José Carlos Paes – Julgamento: 20.09.2023 – Décima Segunda Câmara De Direito Privado (ANTIGA 1)". BRASIL. Tribunal de Justiça do Rio de Janeiro. Agravo de instrumento. 0025833-15.2023.8.19.0000. Des(a). José Carlos Paes – julgamento: 20.09.2023 – Decima Segunda Câmara De Direito Privado. Disponível em: https://www4.tjrj.jus.br/EJURIS/ProcessarConsJuris.aspx?PageSeq=0&Version=1.1.20.0. Acesso em: 11 out. 2023.

65. O entendimento do STJ é no sentido de que a mera coabitação não configura união estável, confira-se: "Tampouco a coabitação, por si, evidencia a constituição de uma união estável (ainda que possa vir a

A modalidade de guarda poderá ser compartilhada, uma vez que esta é a regra estampada no art. 1.584, § 2º. Todavia, poderão as partes disciplinar a guarda unilateral, caso seja consenso e atenda ao melhor interesse da prole. Pode existir algum impedimento de validade e eficácia à modalidade de guarda alternada, posto que inexiste regramento específico e há certa objeção doutrinária.[66]

A autoridade familiar deverá ser exercida conforme dito no capítulo anterior, nos termos dos artigos 1.630 a 1.634 e 1.689 a 1.693 do Código Civil,[67] em especial atenção à sua função de "instrumentalizar os direitos fundamentais dos filhos, tornando-os pessoas capazes de exercer suas escolhas pessoais, com a correlata responsabilidade".[68] O regramento deste aspecto está intrinsecamente ligado aos que dela decorrem como: administração de eventual patrimônio; administração e acesso às redes sociais da prole; questões ditas emergenciais; forma educacional; saúde, religião e aspectos culturais; e, convivência com a família extensa (art. 25 ECA).

Diante disto, inicia-se com questões polêmicas sobre a gestão patrimonial e a exposição dos filhos em redes sociais, posto que ambos se referem à autoridade parental e, assim, são parte integrante das decisões que os pretensos genitores deverão adotar, em especial em razão do período atual em que diversas crianças e adolescentes se tornam verdadeiros profissionais no ambiente virtual e amealham patrimônio,[69] gerido por seu responsável.

---

constituir, no mais das vezes, um relevante indício), especialmente se considerada a particularidade dos autos, em que as partes, por contingências e interesses particulares (ele, a trabalho; ela, pelo estudo) foram, em momentos distintos, para o exterior, e, como namorados que eram, não hesitaram em residir conjuntamente. Este comportamento, é certo, revela-se absolutamente usual nos tempos atuais, impondo-se ao Direito, longe das críticas e dos estigmas, adequar-se à realidade social". BRASIL. Superior Tribunal de Justiça. REsp 1.454.643/RJ, Relator Ministro Marco Aurélio Bellizze, Terceira Turma, julgado em 03.03.2015, DJe de 10.03.2015. Disponível em: https://processo.stj.jus.br/SCON/GetInteiroTeorDoAcordao?num_registro=201400677815&dt_publicacao=10/03/2015. Acesso em: 11 out. 2023.

66. "Apesar de criticado pelos especialistas e sem regra expressa em nosso ordenamento jurídico, é possível encontrar casos que a guarda alternada pode ser adequada. Este modelo, da mesma forma que a guarda unilateral, na maioria das vezes, parece não atender ao melhor interesse da criança e vem encontrando resistências em nossos tribunais. [...] Uma das exceções em que se recomenda a guarda alternada é para as situações em que os pais residem em países diferentes, ou lugares cuja distância torna-se impedimento para a convivência cotidiana, e não há outra forma de garantir a convivência do(s) filho(s) com ambos os pais. A alternância, obviamente sempre atendendo ao princípio do melhor interesse das crianças/adolescentes, na maioria dos casos, faz-se a cada ano, compatibilizando-a com os ciclos escolares". PEREIRA, Rodrigo da C.; FACHIN, Edson. *Direito das Famílias*. Rio de Janeiro: Grupo GEN, 2021. E-book. Disponível em: https://app.minhabiblioteca.com.br/#/books/9786559642557/. Acesso em: 11 out. 2023.

67. BRASIL. Lei 10.406, de 10 de janeiro de 2002. Institui o Código Civil. Disponível em: https://www.planalto.gov.br/ccivil_03/leis/2002/l10406compilada.htm. Acesso em: 11 out. 2023.

68. TEIXEIRA, Ana Carolina Brochado. A disciplina jurídica da autoridade parental. In: PEREIRA, Rodrigo da Cunha (Coord.). *Família e Dignidade Humana*. São Paulo: IOB Thomson, 2006. p. 10. Disponível em: https://ibdfam.org.br/_img/congressos/anais/5.pdf. Acesso em: 13 de ago. 2023.

69. *Época Negócios*. 10 youtubers mirins que ganham milhões de dólares. Disponível em: https://epocanegocios.globo.com/Mundo/noticia/2019/08/10-youtubers-mirins-que-ganham-milhoes-de-dolares.html. Acesso em: 13 de ago. 2023.

Rose Melo Vencelau Meireles,[70] ao analisar um julgado do STJ (REsp 1.623/ MG), afirmou que, em não se confundindo os patrimônios dos pais com os dos filhos, bem como os pais se afigurando como usufrutuários dos bens dos filhos, não podem usar e gozar inadvertidamente do patrimônio do filho. Assim, eles devem observar a sua finalidade de atender o melhor interesse da criança ou adolescente, titular do patrimônio. Por isso, deve existir um mecanismo de controle – qual seja, a ação de prestação de contas.[71]

Evidencia-se, portanto, que o contrato de coparentalidade é uma ferramenta hábil a conter como cláusula o regramento deste eventual patrimônio, que será gerido pelas figuras que atuam como autoridades parentais. Ademais, seria um instrumento capaz de auxiliar a gestão e oportunizar a melhor "fiscalização" posterior da criança e do adolescente, quando atingir a respectiva capacidade, bem como do Ministério Público, antes da maioridade.

De igual forma, tanto o controle das redes sociais dos filhos quanto a exposição que os pais fazem da imagem dos filhos em suas redes sociais, devem ser parte integrante do regramento da família coparental. No que diz respeito à participação dos pais na vivência dos filhos no ambiente virtual, recomenda-se que a participação dos corresponsáveis seja no sentido de que os filhos compreendam "a relação existente entre seus dados pessoais, sua privacidade e sua liberdade".[72]

---

70. MEIRELES, Rose Melo Vencelau. Ação de exigir contas pelo exercício do usufruto legal e administração dos bens dos filhos: análise da decisão proferida pelo STJ no REsp 1.623.098/MG. *Revista Brasileira de Direito Civil*, [S. l.], v. 17, p. 155, 2018. Disponível em: https://rbdcivil.ibdcivil.org.br/rbdc/article/view/276. Acesso em: 13 out. 2023.

71. "Recorde-se que a relação parental não pressupõe dominação e sim colaboração. O papel de protagonismo dos filhos no interior das famílias, detentores de prioridade por serem pessoas em desenvolvimento, é incompatível com a ideia de poder sobre os filhos em caráter absoluto. Tal se reflete também no direito patrimonial, que deve levar em conta a separação patrimonial entre pais e filhos. E, por conseguinte, o usufruto e a administração dos bens dos filhos em prol do menor e da comunidade familiar". MEIRELES, Rose Melo Vencelau. Ação de exigir contas pelo exercício do usufruto legal e administração dos bens dos filhos: análise da decisão proferida pelo STJ no REsp 1.623.098/MG. *Revista Brasileira de Direito Civil* – RBDCivil, Belo Horizonte, v. 17, p. 155-167, jul./set. 2018. p. 166. Disponível em: https://rbdcivil.ibdcivil.org.br/rbdc/article/view/276. Acesso em: 13 out. 2023.

72. Nas palavras das autoras: "Independentemente de haver ou não haver exigência por parte da Lei Geral de Proteção de Dados de participação dos pais ou do responsável no consentimento para o tratamento de dados pessoais de crianças e adolescentes, a participação parental nessa decisão é fundamental como múnus que decorre diretamente da autoridade parental, em vista da relevância desses dados como projeção da personalidade humana. Aparentemente priorizando a praticidade do trâmite da vida digital, a LGPD optou pela exigência de consentimento parental apenas no caso das crianças, reservando a essas duas camadas de proteção: não apenas a exigência de participação de um dos pais ou responsável, como de que esse consentimento seja expresso ao invés de tácito. Tratou, por outro lado, os adolescentes em condição de igualdade com os adultos. Diante disso, embora o consentimento deva ser exclusivo dos pais no caso de crianças, compete aos genitores ainda assim participá-las do processo de tomada de decisão para fazê-lo, a fim de que desde logo comecem a compreender a relação existente entre seus dados pessoais, sua privacidade e sua liberdade.

O *"sharenting"* – palavra de origem inglesa que designa a fusão de *"share"* (compartilhar) com *"parenting"* (cuidar, com sentido de autoridade familiar) – conceitua uma prática que decorre da situação em que o direito de privacidade das crianças entra em conflito com o direito à liberdade de expressão dos pais. Os corresponsáveis podem ter a intenção de manifestar o seu contentamento com filhos mediante a exposição de vídeos e fotos em redes sociais; todavia, esta conduta pode entrar em conflito com os interesses dos filhos.[73]

Assim, essa peculiar questão, que é inerente ao tempo atual, deve ser para além de uma disposição contratual dos pretensos pais, mas em verdade ser objeto de consenso e muita atenção, dada a sua potencialidade de causar danos, e as especificidades que cada um dos corresponsáveis poderá adotar para com a prole. Ademais, é a própria autoridade parental que autoriza os corresponsáveis (pais) a regrarem a vida dos filhos até a maioridade, nos termos dos arts. 1.630 e 1.634 do Código Civil.

As demais disposições quanto à convivência com a família extensa (art. 25 ECA), a escolha de tutores (art. 1728 do CC), a forma educacional,[74] saúde, religião e aspectos culturais, viagens e mudança de endereço devem ser estabelecidos em estrita obediência ao princípio do melhor interesse da criança e do adolescente.

As viagens, mudança de endereço e a forma de comunicação entre todos os envolvidos devem ser operacionalizados em benefício da prole. Conforme elucida Ana Carolina Brochado Teixeira, "a autoridade parental, neste aspecto, foge da

---

No caso dos adolescentes, cabe aos pais conscientizá-los de que, mesmo formalmente dispensada a participação parental no consentimento, devem recorrer a eles para auxílio e aconselhamento. Assim restará preenchido o conteúdo da autoridade parental segundo seus novos contornos em uma sociedade tecnológica, pautado, como sempre deve ser, pelo atendimento ao melhor interesse dos filhos, sejam crianças ou adolescentes". TEIXEIRA, Ana Carolina Brochado; RETTORE, Anna Cristina de Carvalho. A autoridade parental e o tratamento de dados pessoais de crianças e adolescentes. In: TEPEDINO, Gustavo; FRAZÃO, Ana; OLIVA, Milena Donato. *Lei Geral de Proteção de Dados Pessoais e suas Repercussões no Direito Brasileiro*. 19. ed. São Paulo: RT. Disponível em: https://proview.thomsonreuters.com/launchapp/title/rt/monografias/195107452/v1/page/RB-19.5. Acesso em: 13 out. 2023.

73. "Essa tensão entre a privacidade da criança, o seu melhor interesse e a liberdade de expressão dos pais pode causar conflitos entre pais e filhos no futuro, podendo-se imaginar um potencial direito de as crianças, na idade adulta, exigirem que seja apagada das redes sociais e demais aplicações de internet toda a informação a seu respeito transmitida e armazenada ao longo da vida (não só pelos pais, mas também por terceiros como o colégio, amigos e familiares), sob o fundamento de que tais dados não foram transmitidos pelo seu titular e a sua manutenção em bases de dados, a contragosto, seria um desrespeito ao princípio da autodeterminação informativa". EBERLIN, Fernando Büscher von Teschenhausen. *Direitos da criança na sociedade da informação* [livro eletrônico]. São Paulo: Thomson Reuters Brasil, 2020. Disponível em: https://proview.thomsonreuters.com/launchapp/title/rt/monografias/245775767/v1/page/RB-2.9. Acesso em: 13 out. 2023.

74. A especificidade do *homeschholing* será apreciada no último item.

perspectiva de poder de dever, para exercer a sublime fundação de instrumento facilitador da construção da autonomia responsável dos filhos".[75]

A ciência do cônjuge ou companheiro de uma das partes (caso exista), uma vez que a família coparental que não será formada pela multiparentalidade, é recomendável que o cônjuge ou companheiro dos corresponsáveis seja cientificado para que não existam vínculos e obrigações jurídicas.[76]

Cláusulas prévias quanto à adoção de meios consensuais para resolução de conflitos também podem ser parte integrante do contrato coparental, uma vez que o negócio jurídico processual se encontra previsto nos arts. 190 e seguintes do CPC.[77] Consigne-se, ademais, que assim podem dispor as partes sobre um número mínimo de mediação extrajudicial para resolverem os impasses possíveis.[78] Ressalte-se que há posição doutrinária no sentido de que não é necessário o ajuizamento de ação para que estes negócios jurídicos processuais existam e sejam válidos, conforme *caput* do art. 190 do CPC.[79]

---

75. Continua a autora afirmando que: "[...] Nisso consiste o ato de educá-los, decorrente dos Princípios da Paternidade e da Maternidade Responsável, e da Doutrina da Proteção Integral, ambos com sede constitucional, ao fundamento de serem pessoas em fase de desenvolvimento, o que lhes garante prioridade absoluta. [...] Os filhos, como foi mencionado, não são sujeitos passivos da relação com os pais. Também não constituem objeto dos poderes e dos deveres embutidos no conteúdo da autoridade parental. Tornaram-se protagonistas da própria história e do próprio processo educacional. A função educativa se consubstancia em um processo dialético entre pais e filhos. [...] Os menores devem ser respeitados em seus valores e crenças, enfim, merecem respeito por serem pessoas – principalmente, por estarem em processo de desenvolvimento. Seu papel ativo cresce na medida em que adquirem discernimento e em que sua liberdade é acompanhada pela responsabilidade". TEIXEIRA, Ana Carolina Brochado. *Família, Guarda e Autoridade parental*. 2. ed. Rio de Janeiro, Rio de Janeiro: Renovar, 2009. p. 139-140.
76. "Outro ponto importante diz respeito à filiação dos contratantes, sendo que, caso algum deles seja casado ou viva em união estável (reconhecida juridicamente), é pertinente que se conste a ciência do outro cônjuge/companheiro, até mesmo numa tentativa de se afastar eventuais obrigações jurídicas desse com o menor que irá nascer". VALADARES, Nathália de Campos. *Famílias Coparentais*. Curitiba: Juruá, 2022. p. 71.
77. BRASIL, Lei 13.105, de 16 de março de 2015. Código de Processo Civil. Disponível em: http://www.planalto.gov.br/ccivil_03/_Ato2015-2018/2015/Lei/L13105.htm. Acesso em: 13 out. 2023.
78. Conrado Paulino da Rosa e Leonardo Barreto Moreira Alves, afirmam que quando "o negócio versar sobre ônus, poderes e faculdades e deveres processuais do próprio juiz é condição de validade a sua participação. Assim, conquanto o negócio jurídico processual verse exclusivamente sobre a esfera de interesses das partes ao juiz caberá o controle de validade". ROSA, Conrado Paulino da; ALVES, Leonardo Barreto Moreira. *Direito de família mínimo na prática jurídica*. São Paulo: JusPodivm, 2023. p. 248.
79. Rafael Calmon afirma que "Não é preciso que exista um processo em andamento, porém, para que tais acordos sejam celebrados. O art. 190, *caput*, deixa isso bem claro quando enuncia que eles possam ser elaborados 'antes ou durante o processo'. Daí se poder falar de convenções ajustadas prévia ou incidentalmente ao processo. Acordo pré-processuais ou processuais, portanto [...] Se a existência de um processo é até mesmo dispensável, chega a ser intuitivo que a lei permita que as partes elaborem convenções desacompanhas de advogado, desde que, por óbvio o façam fora do processo e a lei não imponha a supervisão de profissionais para a prática do ato". CALMON, Rafael. *Direito das famílias e processo civil*. São Paulo: Saraiva, 2017. p. 190.

No plano da validade, os agentes deverão ser capazes e legitimados para o negócio; o tempo oportuno se afigura antes do nascimento da prole. Todavia, pode ser realizado após o nascimento da prole. Por fim, o lugar, que deve ser apropriado. Quanto a este último, esclareceu-se que a escolha do lugar é livre (cláusula de eleição de foro); porém, após o nascimento do filho, é importante que as partes tenham conhecimento que valerá o foro do domicílio do detentor da guarda, como o Juízo para dirimir eventual litígio.

Quanto ao tempo, conforme já consignado, para que seja um contrato com maior potencialidade de autorregramento, recomenda-se que a sua celebração seja feita antes do nascimento da prole. Todavia, caso as partes tenham deixado de formalizar mencionado instrumento e tomem conhecimento dessa possibilidade em momento posterior, nada obsta a sua formalização, cientes de que após o nascimento da prole a participação do Ministério Público e a homologação judicial serão indispensáveis.[80]

Com relação aos agentes maiores e capazes não se identifica questões controversas, uma vez que estes são tidos como legitimados para o negócio. Todavia, quanto às pessoas com deficiência, tem-se que o Estatuto da Pessoa com Deficiência (Lei 13.146/2015), inovou a ordem civil e ampliou a autonomia existencial, nos termos do art. 6º da Lei 13.146/2015.

Neste sentido, entende-se pela existência de duas correntes quanto à capacidade dos agentes no contrato coparental. A primeira: dada a autonomia existencial dos contratantes, dever-se-ia analisar sua validade segundo a capacidade proporcional de compreender e de se expressar.[81] Na segunda visão, em razão da técnica legislativa de vedar a adoção menor de 18 anos, tem-se que, não obstante não se trate de igual natureza jurídica, para proteção da prole futura, há restrições quanto à liberdade de faculdades pessoais.[82]

---

80. Maiores reflexões sobre a (des)necessidade de homologação judicial serão analisadas no plano da eficácia.

81. "Para que as situações existenciais sejam praticadas validamente, o sujeito capaz deve ser entendido como aquele detentor de discernimento e funcionalidade, para que ele tenha dimensão da responsabilidade resultante de suas escolhas pessoais. IV) Os limites à autonomia são internos, pois o ordenamento garante o exercício de liberdades em determinados espaços nos quais a decisão só é legítima se tomada pela própria pessoa, por fazer parte da construção da sua vida privada, da sua intimidade e pessoalidade". TEIXEIRA, Carolina Brochado. Autonomia existencial. *Revista Brasileira de Direito Civil*, [S. l.], v. 16, p. 75, 2018. p. 104. Disponível em: https://rbdcivil.ibdcivil.org.br/rbdc/article/view/232. Acesso em: 13 out. 2023.

82. Neste sentido é o que expõem Dóris Ghilardi e Ariani Folharini Bortolatto. GHILARDI, Dóris; BORTOLATTO, Ariani Folharini. Contratualização da coparentalidade: reflexões necessárias. In: PAIANO, Daniela Braga; PAVÃO, Juliana Carvalho; ESPOLADOR, Rita de Cássia Resquetti Tarifa (Coord.). *Direito Contratual Contemporâneo*. Londrina: Thoth, 2022. v. IV. p. 276.

Sopesadas as considerações sobre o plano da validade, consideram-se as cláusulas que as partes poderão adotar, a título exemplificativo, posto que podem eleger outras mais ou menos importantes, segundo o autorregramento de cada arranjo. Importante, todavia, que essas disposições sempre atendam à dignidade humana dos corresponsáveis e da prole, bem como ao melhor interesse desta.

As invalidades previstas no Código Civil, por vício de consentimento como erro, dolo, coação, estado de perigo, lesão ou fraude contra credores, no que forem aplicáveis ao contrato de coparentalidade, apenas se refeririam apenas à teoria geral, o que não é o objeto deste estudo. E, os vícios que poderiam incidir no contrato de coparentalidade (erro, dolo e coação) são disciplinados no atual Código Civil para atender às questões patrimoniais e não essencialmente existenciais, razão pela qual a solução para a anulabilidade ou nulidade do contrato dependeria de análise casuística, isto é, cada caso em específico demandará do intérprete do direito uma solução individual, posto que a simples determinação de restaurar as partes ao estado anterior (*status quo ante*) não se revela como possível em situações existenciais, a exemplo da gravidez.[83]

Desta forma, as invalidades do contrato de coparentalidade ou serão vistas pela teoria geral do negócio jurídico ou dependerão de análise individualizada de cada caso em concreto, o que se afasta da intenção primordial deste trabalho – demonstrar a viabilidade do contrato de coparentalidade. Outrossim, as nulidades do contrato de coparentalidade não seriam hábeis a afastarem as responsabilidades parentais (decorrente do vínculo de filiação), o que implicaria às partes socorrerem-se das ações de família tradicionais, a fim de regularizarem o eventual conflito quanto aos direitos e deveres sobre a prole. E, assim sendo,

---

83. "[...] a configuração do estado de perigo, da lesão e da fraude contra credores já afasta as situações existenciais, pois está relacionada diretamente ao patrimônio da vítima. No estado de perigo, é requisito de configuração a onerosidade excessiva da obrigação, conforme dispõe o art. 156. Na lesão, requer-se a desproporcionalidade de uma prestação em relação à prestação oposta, nos termos do art. 157. Na fraude contra credores, disciplinada nos arts. 158 a 165, o defeito se põe quanto a prática do negócio se dá na insolvência do devedor ou o reduz a esta condição. Restam o erro, o dolo e a coação, tratados, respectivamente, nos arts. 138 a 144, 145 a 150 e 151 a 155. Como vícios do consentimento, em tese, poderiam tornar defeituosas manifestações de vontades existenciais. [...] A sanção prevista pelo ordenamento civil para a realização de negócios jurídicos eivados com vício do consentimento é a anulabilidade, conforme prevê o art. 171, II, do Código Civil, que depende da iniciativa da parte interessada em promover a ação no prazo decadencial estabelecido no art. 178, do Código Civil. Ocorre que a principal consequência da anulação do negócio é a restauração do estado anterior, a qual geralmente não é possível nas situações existenciais e, muito menos, o é a indenização pelo equivalente. Esta regra enunciada no art. 182 é perfeitamente aplicável às situações patrimoniais [...]". MEIRELES, Rose Melo Vencelau. *Autonomia privada e dignidade humana*. Rio de Janeiro: Renovar, 2009. p. 138.

uma vez anulado tal negócio jurídico, ao menos deverá ser considerado pelo julgador da causa.[84]

Destarte, enfrentados e estudados os dois primeiros planos do negócio jurídico, resta a análise do último plano – da eficácia –, que será investigado no item a seguir.

4.4 DA ANÁLISE PRÁTICA DO CONTRATO DA FAMÍLIA COPARENTAL: SUA EFICÁCIA

O plano da eficácia é o terceiro e último plano da tricotomia estudada, após percorrer e preencher os dois planos anteriores. Neste momento, cuida-se da eficácia jurídica que o contrato coparental deterá. Assim, não se trata de toda e qualquer eficácia que este instrumento poderá implicar. A análise se concentrará nos efeitos que as partes manifestaram o seu desejo de concretização.[85-86]

Para esclarecer os fatores de eficácia, Antônio Junqueira de Azevedo aduz que estes devem ser entendidos como algo extrínseco, posto que não participam do negócio, tampouco integram-no; porém, colaboram para alcançar o desiderato pretendido. Dentre os exemplos estão os negócios que carecem de eficácia àqueles subordinados a uma condição suspensiva. Desta forma, o negócio jurídico, devidamente preenchidos os requisitos, é válido, mas não atinge a eficácia enquanto não acontecer o evento que impôs a suspensão.[87]

---

84. Para elucidar recorta-se dois trechos: "[...] em caso de judicialização, o instrumento servirá como balizador e norteador de uma decisão judicial". VALADARES, Nathália de Campos. *Famílias Coparentais*. Curitiba: Juruá, 2022. p. 74. E, "[...] reforçando que o contrato poderá servir como balizador para eventual decisão judicial a ser proferida". Ibidem. p. 75.

85. AZEVEDO, Antônio Junqueira de. *Negócio jurídico*: existência, validade e eficácia. São Paulo: Editora Saraiva, 2002. E-book. Disponível em: https://app.minhabiblioteca.com.br/#/books/9788553615629/. Acesso em: 13 out. 2023.

86. Na concepção de Eduardo Nunes o plano da existência seria despiciendo, e o plano da validade em razão de se confundir com a valoração dos efeitos negociais (eficácia em sentido lato) e com a modulação pela qual os efeitos são produzidos (eficácia em sentido estrito) afirma que toda a análise do negócio jurídico deveria se concentrar neste plano. Para o autor então o plano da existência não é necessário e a noção de validade deve ser entendida como a capacidade para produção de efeitos jurídico. Superando, portanto, a escada ponteana. SOUZA, Eduardo Nunes de. *Teoria geral das invalidades do negócio jurídico*: nulidade e anulabilidade no direito civil contemporâneo. São Paulo: Almedina, 2017. p. 188-189. Continua o autor: "[...] Parece mais vantajoso, ao revés, apresentar simplesmente o regime previsto pelo legislador para as invalidades negociais, com suas causas e consequências, como um consectário da necessidade de se controlar valorativamente a autonomia privada, ressaltando-se, por outro lado, a possível necessidade de sua readequação (devidamente fundamentada pelo intérprete) à axiologia do sistema diante de determinados casos concretos. Tal raciocínio permite dispensar a dificuldade intermediária de compreensão do tema criada ao se tentar compatibilizar o cartesianismo da escala ponteana com a disciplina legal e, sobretudo, com a necessária análise dinâmica dos efeitos negociais concretamente considerados". Ibidem. p. 189.

87. AZEVEDO, Antônio Junqueira de. *Negócio jurídico*: existência, validade e eficácia. São Paulo: Editora Saraiva, 2002. E-book. Disponível em: https://app.minhabiblioteca.com.br/#/books/9788553615629/.

O referido autor faz uma tripla qualificação desses fatores de eficácia. A primeira seriam "os fatores de atribuição da eficácia em geral", cujo sentido se refere à hipótese em que, sem a presença destes, quase nenhum efeito é produzido, ou ainda "quanto aos efeitos do negócio, nem se produzem os efeitos diretamente visados, nem outros, substitutivos deles".[88] Pode-se entender que essa eficácia estaria relacionada às disposições atinentes aos direitos da prole que nascerá, uma vez que, até o nascimento, nenhuma eficácia terá as cláusulas de convivência, por exemplo.

A segunda se refere aos "fatores de atribuição da eficácia diretamente visada", são, portanto, os indispensáveis para que o negócio jurídico que já possui certa eficácia possa "produzir exatamente os efeitos por ele visados; quer dizer, antes do advento do fator de atribuição da eficácia diretamente visada, o negócio produz efeitos, mas não os efeitos normais".[89] Pode ocorrer tanto na fase preconcepção ou antes da gravidez, uma vez que o contrato coparental estará produzindo efeitos patrimoniais sobre a divisão de gastos, mas os efeitos visados serão atingidos progressivamente, com o início da gravidez e, por conseguinte, com o nascimento da prole.

A terceira qualificação se refere aos "fatores de eficácia mais extensa", que, para além de serem eficazes e produzirem os exatos efeitos visados, dilatam o campo de atuação e são oponíveis a terceiros e, em certa hipótese, podem ter efeitos *erga omnes*.[90] É o que se evidencia pela homologação judicial do contrato coparental, cujas especificidades serão analisadas mais à frente.

Para Emilio Betti, existiram efeitos diferidos aos pressupostos do negócio jurídicos, uma vez que, entre a realização deste e o momento da vigência dos interesses regulados por ele, há um intervalo cronológico, razão pela qual se faz necessário saber se os pressupostos de validade devem ser analisados no momento de conclusão do negócio ou quando da sua entrada em vigor, ou ainda, se em ambos os momentos.[91]

Acesso em: 13 out. 2023. Afirma ainda o autor: "São, por exemplo, casos de negócios, que precisam de fatores de eficácia, os atos subordinados a condição suspensiva. Enquanto não ocorre o advento do evento, o negócio, se tiver preenchido todos os requisitos, é válido, mas não produz efeitos; certamente, a condição como cláusula, faz parte (é elemento) do negócio, mas uma coisa é a cláusula e outra o evento a que ela faz referência; o advento do evento futuro é, nesse caso, um fator de eficácia (é extrínseco ao ato e contribui para a produção dos efeitos)". Ibidem.

88. AZEVEDO, Antônio Junqueira de. *Negócio jurídico*: existência, validade e eficácia. São Paulo: Saraiva, 2002. E-book. Disponível em: https://app.minhabiblioteca.com.br/#/books/9788553615629/. Acesso em: 13 out. 2023.
89. Ibidem.
90. Ibidem.
91. BETTI, Emílio. *Teoria Geral do Negócio Jurídico*. Campinas: Servanda, 2008. p. 341.

Esta concepção sobre o momento de entrada em vigor e, consequentemente o momento de produção de efeito, possui demasiada utilidade para o contrato coparental, posto que as partes poderão se utilizar da eficácia diferida em suas cláusulas, portanto se revela oportuno analisar os desdobramentos desta prorrogação de efeitos.

A primeira hipótese é a que resulta da própria função econômica-social da modalidade negocial que se estabelece. Assim, "é susceptível de lhe suspender a vigência num imanente pressuposto lógico a verificar no futuro". Para Betti, seria o caso do negócio *mortis causa* que, não obstante seja revogável e modificável, fica completo e perfeito com a elaboração e emissão do documento testamentário.[92]

Para o contrato coparental é o que ocorre com o nascimento da prole, posto que os corresponsáveis poderão alterar as disposições de autoridade parental, inobstante já ter sido completo e perfeito quando da sua contratação. De igual sorte, a questão dos embriões excedentários, vez que somente serão considerados excedentes em momento posterior à realização do procedimento para reprodução humana.

Subsequente conjectura se refere ao diferimento estatuído pelos contratantes, quando estabelecem um liame de sujeição subjetivo e eventual entre o autorregramento de interesses e um acontecimento futuro e incerto.[93] No negócio jurídico da coparentalidade, identifica-se este aspecto na possibilidade de as partes condicionarem cláusulas sobre o procedimento de reprodução humana assistida, uma vez que não se garante o êxito da gravidez, assim como a gravidez não garante o nascimento da prole com vida.

Desta forma, as partes podem condicionar certos efeitos patrimoniais para cada uma dessas situações casuísticas que serão válidas, mas terão a sua eficácia diferida por decisão e vontade dos corresponsáveis, uma vez que é um evento futuro, mas incerto. A título de exemplo, pensar-se-ia no possível pagamento de uma maior quota-parte a cada nova inseminação a ser realizada, ou seja, a parte que tenha maior disposição financeira pode, a partir da segunda tentativa, contribuir com um percentual maior, acaso a outra parte não possa contribuir com sucessivos procedimentos desta espécie.

Na terceira possibilidade, Betti elenca a suspensão da eficácia a depender do termo de referência, isto é, quando o objeto ainda não existe, tampouco é possível ou o destinatário não é nascido, porém, após o advento deste se iniciaria a geração de efeitos.[94] É nítida a situação do filho destinatário dos alimentos

---

92. Ibidem. p. 342.
93. Ibidem. p. 342.
94. BETTI, Emílio. *Teoria Geral do Negócio Jurídico*. Campinas: Servanda, 2008. p. 342.

que ainda não nascido já fora objeto de apreciação dos corresponsáveis os seus proventos alimentares.

Outro ponto relevante para a eficácia do contrato coparental se concentra na (des)necessidade de intervenção do Ministério Público e a homologação judicial.[95] *A priori* existem duas posições. A primeira considera que, em razão da existência de cláusulas que dizem respeito à prole futura, é fator de eficácia a necessária homologação judicial, porquanto se referem a direitos irrenunciáveis e indisponíveis. Para este ponto de vista, então, a eficácia própria do contrato coparental estaria condicionada à homologação judicial, se afigurando como condição obrigatória para eventual exequibilidade do instrumento.[96]

A segunda posição divide o contrato coparental em dois momentos para se apurar a indispensabilidade da intervenção do *Parquet* e a homologação judicial: antes do nascimento da prole e posterior a este fato. Conquanto não tenha ocorrido o nascimento, ao Ministério Público faltará justificativa de intervenção, porquanto a criança sequer foi concebida. Decorre, portanto, logicamente que apenas com o nascimento da criança é que se verificaria a necessidade tanto da intervenção ministerial quanto a homologação pelo Estado-juiz, com a ressalva de que em caso de litígio a vontade das partes, constante no instrumento, deve ser balizador e norteador da decisão judicial.[97]

---

95. Há quem sustente que a homologação judicial do contrato de coparentalidade estaria alocada no plano da validade, confira-se: "Uma das vantagens desse modelo, parece ser a ausência de dissabores advindos do fim de relações afetivas, o que confere às pessoas maior condição emocional para pensar exclusivamente na criança a ser gerada. Há relatos de pessoas que redigem acordos para a geração de filhos, que versa sobre a procriação propriamente dita – principalmente quando for o caso de utilização de técnicas de reprodução assistida – guarda, convivência, alimentos. No plano da validade, no entanto, faz-se necessário examinar se tal acordo prescinde de homologação judicial, em face do objeto estar vinculado ao melhor interesse da criança por nascer, ou se os futuros pais podem definir tudo livremente, sendo tal acordo exequível, no caso de descumprimento por alguma das partes. É certo que o objeto do acordo – principalmente guarda, convivência e alimentos – reclama intervenção do Estado para sua validade, exatamente por estar em questão pessoa vulnerável. No entanto, é inegável que ele traduz relevante manifestação de vontade que será considerada pelo Poder Judiciário, caso o conhecimento do acordo ocorra em momento patológico da relação jurídica". MORAES, Maria Celina Bodin de; TEIXEIRA, Ana Carolina Brochado. Contratos no ambiente familiar. In: TEIXEIRA, Ana Carolina Brochado; RODRIGUES, Renata de Lima (Coord.). *Contratos, Família e Sucessões* [livro eletrônico]. 2. ed. Indaiatuba: Foco, 2021.

96. GHILARDI, Dóris; BORTOLATTO, Ariani Folharini. Contratualização da coparentalidade: reflexões necessárias. In: PAIANO, Daniela Braga; PAVÃO, Juliana Carvalho; ESPOLADOR, Rita de Cássia Resquetti Tarifa. *Direito Contratual Contemporâneo*. Londrina: Thoth, 2022. v. IV. p. 277.

97. "Além disso, é oportuno destacar que a ausência de intervenção do órgão ministerial não retira a validade e nem a eficácia do documento tendo em vista que o art. 107 do Código Civil estabelece que a forma dos negócios jurídicos é livre, não existindo necessidade de chancela judicial. Ademais, tratando-se de partes maiores e capazes disciplinando questões quanto a um objeto futuro (um menor que ainda será concebido) e observando as normas de ordem pública, inexiste interesse do MP. Vale lembrar que o contrato de geração de filhos se trata de questões de cunho reprodutivo, da autonomia para exercer o livre planejamento familiar, questões essas que também podem servir de subsídio para

Ambos os argumentos possuem a sua respectiva fundamentação, implicando que a adoção de um ou outro se torne tarefa árdua, mas necessária. Para Pontes de Miranda,[98] a simples existência de ato judicial para homologação do mencionado instrumento não retira a sua característica de negócio jurídico.[99] Fixada, portanto, a primeira premissa, que a (des)necessidade de homologação judicial não retira a classificação como negócio jurídico.

Não obstante a plausibilidade do argumento a favor da desnecessidade de homologação judicial e, via de consequência a intervenção do Ministério Público, que seria uma decorrência da superação entre dicotomia do público e do privado, é de se perceber que a questão do Estado-juiz (e de igual forma o Ministério Público) intervir no negócio jurídico que contenha interesse de pessoa não plenamente capaz – entenda-se crianças e adolescentes – se revela como uma forma de garantia dos próprios interesses destes.

A visão de que apenas os pais seriam os maiores garantidores dos interesses dos filhos não encontra verdadeira correspondência no mundo fático, uma vez que casos de abusos (material, moral, psicológico, sexual etc.) acontecem no âmbito mais íntimo da família.[100] A soma positiva que a intervenção estatal, como gente promocional de defesa dos interesses dessas pessoas em

---

afastar a intervenção do Ministério Público". VALADARES, Nathália de Campos. *Famílias Coparentais*. Curitiba: Juruá, 2022. p. 74.

98. MIRANDA, Francisco Cavalcanti Pontes de. *Tratado de direito privado*. 4. ed. São Paulo: RT, 1983. t. III, p. 78-80.

99. "Dizer-se, *a priori*, que não são negócios jurídicos, porque não têm por fito, diretamente, efeito de direito privado (sem razão, A. VON TUHR, *Der Allgemeine Teil*, n. 154) seria errado: primeiro, porque se preelimina o poder ser negócio jurídico, *por si*, de direito público; segundo, o efeito de direito privado não é o que o ato de requerimento ou petição espera, – êsse efeito é mediato e, não raro, a formalidade registaria tem efeitos com que não contava, ou, pelo menos, em que não pensavam os requerentes ou peticionários. O Estado serve aos particulares na política legislativa e na prática dos registos e outros atos integrativos do suporte fáctico ou só de eficácia; não intervém de ofício, e sim apenas por provocação; algumas vêzes, estabelece normas de obrigatoriedade dos registos, com sanções, inclusive penais; para que os interessados exerçam a pretensão frente ao Estado, as leis e os regulamentos administrativos fixam os pressupostos subjetivos e objetivos; na maioria dos casos, a lei permite o requerimento verbal, abstraindo da existência dêle no caso de ter sido levada a cabo a formalidade registaria, *se poderia ter sido feito e deferido*; se a lei exige o requerimento, formal ou aformal, e êsse não foi feito, ou teve vícios, o ato estatal existe, e só a lei pode dizer se é desconstituível e como se pode êle desconstituir". PONTES DE MIRANDA, Francisco Cavalcanti. *Tratado de direito privado*. 4. ed. São Paulo: RT, 1974. t. III, p. 79.

100. Neste sentido, é que já se afirmou sobre a possibilidade de incidência da responsabilidade civil no âmbito da família, posto que na hipótese de a "autoridade não for operacionalizada de maneira satisfatória à criança e ao adolescente, deverá incidir o instituto da responsabilidade civil, desde que comprovado a conduta humana, o nexo causal e o dano material e/ou imaterial (art. 927, CC)". GIROTTO, Guilherme Augusto; VIEIRA, Diego Fernandes. A Função Preventiva da Responsabilidade Civil: um Novo Olhar em Face do Relacionamento Parental e dos Conflitos Familiares. *Ciências Jurídicas*, v. 24, n. 1, 2023, p. 85-95. Disponível em: https://revistajuridicas.pgsscogna.com.br/juridicas/issue/view/483. Acesso em: 11 set. 2023. p. 93.

desenvolvimento, se revela como justificador da sua participação no contrato de coparentalidade.

É neste sentido, portanto, que Pietro Perlingieri afirma que o interesse existencial do menor adquirirá um ganho de uma espécie de juízo de valor, que expressará com prudência e equidade valores não dotados de subjetivismos e arbitrariedades, promovendo assim "uma intensa atividade de colaboração e prevenção que facilite o cumprimento dos complexos deveres familiares e contribua para remover os obstáculos que, mesmo de fato, impeçam a sua realização".[101]

> Como confirmação de que a autonomia negocial no campo da família não possa ser incontrolada, deve-se assinalar a possibilidade da intervenção do juiz para declarar a iniquidade do acordo sobre alimentos. Com tal intervenção, o ordenamento efetiva o controle em defesa daqueles contratantes que têm maior necessidade de solidariedade.[102]

Sob certa correspondência ao prisma deliberativo do mencionado autor posicionou-se Superior Tribunal de Justiça, que ao julgar o REsp 1.756.100,[103] cujo Relator foi o Ministro Marco Aurélio Bellizze, decidiu, naquele momento, que o acordo celebrado entre as partes seria plenamente válido e eficaz no que tange aos direitos disponíveis dos cônjuges (que na ocasião estavam se divorciando consensualmente).

Porém, no que se refere aos direitos indisponíveis do filho do casal, o conspecto hermenêutico foi no sentido que as disposições expressadas pelas partes tratavam de "mera proposição submetida ao Poder Judiciário, que haverá de

---

101. PERLINGIERI, Pietro. *O Direito civil na Legalidade Constitucional*. Trad. Maria Cristina de Cicco. Rio de Janeiro: Renovar, 2008. p. 1002. Continua o autor: "O exercício do poder familiar se concentra exclusivamente no interesse do menor. Interesse existencial, mais que patrimonial, que deve ser individuado em relação às circunstâncias concretas, no respeito à historicidade da família. Na individuação do interesse, a avaliação como um juízo de valor –, deve ser expressa com prudência e equilíbrio, identificando-se na situação de fato, à luz de valores não subjetivos e arbitrários, mas sim, emergentes do personalismo constitucional. É indispensável que o interesse do menor se realiza não somente com a intervenção do juiz, mas, sobretudo, mediante instituições destinadas a realizar uma intensa atividade de colaboração e prevenção que facilite o cumprimento dos complexos deveres familiares e contribua para remover os obstáculos que, mesmo de fato, impeçam a sua realização. [...] O interesse do menor se identifica, também, com a obtenção de uma autonomia pessoal e de juízo, e pode se concretizar na possibilidade de exprimir escolhas e propostas alternativas que possam concernir aos mais diversos setores, dos interesses culturais àqueles políticos e afetivos, desde que seja salvaguardada a sua integridade psicofísica e o crescimento global da sua personalidade". Ibidem. p. 1002-1003.
102. Ibidem. p. 1024-1025.
103. BRASIL. Superior Tribunal de Justiça. REsp 1.756.100/DF, relator Ministro Marco Aurélio Bellizze, Terceira Turma, julgado em 02.10.2018, DJe de 11.10.2018. Disponível em: https://processo.stj.jus.br/SCON/GetInteiroTeorDoAcordao?num_registro=201801193358&dt_publicacao=11/10/2018. Acesso em: 15 out. 2023.

sopesar outros interesses, em especial, o preponderante direito da criança, podendo, ao final, homologar ou não os seus termos".[104]

Em outro julgamento pela mesma Corte Superior, RESP 1.391.790, cujo Relator foi o Ministro Raul Araújo,[105] houve a intervenção tanto do Ministério

104. "Recurso especial. Ação de divórcio consensual c/c partilha de bens. Apresentação de acordo pelos cônjuges, com disposições acerca da intenção de se divorciarem, da partilha de bens, do regime de guarda, de visitas e de alimentos relativos ao filho menor. Retratação unilateral. Impossibilidade apenas em relação aos direitos disponíveis. Recurso especial provido. 1. A controvérsia submetida à análise desta Corte de Justiça está em saber se, em ação de divórcio (em princípio) consensual, após as partes apresentarem acordo, com estipulações acerca do divórcio, da partilha de bens do casal e do regime de guarda, de visitas e de alimentos relativos ao filho menor, devidamente ratificado em audiência específica para esse fim, seria dado ao ex-marido rescindir integralmente os termos acordados em razão de a ex-mulher requerer, antes da homologação, a alteração do regime de guarda e de visitas. 1.1 O tratamento da questão posta há de ser feito separadamente, levando-se em conta, de um lado, as disposições afetas a direitos disponíveis; e, de outro, as disposições alusivas a direitos indisponíveis (de titularidade dos próprios cônjuges e do filho menor), independentemente de o acordo apresentado pelas partes tratar de tais matérias conjuntamente. 2. Especificamente em relação ao pronunciamento dos cônjuges quanto à intenção de se divorciarem, às disposições relacionadas à divisão dos bens e dívidas em comum e, no caso, à renúncia de alimentos entre si, por se encontrarem na esfera de sua estrita disponibilidade, seus termos hão de ser considerados como verdadeira transação, cuja validade e eficácia dependem exclusivamente da higidez da manifestação de vontade das partes apostas no acordo. 2.1 A perfectibilização do acordo, nessa parte, demanda, simplesmente, a livre manifestação de vontade das partes, não cabendo ao Juízo, nesse caso, outra providência que não a homologação. Saliente-se, a esse propósito, afigurar-se absolutamente dispensável a designação de audiência destinada à ratificação dos termos já acordados. A rescisão de seus termos somente se afigura possível, se a correlata pretensão for veiculada em ação própria e embasada em algum vício de consentimento (tais como erro, dolo, coação, estado de perigo, lesão ou fraude contra credores), ou de defeito insanável (devidamente especificado no art. 166 do Código Civil), do que, na espécie, em princípio, não se cogita. 3. Já o acordo estabelecido e subscrito pelos cônjuges no tocante ao regime de guarda, de visita e de alimentos em relação ao filho menor do casal assume o viés de mera proposição submetida ao Poder Judiciário, que haverá de sopesar outros interesses, em especial, o preponderante direito da criança, podendo, ao final, homologar ou não os seus termos. Em se tratando, pois, de mera proposição ao Poder Judiciário, qualquer das partes, caso anteveja alguma razão para se afastar das disposições inicialmente postas, pode, unilateralmente, se retratar. Ressalte-se, aliás, que, até mesmo após a homologação judicial acerca do regime de guarda, de visita e de alimentos relativos ao filho menor, se uma circunstância superveniente alterar os fatos submetidos ao Juízo, absolutamente possível que seus termos sejam judicialmente alterados por provocação das partes. 4. Recurso especial provido. (REsp 1.756.100/DF, relator Ministro Marco Aurélio Bellizze, Terceira Turma, julgado em 02.10.2018, DJe de 11.10.2018.)". BRASIL. Superior Tribunal de Justiça. REsp 1.756.100/DF, relator Ministro Marco Aurélio Bellizze, Terceira Turma, julgado em 02.10.2018, DJe de 11.10.2018. Disponível em: https://processo.stj.jus.br/SCON/GetInteiroTeorDoAcordao?num_registro=201801193358&dt_publicacao=11/10/2018. Acesso em: 15 out. 2023.

105. "Agravo interno no recurso especial. Acordo extrajudicial. Reconhecimento de paternidade, guarda, visitas e pensão alimentícia. Homologação parcial. Majoração do valor dos alimentos a fim de garantir a subsistência da criança. Direito indisponível. Decisão mantida. Recurso desprovido. 1. Não configura ofensa ao art. 535, II, do Código de Processo Civil de 1973 o fato de o Tribunal de origem, embora sem examinar individualmente cada um dos argumentos suscitados, adotar fundamentação contrária à pretensão da parte recorrente, suficiente para decidir integralmente a controvérsia. 2. Hipótese em que, formulado pedido de homologação de acordo extrajudicial quanto ao reconhecimento de paternidade, guarda, alimentos e visitas, celebrado entre menor representada pela mãe e o genitor, mediante

Público quanto do Poder Judiciário para que o valor de alimentos estipulados entre as partes fosse majorado, em atenção ao melhor interesse da criança e do adolescente. Desta forma, o acordo extrajudicial realizado perante a Defensoria e posto à homologação do Estado, sofreu intervenção e alterou-se o pactuado apenas em razão de possível prejuízo do filho do casal.

Outra cognição emanada pelo mesma Instância Superior pode ser citada, no REsp 1.609.701, cujo Relator foi o Ministro Moura Ribeiro,[106] em que mesmo

---

conciliação realizada perante a Defensoria Pública, sobreveio sentença de homologação parcial, com a majoração do valor da pensão alimentícia, de R$ 50,00 (cinquenta reais) para R$ 100,00 (cem reais). 3. A percepção de alimentos configura direito indisponível e irrenunciável dos filhos, desautorizando renúncia ou transação dos genitores que possam prejudicá-los. Cabe ao juiz da causa avaliar a regularidade do ato e o seu alcance, antes de homologá-lo, avaliando se ele prejudica os interesses dos incapazes envolvidos no feito. 4. Sentença homologatória mantida pelo Tribunal de origem, sem que se identifique ofensa aos arts. 128 e 460 do CPC/73 (princípio da congruência ou correlação), 860 do Código Civil (princípio da autonomia privada) e 4º, II, da LC 80/94 (promoção de solução de litígios extrajudicialmente como função institucional da Defensoria Pública). 5. Agravo interno a que se nega provimento. (AgInt no REsp 1.391.790/TO, relator Ministro Raul Araújo, Quarta Turma, julgado em 21.09.2017, DJe de 19.10.2017.)" BRASIL. Superior Tribunal de Justiça. AgInt no REsp 1.391.790/TO, relator Ministro Raul Araújo, Quarta Turma, julgado em 21.09.2017, DJe de 19.10.2017. Disponível em: https://processo.stj.jus.br/SCON/GetInteiroTeorDoAcordao?num_registro=201302171026&-dt_publicacao=19/10/2017. Acesso em: 15 out. 2023.

106. "Civil. Processual civil. Recurso especial. Recurso manejado sob a égide do CPC/73. Família. Anterior acordo extrajudicial de alimentos firmado no centro judiciário de solução de conflitos e cidadania (Cejusc) da comarca local. Ação nova de alimentos extinta por carência de ação em virtude da ausência de interesse processual. Sentença mantida pelo TJ/MG. Aplicação da teoria da asserção pela instância ordinária. Nos termos do deduzido na inicial, há interesse de criança em receber alimentos proporcionais às suas necessidades. Retratação manifestada tempestiva e formalmente ao ajuste feito no Cejusc, fundado na alegação de ser prejudicial aos interesses da criança. Solução da controvérsia, com observância dos princípios de melhor interesse e da proteção integral. Direito indisponível. Possibilidade de retratação do acordo. Precedente do STJ. Necessária intervenção do ministério público antes da homologação do ajuste. Precedentes. Recurso especial provido. 1. Inaplicabilidade do NCPC, neste julgamento ante os termos do Enunciado Administrativo 2, aprovado pelo Plenário do STJ na sessão de 09.03.2016: Aos recursos interpostos com fundamento no CPC/1971 (relativos a decisões publicadas até 17 de março de 1016), devem ser exigidos os requisitos de admissibilidade na forma nele prevista, com as interpretações dadas até então pela jurisprudência do Superior Tribunal de Justiça. 2. As condições da ação, dentre elas, o interesse processual, definem-se da narrativa formulada na inicial, e não da análise do mérito da demanda (teoria da asserção), motivo pelo qual não se recomenda ao julgador, na fase postulatória, se aprofundar no exame de tais preliminares. 3. O arrependimento e a insatisfação com os termos da avença realizada no Centro Judiciário de Solução de Conflitos e Cidadania – CEJUSC, porque não atendera interesse indisponível e teria sido prejudicial, em tese, para a criança, caracteriza, sim, potencial interesse processual e o alegado prejuízo se confunde com o próprio mérito da ação, mostrando-se adequada a pretensão buscada. 4. O STJ já decidiu que o acordo estabelecido e subscrito pelos cônjuges no tocante ao regime de bens, de visita e de alimentos em relação ao filho menor do casal assume o viés de mera proposição submetida ao Poder Judiciário, que haverá de sopesar outros interesses, em especial, o preponderante direito da criança, podendo, ao final, homologar ou não os seus termos e que, em se tratando, pois, de mera proposição ao Poder Judiciário, qualquer das partes, caso anteveja alguma razão para se afastar das disposições incialmente postas, pode, unilateralmente, se retratar (REsp 1.756.100/DF, Rel. Ministro Marco Aurélio Bellizze, Terceira Turma, DJe 11.10.2018). 5. Acordo de alimentos firmado em sede extrajudicial, cujo direito a

em conciliação realizada perante o Centro Judiciário de Solução de Conflitos e Cidadania – CEJUSC, foi revisto o acordo em razão de que os termos celebrados não atenderiam ao "interesse indisponível e teria sido prejudicial, em tese, para a criança" e, assim, restaria caraterizado o potencial interesse processual e permitiu-se a revisão do mencionado acordo, inclusive para fixar a necessária intervenção do Ministério Público.

Em razão disso, e sopesadas as considerações doutrinárias, é de entender que o contrato coparental deve ser homologado, para que então atinja a plena eficácia da manifestação de vontade exteriorizada pelos corresponsáveis, uma vez que este é o momento que o Estado, por meio do Ministério Público e do juiz, exercerá – não o controle da formação familiar –, mas o seu papel de garantidor do melhor interesse da criança e do adolescente, interpretando se as disposições elencadas atendem ao mencionado princípio primordial.

Entretanto, não se pode conceber que a mencionada participação (evitando-se o uso da expressão intervenção), do Estado ocorra para vedar o estabelecimento da família coparental, mas em verdade para que o interesse da criança e do adolescente prevaleça a despeito das disposições do corresponsáveis eventualmente conflitantes.[107] Não existindo, portanto, espaço para o controle judicial ou ministerial quanto à formação da família coparental, vez que decisões neste

---

eles é de caráter indisponível, demanda a necessária intervenção do órgão do Ministério Público para resguardar os direitos da criança, ainda que a alimentada estivesse representada por sua genitora. 6. No mister de tutelar e de proteger os interesses indisponíveis da criança e do adolescente, cabe ao Ministério Público alertar o Juiz na causa que diz respeito a alimentos, que antes de homologar eventual acordo, deve verificar se o valor acordado entre os genitores prejudica a subsistência do menor envolvido, considerando sempre o binômio necessidade/possibilidade, de modo a impedir e velar para que o processo não acarrete perdas desvantajosas ao menor. 6. Recurso especial provido. (REsp 1.609.701/ MG, relator Ministro Moura Ribeiro, Terceira Turma, julgado em 18.05.2021, DJe de 20.05.2021)". BRASIL. Superior Tribunal de Justiça. REsp 1.609.701/MG, relator Ministro Moura Ribeiro, Terceira Turma, julgado em 18.05.2021, DJe de 20.05.2021. Disponível em: https://processo.stj.jus.br/SCON/ GetInteiroTeorDoAcordao?num_registro=201601667252&dt_publicacao=20/05/2021. Acesso em: 15 out. 2023.

107. "As relações familiares e a disciplina que elas exprimem mesmo como testemunho de autorregulamentação, ao contrário, não podem se subtrair a um juízo de valor, a uma confrontação com os valores do sistema vigente, com a sua ordem pública. O controle sobre as vicissitudes pessoais e familiares se justifica se e na medida em que for feito em função da garantia dos direitos fundamentais, a ser realizado por iniciativa dos próprios interessados ou do Ministério Público, ainda que solicitado em via oficiosa ou institucional. Na solidariedade e no sacrifício pessoal como atos de amor, quando carentes do significado da reciprocidade, podem esconder os perigos da submissão e da subjugação (plagio). A dignidade humana representa, em tais hipóteses, um limite inviolável no plano do comportamento e, ao mesmo tempo, um valor indisponível em formas juridicamente relevantes. Nessa perspectiva, por exemplo, deve ser considerada a utilidade do controle de valor sobre os conteúdos do acordo sobre a direção da sociedade conjugal". PERLINGIERI, Pietro. *O Direito civil na Legalidade Constitucional.* Trad. Maria Cristina De Cicco. Rio de Janeiro: Renovar, 2008. p. 980-981.

sentido não seriam hígidas, adequadas e justas, posto que feririam a pluralidade familiar, bem como estariam em desacordo com o art. 1.513 do Código Civil.[108]

Consigne-se, ademais, que, nos termos do art. 1.609 do Código Civil,[109] o reconhecimento dos filhos poderá ser feito de quatro maneiras diferentes: no registro do nascimento; por escritura pública ou escrito particular, a ser arquivado em cartório; por testamento, ainda que incidental; por manifestação direta e expressa perante o juiz.

Destarte, não obstante a possibilidade do contrato de coparentalidade poder ser um escrito particular, a ser arquivado em cartório, para se configurar o reconhecimento espontâneo da paternidade, tem-se que pela homologação judicial, haverá a dispensa de tal procedimento, uma vez que incidirá a hipótese do inciso IV – reconhecimento perante o juiz.[110]

Mesmo antes da homologação do contrato coparental, denota-se que ele poderá produzir efeitos, uma vez que as partes podem cumpri-lo voluntariamente e, assim, os plenos efeitos estarão presentes. Todavia, para existir a exequibilidade das disposições, ou que o instrumento seja oponível a terceiros, não há como dispensar a homologação judicial.

Analisados os três níveis da tricotomia dos planos do negócio, segundo Pontes de Miranda, e, aproveitando os escritos dos atualizadores das obras, bem como da doutrina estrangeira, fixaram-se as premissas basilares para que a família coparental entre no mundo jurídico. E, portanto, exista, seja válida e

---

108. Por derradeiro, em uma interpretação extensiva, Pontes de Miranda, ao analisar o pacto antenupcial tece considerações que podem ser aplicadas ao contrato de coparentalidade, nos seguintes termos: "Cabe ao juiz auscultar a ordem jurídica, apreciando o ato ou a cláusula, conforme concepções dominantes no seu círculo social. Aliás, o círculo social que ele ausculta não é necessariamente o do lugar em que o pacto antenupcial terá eficácia". PONTES DE MIRANDA, Francisco Cavalcante. *Tratado de Direito de Família*. Campinas, Bookseller, 2001, v. II, p. 34.

109. "Art. 1.609. O reconhecimento dos filhos havidos fora do casamento é irrevogável e será feito: I – no registro do nascimento; II – por escritura pública ou escrito particular, a ser arquivado em cartório; III – por testamento, ainda que incidentalmente manifestado; IV – por manifestação direta e expressa perante o juiz, ainda que o reconhecimento não haja sido o objeto único e principal do ato que o contém. Parágrafo único. O reconhecimento pode preceder o nascimento do filho ou ser posterior ao seu falecimento, se ele deixar descendentes". BRASIL. Lei 10.406, de 10 de janeiro de 2002. Institui o Código Civil. Disponível em: https://www.planalto.gov.br/ccivil_03/leis/2002/l10406compilada.htm. Acesso em: 15 out. 2023.

110. "A rigor a lei não indica qual o juiz competente para colher e tomar por termo o reconhecimento voluntário da paternidade, seja esta pessoa parte ou testemunha de um processo, e tampouco a lei esclarece se há identidade ou conexão do processo e do declarante com a sua manifestação. Em realidade, não faz nenhuma diferença se o juiz é familista, criminal, trabalhista de primeiro ou de segundo grau, ou de qualquer instância superior, pois o reconhecimento da paternidade pode ser realizado perante qualquer autoridade judicante e em qualquer grau ou instância de jurisdição". MADALENO, Rolf. *Direito de Família*. Rio de Janeiro: Grupo GEN, 2023. E-book. Disponível em: https://app.minhabiblioteca.com. br/#/books/9786559648511/. Acesso em: 15 out. 2023.

possua eficácia, o que conferirá aos indivíduos deste arranjo familiar para além da segurança jurídica, a possibilidade de, mediante a concretização do projeto parental, se realizarem enquanto pessoas humanas, dotadas de dignidade.

Faz-se necessário, pois, o estudo dos limites que as disposições já apreciadas e fixadas podem sofrer, uma vez que estas foram tangenciadas no estudo destes tópicos e, assim, devem ser objeto de maior estudo. Ademais, é indispensável que, ao se superar o exclusivo paradigma da patrimonialidade, as eventuais inadimplências que poderão decorrer desta modalidade contratual, também sejam estudadas, razão pela qual o próximo tópico cuidará destes dois aspectos.

4.5 DOS LIMITES CONTRATUAIS E DO INADIMPLEMENTO

As limitações que o contrato coparental está adstrito foram de maneira breve esclarecidas nos tópicos anteriores, uma vez que as disposições não poderão contrariar nenhuma norma de ordem de pública, tampouco ferir ou opor-se a princípios afetos ao direito das famílias. E, não obstante, em razão das situações jurídicas serem de caráter existencial e dizerem respeito a diversas vulnerabilidades, impende o estudo mais detalhado, o que será objeto de investigação neste momento.

De igual sorte, as questões quanto à desistência, inexecução e inadimplemento contratual carecem de maiores esclarecimentos, uma vez que a sua coercibilidade, pelas mesmas razões anteriores, não são vistas e não permitem a mesma adoção das exequibilidades de direitos e deveres de cunho exclusivamente patrimonial. Ocorre que não se cogita a total ausência de possibilidade de utilização de soluções para o inadimplemento, sob pena de tornar ineficaz o mencionado contrato, razão pela qual o segundo item deste tópico cuidará deste estudo.

4.5.1 Dos limites contratuais

Uma vez preenchidos os três níveis dos planos do negócio jurídico, presume-se que as partes, para além de cientes dos próprios direitos e deveres, não avançaram em matérias que extrapolem a respectiva liberdade contratual. Em razão do atendimento de todos os pontos já estudados, é de se entender que inexistiram anomalias passíveis de gerarem a intervenção estatal para se invalidar o contrato coparental.

Todavia, em razão deste instrumento conter disposições patrimoniais peculiares (como os alimentos, por exemplo), bem como por se referir às situações jurídicas existenciais, a análise dos limites se torna necessária, porquanto até este momento houve a investigação dos poderes das partes contratantes, evidenciando-se o caráter positivo, ou seja, a liberdade dos corresponsáveis para se autorregrarem, limitando o poder estatal de intervenção. A partir desse momento, então, o caminho será o de investigar quais os limites impostos às partes, isto é, quais as limitações para tal contratação.[111]-[112]

O primeiro ponto a ser esclarecido se refere à necessária conservação máxima do que foi pactuado entre as partes, em caso de litígio. Uma vez que, para que se atinja a plena eficácia, a homologação judicial deve existir em momento posterior. Tem-se que em caso de revisão judicial a interpretação deve estar em plena consonância em resguardar e respeitar "a vontade das partes no momento em que firmaram contrato".[113]

Em razão da crescente aceitação de situações nas quais o titular de um direito fundamental possa de maneira livre e consciente dispor deste, demonstra que, com exceção de casos em que os indivíduos estão em absoluta hipossuficiência, a intromissão regulatória do Estado ou de outros particulares, se afigura como conduta de "razões religiosas ou meramente paternalistas"[114] o que "viola des-

---

111. Logo na apresentação da obra, as autoras afirmam pela importância que o estudo dos limites contratuais ganham no debate do tema, confira-se: "A tendência à privatização da família chancelada pela Emenda Constitucional 66 acabou por transferir o controle da desconstituição familiar para os próprios membros: liberdade e responsabilidade caminham cada vez mais juntas, sendo que cônjuges e companheiros, a partir de uma arquitetura do projeto de vida individual e familiar construído no decorrer do relacionamento é quem devem definir os rumos familiares, a permanência ou não de vínculos pautados no afeto e em outros valores relevantes para si. Não há dúvidas de que há limites a esse movimento, principalmente quando estão em jogo situações jurídicas existenciais e vulnerabilidades, ou seja, em algumas circunstâncias, a responsabilidade com a alteridade deve ser prioritária a qualquer movimento que busque a negociabilidade". TEIXEIRA, Ana Carolina Brochado; RODRIGUES, Renata de Lima (Coord.). *Contratos, Família e Sucessões* [livro eletrônico]. 2. ed. Indaiatuba: Foco, 2021.

112. " […] destaca-se que as potencialidades dos pactos na seara do direito das famílias envolvem a necessária reflexão sobre o poder de transação acerca de direitos indisponíveis e deve levar em conta as necessidades, os interesses e os valores de cada família e da sociedade em que ela se insere, tendo como limites o princípio da dignidade da pessoa humana, a igualdade entre os cônjuges/conviventes, a solidariedade familiar e a corresponsabilidade parental". MULTEDO, Renata Vilela. A potencialidade dos pactos consensuais no fim da conjugalidade. In: TEIXEIRA, Ana Carolina Brochado; RODRIGUES, Renata de Lima (Org.). *Contratos, Família e Sucessões* [livro eletrônico]. São Paulo: Foco, 2021.

113. Afirma o autor no excerto que "Todo contrato de coparentalidade exige muito cuidado para que as partes tentem ao máximo preservar os interesses da criança e do adolescente, e também se precaver de uma futura intervenção judicial. O Judiciário deve respeitar ao máximo as partes. A interpretação das cláusulas da coparentalidade deve respeitar a vontade das partes no momento em que firmaram contrato". FARIAS, Christiano Chaves de. Coparentalidade: parceria formal, regrada, para criação de filhos. *Revista Brasileira de Direito das Famílias e Sucessões*, Belo Horizonte, IBDFAM, v. 49, p. 6-8, fev./mar. 2020.

114. VENTURI, Elton. Transação de Direitos Indisponíveis? *Revista de Processo*. São Paulo: RT, v. 41, n. 251, jan. 2016. 625 p. Disponível em: https://proview.thomsonreuters.com/title.html?redirect=true&titleKey=rt%2Fperiodical%2F92686434%2Fv20160251.2&titleStage=F&titleAcct=i0ad6a6a500000181ef3f924a63d47606#sl=e&eid=d2d7342b46e27f57a45fa61eaf447571&eat=D-TR_2016_63&pg=&psl=&nvgS=false. Acesso em: 15 out. 2023.

proporcionalmente o também fundamento direito constitucional de respeito à autonomia das vontades".[115]

É possível, pois, concluir que não se afasta o princípio da dignidade da pessoa humana, a igualdade entre os corresponsáveis, a solidariedade familiar e a corresponsabilidade parental.[116] Em situações mais específicas às disposições estudadas anteriormente, tem-se algumas que demandam maiores esclarecimentos, conforme se verá.

Não podem os corresponsáveis disporem sobre a não vacinação dos filhos, independente de qual seja, tendo em vista que para além de ser um direito fundamental à saúde da criança e do adolescente, o Supremo Tribunal Federal decidiu pela obrigatoriedade desta, no julgamento do *leading case* RE 1267879, cujo Relator foi o Ministro Luís Roberto Barroso, fixado o tema 1.103. No mencionado entendimento da Suprema Corte, uma vez incluída no Programa Nacional de Imunizações, ou mediante a existência de determinação por lei, é de caráter obrigatório a vacinação dos filhos, bem como a mencionada obrigatoriedade não violaria qualquer direito dos pais.[117]

---

115. "Tanto para os legisladores como para os operadores do sistema de Justiça, não podem mais bastar para justificar a restrição da disposição dos direitos considerados 'indisponíveis' abstratas e retóricas presunções a respeito da hipossuficiência e da incapacidade de manifestação volitiva dos seus titulares – que historicamente têm justificado academicamente sua absoluta inegociabilidade. A viabilidade cada vez mais evidente de apuração da real e livre intenção dos titulares dos direitos individuais e transindividuais indisponíveis em exercê-los, abdicá-los ou negociá-los, passa a exigir do Estado justificativas bem mais sólidas e empíricas todas as vezes em que pretender intervir a título de proteção do interesse público". Ibidem.

116. "Nas relações de família, a compatibilização da noção de ordem pública com a intransigente tutela da dignidade da pessoa humana não deve afastar, senão estimular o desenvolvimento da autonomia privada, desde que as relações contratuais que vicejam no núcleo familiar, permeadas por intenso conteúdo ético, se constituam em instrumento de promoção e desenvolvimento da personalidade de seus integrantes. Para tanto, torna-se imprescindível e urgente – não pareceria exagerado acrescentar – abrir mão de visões preconceituosas que, baseadas em padrões de moralidade preconcebidos, estipulam limites à liberdade em nome de uma ordem pública intangível, de difícil validação na legalidade constitucional. Há de se garantir, portanto, antes de mais anda, a liberdade na família, reservando-se as pontuais intervenções ou restrições do Estado às hipóteses em que a própria liberdade individual se encontra ameaçada". TEPEDINO, Gustavo. Contratos em direito de família. In: PEREIRA, Rodrigo da Cunha (Coordenador). *Tratado de Direito das Famílias.* 2. ed. Belo Horizonte: IBDFAM, 2016. p. 496.

117. "Tema 1103 – Possibilidade dos pais deixarem de vacinar os seus filhos, tendo como fundamento convicções filosóficas, religiosas, morais e existenciais. Relator(a): Min. Luís roberto barroso. Leading Case: ARE 1267879. Descrição: Recurso extraordinário em que se discute, à luz do artigo 5º, incisos VI, VIII e X, da Constituição Federal, se os pais, com fundamento em convicções filosóficas, religiosas e existenciais, podem deixar de cumprir o calendário de vacinação determinado pelas autoridades sanitárias. Tese: É constitucional a obrigatoriedade de imunização por meio de vacina que, registrada em órgão de vigilância sanitária, (i) tenha sido incluída no Programa Nacional de Imunizações ou (ii) tenha sua aplicação obrigatória determinada em lei ou (iii) seja objeto de determinação da União, Estado, Distrito Federal ou Município, com base em consenso médico-científico. Em tais casos, não se caracteriza violação à liberdade de consciência e de convicção filosófica dos pais ou responsáveis, nem tampouco ao poder familiar". BRASIL, Supremo Tribunal Federal. ARE 1267879. Relator: Ministro

A Suprema Corte brasileira também reputou como de repercussão geral a inconstitucionalidade das "espécies de *unschooling* radical (desescolarização radical), *unschooling* moderado (desescolarização moderada) e *homeschooling* puro, em qualquer de suas variações".[118] Assim, não podem os corresponsáveis fixarem nenhuma dessas modalidades de estudo/escolaridade no contrato aventado.

Os alimentos aos filhos não podem ser renunciados, posto que é direito fundamental e fere o princípio da solidariedade familiar. Todavia, a dispensa temporária, caso um dos corresponsáveis possua condições de arcar com os custos da prole sozinho é plenamente aceitável.[119]

Luís Roberto Barroso Brasília, 17 dez. 2020. Diário de Justiça Eletrônico. Disponível em: https://portal.stf.jus.br/processos/detalhe.asp?incidente=5909870. Acesso em: 15 out. 2023.

118. "Ementa: Constitucional. Educação. Direito fundamental relacionado à dignidade da pessoa humana e à efetividade da cidadania. Dever solidário do estado e da família na prestação do ensino fundamental. Necessidade de lei formal, editada pelo congresso nacional, para regulamentar o ensino domiciliar. Recurso desprovido. 1. A educação é um direito fundamental relacionado à dignidade da pessoa humana e à própria cidadania, pois exerce dupla função: de um lado, qualifica a comunidade como um todo, tornando-a esclarecida, politizada, desenvolvida (Cidadania); de outro, dignifica o indivíduo, verdadeiro titular desse direito subjetivo fundamental (Dignidade da Pessoa Humana). No caso da educação básica obrigatória (CF, art. 208, I), os titulares desse direito indisponível à educação são as crianças e adolescentes em idade escolar. 2. É dever da família, sociedade e Estado assegurar à criança, ao adolescente e ao jovem, com absoluta prioridade, a educação. A Constituição Federal consagrou o dever de solidariedade entre a família e o Estado como núcleo principal à formação educacional das crianças, jovens e adolescentes com a dupla finalidade de defesa integral dos direitos das crianças e dos adolescentes e sua formação em cidadania, para que o Brasil possa vencer o grande desafio de uma educação melhor para as novas gerações, imprescindível para os países que se querem ver desenvolvidos. 3. A Constituição Federal não veda de forma absoluta o ensino domiciliar, mas proíbe qualquer de suas espécies que não respeite o dever de solidariedade entre a família e o Estado como núcleo principal à formação educacional das crianças, jovens e adolescentes. São inconstitucionais, portanto, as espécies de *unschooling* radical (desescolarização radical), *unschooling* moderado (desescolarização moderada) e *homeschooling* puro, em qualquer de suas variações. 4. O ensino domiciliar não é um direito público subjetivo do aluno ou de sua família, porém não é vedada constitucionalmente sua criação por meio de lei federal, editada pelo Congresso Nacional, na modalidade "utilitarista" ou "por conveniência circunstancial", desde que se cumpra a obrigatoriedade, de 4 a 17 anos, e se respeite o dever solidário Família/Estado, o núcleo básico de matérias acadêmicas, a supervisão, avaliação e fiscalização pelo Poder Público; bem como as demais previsões impostas diretamente pelo texto constitucional, inclusive no tocante às finalidades e objetivos do ensino; em especial, evitar a evasão escolar e garantir a socialização do indivíduo, por meio de ampla convivência familiar e comunitária (CF, art. 227). 5. Recurso extraordinário desprovido, com a fixação da seguinte tese (Tema 822): "Não existe direito público subjetivo do aluno ou de sua família ao ensino domiciliar, inexistente na legislação brasileira". Tema 822 – Possibilidade de o ensino domiciliar (*homeschooling*), ministrado pela família, ser considerado meio lícito de cumprimento do dever de educação, previsto no art. 205 da Constituição Federal. Tese: Não existe direito público subjetivo do aluno ou de sua família ao ensino domiciliar, inexistente na legislação brasileira". BRASIL, Supremo Tribunal Federal. RE 888815. Órgão julgador: Tribunal Pleno. Relator(a): Min. Roberto Barroso. Redator(a) do acórdão: Min. Alexandre de Moraes. Julgamento: 12.09.2018. Publicação: 21.03.2019. Disponível em: https://jurisprudencia.stf.jus.br/pages/search?base=acordaos&pesquisa_inteiro_teor=false&sinonimo=true&plural=true&radicais=false&buscaExata=true&page=1&pageSize=10&queryString=RE%20888.815&sort=_score&sortBy=descAcesso em: 10 out. 2023.

119. "Civil. Agravo interno no recurso especial. Recurso manejado sob a égide do NCPC. Família. Alimentos. Divórcio consensual. Homologação de acordo. Dispensa temporária do genitor ao pagamento

Não podem ainda disporem sobre questões do regime sucessório, nos exatos termos do art. 426 do Código Civil, uma vez que no direito brasileiro não se cogita em pactos sucessórios.[120] Entretanto, a partilha em vida eventualmente pode ser feita pelos corresponsáveis, uma vez que este ato não se afigura como pacto sucessório.[121]

Destas acepções, é possível consignar que não pode ser objeto integrante do contrato coparental qualquer disposição que viole ou se revele como afronta à dignidade dos próprios corresponsáveis e da prole, isto é, nenhuma disposição que

---

da verba alimentar. Possibilidade. Renúncia do direito. Inocorrência. Reforma do entendimento. Reexame dos fatos da causa e do acordo firmado entre os ex-cônjuges. Impossibilidade. Óbice das súmulas 5 e 7 do STJ. Recurso não provido. 1. Aplica-se o NCPC a este recurso ante os termos no Enunciado Administrativo 3, aprovado pelo Plenário do STJ na sessão de 09.03.2016: Aos recursos interpostos com fundamento no CPC/2015 (relativos a decisões publicadas a partir de 18 de março de 2016) serão exigidos os requisitos de admissibilidade recursal na forma do novo CPC. 2. O Tribunal a quo, após analisar as circunstâncias fáticas da causa, houve por bem manter a decisão que, reconhecendo a legitimidade da dispensa transitória e precária do ônus do genitor em prestar alimentos a sua filha menor, sem que isso implicasse renúncia do direito da criança à verba alimentar, homologou o acordo firmado em ação de divórcio, suspendendo, temporariamente, a obrigação do genitor ao pagamento de alimentos. 3. O acórdão recorrido ressaltou, ainda, a inexistência de prejuízo à menor, pois, no futuro, caso haja alguma modificação relevante, e se verifique a necessidade do auxílio material do pai, poderá ser estabelecida, por acordo entre as partes, ou judicialmente, a pensão alimentícia em favor da descendente do casal. Rever tal entendimento encontra óbice no enunciado das Súmulas 5 e 7 do STJ. 4. Agravo interno não provido. (AgInt no REsp 1.704.218/SC, relator Ministro Moura Ribeiro, Terceira Turma, julgado em 12.06.2018, DJe de 19.06.2018.)". BRASIL. Superior Tribunal de Justiça. AgInt no REsp 1.704.218/SC, relator Ministro Moura Ribeiro, Terceira Turma, julgado em 12.06.2018, DJe de 19.06.2018). Disponível em: https://processo.stj.jus. br/SCON/GetInteiroTeorDoAcordao?num_registro=201702683127&dt_publicacao=19/06/2018. Acesso em: 15 out. 2023.

120. "A sucessão defere-se, pois, por lei ou por testamento. O Código Civil Brasileiro não tolera sucessão contratual. Os pactos sucessórios acham-se formalmente proscritos, dispondo o art. 1.089, de modo peremptório, que 'não pode ser objeto de contrato a herança de pessoa viva'. A lei pátria, em tal questão, mostrou-se fiel à tradição romana; quer se trate de pacto aquisitivo (*de sucedendo*), ou renunciativo (*de non sucedendo*), impõe-se sua condenação, porque nele se pode lobrigar um *votum captandae mortis*, que fere a sensibilidade e repugna à consciência jurídica nacional. A expressiva denominação que outro lhes atribuiu, *pacta corvina*, evidencia a repulsa provocada por semelhante estipulação. Nenhuma distinção se permite entre a própria sucessão e a de outrem. Em ambos os casos, condena-se o pacto". MONTEIRO, Washington de Barros. *Curso de Direito Civil*: Direito das sucessões. 27. ed. at. São Paulo: Saraiva. 1991. p. 14.

121. "Conquanto autorizados em outras legislações, são proibidos, entre nós, os pactos sucessórios. Não pode ser objeto de contrato a herança de pessoa viva. É nulo, portanto, o ato bilateral pelo qual dispõe alguém de sua própria sucessão, ou dos direitos que lhe possam vir a caber em sucessão ainda não aberta. A proibição é absoluta, apanhando todo e qualquer negócio bilateral, inclusive os pactos antenupciais. A razão principal da proibição reside no interesse de evitar que a pessoa se prive do direito de regular livremente a própria sucessão, ainda autolimitando a vontade, porque deve esta estar livre até o momento da morte. A partilha em vida – *divisio parentum inter liberos* –, feita por ascendente, não é pacto sucessório, conquanto se realize mediante o contrato de doação, produzindo imediatamente seus efeitos". GOMES, Orlando. *Sucessões*. Rio de Janeiro: Grupo GEN, 2019. E-book. Disponível em: https://app.minhabiblioteca.com.br/#/books/9788530986049/. Acesso em: 15 out. 2023.

obrigue ou coloque um deles em posição vexatória, contrária à figura de genitor, reduzindo qualquer interesse, direito ou dever para com os filhos.

Das mais variadas situações hipotéticas que poderiam surgir em casos concretos, não se poderia cogitar de cláusula que vincule qualquer direito ou dever ao gênero do filho(a), isto significa que nenhuma disposição pode condicionar o valor da pensão alimentícia ou o tempo de convivência a depender do sexo da prole futura. Em relação ao futuro filho, observar-se-á criteriosamente o princípio do melhor interesse dele, sem descuidar de tornar o instrumento um meio adequado para que a família coparental seja ambiente para promover e potencializar a livre realização desta pessoa em desenvolvimento em harmonia.

4.5.2 Da cláusula de inadimplemento

As partes podem convencionar uma cláusula que disponha sobre eventual inadimplemento, inexecução ou desistência, o que facilitaria o desfazimento do negócio jurídico, sem submeterem a questão ao Judiciário. Todavia, inexistindo essa pactuação ou caso não esteja em concordância com normas cogentes e princípios inerentes, deve-se buscar uma forma correta para que o adimplemento do contrato seja realizado ou que exista alguma forma de indenização, sob pena do contrato coparental ser totalmente ineficaz ante inadimplência.

As questões patrimoniais serão resolvidas pelo procedimento comum, ou seja, estas possuem disposições que a própria legislação material e processual implica, seja pelo rito do procedimento executório dos alimentos, seja pelo inadimplemento contratual comum, como no caso dos valores devidos à clínica de reprodução humana, por exemplo. Sendo assim, as questões patrimoniais se encontram suficientemente sedimentadas na legislação existente, não demandando, neste momento, maiores esclarecimentos.

No que se refere às questões não patrimoniais, conforme Pietro Perlingieri, nas relações familiares estará presente a figura da relação jurídica, ainda que afastada da ideia de contraposição, ou seja, vinculadas a conflitos ou não, e, persistirão mesmo depois da dissolução da família (como por exemplo o dever de privacidade e respeito à intimidade). Para o autor, "pode-se construir o direito de família recorrendo à noção de relação e de prestação, mesmo não patrimonial".[122]

Todavia, adverte o autor que a exigibilidade e a coercibilidade deverão ser tratadas sob ótica diferente das relações patrimoniais; porquanto afirma o autor

---

122. PERLINGIERI, Pietro. *O Direito civil na Legalidade Constitucional.* Trad. Maria Cristina de Cicco. Rio de Janeiro: Renovar, 2008. p. 986.

que seria necessário estudá-las "de maneira diversa daquela na qual normalmente tais problemáticas foram enfocadas relativamente às obrigações".[123]

No que se refere às disposições existenciais, como a desistência de certo método para gestação, ou seja, na hipótese de a mulher corresponsável perder o interesse para que uma nova tentativa de fecundação exista, não há como sujeitá-la forçosamente. Ou ainda, caso o homem corresponsável que, antes do procedimento de reprodução se iniciar, ou depois de iniciado não ter sucesso, resolver não mais prosseguir com novas tentativas, não há como forçá-lo a continuar a doar material genético e posteriormente assumir a paternidade.

Situação diversa é aquele verificada no momento posterior ao início do procedimento/tratamento de reprodução humana bem sucedido, posto que em razão da paternidade ser entendida como um ato de amor e não meramente um acontecimento biológico e científico, a paternidade socioafetiva se estabelece desde o "momento em que o pai concorda expressamente com a fertilização".[124] Situação essa que implica na possibilidade do corresponsável estar autorizado a proceder com o reconhecimento da paternidade da prole após o nascimento.

Quanto à "clausula de arrependimento" que as partes poderão convencionar há que diferenciar esta disposição de outra situação diferente, qual seja, o "direito de arrependimento", posto que, na primeira hipótese, a pactuação decorre de vontade manifestada pelas partes, que inclusive poderão prever multa penitencial para o desfazimento do negócio e, não poderá a outra parte se opor à resilição.[125]

---

123. Ibidem. E, continua o autor: "No âmbito da família; juridicidade da qual as partes, às vezes, podem também não se valer. Tais relações deveriam ser ulteriormente aprofundadas: não somente as obrigações no interesse da família, mas também os deveres de comportamento, de lealdade etc. Seria necessário estudá-las sob o perfil seja da exigibilidade, seja da coercibilidade, de maneira diversa daquela na qual normalmente tais problemáticas foram enfocadas relativamente às obrigações: não se trata, apenas, de deveres genéricos, mas de deveres com conteúdo específico, ou melhor, que assumem conteúdo específico segundo as circunstâncias concretas, o ambiente, a cultura, a mentalidade dos sujeitos interessados". Ibidem.

124. VENOSA, Sílvio de S. *Direito Civil*: Família e Sucessões. São Paulo: Grupo GEN, 2023. v. 5. E-book. Disponível em: https://app.minhabiblioteca.com.br/#/books/9786559774715/. Acesso em: 15 out. 2023. Nas palavras do autor: "Questão primeira que se desloca para o campo jurídico é que se a inseminação heteróloga deu-se sem o consentimento do marido, este pode impugnar a paternidade. Se a inseminação se deu com seu consentimento, há que se entender que não poderá impugnar a paternidade e que a assumiu". Ibidem.

125. "Podem as partes estipular que o contrato será resilido se qualquer delas se arrepender de o haver concluído. Asseguram-se convencionalmente o poder de resili-lo mediante declaração unilateral de vontade. A autorização não provém da lei, mas, no caso, do próprio contrato. São, realmente, os próprios contratantes que estipulam o *jus poenitendi*. Normalmente, o exercício da faculdade de arrependimento tem sua contrapartida no pagamento de multa penitencial. Trata-se de compensação pecuniária atribuída à parte que se viu privada da vantagem do contrato porque a outra se arrependeu de o ter celebrado. Estipulada a multa penitencial, a parte que faz jus a seu recebimento não pode opor-se à resilição do contrato, visto que o arrependimento da outra parte é faculdade contratualmente assegurada. Pagando a multa, libera-se do vínculo. Não é outra sua função. A multa penitencial não

A segunda hipótese, "direito de arrependimento", se refere à impossibilidade de coercibilidade da situação em específico, uma vez que por se tratar de uma situação jurídica existencial a limitação do exercício a um direito da personalidade somente é admissível de forma voluntária, porquanto "permite-se que o disponente se arrependa da declaração de vontade que expressou e a revogue, até o momento anterior ao da execução material do ato".[126]

É neste sentido que as disposições pertinentes à esfera existencial da pessoa contratante deverão ter os efeitos do inadimplemento mitigados, uma vez que para estas não pode incidir a força obrigatória dos contratos, como ocorre nas situações meramente patrimoniais. A título de exemplo é a hipótese prevista no parágrafo único do art. 14 do Código Civil que autoriza a revogabilidade das disposições *causa mortis*.[127]

O instrumento do contrato de coparentalidade, portanto, será adequado para prever inclusive as questões sobre a sua eventual desistência ou inadimplemento da maneira como melhor atender às partes, o que de certa forma reforça a sua utilidade e potencialidade de segurança jurídica, posto que confere aos corresponsáveis maior previsibilidade caso este contrato venha a ser desfeito.[128]

---

se confunde com a cláusula penal, que pressupõe a inexecução do contrato ou o inadimplemento de obrigações contratuais, correspondendo ao ressarcimento dos danos respectivamente provenientes. A multa penitencial nada tem a ver com a execução do contrato. É devida como compensação do exercício da faculdade de arrependimento. Garante o poder de resilir, de sorte que o contratante arrependido mais não tem a fazer do que pagar a multa, desvinculando-se por seu mero arbítrio". GOMES, Orlando. *Contratos*. Rio de Janeiro: Grupo GEN, 2022. E-book. Disponível em: https://app.minhabiblioteca. com.br/#/books/9786559645640/. Acesso em: 15 out. 2023.

126. MEIRELES, Rose Melo Vencelau. *Autonomia privada e dignidade humana*. Rio de Janeiro: Renovar. 2009. p. 246.

127. Ibidem. p. 147. Mencionada autora analisa que as situações existenciais são possuem coercibilidade e afirma: "[...] Ocorre que a atitude a que estaria obrigada a realizar por meio da execução forçada se vincula diretamente a aspectos da personalidade, o que implica na sua incoercibilidade. Observe-se que uma situação existencial pode integrar uma relação contratual, no âmbito da qual é comum a execução forçada da obrigação de fazer. A obrigação de fazer nem sempre é patrimonial, mas se submete ao regime do direito das obrigações, inclusive, ensejando a execução específica da mesma, na qual muito úteis são as astreintes. No caso das situações existenciais, muitas vezes pode ser considerado até ilícito o negócio que crie uma obrigação – no exato sentido técnico do termo – de limitar o seu exercício". Ibidem. p. 252.

128. Mesmo raciocínio é expresso por Ana Cristina de Carvalho Rettore ao tratar do contrato para gestação por substituição, confira-se: "Pelo exercício do "direito ao arrependimento", a gestante pode não mais desejar seguir com o procedimento para engravidar, exercitando direito da personalidade à sua autonomia corporal, e os beneficiários podem não mais desejar a parentalidade naquele momento. Trata-se de direitos que emanam da pessoalidade, de modo que esse arrependimento não poderá ser inviabilizado na medida em que decorre da cláusula geral de tutela da pessoa humana. Tal direito à revogação costuma inexistir na seara contratual, à qual se vincula o princípio da obrigatoriedade. A "faculdade de arrependimento", por sua vez, é consensualmente estabelecida e surge da vontade das partes: se não for prevista, o arrependimento implicará inexecução negocial e gerará responsabilidade civil; se o for, o arrependimento será apenas o exercício da faculdade de resilir e implicará, quando

Reafirma-se que, tendo em vista que o contrato coparental possui como um de seus fundamentos a relação de confiança estabelecidas entre as partes, a resilição unilateral é de caráter incondicional. O cumprimento forçado não é possível. Assim, havendo investimentos financeiros por uma das partes (exemplo: gastos com procedimentos prévios para o início do tratamento da reprodução assistida), e a posterior desistência imotivada, abre-se uma possibilidade da parte prejudicada se valer de ação indenizatória.[129]

Denota-se, portanto, que inaplicável a coercibilidade do conteúdo existencial do contrato coparental e, para se garanta uma certa eficácia deste, bem como se afaste eventual enriquecimento ilícito por quem se utilizar de forma inadequada, se faz necessário abrir a possibilidade da mencionada ação restitutória.[130]

O instituto do dano moral é situação mais complexa, posto que diversas situações casuísticas poderão surgir.[131] A jurisprudência do Superior Tribunal

---

for o caso, o pagamento da multa penitencial prevista. Como se vê, a segunda opção oferece maior segurança e previsibilidade, desde logo gerenciando expectativas inclusive para o caso de frustração do acordado por qualquer dos envolvidos – o que é a exata razão pela qual esse instituto do direito contratual, conquanto criado para a lógica patrimonialista, merece ser visto como tutela adequada a essa situação jurídica existencial". RETTORE, Ana Cristina de Carvalho. *Gestação de Substituição no Brasil*: a estrutura de um negócio jurídico dúplice, existente, válido e eficaz. 2018. 165f. Dissertação de Mestrado – Universidade Católica de Minas Gerais, Belo Horizonte, 1994, p. 107-108.

129. "Certos contratos, como o mandato, admitem por sua natureza a resilição unilateral incondicional, porque tem fundamento na relação de confiança entre as partes. Nessas hipóteses deve restar ao prejudicado apenas obter indenização pelos danos sofridos, sem a possibilidade de extensão compulsória da vigência do contrato". PEREIRA, Caio Mário da S. *Instituições de Direito Civil*: Contratos. Rio de Janeiro: Grupo GEN, 2022. v. III. E-book. Disponível em: https://app.minhabiblioteca.com.br/#/books/9786559643387/. Acesso em: 15 out. 2023.

130. "O mesmo se aplica aos contratos com prestações existenciais. Ante a incoercibilidade das situações existenciais, compete ao denunciante apenas indenizar o prejudicado dos danos que eventualmente a resilição unilateral ocasionar". MEIRELES, Rose Melo Vencelau. *Autonomia privada e dignidade humana*. Rio de Janeiro: Renovar, 2009. p. 297.

131. A mero título de exemplo veja-se situação atinente à gestação por substituição: "se, da perspectiva dos beneficiários, o interesse é de garantir aderência da gestante aos comportamentos aos quais anuiu no negócio, mas a eles não é permitido exigir tutela específica, certo é que inexiste impedimento para que prevejam cláusula penal compensatória pelo descumprimento do avençado – com relevante caráter dissuasivo – podendo o valor estabelecido refletir proporcionalmente o da remuneração principal. [...] Na ausência de uma tal cláusula, poderão buscar junto ao Judiciário a configuração de responsabilidade civil da gestante, se comprovado que o descumprimento lhes gerou dano material (por complicação na gravidez que onerou custos do tratamento, ou posteriormente, se tiver havido reflexos no filho que demandem gastos não ordinários etc.) e/ou moral (pela violação a direito da personalidade, sustentando-se, por exemplo, violação do direito ao planejamento familiar que exerceram por meio daquele negócio, indissociável dos direitos ao livre desenvolvimento da pessoalidade e à dignidade, assim se incluindo na categoria dos direitos da personalidade já que o rol presente no Código Civil não é taxativo)". RETTORE, Ana Cristina de Carvalho. *Gestação de Substituição no Brasil*: a estrutura de um negócio jurídico dúplice, existente, válido e eficaz. 2018. 165f. Dissertação de Mestrado – Universidade Católica de Minas Gerais, Belo Horizonte, 1994. p. 107.108. Disponível em: https://bib.pucminas.br/teses/Direito_RettoreAC_1.pdf. Acesso em: 15 out. 2023.

de Justiça afirma que o mero inadimplemento contratual não é apto a ensejar a indenização extrapatrimonial.[132] Todavia, cumpre observar que, a depender do caso em concreto, mencionada Corte admite tal indenização,[133] razão pela qual esta forma de reparação de igual modo poderá ser uma via adequada para o ofendido buscar amparo.[134]

---

132. "Civil e processual civil. Agravo interno no agravo em recurso especial. Ausência de violação do art. 1.022 do CPC. Omissão não configurada. Danos morais. Mero dissabor. Súmula 7/STJ. Revisão do quantum indenizatório. Súmula 7/STJ. 1. O acórdão recorrido abordou, de forma fundamentada, todos os pontos essenciais para o deslinde da controvérsia, razão pela qual não há falar na suscitada ocorrência de violação do art. 1.022 do CPC 2. A jurisprudência desta Corte Superior é no sentido de que o simples inadimplemento contratual, em regra, não configura dano moral indenizável, devendo haver consequências fáticas capazes de ensejar o sofrimento psicológico. 2.1 O Tribunal a quo destacou que "tais fatos ultrapassam mero aborrecimento cotidiano ou simples descumprimento contratual". Rever tal posicionamento esbarra no intransponível óbice da Súmula 7/STJ. 3. Ainda, rever o quantum indenizatório fixado na origem em sede de recurso especial, só encontra respaldo quando os valores são irrisórios ou exorbitantes, o que não é o caso dos autos. Precedentes. Agravo interno improvido. (AgInt no AREsp 1.999.359/RJ, relator Ministro Humberto Martins, Terceira Turma, julgado em 09.10.2023, DJe de 16.10.2023.)". BRASIL. Superior Tribunal de Justiça. AgInt no AREsp 1.999.359/RJ, relator Ministro Humberto Martins, Terceira Turma, julgado em 09.10.2023, DJe de 16.10.2023. Disponível em: https://processo.stj.jus.br/SCON/GetInteiroTeorDoAcordao?num_registro=202103212482&-dt_publicacao=16/10/2023. Acesso em: 15 out. 2023.

133. "Agravo interno nos embargos de divergência em agravo em recurso especial. Finalidade de uniformizar a jurisprudência do tribunal. Prescrição. Matéria de ordem pública. Exame de ofício. Impossibilidade. Ação indenizatória. Compra e venda de imóvel. Atraso excessivo na entrega do bem adquirido. Culpa da vendedora. Danos morais reconhecidos. Jurisprudência do STJ firmada no mesmo sentido do acórdão embargado. Súmula 168/STJ. Agravo interno desprovido. 1. "A finalidade dos embargos de divergência é a uniformização da jurisprudência do Tribunal, não se apresentando como um recurso a mais nem se prestando para a correção de eventual equívoco ou violação que possa ter ocorrido quando do julgamento do recurso especial" (AgRg nos EAREsp 6.184/DF, relator Ministro João Otávio de Noronha, Segunda Seção, julgado em 08.05.2013, DJe de 14.05.2013). 2. A questão envolvendo a prescrição da pretensão indenizatória por danos morais não foi abordada no acórdão embargado, sendo inviável o exame da matéria, de ofício, nesta instância recursal. Precedentes. 3. O acórdão embargado está em consonância com o entendimento desta Corte, no sentido de que o simples inadimplemento contratual em razão do atraso na entrega do imóvel não é capaz, por si só, de gerar dano moral indenizável, sendo necessária a comprovação de circunstâncias específicas que possam configurar lesão extrapatrimonial. No caso, ficou consignada a impossibilidade de se alterar o resultado conferido à demanda, pois os fatos descritos pelas instâncias ordinárias denotavam circunstância excepcional que ensejava a reparação por danos morais, considerando o excessivo atraso na entrega do imóvel. Incide, portanto, o óbice da Súmula 168/STJ. 4. Agravo interno desprovido. (AgInt nos EAREsp 676.952/RJ, relator Ministro Marco Aurélio Bellizze, Segunda Seção, julgado em 03.10.2023, DJe de 05.10.2023)". BRASIL. Superior Tribunal de Justiça. AgInt nos EAREsp 676.952/RJ, relator Ministro Marco Aurélio Bellizze, Segunda Seção, julgado em 03.10.2023, DJe de 05.10.2023. Disponível em: https://processo.stj.jus.br/SCON/GetInteiroTeorDoAcordao?num_registro=201500573465&dt_publicacao=17/11/2023. Acesso em: 16 out. 2023.

134. No mesmo sentido observa-se: "Mesmo nos contratos cujo conteúdo tenha alguma situação existencial, seu descumprimento deve ser tratado no âmbito do inadimplemento contratual e não do ilícito extracontratual. Contudo, se o inadimplemento contratual diz respeito à situação existencial, o dano moral estará configurado. Outros contratos não têm situações existenciais como integrantes da sua estrutura, mas são meio para a satisfação de interesses existenciais, que seja pela natureza dos bens envolvidos, quer não. Diante disso, o inadimplemento por uma das partes, em prejuízo à consecução

Desta forma, o contrato de coparentalidade pode ser objeto de ações que visem à restituição patrimonial ou indenização extrapatrimonial, a depender de cada caso em concreto, que por sua multiplicidade de possibilidades não seria possível exauri-las. Consigna-se apenas a possibilidade em aberto para que eventuais inadimplementos possam ensejar as respectivas consequências, o que garante eficácia ao mencionado instrumento.

Delineados, portanto, os três planos em que o negócio jurídico é visto pela doutrina pátria, bem como em atenção aos reflexos jurisprudenciais que o estudo implica, denota-se que o contrato de coparentalidade é um instrumento capaz de conferir segurança jurídica para este arranjo familiar. Em razão desta forma de composição parental ser em certa medida recente, se revela imprescindível que as partes confeccionem um contrato com os mínimos elementos apresentados.

Ao realizarem um contrato escrito, em atenção aos comandos legais e aos princípios inerentes, a família coparental poderá se ver resguardada de certos inconvenientes a que estão sujeitas todas as formas de família. Todavia, poderão passar por estas situações com maior respaldo de um acordo de vontades, realizado previamente. Reafirma-se que a família coparental será tão feliz ou infeliz quanto as demais configurações familiares, mas a esta será acrescida a vontade consensual do projeto parental como vínculo exclusivo, excluído, portanto, as questões conjugais.[135]

Não se pretende que este instrumento seja capaz de afastar todo e qualquer contratempo ou adversidade. O objetivo é que, para além de formalizada, não exista confusão em eventuais ações judiciais com o instituto da união estável e que se apresente como um elemento auxiliar para que os genitores e corresponsáveis possam figurar nessa qualidade no registro de nascimento da prole por eles gerada. Na eventualidade de um dos corresponsáveis possuir relacionamento

---

dos fins existenciais da outra, pode, da mesma forma, acarretar responsabilização por dano moral". MEIRELES, Rose Melo Vencelau. *Autonomia privada e dignidade humana*. Rio de Janeiro: Renovar. 2009. p. 283.

135. "Novas estruturas parentais e conjugais estão em curso. Muitas outras, que ainda nem conseguimos imaginar, virão. Não precisamos temê-las, se vêm em nome do amor. E, se o amor é o que dá sentido à nossa existência, estimula nossa vida psíquica, moral, espiritual, ter filhos sem um amor conjugal é tão legítimo quanto ter um amor conjugal sem ter filhos. Os filhos decorrentes da coparentalidade serão felizes, ou infelizes, como quaisquer outros filhos de famílias tradicionais. Sofrerão *bullyng* como qualquer outra criança ou adolescente. Infelizes são os filhos de pais infelizes, que brigam eternamente, que manipulam, são violentos, fazem alienação parental etc. Os filhos, independentemente de sua origem, serão felizes e na medida do amor e dos limites que receberem dos seus pais". PEREIRA, Rodrigo da Cunha. Coparentalidade abre novas formas de estrutura familiar. *IBDFAM*. 2017. Online. Disponível em: https://ibdfam.org.br/artigos/1229/Coparentalidade+abre+novas+formas+de+estrutura+familiar. Acesso em: 16 out. 2023.

afetivo, seja concomitante ou futuro, pretende-se evitar a confusão com a relação da família coparental.

As partes estarão cientes de seus deveres e direitos, porquanto se espera que esse consenso aproxime pessoas cujos interesses sejam concordantes, o que por si só se revela como um elemento que justifica a sua existência e validade jurídica. A efetividade dependerá, por certo, dos sujeitos envolvidos em cumprirem com as disposições, com a ressalva de que o eventual inadimplemento involuntário poderá ensejar as respectivas restituições e indenizações, o que de igual maneira, confere segurança jurídica.

O próximo capítulo cuidará de ver como a família coparental se revela na prática, no dia a dia dos indivíduos, a forma de confluência com outras modalidades de família, a vedação ou não pelo art. do ECA, a possibilidade de multiparentalidade, bem como a análise desta no âmbito internacional e, por fim, a jurisprudência encontrada no Brasil.

5
DA FAMÍLIA COPARENTAL EM SUA CONCRETUDE: REFLEXOS NA *PRAXIS*

Sopesadas as considerações de todos os capítulos anteriores, perpassando não apenas o contexto contemporâneo que demanda a abertura de visão ao conceito de família, bem como seus reflexos jurídicos. O que, então, torna imprescindível que o direito passe a tutelar essa nova configuração familiar. Neste linear, o presente momento analisará a família coparental no cotidiano, isto é, a forma como os indivíduos se arranjam enquanto família.

Para atingir o desiderato supramencionado far-se-á primeiro o estudo quanto à formação da coparentalidade no ambiente virtual, posto que este é o cenário, o plano de fundo, em que os interessados em serem corresponsáveis se encontram e podem assim se constituírem enquanto arranjo familiar. O objetivo não é conceituar, mas em verdade de fazer uma análise dos sites e mídias sociais que promovem o encontro virtual dos interessados.

Na sequência, o estudo revelará as formas de composição coparental em concomitância com outros arranjos familiares já estudados, entre os quais: a multiparentalidade, a adoção, a gestação por substituição e transnacionalidade. Revelando, portanto, que o contrato de coparentalidade pode ser um auxiliar à formação destas diversas combinações familiares.

A experiência estrangeira será abordada em continuidade, a fim de demonstrar que em razão de ser uma possibilidade de composição familiar democrática outros ordenamentos jurídicos também se valem dela, o que evidencia a importância da temática. Buscar-se-á, ainda, demonstrar a possibilidade de selecionar nestas experiências fundamento jurídicos possíveis de serem aplicados no contexto brasileiro.

5.1 DA COPARENTALIDADE NO AMBIENTE VIRTUAL: ANÁLISE CASUÍSTICA DOS SITES/MÍDIAS SOCIAIS QUE CONECTAM PRETENSOS CORRESPONSÁVEIS

Não obstante a inafastável e plausível hipótese de os corresponsáveis se conhecerem de maneira presencial, observa-se que, por intermédio de redes sociais e sites, destinados a promoverem o encontro deles, estas ferramentas têm se revelado como uma mola propulsora, que para além de possibilitar esta confluência de interesses, por vezes se revela como uma espécie de desmitificação do assunto, razão pela qual a análise deste contexto se torna importante.

Uma vez que o ambiente se revela inusitado e um tanto quanto novo, convém que sejam explorados alguns dos sites e redes sociais em que esses encontros de vontades são oportunizados. Entretanto, ressalte-se que este não é o único meio pelo qual os interessados poderão se conhecer e firmar o respectivo contrato, porquanto uma forma (presencial ou virtual) não é excludente da outra.

No contexto brasileiro o ambiente virtual "pais amigos" que atualmente está na rede social *instagram* com a denominação "Projeto CoParents World Pais amigos", de onde é possível extrair da descrição do perfil: "Encontre pessoas de qualquer país para (Gerar ou Adotar) e criar um filho junto com você como Pais Amigos pela Coparentalidade".[1] O conteúdo do mencionado perfil se concentra na divulgação do conceito de coparentalidade e a promover o encontro destes interessados.

Com uma publicação fixada no *feed* do mencionado perfil, é possível identificar a descrição do projeto "pais amigos" como: "para quem quer encontrar um pai, mãe ou casal para gerar ou adotar e criarem um filho juntos",[2] denota-se que a mensagem pode ser compreendida de maneira muito simples, uma vez que para além de ser curta é direta no objetivo dos pretensos corresponsáveis.

Como forma de promover o encontro dos interessados então outra publicação é dedicada a informar: "encontre uma pessoa ou casal ideal para (gerar ou adotar) um filho para criar junto com você como pais amigos!". Para tanto é necessário ingressar em grupo via *WhatsApp* ou *Telegram*, ambiente que possibilita por intermédio de bate-papo por voz e vídeo o encontro destas vontades. Entretanto, para o ingresso é cobrado o valor de R$ 50,00 (cinquenta reais) destinados a uma ONG vinculada ao perfil.[3]

---

1. COPARENTS.WORLD. [sem título] [sem data]. Disponível em: https://www.instagram.com/coparents.world/. Acesso em: 20 dez. 2023.
2. COPARENTS.WORLD. [sem título] 20 jan. 2023. Disponível em: https://www.instagram.com/coparents.world/. Acesso em: 20 dez. 2023.
3. Consta um comentário da própria página: "1 – Faça o pagamento único de 50 reais válidos até dia 31.12.2023 para o Pix da ONG em: contato@globalorg.org. 2 – Envie o comprovante para o WhatsApp da ONG: +55 11 9 5282-5426. 3 – Prontinho! Agora é só deixar divulgarmos o seu perfil, ler os outros perfis divulgados nos nossos canais WhatsApp e Telegram, e escolher quem são as pessoas que você quer conhecer por WhatsApp para ver o match de se tornarem Pais Amigos gerando ou adotando um filho juntos". COPARENTS.WORLD. [sem título] 1º nov. 2023. Disponível em: https://www.instagram.com/coparents.world/. Acesso em: 20 dez. 2023.

Como público-alvo, há publicação no sentido de informar como "persona" 53,75% são homens; 77,51% são heterossexuais; 47,40% possuem de 31 a 40 anos; 78,51% são solteiros; 88,34% não possuem filhos e 81,06% possuem graduação ou mais. No campo denominado "o que almeja": 75,10% declararam a coparentalidade; 41,30% a adoção e 11,90% estão abertos a relacionamentos. Como "método de concepção": 54,59% mencionaram "tradicional (sexual); 43,69% inseminação caseira; 36,87% inseminação artificial e 24,05 fertilização *in vitro*".[4]

Destes dados, é possível identificar a confluência com o caminho percorrido pela presente pesquisa, uma vez que demonstra a busca democrática pelo projeto de parentalidade, que não obstante ainda seja de maioria heterossexual e via concepção pelo ato sexual, nota-se a abertura do debate entre os interessados sobre as demais formas de concepção. Desse modo, não há um caráter excludente, vez que os interesses podem ser combinados, isto é, existe uma ampliação da forma de constituir a família.

Isto significa que a concepção de um filho acontece para além do vínculo decorrente do casamento, em verdade revela a superação da subordinação da mulher e de seu corpo à vontade alheia, em especial aos desejos do marido, bem como demonstra a passagem da ideia de que os cuidados para com a prole devem ocorrer somente pela mulher, posto que na família coparental há um genuíno interesse de ser corresponsável pelos filhos.

Ademais, com o afastamento da reprodução por via sexual e decorrente de um relacionamento afetivo, os aspectos intersubjetivos dos seres humanos no que concerne aos vínculos amorosos/sexuais de igual forma se separam da relação de filiação. Isto é, há uma conscientização (ou espera-se que exista) de que o papel/função de pai e mãe não está atrelado ao compromisso conjugal. O que evita (ou novamente, pretende-se que seja evitado) que haja reflexos negativos na prole de eventuais litígios entre o casal.

Para além disto, há diversos depoimentos gravados em vídeo no perfil suprarreferenciado, cujo conteúdo revela uma sequência de entrevistas com diversos profissionais e pessoas com relatos de vivências sobre a temática. Encontram-se

4. Há o seguinte texto: "Pais amigos é uma alternativa de planejamento familiar que atende perfeitamente à demanda de qualquer pessoa que não quer vínculo amoroso com o pai ou mãe ou casal de pais em potencial para gerar ou adotar e criar um filho(a/e) com você. Para conhecer outras pessoas candidatas a formar uma família coparental de pais amigos, fale com elxs no momento grátis lá na nossa rede social. www.app.paisamigos.com e outros links em cartaovip.com/redesocialpaisamigos (links na bio). ❤ 🌍" COPARENTS.WORLD. [sem título] 02 mar. 2020. Disponível em: https://www.instagram.com/p/B9O-Gvwhjwu/. Acesso em: 20 dez. 2023.

discussões sobre assuntos correlacionados como: inseminação caseira;[5] adoção;[6] multiparentalidade em família poliafetiva;[7] pais separados mas que moram juntos,[8] entre outros.

Com a colheita das entrevistas, é reafirmada a intenção do perfil e dos seus idealizadores de promoverem a divulgação desta forma de arranjo familiar, o que possibilita, por meio da ampliação do debate e do esclarecimento de conceitos, a ideia que esta composição familiar atende aos interesses da prole em concomitância com realização do projeto parental pelos corresponsáveis.

Este perfil em rede social já foi um domínio de site com o nome de "pais amigos", segundo Nathália Valadares, cujo estudo relata a existência do site com a mesma criadora do perfil mencionado (Taline Schneider). À época, o mencionado domínio na rede mundial de computadores funcionava como plataforma para que os interessados pudessem se conhecer, de maneira gratuita. Havia também a mesma intenção de promover a elucidação de conceitos.[9]

Em 2017, a coparentalidade foi objeto de uma reportagem exibida pelo programa *Fantástico*, da Rede Globo. Relatou-se a história de diversas pessoas que decidiram adotar o modelo coparental como sua forma de constituir família.

Ademais, houve a fala de diversos profissionais, como a do advogado Rodrigo da Cunha Pereira, do psicólogo Breno Rosostolato, bem como da criadora do perfil mencionado acima, a jornalista Taline Schneider. Houve ainda a entrevista com outras pessoas que vivenciam a coparentalidade enquanto realização e concretização do projeto da parentalidade.

Identifica-se que a matéria jornalística pretende, de igual forma como o perfil "pais amigos", a partir de uma divulgação positiva, promover a conscientização de que esta forma de família está sendo adotada pela população, não obstante o nome coparentalidade ainda não esteja consolidado. O viés informativo contri-

---

5. COPARENTS.WORLD. Inseminação Caseira – Jocax – Genismo. 20 jul. 2020. Disponível em: https://www.instagram.com/p/CC4bCLyBG7x/. Acesso em: 20 dez. 2023.
6. COPARENTS.WORLD. Adoção e coparentalidade Pais Amigos Live 14: parte 1. 22 jun. 2020. Disponível em: https://www.instagram.com/p/CBwUH4nhO5E/. Acesso em: 20 dez. 2023.
7. COPARENTS.WORLD. Multiparentalidade em família poliafetiva Pais Amigos Live 12: parte 2. 12 jun. 2020. Disponível em: https://www.instagram.com/p/CBWloZtjsnv/. Acesso em: 20 dez. 2023.
8. COPARENTS.WORLD. Pais Separados Morando Juntos Pais Amigos Live 11. 10 de jun. 2020. Disponível em: https://www.instagram.com/p/CBRbppqh-Ym/. Acesso em: 20 dez. 2023.
9. Afirma a autora: "Outra funcionalidade do site Pais Amigos é uma plataforma (gratuita) que direciona aqueles que buscam a coparentalidade a conhecerem outros interessados. Para realizar o cadastramento, é necessário informar: nome, sobrenome, e-mail, data de nascimento, incluir foto e aceitar os termos de uso. Neste documento, consta como proibição expressa as tratativas sobre doação de sêmen, doação temporária e aluguel temporário do útero. É explicado que tais práticas não são o objetivo do projeto, além de serem vedadas pela legislação brasileira". VALADARES, Nathália de Campos. *Famílias Coparentais*. Curitiba: Juruá, 2022. p. 55.

buiu para o pretenso encontro de novos corresponsáveis, além de conferir àqueles que possuem o mesmo desejo a integração na sociedade e em seu ambiente de vivência, ainda que possua como aliadas a Internet e as redes sociais.

A movimentação e os encontros virtuais acontecem do mesmo modo em outro site, de repercussão internacional e constituído por profissionais de diversas áreas do conhecimento – o *"family by design"*. Estruturado de maneira intuitiva, o site possui uma seção *"learn"* em que possível aprender diversos aspectos da coparentalidade, como conceitos, a possibilidade de encontrar o parceiro correto, as questões jurídicas, médicas, psicológicas e financeiras.[10]

Na sequência, o campo definido como *"find"* apresenta ao internauta a possibilidade de encontrar o parceiro, de forma imediata; há explicação sobre a forma em que os encontros acontecem, a verificação do perfil do membro e dicas para o encontro. Há, também, o item *"share"* com o qual se pode conectar à comunidade do site, fazer perguntas aos profissionais e aos corresponsáveis e se conectar a outras pessoas.[11]

Sobre o mencionado *website,* dos elementos individuais constantes nele e do próprio conceito exposto em *"family by design"* Guilherme Wunsch também faz análise individual de cada um destes, afirmando que "[...] o *family by design* possibilita um pretenso arranjo familiar sem modelo. Não há interesse algum em definição, pois não se trata de uma família pautada na sexualidade do copai ou da comãe".[12]

Neste site, é possível obter um *"FamilyByDesign Co-Parenting Agreement Template"*, isto é, um modelo de acordo de coparentalidade de autoria da mencionada página da internet. O documento inicia com uma recomendação de que os pretensos corresponsáveis devem elaborar um documento individual, personalizado e específico para cada composição familiar, uma vez que a rotina e a realidade de cada família guardam sua especificidade. No entanto, o documento pode ser um ponto de partida para os pais e mães que pretendem exercer a coparentalidade.[13]

As sugestões de cláusulas guardam certa semelhança com os tópicos anteriores deste estudo e ao final será apresentado, como anexo, o mencionado

10. FAMILY BY DESIGN. Disponível em: http://www.familybydesign.com/. Acesso em: 23 dez. 2023.
11. Ibidem.
12. WÜNSCH, Guilherme. *Do suporte fático ao suporte constitucional como fundamento para o desvelar biotecnológico das famílias contemporâneas*: os contratos de coparentalidade nas famílias design entre estirpe tradicional e a façanha internética. Tese de doutorado. Universidade do Vale do Rio dos Sinos, Programa de Pós-Graduação em Direito. São Leopoldo, RS: Unisinos, 2017. p. 269.
13. FAMILY BY DESIGN. Disponível em: http://familybydesign.com/content/wp-content/uploads/2012/10/FBD-Co-Parenting-Agreement.pdf. Acesso em: 23 dez. 2023.

documento, razão pela qual neste momento basta dizer que os tópicos principais apontados são: a declaração de intenção dos corresponsáveis; a atribuição de direitos e deveres; a intenção dos pais para com o filho; os planos de guarda e convivência; principais eventos; reuniões e sessões regulares para revisão do acordo; a maneira de resolução de conflitos e a aplicação legal.[14]

Nota-se que a forma de encontro na contemporaneidade está em outro ambiente, uma vez que outrora acontecia unicamente de modo pessoal, posto que inexistiam redes sociais ou aplicativos para tanto. Agora, são uma realidade para quem busca se relacionar amorosamente. De igual sorte, os sites, as redes sociais e os aplicativos estão se adequando e possibilitando o encontro de interesses em constituição de uma família coparental.

Este tópico, portanto, trouxe alguns dos sites e perfis existentes, cuja relevância foi notada por outros autores da temática, como visto, uma dissertação e uma tese. Convém mencionar que a família coparental pode ser estruturada de maneira variada, tanto quanto a quem serão os corresponsáveis, quanto às formas de concepção, razão pela qual algumas dessas hipóteses serão abordadas no próximo item.

5.2 DO DIÁLOGO COM OUTRAS FORMAS DE FAMÍLIAS

O presente item cuidará de investigar algumas hipóteses em que a família coparental poderá ser constituída de uma maneira concomitante com outra forma de família, como é o caso da multiparental. Na sequência, o enfoque será a adoção, que conforme mencionado em linhas anteriores, atualmente em razão da disposição do art. 42 do ECA haveria vedação para que a família coparental fosse estabelecida, mediante a adoção.

O terceiro momento tratará da gestação por substituição e da coparentalidade, uma vez que por não se confundirem os conceitos convém esclarecer que a primeira pode ser o início da segunda. Isto é, a gestação por substituição como a forma em que os corresponsáveis podem concretizar o projeto parental. Ademais, por se constituírem mediante um negócio jurídico entende-se conveniente o estudo. Por fim, a família coparental em que um dos corresponsáveis resida no estrangeiro será o tema.

5.2.1 Da família coparental constituída pela multiparentalidade

A primeira hipótese explorada se refere à formação da família coparental pela multiparentalidade, isto é, aqueles indivíduos que já se encontram viven-

---

14. FAMILY BY DESIGN. Disponível em: http://familybydesign.com/content/wp-content/uploads/2012/10/FBD-Co-Parenting-Agreement.pdf. Acesso em: 23 dez. 2023.

ciando um relacionamento a dois (hetero ou homoafetivo) resolvem, por meio da coparentalidade, serem pais ou mães com outra pessoa, que igualmente figurará nesta qualidade.

Assim, no exemplo de um casal homoafetivo formado por dois homens que resolve ter o filho com uma mulher, mas que não seja a gestação por substituição, e, sim como genitora e mãe deste filho, que continuará a exercer e desempenhar essa função na vida do filho, estaria configurada a coparentalidade entre o casal, a mulher e a prole, bem como a multiparentalidade, vez que os três figurariam como pais e mãe do filho.

Ao explicar a filiação advinda das técnicas de reprodução assistida, Daniela Braga Paiano afirma que, durante um considerável interregno, a obtenção ou a possibilidade de se ter filho somente era possível mediante o ato sexual. Todavia, o avanço da biotecnologia as técnicas de reprodução humana assistida possibilitaram que casais com dificuldades biológicas pudessem concretizar o projeto parental.[15]

Afirma a autora que, diante de uma ausência de preparo do homem em tratar com estas 'novas' formas de filiação, há um reflexo em como a sociedade também lida com estas, bem como implica uma lacuna ou insuficiência do ordenamento jurídico. Este fato faz os operadores do direito se socorrerem de instrumentos sem cunho jurídico, como, por exemplo, Resoluções do Conselho Federal de Medicina. A autora analisou a Resolução 2.121/15 do órgão.[16]

Para a autora, no contexto atual, inexiste vedação para que, de maneira concomitante, haja a parentalidade socioafetiva e a biológica, isto é, há "possibilidade de coexistência dessas espécies de parentalidade [...] um critério não exclui o outro, podendo haver combinação dos mesmos, em especial quando todas as partes estão envolvidas no projeto parental".[17]

Não obstante possa se entender que a socioafetividade se caracterize após um longo período de efetivo exercício de funções parentais, a possibilidade invoca hipótese similar à cessão do útero (em que a própria parentalidade já começa a ser considerada desde a concepção). Isto é, há consideração cumulativa de que os dois pretensos pais exercerão estas funções com a mãe/genitora em multiparentalidade.

Uma vez que os pretensos corresponsáveis serão tanto o casal homoafetivo quanto a própria genitora, a multiparentalidade se valeria do conceito de que a

---

15. PAIANO, Daniela Braga. *A Família Atual e as Espécies de Filiação*: Da possibilidade jurídica da multiparentalidade. Rio de Janeiro: Lumen Juris, 2017. p. 93-94.

16. Ibidem, p. 94.

17. Ibidem, p. 166.

parentalidade já se iniciou antes da concepção, com a intenção, mas não haveria o rompimento existente na gestação por substituição, posto que a genitora continuaria a estar vinculada ao filho.

A hipótese trazida como exemplo poderá sofrer restrição quanto ao registro da criança, no cartório competente, posto que o caso hipotético não se refere à filiação simplesmente natural (regulada pelo Código Civil), ou seja, entre um homem e uma mulher, tampouco à gestação por substituição (normatizada pelo Provimento 149 de 30.08.2023 do CNJ).

Todavia, essa ausência de norma jurídica específica, para possibilitar o registro do filho, não pode se cristalizar ou ser considerada como uma vedação à possibilidade do registro. Consigne-se, ademais, que no julgado paradigmático sobre a multiparentalidade constou na ementa que:

> Os arranjos familiares alheios à regulação estatal, por omissão, não podem restar ao desabrigo da proteção a situações de pluriparentalidade, por isso que merecem tutela jurídica *concomitante*, para todos os fins de direito, os vínculos parentais de origem afetiva e biológica, a fim de prover a mais completa e adequada tutela aos sujeitos envolvidos, ante os princípios constitucionais da dignidade da pessoa humana (art. 1º, III) e da *paternidade* responsável (art. 226, § 7º).[18]

Em razão da multiparentalidade ter sido uma construção doutrinária e jurisprudencial, inexiste qualquer vedação para que o registro do caso hipotético possa ser realizado. E, havendo restrição por ausência de norma específica pelo oficial registrador caberá, novamente, ao Judiciário consolidar os reflexos da mencionada decisão paradigmática.

5.2.2 Da adoção como formadora da coparentalidade

Os corresponsáveis podem desejar realizar o projeto de parentalidade mediante a adoção de um(a) filho(a), ou seja, mesmo diante de outras possibilidades, o interesse em comum partilhado poderá ser o de adotar. A questão, todavia, encontra uma restrição normativa, qual seja: o parágrafo segundo do art. 42 do Estatuto da Criança e do Adolescente, cuja redação é: "Para adoção conjunta, é indispensável que os adotantes sejam casados civilmente ou mantenham união estável, comprovada a estabilidade da família".

Diante desta problemática, emergem, mais uma vez, na doutrina e na jurisprudência, casos que podem e de fato têm excepcionado a norma, tornando

---

18. BRASIL. Supremo Tribunal Federal. RE 898060, Relator(a): Luiz Fux, Tribunal Pleno, julgado em 21.09.2016, Processo Eletrônico Repercussão Geral – Mérito DJe-187 Divulg 23.08.2017 Public 24.08.2017.

possível a adoção conjunta em outras hipóteses. Entretanto, alguns conceitos sobre o próprio instituto da adoção devem ser remorados para que então seja possível a aplicabilidade correta do ordenamento jurídico de maneira a estar em consonância com a Constituição Federal e com a própria ideia geral de proteção do Estatuto.

A adoção é vista como "ato jurídico pelo qual se estabelece, independentemente do fato natural da procriação, o vínculo de filiação",[19] ou ainda "o ato jurídico pelo qual uma pessoa recebe outra como filho, independentemente de existir entre elas qualquer relação de parentesco consanguíneo ou afim".[20] Também pode ser explicada como negócio jurídico em que "se promove, mediante sentença judicial constitutiva, o ingresso de uma pessoa [...] como filho na família do adotante, independentemente da existência entre elas de uma relação parental consanguínea ou afim".[21]

Nas palavras de Luiz Edson Fachin, "o que determina a verdadeira filiação não é a descendência genética, e sim os laços de afeto que são construídos, em especial na adoção".[22] Ademais, o autor confirma que a adoção possui um regime dicotômico e, portanto, devem ser conjugados de maneira concomitante o Código Civil e o ECA. Quanto à legislação do Estatuto o autor afirma que esta "implica integração completa do adotado com o adotante e seu entorno familiar, suprimindo-se a exigência do estado matrimonial".[23]

Deste breve recorte doutrinário, a adoção é mais do que um ato solene mediante o qual determinada(s) pessoa(s) passa(m) a ter o vínculo jurídico da parentalidade com outra pessoa, em verdade é a expressão "do amor verdadeiro que nutrem entre si pais e filhos".[24] No mesmo sentido é a redação do *caput* do art. 41 do ECA, que diz: "A adoção atribui a condição de filho ao adotado, com

---

19. GOMES, Orlando. *Direito de família*. 14. ed. rev. e atual. por Humberto Theodoro Júnior. Rio de Janeiro: Forense, 2001, p. 369.
20. PEREIRA, Caio Mário da S. *Instituições de Direito Civil*: Direito de Família. Grupo GEN, 2022. v. V. E-book. Disponível em: https://app.minhabiblioteca.com.br/#/books/9786559643417/. Acesso em: 25 dez. 2023.
21. FUJITA, Jorge S. *Filiação*, 2. ed. Grupo GEN, 2011. E-book. Disponível em: https://app.minhabiblioteca. com.br/#/books/9788522466917/. Acesso em: 25 dez. 2023.
22. FACHIN, Luiz Edson. *Direito de família*: elementos críticos à luz do novo Código civil Brasileiro. 2. ed. Rio de Janeiro: Renovar, 2003. p. 241. Em outra passagem afirma o autor: "[...] É na adoção que os laços de afetos se visibilizam desde logo, sensorialmente, superlativando a base do amor verdadeiro que nutre, entre si pais e filhos". Ibidem, p. 238
23. Ibidem, p. 239.
24. Ibidem. p. 238. Em outra passagem afirma o autor que: "A adoção no Código Civil não é mais definida como um ato jurídico *lato sensu*, um negócio jurídico de caráter não patrimonial. A adoção agora depende de um decreto judicial. Não há adoção sem decisão judicial". Ibidem, p. 239-240.

os mesmos direitos e deveres, inclusive sucessórios, desligando-o de qualquer vínculo com pais e parentes, salvo os impedimentos matrimoniais".[25]

Sendo assim, é possível identificar que o principal efeito e a razão de ser da própria adoção é a formação do vínculo da parentalidade, não gerando qualquer reflexo na conjugalidade. Ademais, não obstante o supramencionado parágrafo segundo, no mesmo artigo o parágrafo quarto, autoriza a adoção por casais divorciados, os judicialmente separados e os ex-companheiros, desde que o estágio de convivência tenha sido iniciado na constância do relacionamento e igualmente preenchidos outros requisitos.[26]

Da mera leitura da legislação é possível identificar que há exceção à regra, como o caso da adoção conjunta em que os adotantes já foram casados ou conviventes em união estável. Assim, neste caso resta configurada a coparentalidade precedida de união ou casamento. E, conforme afirma José Luiz Gavião de Almeida, mesmo sem a concordância sobre guarda e convivência:

> Deve o juiz, nesse caso, não apenas verificar sobre a existência dos demais requisitos para adoção, mas, ao deferi-la, deliberar também sobre guarda e direito de visitas, sem que o acordo sirva para obstar a criação do vínculo parental. Igualmente deve ficar para decisão judicial eventual conflito sobre prenome e sobrenome a serem dados ao adotado.[27]

Caso julgado pelo Tribunal de Justiça de Santa Catarina observou exatamente o regramento do parágrafo quarto, ao prover em parte recurso que pretendia a reforma do indeferimento do pedido de adoção conjunta por casal que embora estivesse divorciado, teve o período de convivência com o adotando anterior à separação.[28]

---

25. BRASIL. Lei 8.069, de 13 de julho de 1990. Dispõe sobre o Estatuto da Criança e do Adolescente e dá outras providências. Disponível em: https://www.planalto.gov.br/ccivil_03/leis/l8069.htm. Acesso em: 26 dez. 2023.
26. "§ 4º Os divorciados, os judicialmente separados e os ex-companheiros podem adotar conjuntamente, contanto que acordem sobre a guarda e o regime de visitas e desde que o estágio de convivência tenha sido iniciado na constância do período de convivência e que seja comprovada a existência de vínculos de afinidade e afetividade com aquele não detentor da guarda, que justifiquem a excepcionalidade da concessão". Ibidem.
27. ALMEIDA, José Luiz Gavião de. *Direito civil*: família. Rio de Janeiro: Elsevier, 2008, p. 235.
28. Direito Civil – Família – ECA – Pedido de adoção formulado por casal divorciado – *Decisum* que indefere o pedido conjunto – Inconformismo – Estágio de convivência iniciado na constância do casamento – Vínculo afetivo configurado – Acolhimento – Divórcio posterior – Requisitos atendidos – Melhor interesse da criança – Recurso provido em parte – Prosseguimento da *actio* pelo casal. A guarda de fato de criança exercida pelos pretendentes à adoção por longo período, iniciada antes do término da sociedade conjugal, amparada em evidências suficientes de elo afetivo, autorizam o pedido de adoção conjunta pelo casal posteriormente divorciado. BRASIL, Tribunal de Justiça de Santa Catarina. TJSC, Agravo de Instrumento 2012.070559-2, de Gaspar, rel. Monteiro Rocha, Quinta Câmara de Direito Civil, j. 14.02.2013.

Outros casos são revelados na jurisprudência como exceção à regra da necessidade de que ambos os adotantes estejam casal ou vivam em união estável, como é exemplo de dois irmãos que desejam adotar conjuntamente. Sobre a temática já decidiu o Superior Tribunal de Justiça, ao julgar o Recurso Especial 1.217.415/RS, de relatoria da Ministra Nacy Andrighi é possível extrair fundamentação suficiente para aplicação ao caso de coparentalidade:

> A existência de núcleo familiar estável e a consequente rede de proteção social que podem gerar para o adotando, são os fins colimados pela norma e, sob esse prisma, o conceito de núcleo familiar estável não pode ficar restrito às fórmulas clássicas de família, mas pode, e deve, ser ampliado para abarcar uma noção plena de família, apreendida nas suas bases sociológicas. Restringindo a lei, porém, a adoção conjunta aos que, casados civilmente ou que mantenham união estável, comprovem estabilidade na família, incorre em manifesto descompasso com o fim perseguido pela própria norma, ficando teleologicamente órfã. Fato que ofende o senso comum e reclama atuação do intérprete para flexibilizá-la e adequá-la às transformações sociais que dão vulto ao anacronismo do texto de lei.
>
> O primado da família socioafetiva tem que romper os ainda existentes liames que atrelam o grupo familiar a uma diversidade de gênero e fins reprodutivos, não em um processo de extrusão, mas sim de evolução, onde as novas situações se acomodam ao lado de tantas outras, já existentes, como possibilidades de grupos familiares.[29]

O mesmo Tribunal Superior, sob relatoria do Ministro Luis Felipe Salomão, decidiu pela possibilidade de adoção conjunta entre a avó paterna e seu companheiro (avô por afinidade), mitigando, portanto, a vedação do parágrafo primeiro do art. 42. No caso julgado, decidiu-se que, com base nas circunstâncias apresentadas e comprovadas durante a instrução, a mencionada adoção apresentava reais vantagens para o adotando.[30]

Denota-se então que as decisões relativizaram as disposições restritivas do Estatuto da Criança e do Adolescente, ao deferirem a adoção em situações que, a princípio, seriam vedadas pelo mencionado diploma, mas que, ao se fazer uma interpretação conforme o ordenamento jurídico, foi possível deferir a adoção. E, sendo assim, também atenderam ao art. 43 do ECA, cuja redação afirma: "A adoção será deferida quando apresentar reais vantagens para o adotando e fundar-se em motivos legítimos".[31]

---

29. BRASIL, Superior Tribunal de Justiça. REsp 1.217.415/RS, relatora Ministra Nancy Andrighi, Terceira Turma, julgado em 19.06.2012, DJe de 28.06.2012.
30. BRASIL, Superior Tribunal de Justiça. REsp 1.587.477/SC, relator Ministro Luis Felipe Salomão, Quarta Turma, julgado em 10.03.2020, DJe de 27.08.2020.
31. BRASIL. Lei 8.069, de 13 de julho de 1990. Dispõe sobre o Estatuto da Criança e do Adolescente e dá outras providências. Disponível em: https://www.planalto.gov.br/ccivil_03/leis/l8069.htm. Acesso em: 26 dez. 2023.

Neste sentido, é que se entende pela possibilidade de adoção conjunta por duas pessoas sem vínculo conjugal ou convivente em união estável, posto que conforme a fundamentação doutrinária exposta, o vínculo formado pela adoção é de cunho parental e não conjugal. O que mais uma vez demonstra o necessário reconhecimento pelo direito contemporâneo em distinguir/separar estes dois vínculos.[32]

5.2.3 Da gestação por substituição e família coparental

Entre as possibilidades de formação do arranjo familiar coparental, há a hipótese de que os pretensos corresponsáveis poderão se valer da cessão de útero ou gestação por substituição. Considerando que ambas as situações poderão ser objeto de contrato, convém o seu estudo neste momento, para abrigar ambas as hipóteses que não possuem legislação específica regulamentando a temática, posto que para cessão de útero há apenas Resoluções do Conselho Federal de Medicina, por enquanto.

Cumpre observar, mais uma vez, que deve ser desprendida a ideia de que a família é composta inicialmente por um homem e uma mulher, que em momento posterior passam a ser pai e mãe dos filhos. Ainda que a coparentalidade possa ser formada nesta configuração, outras hipóteses não estão excluídas, como a formação por casal homoafetivo ou quando um dos corresponsáveis for assexual, em que inexistindo a dupla com sexos diferentes ou desinteresse pela relação sexual deverão se socorrer de outras técnicas de reprodução.

Tal qual o casal heteroafetivo que por alguma questão médica não possa ter filhos e se socorre da cessão de útero, esta modalidade de concretização do projeto parental não pode ser renegada aos casais homoafetivos, tampouco àqueles que sequer são um casal, mas desejam ser pais – os corresponsáveis, formadores da família coparental.

Essas situações demandam um afastamento de preconceitos e demandam do direito respostas ainda não cristalizadas em normas jurídicas, de igual forma requerem instrumentos capazes de conferir uma certa segurança jurídica, em meio a este ambiente novo e incerto. Sendo assim, dada a coincidência de se formarem por contratos[33] é que o estudo pode ser realizado em concomitância.

---

32. A mesma conclusão é observada por Nathália Valadares, que afirma: "reforça-se que chegou-se ao posicionamento de que é possível a adoção por duplas coparentais utilizando critérios de interpretação das normas". VALADARES, Nathália de Campos. *Famílias Coparentais*. Curitiba: Juruá, 2022. p. 94.
33. "No Brasil, há uma ausência legislativa, isto significa, que não há nenhuma norma jurídica regulamentando a RHA no território nacional. Os procedimentos são formalizados na forma de negócio jurídico, seguindo os princípios gerais que norteiam a teoria do negócio jurídico". TARIFA ESPOLADOR, R. C. R.; PAVÃO, J. C.; MENEGUCE, C. P. Gestação por substituição como negócio biojurídico no contexto

Como partes no contrato para cessão de útero, são aplicáveis algumas das disposições já estudadas sobre a teoria geral do negócio; portanto, com o objetivo de evitar repetições, neste momento serão referidas as peculiaridades e especificidades deste. A capacidade dos agentes não se refere apenas à idoneidade do consentimento, mas à compreensão dos riscos e consequências do ato. O objeto não é o bebê a nascer, mas sim o exercício da autonomia corporal da gestante.[34]

Quanto à possibilidade ou não de remuneração por este ato, não obstante a vedação continuar na redação da Resolução do CFM 2.320/2022, a doutrina aponta que o regramento não pode limitar direitos fundamentais como o da reprodução, razão pela qual seria inconstitucional.[35]

Feitas essas considerações, é possível aos corresponsáveis que pretenderem se utilizar da concepção por cessão de útero fazerem um acréscimo de cláusulas para regrar a gestação por substituição. É-lhes permitido, ainda, que façam por meio de um aditivo, caso as tentativas iniciais não sejam frutíferas, mas o interesse no projeto parental permaneça.

5.2.4 Da coparentalidade internacional: da possibilidade de um corresponsável brasileiro residir no estrangeiro

A temática atinente ao direito internacional privado está se tornando exponencialmente mais presente na rotina dos operadores do direito, em especial a temática contratual e familiarista, em razão da globalização e dos meios virtuais poderem proporcionar tanto negócios transnacionais, quanto a convivência paterno-filial por meio do ambiente virtual. Sendo assim, uma vez que a família coparental pode iniciar com um primeiro contato virtual, a possibilidade de que um dos corresponsáveis resida no exterior é plausível.

---

das relações familiares contemporâneas. In: PAIANO, Daniela Braga; FERNANDES, Beatriz Scherpinski; SANTOS, Franciele Barbosa; SCHIAVON Isabela Nabas (Org.). *Direito de Família*: aspectos contemporâneos. São Paulo: Almedina, 2023, p. 131.

34. Ibidem.

35. À época foi analisada a resolução anterior, mas cuja redação neste ponto, sobre o lucro não foi atenrada, confira-se: "Assim sendo, o que se percebe é a inexistência de lei federal proibitiva de remuneração nesse tipo contratual. Quanto à Resolução 2.168/2017 do CFM, que proíbe a gestação de substituição remunerada, é preciso esclarecer que a prerrogativa atribuída ao Conselho é de efetivação de direitos fundamentais, não se podendo admitir que os restrinja. Nesse sentido, enquanto se valorize a edição de normas que regulem eticamente a atuação médica em reprodução humana assistida – porque isso facilita o direcionamento dos profissionais e estimula que realizem procedimentos a despeito da inexistência de lei, concretizando direitos fundamentais reprodutivos constitucionalmente assegurados –, nos pontos em que a Resolução limita direitos defende-se, neste estudo, a inconstitucionalidade e/ou a ilegalidade da norma". Ibidem.

Ao se resgatar o conceito ou a noção de direito internacional privado, de maneira concisa, pode-se entender como ramo do direito baseado em método ou técnica que visa solucionar lides que envolvam conflito de leis estrangeiras no espaço. Não se pretende a solução no caso em concreto, mas em verdade é a ideia de selecionar qual o ordenamento jurídico a ser aplicado.[36]

Esta constatação também é feita na doutrina brasileira de direito das famílias, em que se nota que a internet, os aplicativos e consequentemente os relacionamentos ultrapassam as fronteiras territoriais nacionais e entrelaçam duas ou mais legislações. E, para que exista uma solução adequada ao caso em concreto é que se afirma que tais situações serão resolvidas com base na LINDB, ou seja, a Lei de Introdução às Normas do Direito Brasileiro.[37]

Consigne-se, ademais, que o Superior Tribunal de Justiça decidiu no REsp 2.038.760[38] que um dos pais está autorizado a se mudar do país com o filho, ainda que a guarda seja compartilhada. Destarte, frente a este precedente jurisprudencial é possível que um dos corresponsáveis resida no exterior e a guarda seja compartilhada, razão pela qual convém ser estudada a forma como o direito pode e deve lidar com a questão da transnacionalidade da família coparental.

---

36. Em outras palavras: "Por meio do DIPr, contudo, não se resolve propriamente a questão jurídica sub judice, eis que as suas normas são apenas indicativas ou indiretas, ou seja, apenas indicam qual ordem jurídica substancial (nacional ou estrangeira) deverá ser aplicada no caso concreto para o fim de resolver a questão principal. Assim, as normas do DIPr não irão dizer, v.g., se o contrato é válido ou inválido, se a pessoa é capaz ou incapaz, se o indivíduo tem ou não direito à herança, senão apenas indicarão a ordem jurídica responsável por resolver tais questões. Em outros termos, por não ser possível submeter a relação jurídica a dois ordenamentos estatais distintos, o DIPr "escolhe" qual deles resolverá a questão principal sub judice. Daí se entender ser o DIPr um direito sobre direitos (jus supra jura), ou direito de sobreposição, pois acima das normas jurídicas materiais destinadas à resolução dos conflitos de interesses encontram-se as regras sobre o campo de aplicação dessas normas, ou seja, o próprio DIPr" MAZZUOLI, Valerio de O. *Curso de Direito Internacional Privado*. Grupo GEN, 2023. E-book. ISBN 9786559647699. Disponível em: https://app.minhabiblioteca.com.br/#/books/9786559647699/. Acesso em: 28 dez. 2023.

37. "Essas relações plurilocalizadas são solucionadas pelo próprio ordenamento jurídico interno de cada país, o qual direciona a legislação aplicável ao caso concreto. Situações afetas ao Direito de Família, envolvendo brasileiros com estrangeiros, têm a base de suas respostas no Decreto-Lei 4.657, de 04 de setembro de 19423, mais conhecido como a Lei de Introdução às Normas do Direito Brasileiro – LINDB, que, apesar de modificada por legislações posteriores, e mesmo com o advento de um novo código civil em 2002, continua em vigor, mas necessitando de uma atualização". PEREIRA, Rodrigo da C.; FACHIN, Edson. *Direito das Famílias*. São Paulo: Grupo GEN, 2021. E-book. Disponível em: https://app.minhabiblioteca.com.br/#/books/9786559642557/. Acesso em: 28 dez. 2023.

38. BRASIL. Superior Tribunal de Justiça. AgInt no REsp 2.038.760/RJ, relatora Ministra Nancy Andrighi, Terceira Turma, julgado em 27.03.2023, DJe de 29.03.2023. Disponível em: https://processo.stj.jus.br/SCON/GetInteiroTeorDoAcordao?num_registro=202201200323&dt_publicacao=29/03/2023. Acesso em: 28 dez. 2023.

Neste sentido, o *caput* art. 7º da LINDB[39] dispõe que será aplicada a legislação do país em que a pessoa for domiciliada, em se tratando de questões quanto à personalidade, o nome, a capacidade e os direitos de família. Isto é, o domicílio de residência fixará qual ordenamento jurídico será aplicado.

Não obstante a redação do parágrafo sétimo[40] do mencionado artigo, em atendimento ao princípio do melhor interesse da criança e do adolescente, as questões para solução de lide em que houver conflito quanto à guarda, a competência será o local de residência do filho.[41]

O direito à convivência poderá ser exercido da maneira como os corresponsáveis delimitarem, com a ressalva de que para viagens internacionais é dispensada a autorização judicial quando existir autorização de ambos os pais, com firma reconhecida (inciso II do art. 84 do ECA). Existindo conflito de interesses sobre o direito de convivência, ainda que exista direito dos genitores em conviver com a prole, entende-se que o domicílio habitual do infante será competente.[42]

No que se refere à fixação dos alimentos, as regras aplicáveis serão do país em que for feito o pedido e o foro competente é do alimentário.[43] A problemática está na execução da verba alimentar. Embora o Brasil seja signatário do Protocolo da Haia de 2007, que atualizou e aprimorou as disposições da Convenção de Nova York de 1958, é que nem todos os países são adeptos da prisão civil. Todavia, outros mecanismos são disponibilizados, a exemplo da retenção do salário; blo-

---

39. "Art. 7º A lei do país em que domiciliada a pessoa determina as regras sobre o começo e o fim da personalidade, o nome, a capacidade e os direitos de família." BRASIL. Decreto-lei 4.657, de 4 de setembro de 1942. Lei de Introdução às normas do Direito Brasileiro. Disponível em: https://www.planalto.gov.br/ccivil_03/decreto-lei/del4657compilado.htm. Acesso em: 28 dez. 2023.

40. § 7º Salvo o caso de abandono, o domicílio do chefe da família estende-se ao outro cônjuge e aos filhos não emancipados, e o do tutor ou curador aos incapazes sob sua guarda.

41. "Portanto, não restam dúvidas ser a lei do estatuto do filho (lei da residência habitual do menor, à luz do entendimento atual) a competente para o estabelecimento da guarda, sempre que outra não lhe seja mais favorável". MAZZUOLI, Valerio de O. *Curso de Direito Internacional Privado*. Grupo GEN, 2023. E-book. Disponível em: https://app.minhabiblioteca.com.br/#/books/9786559647699/. Acesso em: 28 dez. 2023.

42. "A dificuldade está, porém, em conciliar as leis domiciliares dos membros da família (que se encontram em países diversos) com a da residência habitual do menor, à luz do princípio do melhor interesse da criança. Por tal motivo, na falta de critério uniforme estabelecido em tratado, parece coerente admitir que o critério da residência habitual da criança continue a operar mesmo quando em jogo interesses mais amplos e relativos a uma gama maior de pessoas (como pais, avós, tios etc.)". Ibidem.

43. "A fixação de alimentos para quem deles necessita, quando há dois ou mais países envolvidos, será de acordo com as regras do país onde se fizer tal pedido. E o foro competente é o do país do alimentário que tem preferência para esta escolha". PEREIRA, Rodrigo da C.; FACHIN, Edson. *Direito das Famílias*. São Paulo: Grupo GEN, 2021. E-book. Disponível em: https://app.minhabiblioteca.com.br/#/books/9786559642557/. Acesso em: 28 dez. 2023.

queio de contas bancárias e outras fontes de renda; deduções em seguro social; entre outros.[44]

Sendo assim, observadas as disposições expostas alhures, não há óbice para que a família coparental seja exercida em concomitância no Brasil e outro país estrangeiro, tanto no que se refere à guarda quanto à convivência. Configurado o inadimplemento das verbas alimentares, deverão ser observadas as especificidades que a execução demanda, mas que não são um impeditivo.

Nestes quatro subitens, tentou-se demonstrar que a família coparental pode se comunicar com outras formas de famílias e/ou de técnicas de reprodução já conhecidas, bem como ser exercida em concomitância com um dos corresponsáveis que resida no estrangeiro. Cada um dos pontos tratados possui a sua peculiaridade em razão da inexistência de regramento específico ou ainda de vedação pela norma jurídica ou resolução sobre a temática.

Todavia, o ponto crucial a ser notado é que o direito das famílias continua a demandar o afastamento de preconceito e concepções de cunho excludentes. Com isso, os vínculos formados pela parentalidade e pela conjugalidade devem ser em definitivo entendidos como duas situações diversas, ainda que o segundo possa decorrer do primeiro não é apenas dessa maneira que estes laços estão sendo formado na contemporaneidade.

5.3 DA EXPERIÊNCIA ESTRANGEIRA: ESTADOS UNIDOS DA AMÉRICA

Os retratos observados e estudados até este momento se concentraram em sua maioria em casos brasileiros, bem como o próprio trabalho teve como foco o ordenamento jurídico pátrio, razão pela qual neste item a pesquisa sintetizará a maneira como os Estados Unidos lidam com a questão. Ressalte-se que não há como exaurir ou detalhar todo o ordenamento jurídico estrangeiro. O objetivo central seria demonstrar de forma sucinta a coparentalidade, no mencionado

---

44. "Esta convenção de Haia sobre cobrança de alimentos, e seu protocolo, foi um importante avanço no plano internacional, pois criou mecanismo e instrumentos mais céleres de cooperação para a execução e alimentos entre as autoridades centrais. Os recursos de comunicação desta convenção são bem mais ágeis, pois podem ser feitos eletronicamente os pedidos de informação, localização e pessoas, bens ativos etc. Em seu artigo 34, ela prevê: como medida para se atingir o devedor: a) retenção de salário/remuneração; b) bloqueio de conta bancária e/ou outras fontes; c) deduções nas prestações de seguro social; d) gravame ou alienação forçada de bem; e) retenção do reembolso de tributos; f) retenção ou suspenção de benefícios de pensão; g) informação aos organismos de crédito; h) denegação, suspensão ou revogação de certas permissões, como carteira de motorista.
Uma das dificuldades da execução de alimentos, quando há pedido de prisão do devedor, como é comum aqui no Brasil, é que nem todos os países signatários da convenção são adeptos da prisão civil". Ibidem.

país, vez que dentre os países pesquisados houve um destaque para crítica doutrinária que será apresentada.

Durante a pesquisa foi possível identificar alguns sites estrangeiros de diversos países que divulgam notícias e informam a população sobre a coparentalidade. A maioria era independente e possuía um caráter informal. Destarte, em razão de não serem todos os artigos e revistas jurídicas de acesso ao público, bem como por ser escasso o estudo concentrado no contrato de coparentalidade, vez que os artigos encontrados se referiam mais ao que se denomina contratualização das relações familiares, remeter-se-ia à teoria geral.

Sendo assim, optou-se por selecionar os Estados Unidos para a exemplificação neste item, na medida em que foi possível identificar uma parcela doutrinária que busca a equidade de tratamento entre os vínculos parentais biológicos ou naturais, por adoção e os contratuais. Neste sentido, em razão dos mencionados estudos se revelarem como mais adequados à proposta deste capítulo, houve a mencionada seleção territorial.

O principal aspecto evidenciado consiste na diferença de tratamento entre os pais naturais, adotivos e por contrato (fazendo referência a casos de cessão de útero). Posto que, aos pais naturais não há o mesmo questionamento ou dúvida sobre o atendimento do melhor interesse da criança, como há em comparação aos pais adotivos (que passam por um processo prévio para verificação das condições) e aos pais ditos contratuais.[45]

No estudo sobre "o potencial do contrato"[46] foi revelado que os Tribunais daquele Estado têm investigado o melhor interesse da criança para deferir o que é chamado de estatuto de parentalidade, que presume-se ser equivalente ao *status* de pai/mãe no Brasil. O que seria um equívoco, posto que para além de não se exigir estes mesmos requisitos à parentalidade natural, também não se pode confundir a filiação com os direitos de guarda, convivência e alimentos.[47]

Demonstra a pesquisa que existe maior diferenciação na hipótese em que os pais são do mesmo sexo, o que faz excluir na maioria das vezes o vínculo da parentalidade daquele que não é pai/mãe biológico a despeito de sua vontade, o que favorece em grande parte o pai/mãe biológico em caso de litígio. Ademais,

---

45. Katherine M. Swift, Parenting Agreements, the Potential Power of Contract, and the Limits of Family Law, 34 Fla. *St. U. L. Rev.* (2007). Disponível em: https://ir.law.fsu.edu/lr/vol34/iss3/6. Acesso em: 28 dez. 2023.
46. Ibidem.
47. Katherine M. Swift, Parenting Agreements, the Potential Power of Contract, and the Limits of Family Law, 34 Fla. *St. U. L. Rev.* (2007). Disponível em: https://ir.law.fsu.edu/lr/vol34/iss3/6. Acesso em: 28 dez. 2023.

afirma-se que os acordos pré-concepcionais são postos ao crivo do melhor interesse da criança, e por vezes é ignorado.[48]

A proposta apresentada para solucionar a questão seria dividida em duas partes, cuja primeira se refere a deferir e confirmar o estatuto de filiação aos pais contratuais (a análise se refere ao pai/mãe não biológico, mas que pretende ser pai/mãe do filho de seu parceiro). No segundo momento a investigação sobre o melhor interesse seria feita na análise na fixação da custódia (o que para ordenamento brasileiro se assemelha à guarda).[49]

Deste conteúdo, é possível identificar que nos Estados Unidos, há uma predileção dos Tribunais em deferir o *status* de pai/mãe àquele que possuir vínculo biológico com a prole, ainda que seja afastado o direito do outro cônjuge ou companheiro (pai/mãe contratual). Destarte, há uma preocupação para que todas as formas de filiação recebam o mesmo tratamento, isto é, não havendo preocupação em atender ao melhor interesse da prole no caso de vínculo biológico, de igual forma não se poderia exigir este requisito das outras formas de filiação.

Afirma-se, no mencionado estudo, portanto, que os pais contratuais devem receber o mesmo tratamento, isto é, havendo o estabelecimento contratual de parentalidade inexiste espaço para a análise discricionária do melhor interesse.[50] E este raciocínio deve ser da mesma maneira aplicado aos casos brasileiros, posto que uma vez estabelecida a parentalidade, antes mesmo da concepção, não haverá espaço para o outro genitor discutir se está atendido o melhor interesse da criança.

Em outro estudo há menção de que aproximadamente 28 (vinte e oito) milhões de crianças nos Estados Unidos vivem em famílias cujos responsáveis não são exclusivamente heteroafetivos e ligados biologicamente a elas. Revelando, portanto, que o direito das famílias (no sentido de normas jurídicas) não estaria em concordância com os anseios sociais, implicando que os indivíduos se utilizem de contratos para garantir direitos parentais.[51]

Afirma a autora que, em verdade, o vínculo parental oriundo de um contrato deveria, uma vez manifestada a intenção de ser pai/mãe, superar a genética no

---

48. Ibidem.
49. Ibidem.
50. "This Article argues that once a contractual parent has established legal parental status, there should be no discretion within the bestinterests analysis to prefer the biological parent as such." Ibidem, p. 952. Em tradução livre: "Este artigo argumenta que uma vez que um progenitor contratual tenha estabelecido o estatuto parental legal, não deve haver qualquer poder discricionário na análise do interesse superior para preferir o progenitor biológico como tal".
51. ZALESNE, Deborah. The Contractual Family: The Role of the Market in Shaping Family Formulations and Rights Formulations and Right. *City University of New York* (CUNY). 2015. Disponível em: https://academicworks.cuny.edu/cgi/viewcontent.cgi?article=1132&context=cl_pubs. Acesso em: 23 dez. 2023.

estabelecimento do elo parental. A assertiva tem como fundamento o fato de que os pais naturais ou biológicos podem ter filhos sem a mesma intenção, ao passo que na maneira contratual há uma expressa vontade de se tornarem pais ou mães, o que impõe que tais disposições contratuais sejam validadas e aplicadas.[52]

> My proposal works off the premise that, when establishing relationships and families, non-biological parents deserve the same certainty regarding the care and custody of their children that biological parents have. Since it is presumed that legal (biological) parents will act in the best interests of their children, private co-parenting agréments between them are encouraged and routinely enforced. Once a coparenting agreement identifies the intended (legal) parents (regardless of their biological relationship to the intended child), the same presumption should be made, and the contract should also be enforced as written, as long as both intended parents are fit.[53]

A autora enfrenta, em resumo, duas críticas que o contrato de coparentalidade sofre, a primeira se refere à necessária observação ao melhor interesse da criança, que conforme já dito deve existir a mesma presunção de que este foi atendido em casos de parentalidade biológica. A segunda se refere à crítica de que estes contratos estariam de certa maneira mercantilizando o filho e a mulher, bem como implicando em uma desvalorização dos papéis de pais e mães.[54]

Este segundo ponto deve ser melhor explorado, vez a mencionada crítica é igualmente observada no Brasil. Todavia, conforme pontua a pesquisadora que o instituto da doação de órgãos não é questionado em casos similares, isto é, não se impugna a doação de órgão da mesma forma como se rejeita a mercantilização, mesma situação com a cessão de útero em que é vedada a remuneração da mulher, mas não se impede totalmente a técnica, ou ainda, a doção de óvulos e de sêmen (este último não consta no trabalho original).[55]

---

52. Ibidem.

53. Em tradução livre: "Minha proposta parte da premissa de que, ao estabelecer relacionamentos e famílias, os pais não biológicos merecem a mesma certeza em relação ao cuidado e à guarda dos filhos que os pais biológicos têm. Uma vez que se presume que os pais legais (biológicos) agirão no melhor interesse dos seus filhos, os acordos privados de coparentalidade entre eles são encorajados e aplicados rotineiramente. Uma vez que um acordo de coparentalidade identifica os pais pretendidos (legais) (independentemente da sua relação biológica com o filho pretendido), a mesma presunção deve ser feita, e o contrato também deve ser aplicado conforme está escrito, desde que ambos os pais pretendidos estejam aptos". Ibidem, p. 1082.

54. ZALESNE, Deborah. The Contractual Family: The Role of the Market in Shaping Family Formulations and Rights Formulations and Right. *City University of New York* (CUNY). 2015. Disponível em: https://academicworks.cuny.edu/cgi/viewcontent.cgi?article=1132&context=cl_pubs. Acesso em: 23 dez. 2023.

55. ZALESNE, Deborah. The Contractual Family: The Role of the Market in Shaping Family Formulations and Rights Formulations and Right. *City University of New York* (CUNY). 2015. Disponível em: https://academicworks.cuny.edu/cgi/viewcontent.cgi?article=1132&context=cl_pubs. Acesso em: 23 dez. 2023.

Assim, conclui-se que, em havendo situações aptas a relativizarem as disposições sobre o corpo, por exemplo, quando se refere à doação de órgãos, não há um integral e absoluto impedimento de disposições sobre o próprio corpo. Ao revés, a situação da doação estaria, na prática, perpetuando o trabalho reprodutivo (no caso da cessão de útero), de maneira gratuita. Destarte, haveria espaço para que a própria pessoa se autodeterminasse.[56]

Neste sentido, negar aos pais contratuais os mesmos direitos que possuem os biológicos feriria os direitos constitucionais não apenas destes, mas das próprias crianças frutos da coparentalidade. Assim, a garantia de maior segurança jurídica aos pais não biológicos possibilitaria o fortalecimento dos vínculos afetivos, posto que seria facilitado o tempo de convivência e o auxílio financeiro.[57]

Deste breve delineamento, é possível identificar que a preocupação doutrinária, em um primeiro momento, se refere à equidade que os pais devem receber do ordenamento jurídico, vez que, a princípio, há uma valorização do vínculo biológico a despeito dos demais. Na sequência, afastaram-se as críticas que o mencionado arranjo familiar sofre, por equipará-lo a situações mercantis, vez que as disposições do corpo são relativizadas em outras situações, com o agravante de não existir qualquer contraprestação.

Encerrado este capítulo, com aportes sobre os reflexos concretos que a coparentalidade implica, o próximo cuidará da jurisprudência encontrada nos Tribunais brasileiros e de algumas tendências para o futuro, isto é, uma proposta de reforma do parágrafo segundo do ECA; sobre alguns pontos da reforma do Código Civil, e por fim, algumas breves sugestões sobre a confecção do contrato de coparentalidade.

---

56. Ibidem.
57. Ibidem.

6
DA JURISPRUDÊNCIA
E DOS ACENOS PARA O FUTURO

O presente capítulo se concentrará em analisar dois julgados oriundos do Tribunal de Justiça do Estado de Minas Gerais, uma vez que os acórdãos proferidos trataram especificamente de contrato de coparentalidade. Confirmando que a coparentalidade está inserida no cotidiano dos indivíduos, ainda que de forma tímida, demandando do operador do direito o conhecimento técnico adequado para lidar com a temática. E, no segundo momento, analisará um julgado do Tribunal de Justiça do Estado do Paraná, com a ressalva de que o voto do relator não foi disponibilizado na íntegra, tão somente a ementa.

O item subsequente tratará de apresentar uma proposta de alteração do parágrafo segundo do Estatuto da Criança e do Adolescente, posto que conforme sustentado anteriormente para que a adoção possa fazer parte do acordo de coparentalidade, com mais facilidade, tem-se que a adequação do mencionado dispositivo se faz necessária.

Na sequência o estudo cuidará de apontar os principais aspectos do projeto de reforma do Código Civil, cuja fase de elaboração do anteprojeto já finalizou. Destarte, alguns pontos da mencionada proposta serão objeto de análise, em especial as justificativas para as alterações, posto que relevam quais as intenções de tais modificações.

A derradeira seção analisará algumas das principais cláusulas contratuais que são sugeridas aos pretensos corresponsáveis, uma vez que do modelo encontrado no ambiente virtual alguns acréscimos devem ser feitos. Todavia, consigne-se que inexiste a intenção de fornecer um modelo completo e acabado, que servirá para todas as famílias coparentais, mas apenas uma forma de garantir o mínimo de caracterização da coparentalidade.

6.1 DA JURISPRUDÊNCIA

Convém mencionar que os Tribunais pátrios estão no início da apreciação e julgamento de temática, posto que até 21 de julho de 2021 não havia nenhum julgado em segundo grau de jurisdição no país.[1] Assim, a análise neste subitem será de dois julgados no Tribunal de Justiça de Minas Gerais e um julgado do Tribunal de Justiça do Paraná, posteriores à mencionada data e tratam especificamente sobre a temática.

6.2.1   Dos julgados do Tribunal de Justiça de Minas Gerais

Ambos os julgados (1.0000.21.247006-6/003[2] e 1.0000.21.247006-6/004[3]) são oriundos de Agravos de Instrumentos e tratam das mesmas partes, no qual o primeiro se ateve ao primeiro pedido de alteração da guarda e convivência e o segundo de posterior alteração do quadro fático, razão pela qual é possível identificar que a lide das partes versava sobre a validade das disposições constantes no contrato de coparentalidade, em que a genitora pretendia a alteração da modalidade da guarda, posto que constava no mencionado contrato o compartilhamento

---

1. Informação apresentada por Nathália Valadares na obra: VALADARES, Nathália de Campos. *Famílias Coparentais*. Curitiba: Juruá, 2022. p. 70.

2. Ementa: Agravo de instrumento. Preliminar. Direito processual civil. Perda parcial do objeto. Direito de visitas. Nova decisão proferida pelo juízo de origem. Acolhimento. Direito civil. Direito de família. Ação de guarda c/c regulamentação de visitas. Coparentalidade. Estabelecimento da guarda compartilhada. Ausência de elementos que desabonem o genitor. – A prolação de nova decisão pelo Juízo de Origem, com a regulamentação da convivência paterno-filial (direito de visitas), acarreta a perda parcial do objeto deste agravo de instrumento, impondo-se, neste ponto, o seu não conhecimento. – A coparentalidade, nova estrutura ou configuração familiar verificada em período recente, é formalizada por meio de negociações, em que os indivíduos, sem vínculo amoroso, se obrigam e se responsabilizam pelos cuidados e pela educação da criança, desde a concepção. – Para a fixação da guarda dos filhos, o Magistrado deve levar em conta sempre o melhor interesse da criança. – Com o advento da Lei 13.058/14, a guarda compartilhada passou a ser a principal modalidade em nosso sistema, salvo quando um dos genitores declarar ao magistrado que não deseja a guarda do menor (§ 2º do artigo 1.584 do CC/02) ou quando existir declaração judicial quanto à inaptidão do exercício do poder familiar. – Não existindo no processo elementos que desabonem o agravado, deve ser privilegiado o regramento legal, estabelecendo-se a guarda compartilhada da filha menor das partes. BRASIL, Tribunal de Justiça de Minas Gerais. TJMG – Agravo de Instrumento-Cv 1.0000.21.247006-6/003, Relator(a): Des.(a) Marcelo Pereira da Silva, 4ª Câmara Cível Especializada, julgamento em 27.10.2022, publicação da súmula em 28.10.2022.

3. Ementa: agravo de instrumento. Direito civil. Direito de família. Ação de guarda c/c regulamentação de visitas. Coparentalidade. Disciplina do direito de convivência paterno-filial. Ausência de fatos que desabonem a conduta do agravado. Intensa animosidade entre os genitores. Realização das visitas em local distinto da residência materna. – A coparentalidade, nova estrutura ou configuração familiar verificada em período recente, é formalizada por meio de negociações, em que os indivíduos, sem vínculo amoroso, se obrigam e se responsabilizam pelos cuidados e pela educação da criança, desde a concepção. – O artigo 1.589 do Código Civil estabelece que o genitor, que não possuir a guarda dos filhos, poderá visitá-los e tê-los em sua companhia, segundo o que acordar com o outro cônjuge, ou for fixado pelo juiz, bem como fiscalizar sua manutenção e educação. – Na hipótese dos autos, as provas até então produzidas evidenciam que a realização das visitas do agravado à sua filha menor, em local distinto da residência materna, é a medida mais adequada e razoável, considerando a intensa animosidade entre os genitores da criança". BRASIL, Tribunal de Justiça de Minas Gerais. TJMG – Agravo de Instrumento-Cv 1.0000.21.247006-6/004, Relator(a): Des.(a) Eveline Félix , 4ª Câmara Cível Especializada, julgamento em 17.11.2022, publicação da súmula em 18.11.2022.

da guarda e a mãe pretendia a unilateral. O genitor conseguiu a manutenção do que foi pactuado entre as partes, ou seja, o Tribunal manteve a vontade expressa no contrato, pelo compartilhamento da guarda.

Ademais, observa-se do voto dos Desembargadores Relatores que as partes, em 08 de setembro de 2020, firmaram dois contratos; o primeiro tinha como objeto autorregramento da forma de concepção, no qual se estipulou a utilização da reprodução humana assistida homóloga, com divisão de despesas com os procedimentos médicos para técnica de fertilização, bem como daqueles atinentes ao período de gravidez e do parto. Já o segundo tinha o conteúdo de disciplinar as cláusulas quanto à criação dos filhos advindos da coparentalidade.

Com a realização do procedimento de fertilização houve sucesso neste e, assim, nasceu a filha da dupla parental, em 20 de outubro de 2021. Constou no segundo contrato que a guarda da infante seria compartilhada, com domicílio na residência da mãe, bem como que os genitores buscariam a melhor forma de convívio para garantir o bem-estar da filha.

Todavia, denota-se do voto do segundo Acórdão que não foi esta a realidade vivenciada pelas partes. Segue a fundamentação trazendo o texto do art. 227 da Constituição Federal e o art. 3º e 4º do ECA, com o objetivo de demonstrar o amparo legal do que se denominou "Sistema da Integral Proteção à Criança e ao Adolescente". No mesmo sentido apresenta um recorte doutrinário de Luciano Alves Rossato, Paulo Eduardo Lépore e Rogério Sanches Cunha. Houve a exposição sobre o direito de convivência familiar estampado no art. 1.589 do Código Civil.

Em suma, a pretensão da genitora era no sentido de que a convivência deveria ocorrer na residência materna e com acompanhamento de profissional competente. Por fim, entendeu-se pelo não provimento do Agravo de Instrumento, constando inclusive que deveriam as partes relembrar o que consta no contrato de coparentalidade:

> Por fim, é imprescindível que os genitores da menor L. sejam razoáveis e maduros, como o foram em época anterior, em que resolveram unir os seus esforços para a geração de sua filha, através da coparentalidade, deixando de lado as rusgas, os aborrecimentos e os dissabores e voltando o seu olhar para o melhor interesse da criança.[4]

Ambos os Acórdãos conceituam a coparentalidade segundo a doutrina de Dimas Messias de Carvalho. É no primeiro Acórdão que o contrato de coparentalidade recebe maior relevância, posto que houve expressa menção do

---

4. BRASIL, Tribunal de Justiça de Minas Gerais. TJMG – Agravo de Instrumento-Cv 1.0000.21.247006-6/004, Relator(a): Des.(a) Eveline Félix , 4ª Câmara Cível Especializada, julgamento em 17.11.2022, publicação da súmula em 18.11.2022.

mencionado instrumento ao se manter o que foi previamente pactuado entre as partes (guarda compartilhada).

Fundamenta-se o Acórdão nesta validade do que foi celebrado, em razão de ter sido confeccionado mediante vontade livre e de forma madura e consciente, isto é, por inexistência de elementos capazes de afastar o que foi pactuado, a regra contratual deveria prevalecer:

> [...] vê-se que, extrajudicialmente e voluntariamente, as partes acordaram que a guarda da filha menor seria exercida de forma compartilhada, tendo por residência a morada materna.
>
> Muito embora pretenda a agravante a concessão da guarda unilateral, não se verifica, no momento, óbice para que a regra contratual, livremente pactuada entre as partes, seja observada, não bastando, para tanto, a alegação de desentendimentos entre os genitores.
>
> Deveras, se as partes, em época anterior, de forma madura e consciente, resolveram unir os seus esforços para a geração de sua filha, através da coparentalidade, é esperado que, neste momento, deixem de lado as rusgas, os aborrecimentos e os dissabores e voltem o seu olhar para o melhor interesse da criança.[5]

Destes dois votos mencionados é possível concluir que houve apreciação do contrato de coparentalidade, conferindo ao instrumento a validade correspondente, isto é, considerou-se a disposição das partes, a vontade manifestada no contrato. Assim, o negócio jurídico serviu como uma chave para o deslinde do julgamento do Agravo de Instrumento, não obstante haver exame de outros elementos, como a ausência de conduta desabonadora do genitor.

Todavia, o ponto primordial a ser ressaltado é que o contrato foi o instrumento capaz de conferir maior segurança jurídica ao genitor, uma vez que a genitora, após o nascimento da filha, pretendeu a alteração unilateral da guarda. Assim, é possível afirmar que o mencionado acordo prévio começa a ser visto e entendido pela jurisprudência como válido e apto a produzir efeitos jurídicos, o que está em consonância com o presente estudo.

6.2.2   Do julgado do Tribunal de Justiça do Paraná

Ao julgar de igual forma um Agravo de Instrumento o mencionado Tribunal, a Décima Segunda Câmara, em 1º de outubro de 2022, proveu em parte o recurso e julgou prejudicado em parte o recurso, em razão da perda do objeto. O processo 0001509-76.2022.8.16.0000 está em segredo de justiça e o Tribunal do Paraná não disponibiliza o voto, somente a ementa.[6]

---

5. Ibidem.
6. Agravo de instrumento. Ação declaratória. Pedido de fixação de alimentos provisórios indeferido. Insurgência dos alimentandos. Pretensão de reconhecimento da coparentalidade. Relação que deve ser observada sob a ótica contratual. Cognição provisória que indica a existência coparentalidade.

Não obstante, da ementa é possível identificar que a lide versava sobre pedido de fixação de alimentos, na qual foi considerada a configuração de coparentalidade entre os alimentandos e o alimentante. Consignou-se que as provas demonstram indícios de que o agravado teria gerado na genitora do agravante a expectativa de gerar um filho da dupla parental. Na ocasião ofertou auxílio financeiro e psicológico, o que demonstra o comprometimento com a paternidade.

Ademais, o ponto de maior relevância é que o Acórdão considerou que em razão do vínculo decorrer da coparentalidade, a relação estabelecida deveria então ser apreciada sob o viés contratual. Neste aspecto, mais uma vez o mencionado contrato para além de ser válido e produzir efeitos, também encontrou respaldo na jurisprudência em conferir sua análise sob a ótica contratual.

Consigne-se que o suposto contrato apresentado nos autos mencionados foi decisivo para que os alimentos à prole fossem garantidos, ainda que de forma provisória, uma vez que se trata de agravo de instrumento. Todavia, impendente mencionar que conforme amplamente trabalhado no presente estudo, o mencionado contrato servirá para diversas outras questões a serem resolvidas, em caso de judicialização.

Sendo assim, inobstante a ausência de acesso à integralidade dos autos ou do voto do Relator, o que limita a possibilidade de tecer maiores digressões, é possível concluir que o contrato de coparentalidade neste caso conferiu segurança jurídica ao filho nascido, vez que foi fixada a pensão alimentícia. E, para além da segurança jurídica conferida, também se denota que há uma interpretação segundo o aspecto contratual, o que confirma a plausibilidade de que outras disposições poderiam da mesma maneira serem validadas em uma eventual lide.

Provas até então produzidas que demonstram a probabilidade do agravado ter infligido na genitora a expectativa de gerar um filho do casal, oferecendo suporte financeiro e emocional. Contexto probatório que aponta para o comprometimento do agravado com a paternidade. Agravado que não produziu provas aptas a desconstituir as provas produzidas pelos agravantes. Standards probatórios. Prova mais convincente produzida pelos agravantes até o momento. Alimentos que devem, desde já, ser fixados. Quantum alimentar. Pretensão de fixação dos alimentos em doze mil reais. Infantes que, embora possuam necessidades presumidas, não comprovaram a extraordinariedade de suas despesas a ensejar pretendido valor. Nebulosidade quanto à capacidade econômica do agravado. Condição de saúde dos infantes que deve ser observada. Verba alimentar fixada em três mil reais para cada infante. Recurso conhecido e parcialmente provido. Agravo interno. Recurso prejudicado em face da perda do objeto em função do julgamento do recurso principal. Recurso prejudicado. BRASIL, Tribunal de Justiça do Paraná. TJPR – 12ª Câmara Cível – 0098270-72.2022.8.16.0000 [0001509-76.2022.8.16.0000/1] – Curitiba – Rel.: Juiz de Direito Substituto em Segundo Grau Eduardo Novacki – J. 1º.08.2022).

6.3 *DE LEGE FERENDA*: REFORMA DO § 2º DO ART. 42 DO ECA

Em tópico anterior (5.3.2), buscou-se elucidar como a adoção já se afigura em um instituto que a jurisprudência brasileira buscou harmonizar com os demais preceitos do próprio Estatuto quanto à Constituição Federal, no sentido de permitir que seja constituída por irmãos e em alguns casos pelos avós da criança.

O que permite a discussão se o parágrafo segundo do art. 42 do ECA, de fato possui sua razão para continuar a existir da forma como se encontra, cuja redação é: "§ 2º Para adoção conjunta, é indispensável que os adotantes sejam casados civilmente ou mantenham união estável, comprovada a estabilidade da família".[7]

Com o objetivo de demonstrar a possibilidade de que a legislação pátria abriu as ideias doutrinárias e jurisprudenciais já expostas, é que o Projeto de Lei 394 de 2017 foi proposto e em cujo artigo 73 se alinha: "Art. 73. Para a adoção conjunta, os adotantes não precisam constituir entidade familiar, mas é indispensável a comprovação de que existe convivência harmônica entre eles".[8]

Entretanto, mencionado projeto de lei foi arquivado em 22.12.2022, em razão do final da legislatura, nos termos do § 1º do art. 332 do Regimento Interno.[9] Denota-se, pois, que houve a perda de uma oportunidade para que o mencionado artigo 42, § 2º, do ECA que está vigente se adequasse ao exposto na presente pesquisa.

Portanto, neste momento, pretende-se reforçar a construção de uma atualização do mencionado dispositivo legal vigente, posto que não se coaduna com a realidade brasileira, tampouco com preceitos constitucionais e protetivos do próprio Estatuto. Destarte, não há possibilidade de continuar a negar a concessão de uma família ao adotando, pela hipótese de seus adotantes não serem casados.

Novamente, vê-se que o Legislador confunde, de certa forma, a formação dos vínculos parentais com vínculos conjugais, isto é, não se deve vincular a filiação do adotando ao pretenso vínculo conjugal que os adotantes possuem. Assim, o vínculo de filiação poderá ser formado a partir da intenção dos pretensos pais, independentemente da existência do vínculo conjugal entre eles.

---

7. BRASIL. Lei 8.069, de 13 de julho de 1990. Dispõe sobre o Estatuto da Criança e do Adolescente e dá outras providências. Disponível em: https://www.planalto.gov.br/ccivil_03/leis/l8069.htm. Acesso em: 26 dez. 2023.
8. Ibidem.
9. BRASIL, Senado Federal. Projeto de Lei do Senado 394 de 2017. Disponível em: https://www25.senado.leg.br/web/atividade/materias/-/materia/131275. Acesso em: 26 dez. 2023.

Desta forma, a melhor redação ao parágrafo segundo seria no sentido de prever que a dupla parental possua algumas características, como por exemplo: intenção em criar a prole de forma conjunta, que possuam amplas condições físicas, materiais e psicológicas para proporcionarem um ambiente saudável para o pleno desenvolvimento do adotando, demonstrem estar em harmonia quanto aos necessários cuidados para o cuidado e criação dos filhos.

Sendo assim, a melhor redação seria: "para a adoção conjunta, independentemente do vínculo estabelecido entre os adotantes, estes deverão demonstrar plena aptidão para a adoção, convivência harmoniosa e compatibilidade de interesses no exercício da autoridade parental".

Essa redação inclusive abre espaço para que o contrato de coparentalidade seja apresentado quando do momento para habilitação a adoção, isto é, os pretensos corresponsáveis que escolherem concretizar o projeto parental pelo instituto da adoção, deverão habilitar-se para tanto, razão pela qual uma vez que a legislação prevê a necessidade de demonstração de "compatibilidade de interesses no exercício da autoridade parental", o mencionado instrumento é o mais adequado para tanto.

Feita a observação sobre a necessidade de atualização e reforma do mencionado parágrafo do Estatuto da Criança e do Adolescente (Lei 8.069, de 13 de julho de 1990), convém tecer comentários sobre o projeto de reforma do Código Civil atual, posto que, no que concerne ao direito das famílias, existem importantes e notáveis propostas de alteração legislativa, razão pela qual o próximo item cuidará da temática.

6.4 DO PROJETO DE REFORMA DO CÓDIGO CIVIL

O estudo do projeto de reforma do Código Civil Será realizado para investigar os preceitos gerais expostos na "justificativa" do projeto elaborado pela Comissão, sem pretender exaurir a temática ou sequer refletir de maneira verticalizada os possíveis futuros impactos a serem esperados, posto que desnecessários para este trabalho e neste momento. Consigne-se, entretanto, que a análise se faz de suma importância para se concentrar especificamente nas temáticas que foram tangenciadas ao longo do trabalho, razão pela qual os aportes doutrinários dos conceitos jurídicos já foram amplamente estudados em tópicos anteriores e não serão repetidos neste momento.

Em agosto de 2023 (uma segunda-feira), foi publicada a instituição da Comissão de juristas responsável pela revisão e atualização do Código Civil, por ato do presidente do Senado (Rodrigo Pacheco), seria então presidida pelo Ministro do Superior Tribunal de Justiça – Luis Felipe Salomão, na figura de relatores estariam Flávio Tartuce e Rosa Maria de Andrade Neri.[10] Foram, ao menos, nove reuniões formais publicadas,[11] das quais em 23 de maio de 2024 (uma quinta-feira) foi publicado no site oficial do Senado[12] o "parecer", com o arquivo intitulado "Relatório Final dos trabalhos da Comissão de Juristas responsável pela revisão e atualização do Código Civil".[13]

Destes debates, iniciaram-se diversos estudos e discussões correlatas e paralelas aos debates e reuniões oficiais, em especial pela possibilidade de diversos textos serem publicados pelas mídias sociais, inclusive com trechos e vídeos dos próprios juristas componentes, o que deu ampla divulgação dos temas enfrentados e permitiu um acompanhamento democrático, isto é, sem que fosse um estudo sigiloso, cujas discussões não fossem públicas e mais do que públicas, de certa forma até divulgadas.

Diversos foram os textos que apoiaram a reforma/atualização, demonstrando que a edição do Código Civil de 2002 aconteceu de maneira diferente desta mais recente, posto que o Código Civil de 1916 não estava em concordância com os anseios sociais, em razão de diversas promulgações legislativas e mudanças sociais inerentes.[14] Ao passo que o Código Civil vigente não possui o mesmo histórico, porém, afirma-se que: "é evidente que era preciso uma atualização, estando fora de cogitação a ideia de que o texto atual não necessita de ajustes".[15]

Com a ressalva de que as mudanças deveriam ser pontuais, isto significa dizer que não seria o mais recomendável uma "alteração em larga escala", apta a alterar estruturas sociais e jurídicas já sedimentadas há séculos.[16] Sobre a quantificação de artigos alterados e a serem inseridos, Eduardo Tomasevicius Filho elaborou um quadro elucidativo:

---

10. BRASIL. Senado Federal. Comissão de Juristas responsável pela revisão e atualização do Código Civil. Relatório final dos trabalhos da Comissão. Brasília, DF: 11 abr. 2024. Disponível em: https://www6g.senado.leg.br/sdleg-getter/documento?dm=9610572&. Acesso em: 03 jun. 2024.

11. Ibidem.

12. BRASIL. Senado Federal. Comissão de Juristas responsável pela revisão e atualização do Código Civil. Relatório final dos trabalhos da Comissão. Brasília, DF: 11 abr. 2024. Disponível em: https://www6g.senado.leg.br/sdleg-getter/documento?dm=9610572&. Acesso em: 03 jun. 2024.

13. Ibidem.

14. Orlando Gomes comenta sobre o Código Civil de 1916 da seguinte forma: "E, assim, destinado a ter longevidade secular, o Código Civil agoniza ao perder o seu significado de repositório de Todo o direito privado e de centro da experiência jurídica de um povo. Esvaziou-se no seu conteúdo e perdeu o seu sentido". p. 9. GOMES, Orlando. A Agonia do Código Civil. *Revista de Direito Comparado Luso-Brasileiro*, Rio de Janeiro, n. 7, 1988. http://www.idclb.com.br/revistas/07/revista7%20(6).pdf. Acesso em: 03 jun. 2024.

15. GAMA, Guilherme Calmon Nogueira da.; NEVES, Thiago Ferreira Cardoso. Atualização do Código Civil: limites e possibilidades. *CONJUR*. Disponível em: https://www.conjur.com.br/2024-mai-03/atualizacao-do-codigo-civil-limites-e-possibilidades/. Acesso em: 03 jun. 2024.

16. Ibidem.

| | Artigos do Código Civil | | | |
	Atuais	A modificar	A inserir	Percentual de mudança
Parte Geral	232	90	8	42,20%
Obrigações	733	245	59	41,40%
Empresa	230	99	22	52,60%
Coisas	315	115	48	51,00%
Família	273	200	85	104,30%
Sucesões	244	93	20	46,30%
	2027	**842**	**242**	
Direito Digital			86	
			328	
Artigos modificados e inseridos			**1170**	**57,70%**

Fonte: TOMASEVICIUS FILHO, Eduardo. [sem título] 28 maio 2024. Disponível em: https://www.instagram.com/p/C7dKgTdIEYc/?img_index=6. Acesso em: 02 jun. 2024.

Mencionadas constatações impõem a reflexão sobre quais os pontos poderiam ou não terem sido alvo de atualização, quais os efeitos que poderão surgir como consequência desta atualização. Porém, essas reflexões escapam do escopo principal do trabalho, porquanto convém apenas neste momento estabelecer algumas das diretrizes estabelecidas no mencionado projeto que, se forem aprovadas, confluem ao tema apresentado.

Dentre os autores que defendem, Gustavo Tepedino que é um dos membros da comissão, redigiu um editorial publicado na Revista Brasileira de Direito Civil – RBDCivil, especialmente dedicado à reforma do mencionado Código, que ressalta todo o importante avanço que o Código Civil vigente promoveu com a isonomia entre os filhos, independente da origem da filiação e entre os cônjuges, assegurando direitos sucessórios ao cônjuge sobrevivente. Todavia, quanto à matéria de direito das famílias "encontrava-se adequada à realidade anterior, em que era o casamento indissolúvel e com prole única".[17]

Denota-se, na "Justificação" do projeto de Lei, que todas as subcomissões buscaram resguardar o que de fato teria sentido e valor aos tempos atuais, ou seja, mantendo aquilo que for pertinente, aproveitando-se da experiência passada, a exemplo da "parte geral", que consignou da seguinte forma:

Ou seja, não se buscou trazer um novo Código Civil descolado da experiência passada e do texto em vigor. Pelo contrário, a preocupação em propor dispositivos de atualização do

---

17. TEPEDINO, Gustavo. A reforma do Código Civil. Revista Brasileira de Direito Civil – RBDCivil | Belo Horizonte, v. 32, n. 4, p. 11-13, out./dez. 2023. Disponível em: https://rbdcivil.ibdcivil.org.br/rbdc/article/view/1044/640. Acesso em: 03 jun. 2024.

texto atual foi o norte dos trabalhos da Subcomissão, visando tornar mais eficaz e adequado à contemporaneidade o texto do Livro, que já se encontra com mais de 20 anos.[18]

A subcomissão que tratou dos "contratos" reafirma que buscou seguir a tradição do Direito Civil ao "prestigiar os institutos milenarmente amadurecidos",[19] ressalvando que haveria uma abertura aos "novos arranjos e comportamentos contratuais da sociedade", o que demonstra um avanço no conceito de contrato. Ademais, sobre a autonomia privada, consignou-se:

> A autonomia privada é prestigiada como um dos faróis do Direito Contratual, por espelhar o direito dos cidadãos em se autodeterminarem. Todavia, notadamente nos casos de contratos não paritários, o Código Civil intervém para evitar abusos de direito. Nesse sentido, em diversas ocasiões, o texto do Código faz a distinção entre os contratos paritários e os não paritários, com o objetivo de evitar abusos nestes últimos (ut arts. 421-C; 421-D; 423; 532; 599, § 2º; 603, parágrafo único; 620, parágrafo único; 629, parágrafo único; 725, § 1º; 734, parágrafo único; 757-A; 762; 766, § 2º; 768, § 2º; 771, § 5º; 771-C; 786, §§ 2º e 3º; e 946-A).[20]

Destacou-se a importância da boa-fé com um papel fundamental ao direito contratual, exigindo-se a sua presença eficacial desde o momento pré-contratual até o pós-contratual, permitindo assim que exista um guia às partes, bem como credencie as reações do Direito frente ao inadimplemento. Revelando-se ainda mais o caráter contemporâneo dos contratos, em especial atendimento aos novos proclames sociais que inclusive colocou na disciplina de contratos a maior liberdade dos pactos pré-nupciais.

> A aderência das regras contratuais às atuais tendências culturais e sociais foi um alvo constante dos trabalhos da Comissão. Disso resultou, por exemplo, a permissão expressa para que os nubentes possam traduzir sua vontade com maior liberdade nos pactos pré-nupciais ou pós-nupciais, inclusive com eventual renúncia recíproca e antecipada a direitos hereditários. Há, porém, limites, sempre em razão da preocupação com a parte mais vulnerável em relações contratuais não paritárias, a exemplo da presunção relativa de que a renúncia à herança não alcança o direito real de habitação ao viúvo (art. 426, §§ 1º a 5º).[21]

Quanto à subcomissão que cuidou do direito das famílias, a inspiração maior foi no sentido de que a reforma não se referiria à "elite acadêmica", posto que, em verdade, teria como destinatária a própria sociedade brasileira, que por sua vez, "sem dúvida, clamava por uma indispensável – e já tardia – atualização

---

18. BRASIL. Senado Federal. Comissão de Juristas responsável pela revisão e atualização do Código Civil. Relatório final dos trabalhos da Comissão. Brasília, DF: 11 abr. 2024. Disponível em: https://www6g.senado.leg.br/sdleg-getter/documento?dm=9610572&. Acesso em: 03 jun. 2024.
19. p. 285.
20. Ibidem.
21. Ibidem.

das normas de Direito de Família".[22] Nesse sentido, o empenho concentrou-se em desenvolver uma maneira de desburocratizar e simplificar – resguardada a segurança jurídica – a vida dos cidadãos brasileiros. Destaca-se que:

> Foram propostas regras gerais voltadas a todas as entidades familiares, sem distinção, o que contempla não apenas o casamento e a união estável, mas, também, outros standards, a exemplo das famílias recompostas – formadas por pessoas egressas de outros relacionamentos, após o divórcio ou a dissolução da união estável –, circunstância social comum, no Brasil e no Mundo, e que não poderia ser olvidada pelo legislador.
>
> [...]
>
> Houve, ainda, especial atenção em torno da parentalidade, com ênfase na absorção dos avanços ocorridos na última década no âmbito da paternidade socioafetiva e da multiparentalidade, sempre em estrita observância ao princípio constitucional da igualdade, na vereda já aberta pelo Supremo Tribunal Federal (RE 898.060/SC).
>
> [...]
>
> Prestigiou-se, em diversas normas, a autonomia privada dos brasileiros e brasileiras.
>
> [...]
>
> Propôs-se, finalmente – o que há muito já se esperava –, uma regulamentação mínima acerca da reprodução humana assistida, até então tratada no âmbito de regras meramente administrativas.[23]

Observa-se, portanto, dos trechos supramencionados, que muitas das intenções lançadas e dos postulados expressamente consignados estão em consonância com tudo o que foi exposto ao longo do presente trabalho; novas nuances contratuais, maior liberdade aos novos arranjos familiares; e, destaque à autonomia dos indivíduos enquanto componentes de uma família.

O Instituto Brasileiro de Direito de Família – IBDFAM conta com diversos membros na mencionada comissão,[24] razão pela qual teve grande participação em numerosos textos do mencionado projeto de Lei. O cofundador do mencionado instituto, o Ministro Luiz Edson Fachin, afirma que o Código Civil atual "já nasceu velho",[25] denotando a importância da interpretação na aplicação prática.

---

22. Ibidem.
23. BRASIL. Senado Federal. Comissão de Juristas responsável pela revisão e atualização do Código Civil. Relatório final dos trabalhos da Comissão. Brasília, DF: 11 abr. 2024. Disponível em: https://www6g. senado.leg.br/sdleg-getter/documento?dm=9610572&. Acesso em: 03 jun. 2024.
24. TARTUCE, Flávio; OLIVEIRA, Carlos Eduardo Elias de; RUZYK, Carlos Eduardo Pianovski; HIRONAKA, Giselda; TEPEDINO, Gustavo; SIMÃO, José Fernando; DIAS, Maria Berenice; SANTIAGO, Maria Cristina; DELGADO, Mário; ROSENVALD, Nelson; STOLZE, Pablo e MADALENO, Rolf. *IBDFAM*. Assessoria de Comunicação do IBDFAM. Reforma do Código Civil: o que deve acontecer em 2024?. Disponível em: https://ibdfam.org.br/noticias/11430/Reforma+do+C%C3%B3digo+Cvil%3A+o+que+deve+acontecer+em+2024%3F. Acesso em: 03 jun. 2024.
25. MACHADO, Uriá. Fachin: *Código Civil ganha vida na aplicação prática*. São Paulo: Folha de São Paulo. [online]. Disponível em: https://www1.folha.uol.com.br/cotidiano/2023/01/codigo-civil-nasceu-ve-

Quanto ao direito das famílias é notável que inúmeros artigos, parágrafos, capítulos, incisos e alíneas seriam alvo de alteração, reforma e atualizada, em decorrência das inúmeras modificações que este instituto galgou nos últimos anos, conforme demonstrado por esta pesquisa, muitas das configurações familiares não guardam qualquer previsão na legislação vigente, demandando interpretações do Supremo Tribunal Federal, como no caso das uniões homoafetivas.

Neste particular, o relatório final dos trabalhos realizados para a revisão e atualização do Código Civil tangenciaram alguns pontos trabalhados e outros não, como por exemplo o art. 425, não referenciado; tampouco há proposição para sua alteração, vez que do art. 423 passou-se diretamente para o art. 426.[26]

Quanto aos artigos concernentes à "autoridade parental", a proposta disciplinou e corrigiu a nomenclatura de "poder familiar" para autoridade parental, com muito mais acerto, conforme a doutrina contemporânea já explorada neste trabalho. Porém, conforme relata Maria Berenice Dias[27] e pode-se constatar pela evolução do projeto,[28] os arts. 1.583 a 1.589 não serão alterados, o que demonstra mais uma vez que a legislação a ser aprovada não avançou neste sentido, implicando aos intérpretes do direito a necessária adequação do texto normativa à doutrina mais balizada.

A reforma acrescentou ao art. 1.629 outros 22 artigos pelas letras A até V; as disposições quanto à filiação decorrente de reprodução assistida, cujo texto visa regulamentar esta forma de reprodução, que igualmente foi objeto do presente trabalho. Destaca-se o art. 1.629-C, permitindo que toda pessoa maior de 18 anos e capaz de manifestar sua vontade de forma livre e inequívoca possa se submeter ao tratamento da reprodução assistida,[29] o que auxiliará – se aprovado for – os corresponsáveis que não mais terão resistências doutrinárias em não poderem se socorrer de tal método de reprodução.

De igual forma, os art. 1.629-L ao 1.629-P tratam da cessão temporária do útero, que conforme já delineado também poderá integrar o contrato de coparen-

---

lho-mas-lei-ganha-vida-na-aplicacao-pratica-diz-fachin.shtml. Acesso em: 03 jun. 2024.

26. BRASIL. Senado Federal. Comissão de Juristas responsável pela revisão e atualização do Código Civil. Relatório final dos trabalhos da Comissão. Brasília, DF: 11 abr. 2024. Disponível em: https://www6g. senado.leg.br/sdleg-getter/documento?dm=9610572&. Acesso em: 03 jun. 2024.

27. DIAS, Maria Berenice. *Encerrando nossa série de vídeos sobre a Reforma do Código Civil. Obrigada a todos que me acompanharam até aqui.* Disponível em: https://www.instagram.com/p/C6YoW48M6Q7/. Acesso em: 03 jun. 2024.

28. BRASIL. Senado Federal. Comissão de Juristas responsável pela revisão e atualização do Código Civil. Relatório final dos trabalhos da Comissão. Brasília, DF: 11 abr. 2024. Disponível em: https://www6g. senado.leg.br/sdleg-getter/documento?dm=9610572&. Acesso em: 03 jun. 2024.

29. "Art. 1.629-C. Pode se submeter ao tratamento de reprodução humana assistida qualquer pessoa maior de dezoito anos, apta a manifestar, livremente, a sua inequívoca vontade". Ibidem.

talidade, demonstrando mais uma vez o acerto em findar debates inócuos sobre a impossibilidade de que tal situação seja permitida no ordenamento jurídico brasileiro.

Conclui-se que não obstante as necessárias atualizações supramencionadas, em especial quanto às novas formas de reprodução humana, não se conseguiu ao menos colocar em votação a importante questão – tormentosa na prática cotidiana – da guarda/convivência, uma vez que a proposta não avançou neste sentido e sequer há um pequeno implemento ou aprimoramento, uma notória perda. O que implica e atribuiu à doutrina e à jurisprudência os esforços interpretativos do mencionado instituto à luz do texto constitucional, que impõe como dever da família assegurar a convivência familiar.[30]

Destarte, o presente subitem não pretende exaurir a mencionada reforma, tampouco esgotar completamente os livros de contratos e de família, mas em verdade suscitar alguns dos temas tratados na mencionada proposição, bem como extrair alguns dos postulados e dos artigos que expressamente se relacionam com o tema abordado. Sendo assim, o próximo subitem buscará investigar as boas práticas para construção do contrato de coparentalidade.

6.5 DA CONSTRUÇÃO DO CONTRATO DE COPARENTALIDADE

A busca por um modelo essencialmente hábil a regrar todas as múltiplas situações que a realidade de cada família coparental ensejará escapa da razoabilidade, uma vez que este é um conceito aberto. Isto significa dizer que o contrato de coparentalidade deverá ser estruturado a depender de cada situação em concreto, conforme defendido ao logo da presente pesquisa. Não seria razoável e até aceitável metodologicamente prever uma nova configuração familiar e torná-la estanque e engessada em um modelo ideal a ser seguido.

Somado a isso, o conteúdo das cláusulas contratuais já foi devidamente explorado, tanto com aportes doutrinários quanto com entendimentos jurisprudenciais no tópico anterior que analisou "o contrato da coparentalidade à luz da tricotomia dos planos do negócio jurídicos", ao qual se faz rápida referência. Dessa forma, este subitem cuidará de elencar algumas das cláusulas importantes

---

30. "Art. 227. É dever da família, da sociedade e do Estado assegurar à criança, ao adolescente e ao jovem, com absoluta prioridade, o direito à vida, à saúde, à alimentação, à educação, ao lazer, à profissionalização, à cultura, à dignidade, ao respeito, à liberdade e à convivência familiar e comunitária, além de colocá-los a salvo de toda forma de negligência, discriminação, exploração, violência, crueldade e opressão". BRASIL. [Constituição (1988)]. Constituição da República Federativa do Brasil. Brasília, DF: Senado Federal, 2016. 496 p. Disponível em: https://www2.senado.leg.br/bdsf/bitstream/handle/id/518231/CF88_Livro_EC91_2016.pdf. Acesso em: 03 jun. 2024.

para elaboração do contrato de coparentalidade, posto que em análise a alguns dos modelos prontos e disponíveis (em especial aquele em anexo a este estudo) denota-se a necessidade de apontar algumas questões.

A cláusula, portanto, que traduz a essência do contrato coparental é a que declara a vontade dos corresponsáveis em concretizarem o projeto parental, seja mediante a via sexual ou por reprodução humana assistida, com a disposição clara que estes não se encontram em vínculo amoroso ou em união estável, tampouco que a prole será um elemento caracterizados de tal instituto. Sem isso, descaracteriza-se o contrato de coparentalidade. A exemplo, sugere-se:

Cláusula do objeto: Os corresponsáveis com a intenção de concretizarem o projeto parental declaram, para todos os fins jurídicos, que possuem a legítima e exclusiva intenção de conjuntamente gerarem/adotarem filhos(as), cuja forma de concepção e demais direitos e deveres serão regidos em especial atenção à dignidade da pessoa humana do filho e ao melhor interesse da prole futura, bem como conforme as demais cláusulas.

Podem as partes se valerem de uma breve contextualização a fim de demonstrarem logo no contrato o histórico de vida deles, que permita identificar tanto a inexistência de outros vínculos recíprocos (como namoro ou união estável, por exemplo), quanto a real intenção de exercerem juntos o projeto de parentalidade. Com essas especificações prévias entende-se que o instrumento contratual será revestido de segurança jurídica, posto que estampa a real situação vivenciada pelas partes, o que possibilita inclusive a existência e a justificativa da cláusula seguinte:

Cláusula de contingência: por decorrência das relações aqui disciplinadas serem de trato sucessivo e as partes estarem em constante adaptação a possíveis novas situações concretas, a revisão das cláusulas poderá acontecer a qualquer tempo, desde que efetivamente alterada a realidade de algum membro da família.

Dessa cláusula supramencionada instituída como geral, podem decorrer outras diversas a disciplinarem por exemplo a eventualidade da morte de um dos corresponsáveis ou a incapacidade, de que maneira a guarda e convivência serão regidas em caso de uma eventual superveniência incapacitante. Desta, segue-se a outra cláusula de certa maneira vinculada a esta:

Cláusula de adaptação 01: antecipadamente os corresponsáveis resolvem que na hipótese de iniciarem um relacionamento amoroso, união estável ou casamento, a guarda e a convivência serão exercidas de igual forma (ou, descrever a maneira que os contratantes encontraram).

Parágrafo único: configurando-se a hipótese desta cláusula os corresponsáveis resolvem que incumbirá ao seu respectivo novo companheiro/cônjuge/namorado os mesmos direitos e deveres atinentes aos pais. (ou, instituir quais os direitos e deveres que não serão parte – com a ressalva de obediência à dignidade da pessoa humana e ao melhor interesse da prole).

Outro ponto tormentoso na prática de famílias recompostas é o novo relacionamento de um dos genitores, razão pela qual podem os corresponsáveis evitarem estes desgastes prevendo como serão exercidas a guarda e convivência nesta hipótese, bem como o papel deste novo integrante no trato com os filhos, ainda que ele seja transitório.

Com a importante observação que os deveres a serem excluídos não podem ser – em nenhuma hipótese – algo que viole a dignidade da pessoa humana do filho, por exemplo prever que à prole não será dada tratamento igualitário com os demais filhos, já existentes ou futuros. A ideia chave é a de prever situações cotidianas, como por exemplo a possibilidade de retirar o filho na respectiva instituição de ensino, ou participar de reuniões escolares e festividades etc.

Cláusula de adaptação 02: os corresponsáveis poderão reciprocamente comunicarem-se e adequarem-se de maneira livre sobre questões menores e inerentes à vida do filho, inclusive com reuniões periodicamente agendadas. Entretanto, com relação às alterações que gerem substancial impacto na vida da prole ou do outro corresponsável a nova pactuação deverá ser clara e objetiva.

Parágrafo único: considerando a capacidade progressiva dos filhos, as intenções serão sempre respeitadas, com especial atenção após completar 16 anos de idade.

Essa cláusula e o seu respectivo parágrafo aludem às hipóteses em que situações de menor relevância para o cotidiano da prole e dos corresponsáveis não ensejem demandas desnecessárias, tampouco burocráticas formas de adaptação. Contudo, não se revela como uma disposição que autorize e imponha a vontade de um dos corresponsáveis ao outro, porquanto aquilo que for alterar substancialmente o contrato deverá ter maior atenção.

De igual forma, por vezes o corresponsável que entender e verificar que o filho pretende e deseja participar da organização da sua própria rotina, deve ser parte integrante das decisões a serem tomadas, por óbvio que a depender da idade e capacidade de compreensão, que somente poderão ser verificadas no caso em concreto.

Cláusula do inadimplemento: uma vez que algum dos corresponsáveis desistir ou se verificar a impossibilidade de continuidade da relação contratual, as partes estabelecem que sendo injustificada a desistência ou mediante culpa ou dolo houver inadimplemento, a parte que deu causa ressarcirá a prejudicada, sem prejuízo de perdas e danos.

As cláusulas sobre os mais variados arranjos do cotidiano das famílias deverão ser acrescidas ao longo de todo o contrato, com especial atenção às supramencionadas, bem como quanto: às formas de resolução de conflitos (sugerindo-se a adoção de meios adequados, antes do ajuizamento de ação perante o Judiciário); a expressa previsão de que todos os termos foram amplamente discutidos entre os corresponsáveis; que a vontade foi declarada e manifestada de forma livre e sem nenhum tipo de vício de consentimento; as variáveis sobre os custos decorrentes das técnicas de reprodução humana (se for escolhido tal método); os alimentos à prole, enfim tudo aquilo que for pertinente a cada arranjo familiar.

A via mestre a ser observada por todo o contrato sempre será da dignidade da pessoa humana da prole e dos corresponsáveis e o melhor interesse do filho(a), porquanto uma vez que as partes estejam efetivamente imbuídas destes preceitos mínimos espera-se que todas as disposições que decorrerem sempre sejam elaboradas para que tais valores de fato integrem o contrato coparental.

Dessa forma, não apenas o indivíduo enquanto corresponsável será tutelado pelo direito, mas em especial a prole futura que foi alvo de intenso trabalho para redigir o instrumento e com certeza continuará a demandar novos esforços ao longo de sua vida. Mas, sobretudo, a família coparental poderá alcançar o objetivo de ser um ambiente saudável, amoroso e íntegro, promovendo com dignidade, respeito e harmonia a personalidade de seus integrantes.

CONCLUSÃO

A fim de contextualizar a pesquisa, exploraram-se os conceitos de pós-modernidade, por uma gama de ciências, em especial àquelas atinentes e afetas às ciências humanas e sociais. E, por decorrência, o preceito de modernidade líquida, segundo o qual o período contemporâneo deve conviver com um paradoxo de não estar enraizado mais na modernidade, mas de igual forma não se inserir de maneira integral em uma fase posterior. A pós-modernidade implica essa necessidade de conviver com o que já não é mais como antes, porém, sem conseguir explicar na íntegra e satisfatoriamente o que é, ou o que será no futuro.

Nessa imersão de novos conceitos e revisão de outros tidos como clássicos, o trabalho buscou delimitar algumas das teorias que visam explicar o cenário atual, mediante a explicação de conceitos como pós-modernidade e modernidade líquida. Sem, no entanto, exaurir o tema, uma vez que o objeto central não seria este, porquanto as mencionadas explicações se referem à necessidade de situar a pesquisa diante das constantes mutações que os enlaces afetivos e familiares se encontram.

Essa característica contemporânea de mudança, de adaptação e reconfiguração não se restringe à família atual, tido como democrática, mas em verdade engloba o contrato como espécie do gênero negócio jurídico, o qual deve ser funcionalizado para atender os anseios existenciais. Assim sendo, o contrato permanece como uma das figuras centrais do direito civil, sem perder qualquer importância, ao revés, ao ser revisitado pelas mudanças da pós-modernidade revela o seu caráter indispensável.

A pesquisa essencialmente buscou extrair da teoria geral do negócio jurídico a compreensão deste à luz da tricotomia dos seus planos, mais conhecida como escada ponteana, em que se consideram os planos da existência, validade e eficácia. Mencionada divisão tripartite ganhou força doutrinária pátria após a obra de Pontes de Miranda, e se torna um relevante marco teórico e elemento fundamental para comprovação da hipótese central – demonstrar que o contrato pode ser um instrumento hábil e apto a receber o arranjo coparental enquanto uma família.

Nesse cenário, resta justificada a investigação do conceito de pós-modernidade, em paralelo com a ideia de modernidade líquida, uma vez que é por intermédio desta que o conceito clássico de negócio jurídico, e de sua espécie o contrato, podem ser revisitados para disporem sobre uma nova configuração familiar – a coparentalidade. Destarte, é a própria necessidade de conviverem em um mesmo ambiente aquilo que está consolidado – o contrato, com o pós--moderno – o arranjo familiar coparental.

Inúmeros institutos encontram-se sob o estado de liquidez, ao se utilizar da metáfora de Bauman, posto que eles não possuem mais a forma rígida e sólida de outrora, a velocidade em que os relacionamentos surgem e terminam, se aproximam de maneira estreita à ideia de consumo, vez que inexiste atualmente ponderações sobre a durabilidade dos enlaces afetivos. A marca contemporânea é possibilidade de mudança e a única característica que se justifica é exatamente essa viabilidade de renovação.

Os efeitos da pós-modernidade foram retratados ao longo do primeiro capítulo a fim de contextualização da pesquisa, e permitir uma visão panorâmica de inviabilidade de se negar a real existência de novas configurações familiares. A liquidez dos relacionamentos humanos, implica em um mesmo dinamismo ao Direito, isto é, altera-se a conjuntura social, de igual sorte transmutam-se as estruturas jurídicas subjacentes.

Ao passo que, ao se descrever o contexto hodierno denota-se que, embora a procriação tenha se afastado do ato sexual, os filhos ainda se revelam como uma ponte a algo mais duradouro que o próprio enlace de seus pais e se configurariam, portanto, em uma das possibilidades para se atingir a solidariedade humana. Por intermédio do projeto parental, os pares parentais concentrariam seus esforços no projeto parental e não no próprio relacionamento afetivo, o que pode ser uma via hábil à construção de vínculos saudáveis.

Com essas premissas, entende-se que a família coparental não seria um reforço à ideia de consumo, cujos envolvidos fariam escolhas desarrazoadas, ao revés, pretendeu-se demonstrar a higidez de uma família, cujo primordial interesse seja o estabelecimento de um ambiente harmônico para que os filhos possam desenvolver sua personalidade de maneira saudável. Tal desiderato é atingido pela prévia estipulação de quais os papeis serão desenvolvidos pelos corresponsáveis, o que afastaria os ruídos inerentes dos casais que devem lidar com problemas oriundos de seus relacionamentos em concomitância com as questões parentais.

Nada obstante, em meio a essa miríade de novas composições humanas e da rapidez em que surgem e se findam, emerge-se a preocupação de se resguardarem os direitos essenciais e fundamenteis dos envolvidos e em especial da prole. Para tanto, o contrato coparental exsurge dentre os negócios jurídicos a fim de estabelecer os parâmetros mínimos da família coparental, e possibilitar o manejo dos efeitos jurídicos a serem alcançados. Destarte, a pesquisa buscou demonstrar que o contrato já é utilizado no âmbito do direito das famílias, revelando-se como um importante instrumento.

A par disso, o primeiro capítulo tratou dessa contextualização, preocupando-se em delimitar os recortes atinentes ao direito das famílias, não desprezando as demais implicações, apenas selecionando aquilo que possui estreita relação com a pesquisa. Em razão disso, atentou-se a esclarecer o negócio jurídico no contexto da pós-modernidade em concomitância com o contrato e, ao final, estabelecer que este comporta disposições existenciais.

A segunda seção analisou a multidisciplinaridade que a concepção de família comporta na atualidade, para além de ser um vínculo decorrente exclusivamente do casamento, hoje a família é o ambiente em que o indivíduo possui para se realizar enquanto pessoa humana. Dentro desta noção ampliada, de uma família democrática, os sujeitos desenvolverão sua personalidade e poderão encontrar bases capazes de fornecer conforto e estabilidade para o crescimento e desenvolvimento positivo, sadio e afetuoso.

Com a magnitude exposta das amplas acepções que a família contemporânea possui, houve apreciação de uma série de arranjos que elucidam e exemplificam tais digressões. Porém, entre a elaboração dessa interlocução multidisciplinar e a pluralidade de novas composições familiares (conjugais e parentais), necessário se fez estabelecer o lugar especialíssimo que o instituto da família ostenta no ordenamento jurídico pátrio.

A família é prevista na Constituição Federal de 1988, comando normativo maior, que se afigurou como marco legislativo da pesquisa, uma vez que da leitura do art. 226 do Texto Constitucional, pode-se extrair três configurações expressas (casamento, união estável e monoparental), destas outras tantas são verificadas, a exemplo das uniões sem regime de casamento ou união estável, mas com filhos, bem como àquelas constituídas por pares homoafetivos.

Com tal construção evidenciou-se que a família permeia todo o ordenamento jurídico, desde a Constituição Federal, perpassando o Código Civil atual e atingindo inúmeras resoluções do Conselho Nacional de Justiça, que regram por exemplo a (in)viabilidade de uniões poliafetivas serem registradas. O cerne do capítulo foi a constatação de que inviável não se notar a relevância do instituto da família no cenário jurídico atual, bem como os reflexos decorrentes, como exemplo na denominada contratualização das relações familiares, em que novos negócios jurídicos são pensados (contrato de coparentalidade), como outros são revistos (pacto antenupcial, com cláusulas existenciais).

O terceiro capítulo concentrou os esforços em delimitar o conceito de coparentalidade, houve um diálogo com os itens anteriores em especial aqueles afetos a aspectos psicossociais, para comprovação de que inexiste efeitos psíquicos deletérios à prole. A coparentalidade no seu conceito psicossocial sempre se formará entre a prole e os pais, em especial busca investigar a qualidade do vínculo após o rompimento do relacionamento dos pais, razão pela qual a única forma de inviabilizar/impedir a coparentalidade seria a instituição de vínculos indissolúveis, o que não é viável na contemporaneidade.

Destarte, pôde-se verificar que a despeito das arguições em contrário, a coparentalidade é uma realidade vivenciada com tranquilidade aos seus adeptos, o que tornam infundados os discursos contrários, posto que estes buscam sempre uma padronização, isto é, pretendem que os relacionamentos obrigatoriamente sigam *standards* muito rígidos e imutáveis, pertinentes e adequados somente aos prolatores desses conceitos. Assim, tais preconceitos foram retirados da essência da coparentalidade.

O conceito de coparentalidade, por sua vez, se consolidou como um agrupamento familiar, cujos pais/genitores não possuem qualquer relacionamento entre si, isto é, não se unirão pelo matrimônio, tampouco pela união estável e sequer um compromisso informal. A intenção e a vontade constante nos pretensos corresponsáveis é de concretizarem conjuntamente o projeto parental, mediante o estabelecimento de um contrato. O qual será celebrado com especial atenção à dignidade humana de todos os envolvidos, bem como para o fim de atender o princípio do melhor interesse da criação e do adolescente.

Assim sendo, em outras palavras o contrato de coparentalidade é um negócio jurídico estabelecido entre os corresponsáveis, que desejam exercer a paternidade ou maternidade com outro(s) sujeito(s), sem, no entanto, estabelecer um vínculo com este(s). Isto é, o único elo será aquele estabelecido com os filhos, cujos interesses devem ser privilegiados no mencionado instrumento, hábil e apto a comportar as disposições existenciais e patrimoniais do arranjo familiar coparental.

Insere-se a concepção de uma configuração familiar estruturada com o objetivo exclusivo de estabelecer um ambiente saudável para criação e desenvolvimento de filhos. Essa é a essência da família coparental, que todos os esforços sejam concentrados em fomentarem o amadurecimento saudável de outro ser humano, por meio de um ambiente harmônico e afetuoso. Retira-se, portanto, a ideia de dois polos em litígio que se digladiam e se utilizam dos filhos para implicarem sofrimento na parte contrária do processo judicial.

Para justificar a elaboração de tal conceito, foram delineados os aspectos jurídicos, quais sejam: a base principiológica atendida (o da dignidade da pessoa humana; do melhor interesse da criança e do adolescente; da solidariedade familiar; da igualdade; da pluralidade de formas de família e da afetividade); a autonomia privada e a liberdade a ser exercida pelos pretensos corresponsáveis; o vínculo de filiação e a autoridade parental decorrente; e, por fim, a elucidação que direitos e deveres inerentes, como guarda, convivência e alimentos estarão presentes e resguardados, posto que este é o principal objetivo a ser alcançado.

A quarta seção se constitui na ideia central da pesquisa, iniciando com premissas metodológicas a fim de traçar o marco teórico a ser utilizado, uma vez que a doutrina é rica e múltipla sobre os conceitos e implicações do negócio jurídico. Para se comprovar a hipótese, a tricotomia dos planos se fundamenta nos escritos de Francisco Cavalcanti Pontes de Miranda, cuja ideia é revisitada por diversos outros autores, a exemplo de: Marcos Bernardes de Mello, Antônio Junqueira de Azevedo. Ademais, na doutrina estrangeira utilizou-se dos escritos de Pietro Perlingieri, Enzo Roppo e Emilio Betti.

Desta escolha doutrinária, houve enfoque em consolidar os planos que o contrato de coparentalidade deve se submeter para então existir, valer e ser eficaz. O plano da existência se justifica não apenas pela metodologia supramencionada, mas em razão da contratualização coparental se afigurar como recém-chegada, elementos mínimos devem se fazer presentes para que não exista divergência, ou que existindo, possa ser melhor esclarecida.

Nesta acepção de existência, o contrato deve ser instituído pela forma da declaração da vontade, em se constituir uma família coparental; conter um objeto, isto é, o conteúdo propriamente do negócio jurídico estabelecido – a reunião de esforços para configuração familiar sobredita; e, por fim, as circunstâncias negociais que serão reconhecidas socialmente aptas à produção de efeitos jurídicos. Somado a isto, o tempo (antes ou depois da concepção do filho, recomendando-se que seja previamente), o lugar, a forma e os agentes integram o conteúdo do plano da existência.

Preenchidos esses elementos mínimos o segundo degrau é analisado – o da validade, com certo paralelismo ao anterior, cuidará de atribuir validade aos componentes prévios. Assim sendo, a declaração de vontade de constituir uma família coparental, deve resultar encadeamento volitivo de plena consciência, livre e sem má-fé; o objeto, por sua vez, deve ser lícito e determinado ou determinável, qual seja a constituição da família coparental. Denota-se que o objeto não é o filho, tampouco a concepção e sequer a gestação, mas em verdade é a constituição de uma família coparental.

O objeto então se revela nas cláusulas contratuais estabelecidas no plano da existência e que neste momento para adquirem validade devem estar em concordância com o ordenamento jurídico, isto é, serem elaboradas com respaldo doutrinário, jurisprudencial e legislativo. Com esta forma de análise, demonstrou-se que o contrato coparental atenderá tanto a dignidade da pessoa humana dos envolvidos, quanto o melhor interesse da criança e do adolescente.

No tópico mencionado houve exposição de diversas hipóteses que podem integrar tal contratualização e serem válidas, como a exemplo a definição da forma de origem do vínculo de filiação (se por reprodução humana assistida, por gestação por substituição ou adoção); os alimentos gravídicos; a escolha do nome; o aleitamento materno; o domicílio separado ou compartilhado; a modalidade da guarda; a gestão do eventual patrimônio do filho; a exposição de fotos e vídeos dos filhos em mídias sociais; a convivência com a família extensa; escolha de tutores; forma educacional; saúde; religião; aspectos culturais; viagens; mudanças de endereços, e demais situações cotidianas.

Quanto ao tempo, fundamenta-se que a maior potencialidade do contrato é em momento anterior ao nascimento da prole, mas inexiste impedimento para seja realizado em momento posterior. O lugar deve ser apropriado, porquanto a eleição do foro poderá ser afastada em eventual ajuizamento de demanda, uma vez que em atenção ao princípio do melhor interesse da criança e do adolescente, a competência será do domicílio deste.

No tocante aos agentes maiores e capazes denota-se ausência de maiores repercussões necessárias para que sejam integrantes do contrato, uma vez que notadamente são os legitimados e interessados em celebrar tal avença e sua autonomia privada e sua liberdade encontram respaldo no ordenamento jurídico. Giro outro, no que se refere às pessoas com deficiência, em razão do advento do Estatuto da Pessoa com Deficiência (Lei 13.146/2015), maior autonomia existencial foi conferida, razão pela qual podem pactuar tal avença. Porém, há necessidade de maiores cuidados em relação à adoção, em razão da expressa previsão do ECA quanto à necessidade de vínculo entre os adotantes.

Observou-se que os vícios do negócio jurídico que retirariam a validade do contrato de coparentalidade foram previstos no Código Civil para atenderem às questões patrimoniais e não essencialmente extrapatrimoniais. Destarte, os vícios de consentimento como erro, dolo, coação, estado de perigo, lesão ou fraude contra credores, acaso sejam aplicados ao contrato de coparentalidade deverão ser objeto de análise casuística o que se afasta do tema central e objetivo deste trabalho.

Os fatores de eficácia compõem o último degrau da escada ponteana e se revelam como de efeitos imediatos, isto é, desde a celebração já podem produzir os efeitos esperados, como é o caso do compartilhamento dos gastos com as técnicas de reprodução humana assistida. E, em outros, pode ter a sua eficácia diferida, posto que apenas após o nascimento da prole teria início o pagamento de pensão alimentícia a ela, em um valor majorado.

No plano da eficácia se encontra a discussão sobre a (des)necessidade de homologação judicial, com o prévio parecer do membro do Ministério Público, razão pela qual explorou-se dois posicionamentos, no qual o primeiro verifica que por conter cláusulas que dizem respeito à prole futura, é fator de eficácia a necessária homologação judicial. O segundo divide o contrato coparental em dois momentos (antes e depois do nascimento da prole), no qual apenas na segunda hipótese se justificaria a intervenção ministerial e do Estado-juiz, mediante homologação.

Entretanto, da análise jurisprudencial, pôde-se notar que, em havendo disposições atinentes à prole, os Tribunais pátrios entendem serem meras proposições das partes submetidas ao crivo do Poder Judiciário. Neste sentido, concluiu-se que se faz necessária a homologação judicial, independente do momento em que o contrato for celebrado. Com a importante ressalva de que o Ministério Público e o Estado-juiz somente estarão legitimados a promoverem a garantia dos direitos individuais de cada envolvido e da prole futura. Inexistindo de forma categórica a possibilidade de vedarem ou retirarem o acesso à Justiça dos envolvidos ou a configuração de família.

A intervenção do *parquet* e do Estado-juiz deve ser vista sob o aspecto positivo, isto é, no sentido de privilegiar, resguardar e tutelar os direitos e deveres dos envolvidos e dos filhos que serão gerados, não há espaço para controle de configuração familiar. Assim sendo, inviável, ilegal e inconstitucional uma intervenção negativa, a fim de retirar validade e eficácia à família coparental, posto que uma vez configurada a irregularidade de alguma cláusula o restante do contrato deve ser analisado e a vontade expressa respeitada ao máximo.

Os limites contratuais se afiguram como importante temática decorrente de toda contratualização no âmbito do direito das famílias, uma vez que a lógica patrimonial nem sempre se adequa à hermenêutica demandada pelas situações jurídicas existenciais. Neste sentido, explorou-se a necessária instituição de uma cláusula para o inadimplemento, porquanto se revela impraticável e até inconstitucional a obrigatoriedade, por exemplo, de uma gestação forçada. Assim, existindo o desinteresse no prosseguimento dos métodos de reprodução humana assistida devem as partes se valerem da forma que previamente ajustaram para tanto.

Diferenciaram-se, assim, a "cláusula de arrependimento" e o "direito de arrependimento", uma vez que a instituição da primeira decorre da vontade das partes, isto é, livremente os corresponsáveis podem prever a forma como a desistência será encarada. Ao passo que o direito de se arrepender está vinculado à ideia de ser inconstitucional a coerção ou a imposição de gravidez à mulher contratante.

No quinto e penúltimo capítulo elaborou-se um retrato da realidade, isto é, a maneira como a família coparental é vivenciada na prática, na concretude. Sem a pretensão de conceituar outros institutos, mas em verdade realizar um recorte de situações reais que se impõe ao Direito. O primeiro apontamento tratou de analisar a realidade dos sites e mídias sociais que promovem o encontro de pretensos corresponsáveis, mediante a análise casuística destes ambientes virtuais, revelou-se que a coparentalidade está ganhando adeptos e demandando, por consequência, respostas jurídicas, o que igualmente comunica-se com centralidade da presente pesquisa e concomitantemente a justifica.

Outras formas de constituir a família coparental são analisadas, tornando possível confirmar que uma diversidade se abre aos novos arranjos familiares, que pretendem exercer a parentalidade. Explorou-se a multiparentalidade, ou seja, três ou mais sujeitos figurando como pais e mães conjuntamente no registro de nascimento e na vida cotidiana dos filhos. Da mesma forma, a adoção, para cuja legislação vigente foi recomendada uma atualização, no último capítulo. Encerra-se com a gestação por substituição como formadora da família coparental. Confirma-se a hipótese de que um dos corresponsáveis resida em país estrangeiro, mediante a utilização das mídias sociais e convivência virtual. Há no último item uma análise da realidade encontrada nos Estados Unidos da América, cuja cultura contratual se revelou como fomentadora deste contrato.

O derradeiro e sexto capítulo cuidou de apresentar três julgados encontrados nas Cortes brasileiras, das quais se pôde extrair a imprescindibilidade de formalização do contrato coparental, a fim de resguardar um mínimo de segurança jurídica aos envolvidos. Os dois primeiros arestos analisados foram proferidos pelo Tribunal de Justiça do Estado de Minas Gerais, e tratam de julgar num primeiro o primeiro pedido de alteração de guarda e convivência e o segundo de posterior alteração do quadro fático.

Nestes dois primeiros julgados, é possível identificar que houve consideração e foi conferida validade às disposições contratuais, posto que previamente ao litígio as partes teriam por livre, espontânea, madura e consciente vontade a celebração de um contrato que previa a forma de convivência com a prole, razão pela qual tal avença deveria ser respeitada. O terceiro julgado, não obstante a ausência de acesso à integra do acórdão ou do voto do desembargador relator, constou expressamente que a modalidade familiar e os pontos colocados em litígio deveriam ser julgados à luz do viés contratual.

Em razão da fundamentação anterior, observou-se que o Estatuto da Criança e do Adolescente (Lei 8.069, de 13 de julho de 1990), para se adequar à doutrina e à jurisprudência que flexibilizaram a necessidade de prévio e duradouro relacionamento entre os adotantes, que o parágrafo segundo do art. 42 do diploma poderia conter a seguinte redação: "para a adoção conjunta, independentemente do vínculo estabelecido entre os adotantes, estes deverão demonstrar plena aptidão para a adoção, convivência harmoniosa e compatibilidade de interesses no exercício da autoridade parental".

No desenvolver da presente pesquisa, houve a instauração de uma Comissão para atualização do Código Civil vigente, o que impôs a apreciação do projeto elaborado pela reunião de tais juristas, no penúltimo item do trabalho. Concentrou-se em investigar quais foram as justificativas e motivações dos integrantes da Comissão.

O último item busca traçar cláusulas mínimas para configuração de um contrato coparental, na medida que em seria incongruente e contraditório metodologicamente, expor as amplas configurações que a família contemporânea expõe e posteriormente estabelecer uma fórmula ideal a seguir e mais uma vez estabelecer um *standard*/padrão rígido a ser criteriosamente obedecido. Sendo assim, colheu-se as cláusulas essenciais e caracterizadoras para se analisar e sugerir a sua adoção.

Empreendeu-se ao longo da presente pesquisa esforços para comprovar a hipótese consignada no início do trabalho – a viabilidade de um contrato instituir a família coparental. Para atingir esse desiderato, o objetivo central foi respondido mediante a comprovação de que a pós-modernidade vivenciada impõe a reestrutura de alguns institutos, dentre eles o negócio jurídico e o contrato, o que viabiliza que este último passe a conter disposições existenciais.

Para atender aos objetivos secundários, demonstrou-se que a família coparental possui os mesmos requisitos caracterizadores dos múltiplos arranjos familiares contemporâneos, ou seja, a criação de um ambiente que fomenta o crescimento e a realização pessoal de todos os integrantes, que partilhando de vontades comuns resolveram concretizar o projeto da parentalidade.

O reduto da família está em constante e alargada expansão, por conseguinte possui privilegiada posição no ordenamento jurídico, perpassando desde a Constituição Federal até resoluções, sem força normativa. A família estruturada sob um contrato sempre esteve presente, como é o caso do matrimônio. Assim sendo, em uma possível aproximação de institutos o contrato de coparentalidade está para a família coparental como o pacto antenupcial está para o casamento, ou ainda, como o pacto de convivência para união estável, o contrato de namoro para o namoro etc.

O contrato com seu histórico milenar não perde importância, ao revés, ganha notória relevância à estrutura jurídica contemporânea, uma vez se manterá como uma forma de gênese de obrigações patrimoniais e também extrapatrimoniais. Com a integralização de disposições existenciais o contrato é reformulado, sem perder a sua essência de disciplinar duas vontades aptas a criarem efeitos jurídicos previamente disciplinados, com o máximo de segurança jurídica.

As Cortes brasileiras confirmam diuturnamente os novos arranjos familiares, para além de reconhecê-los, os tutelam e garantem direitos e deveres mínimos, o que implica em desprendimento de ultrapassadas hierarquias de vínculos familiares, ou de sujeição à figura masculina. Mas, não obstante, incumbe à doutrina familiarista explorar ao máximo a potencialidade que os novos arranjos familiares proporcionam aos indivíduos.

A família coparental continuará a ser família, enfrentando os antigos e novos problemas e desafios, com a ressalva de que serão afastados os ruídos que advém do relacionamento amoroso do par conjugal, porquanto a exclusiva preocupação será para com os filhos. Sendo o refúgio de afeto, amparo emocional e financeiro a família continua a se impor ao direito e às vozes contrárias. Seja instituída mediante um contrato escrito obedecendo à criteriosa análise da tricotomia dos planos do negócio jurídico, ou pelo mais sincero, tímido e emocionante, mas expresso, convite dito em palavras singelas: "deseja criar um filho comigo?" A família ali se fará presente.

Desse encontro de vontades para além de uma formalização contratual, os pretensos corresponsáveis deixarão o fardo de encontrar na mesma pessoa o par amoroso e o genitor de seus filhos, para seguirem em um caminho de máxima responsabilidade com este ser humano a ser originado pela união de esforços, cujo contrato será um aliado para que a sua dignidade e interesse sejam sempre privilegiados.

A família permanece em uma nova vertente, sem abandonar o viés subjetivo de criação de laços afetivos e eternos como o da filiação, mas com a sua nova roupagem – a coparental, as amarras são diminuídas, para remanescer aquilo que realmente importou ao par-parental, os filhos. Estes que por sua vez saberão que a união que os gerou foi exclusiva para tanto, não sendo um mero acaso sexual, descompromissado. Ao revés, são genuínos frutos do amor e afeto de seus pais para com eles, nutridos e esperados mesmo antes de seu nascimento.

Distante da utópica visão de ser um modelo ideal a ser perseguido por todos que desejarem serem felizes em seus vínculos afetivos, a proposta é o afastamento daquilo não essencial, da resistência da família perante a liquidez dos institutos, a família perdura, não obstante a incessante travessia dos tempos, embora com nuances repaginadas, que não lhe retiram a importância para o direito e para aquilo que foge do jurídico.

A família e a filiação permanecerão indissociáveis e mais inseparáveis do que em tempos passados, porquanto filho é filho e descabe hierarquizá-los ou classificá-los, tampouco o fazer por decorrência da natureza dada ao vínculo dos pais. Serão, assim, o núcleo que as justifica reciprocamente enquanto uma entidade primordial ao ser humano e à sociedade. Destarte, na pós-modernidade a família e a filiação serão livres para percorrerem um caminho a parte da conjugalidade.

POSFÁCIO

As funções parentais são naturalmente desmembradas entre os familiares adultos que dividem entre si e compartilham a parentalidade das crianças, como usualmente fazem mãe e avó, uma espécie de coparentalidade, e que por certo, termina sendo muito mais dinâmica e variada quando os pais estão divorciados ou se trata de filhos cujos genitores nunca coabitaram. Muitos são filhos que foram frutos de abandono ou de projetos de uma maternidade solo. Enfim, a coparentalidade é basicamente motivada pela preocupação com o bem-estar da criança, e cada vez mais se tem presente a real noção de que a parentalidade não é necessariamente genética e até por vezes será muito mais verdadeira e espontânea quando construída sob o prisma da socioafetividade.

Existem várias formas de amar e de cuidar de pessoas, como se elas realmente fossem nossos filhos, pois afinal de contas, se vive sob a ótica de uma filiação redirecionada, de seus antigos valores, sendo os filhos entes detentores de direitos, escorados sob o prisma dos melhores interesses das crianças e dos adolescentes, especialmente fundados nos laços do afeto e da fundamental convivência familiar que a rigor se desapega, quando se mostra inevitável, da cultura que era fundada exclusivamente na origem genética da prole.

Predominam outros valores, que repousam na óbvia realização pessoal do infante, e não mais na hegemonia dos seus pais, dirigindo-se o direito de família para o plano da afetividade, e como dito, indiferente à origem da concepção. É fato que existem distintas formas de relações entre filhos e pais e que convivem em diferentes espécies de famílias, como sucede, por exemplo, nas famílias recompostas, nas quais se apresentam as figuras clássicas dos padrastos e enteados, e das madrastas e enteadas. Existem outras figuras jurídicas surgidas da modernidade do direito, como o caso do apadrinhamento, que atribui traços de convivência familiar e comunitária para com a criança e o adolescente. Sem a mesma publicidade do apadrinhamento, existe também o exemplo jurídico dos *achegados*, estas, verdadeiras situações de fato, e cuja base se centra na circunstância de uma ou mais pessoas pertencerem ao círculo social afetivo e de intimidade duradoura de um infante, com o qual não têm qualquer relação familiar tradicional, mas que têm em comum a proximidade física e psicológica em estreita relação de afeto e de convivência.

Vive-se um direito de família que prioriza a importância do indivíduo no seu âmbito familiar, e existe claramente um interesse social e jurídico na salvaguarda dos afetos, que muitas vezes são e devem ser até mais fortes que os vínculos de sangue, e de parentesco adotivo ou por afinidade, se fazendo, portanto, imperiosa a continuidade ou o estabelecimento destes vínculos de parentesco socioafetivo e de coparentalidade, até porque, desde sempre se soube que, nem todos os familiares são parentes, como por igual sempre se soube que pessoas não familiares podem representar verdadeiros parentes. Sempre se teve em mira que, para cumprir sua função protetiva, a família precisa ser extensa, como por sinal dispõe o Estatuto da Criança e Adolescente ao estender a família para além da unidade dos pais e filhos, ou da unidade do casal, sendo esta família extensa formada por parentes próximos e com os quais a criança ou o adolescente convivem e mantém vínculos de afinidade e de afetividade, e cujas possibilidades são infinitas quando voltadas à integral proteção do infante.

É tal qual ensina Eduardo Cambi ao escrever que: "a parentalidade lastreada em vínculos não biológicos enseja um conjunto de arranjos psíquicos que vão além do exercício da função de cuidado e de sustento. Para que haja o efetivo reconhecimento da parentalidade socioafetiva, é indispensável que exista, por parte do *acolhedor*, a vontade inequívoca de inserir outra pessoa no contexto da progenitura (...)."[1]

Enfim, estamos vivendo uma outra e necessária realidade familiar de inserir outra pessoa no contexto da progenitura, em enlaces dispersos das barreiras preconceituosas, e de uma outrora interpretação restrita e castradora, como por sinal nos vez ver com singular brilhantismo GUILHERME AUGUSTO GIROTTO neste seu livro que trata do *Contrato de Coparentalidade no Contexto Pós-Moderno do Direito das Famílias*, com os conceitos e perspectivas que trouxe sem deixar de abordar seus aspectos jurídicos e de versar também sobre a autonomia privada, tão em voga, e tão essencial para que pudéssemos compreender os caminhos criados pelas díspares versões de famílias, que agora possibilitam a contratualização das relações familiares, inclusive no plano existencial, e que antes nem passavam pela nossa imaginação jurídica, que deve ser mais humana do que jurídica, quando trata de promover e de priorizar em seu novo contexto social e familiar, em sua máxima dimensão, a proteção da dignidade e a defesa dos melhores interesses daqueles que ainda indefesos se encontram em desenvolvimento físico e mental.

---

1. CAMBI, Eduardo. *Acolhimento familiar solidário, de natureza humanitária, não é filiação socioafetiva*. *In*. Revista IBDFAM Famílias e Sucessões. Belo Horizonte: IBDFAM. jul/ago. 2024. v. 64, p.62.

Não é por outra razão que o autor GUILHERME AUGUSTO GIROTTO e a EDITORA FOCO distinguiram as letras jurídicas e nos deliciaram com a leitura e com a existência deste livro que a todos informa destes importantes vínculos de parentesco dissociados da genética e da unidade conjugal ou convivencial de progenitores simplesmente biológicos.

Porto Alegre, no apagar de 2024.

Rolf Madaleno

POSFÁCIO

Recebi o honroso convite para posfaciar a obra "O contrato de coparentalidade: contexto pós-moderno das famílias", do autor Guilherme Augusto Girotto. Este trabalho, originado de sua dissertação de mestrado, ganha agora forma publicada pela editora Foco.

O Direito de Família brasileiro segue em constante evolução. Não é raro ouvirmos, em congressos e debates, a constatação de que as formas de família vêm se diversificando de maneira impressionante. Mais do que isso, cresce o desejo das pessoas por verem suas configurações familiares mais e mais reconhecidas e protegidas. Nesse contexto, muitas vezes recorrem a instrumentos contratuais visando assegurar direitos e deveres não exatamente ainda prescritos em lei.

Surge daí este fenômeno que tem se denominado *contratualização das relações familiares*. Especialmente naquelas famílias formadas para além do casamento – que não dispõem de um instrumento negocial equivalente ao pacto antenupcial – o contrato, então, se apresenta como um mecanismo valioso para regulamentar as expectativas, as obrigações e os direitos, tanto daquele casal, quanto de sua possível prole.

No panorama pós-moderno, como bem aponta o autor, vemos situações em que duas pessoas, sem vínculo afetivo, conjugal ou de união estável, podem decidir, se desejarem, compartilhar um projeto parental. Essa parentalidade pode se concretizar por meio das diversas possibilidades oferecidas pela ciência da reprodução humana contemporânea.

Para organizar esse arranjo, será elaborado um contrato de coparentalidade, que não só prevê disposições patrimoniais, mas também questões existenciais inerentes a esta nova configuração familiar. O autor aborda a temática com profundidade e organização, dividindo a obra em seis capítulos fundamentados em uma vasta e rica pesquisa bibliográfica.

Ponteana que sou, fiquei muito impressionada com a ideia de junção que buscou realizar entre os três planos de perfeição do negócio jurídico (aqui, em especial, o contrato), com a família coparental. A existência, a validade e eficácia restaram devidamente fundamentadas e a hipótese comprovada, porquanto o *contrato de coparentalidade* poderá ser o instrumento capaz de conferir a segurança jurídica à família que assim desejar se compor.

Aliás, não se diga que a ausência de comando legal é um impeditivo, uma vez que reafirmo, em texto por mim escrito e aqui lembrado pelo autor, que "a lei não refaz a sociedade, mas que a sociedade refaz a lei", sempre conforme a brilhante e inesquecível lição de Jean Cruet, de 1904.

A clareza e fluidez da redação tornam a leitura da obra especialmente prazerosa. Ao final, o autor reafirma com propriedade uma ideia central: a conjugalidade não é condição indispensável para a parentalidade. Pretensos genitores, mesmo sem vínculo afetivo ou conjugal entre si, podem unir-se para desempenhar a nobre missão de serem mães e pais.

Aos leitores, deixo a recomendação de cuidadosa e atenta leitura desta obra essencial, que nos convida a repensar os limites e possibilidades do Direito de Família, em especial o de sua contratualização, diante das transformações sociais contemporâneas.

São Paulo, início de ano de 2025

Giselda Maria Fernandes Novaes Hironaka

Professora Titular de Direito Civil da Faculdade de Direito da USP. Membro da Comissão de Juristas para o Anteprojeto de Atualização e Reforma do Código Civil de 2002. Advogada, árbitra, consultora jurídica, parecerista, autora de livros e artigos jurídicos. Professora Permanente do Programa de Mestrado da Escola Paulista de Direito – EPD. Patronesse do Curso de Direito de Família e Sucessões da Escola Brasileira de Direito – EBRADI. Membro fundador e ex diretora nacional para a região Sudeste do Instituto Brasileiro de Direito de Família (IBDFAM). Ex Procuradora Federal, vinculada à Advocacia Geral da União – AGU.

REFERÊNCIAS

AGUIAR JÚNIOR, Ruy Rosado de. Contratos relacionais, existenciais e de lucro. *Revista Trimestral de Direito Civil*: RTDC, Rio de Janeiro, v. 12, n. 45, p. 91-110, jan./mar. 2011.

ALMEIDA, José Luiz Gavião de. *Direito civil*: família. Rio de Janeiro: Elsevier, 2008.

ALVES, Leonardo Barreto Moreira. *Por um direito de família mínimo*: a possibilidade de aplicação e o campo de incidência da autonomia privada no âmbito do direito de família. Dissertação (Mestrado em Direito) – Faculdade de Direito, Pontifícia Universidade Católica de Minas Gerais, Belo Horizonte, 2009. Disponível em: http://www.biblioteca. pucminas.br/teses/DireitoAlvesLB1.pdf. Acesso em: 25 nov. 2023.

AMARAL, Francisco. *Direito Civil*: introdução. 9. ed. rev. modif. e ampl. São Paulo: Sarava. 2017.

AMORIM, Ana Mônica Anselmo de. A (des)necessária intervenção do Estado na autonomia familiar. *Civilistica.com*. Rio de Janeiro, a. 10, n. 2, 2021. Disponível em: http://civilistica. com/a-desnecessaria/. Acesso em: 26 nov. 2023.

ASCENSÃO, José de Oliveira. *Direito Civil*: teoria geral. São Paulo: Saraiva, 2010. v. 2.

AZEVEDO, Álvaro Villaça. *Curso de direito civil*: teoria geral dos contratos. 4. ed. São Paulo: Saraiva. 2019.

AZEVEDO, Álvaro Villaça. *Estatuto da família de fato*: de acordo com o atual Código Civil – Lei 10.406, de 10.01.2002. 3. ed. São Paulo: Atlas, 2011.

AZEVEDO, Antônio Junqueira de. *Negócio jurídico*: existência, validade e eficácia. São Paulo: Saraiva, 2002. E-book. Disponível em: https://app.minhabiblioteca.com.br/#/ books/9788553615629/. Acesso em: 10 out. 2023.

AZEVEDO, Antônio Junqueira de. O direito pós-moderno. *Revista USP*, [S. l.], n. 42, p. 96-101, 1999. Disponível em: https://www.revistas.usp.br/revusp/article/view/28458. Acesso em: 05 set. 2023.

AZEVEDO, Antônio Junqueira de. *Revista Trimestral de Direito Civil*. RTDC, v. 9, n. abr./jul. 2008, p. 299-308, 2008.

BAPTISTA, Silvio Neves. *Contratos no direito de família*. In: Conferência pronunciada no VI Congresso Brasileiro de Direito de Família. 14 a 17 de novembro, Belo Horizonte, MG. Anais (on-line). Belo Horizonte: IBDFAM, 2007. Disponível em: Acesso em: 10 set. 2023.

BASTOS, Nicoly. Maíra Cardi e Thiago Nigro se casam no civil em comunhão total de bens. *CNN BRASIL* [online]. São Paulo. Disponível em: https://www.cnnbrasil.com.br/ entretenimento/maira-cardi-e-thiago-nigro-se-casam-no-civil-em-comunhao-total-de-bens/. Acesso em: 31 maio 2024.

BAUMAN, Zygmunt. *Em busca da política*. Trad. Marcus Penchel. Rio de Janeiro: Zahar, 2000.

BAUMAN, Zygmunt. *Globalização*: as consequências humanas. Trad. Marcus Penchel. Rio de Janeiro: Zahar, 1999.

BAUMAN, Zygmunt. *Legisladores e intérpretes*: sobre modernidade, pós-modernidade e intelectuais. Trad. Renato Aguiar. Rio de Janeiro: Zahar, 2010.

BAUMAN, Zygmunt. *Modernidade líquida*. Trad. Plínio Dentzien. Rio de Janeiro: Zahar, 2001.

BAUMAN, Zygmunt. *Tempos líquidos*. Trad. Carlos Alberto Medeiros. Rio de Janeiro: Zahar, 2021.

BIAZI, João Pedro de Oliveira de. Pacto Antenupcial: uma Leitura à Luz da Teoria do Negócio Jurídico. RJLB – *Revista Jurídica Luso-brasileira*, ano 2 (2016), n. 1, 2016. Disponível em http://www.cidp.pt/publicacoes/revistas/rjlb/2016/1/2016_01_0229_0264.pdf. Acesso em: 02 jun. 2024.

BITTAR, Eduardo C. B. *O direito na pós-modernidade*. 3. ed. modificada e atualizada. São Paulo: Atlas, 2014

BIZELLI, Rafael Ferreira. Contratos existenciais: contextualização, conceito e interesses extrapatrimoniais. *Revista Brasileira de Direito Civil – RBDCivil*. v. 6, out./dez. 2015.

BRASIL. Conselho Nacional da Justiça (CNJ). Resolução 149 de 30.08.2023. Disponível em: https://atos.cnj.jus.br/atos/detalhar/5243. Acesso em: 11 out. 2023.

BRASIL. Conselho Nacional da Justiça. Enunciado 635 da VIII Jornada de Direito Civil. Disponível em: https://www.cjf.jus.br/cjf/corregedoria-da-justica-federal/centro-de-estudos-judiciarios-1/publicacoes-1/jornadas-cej/viii-enunciados-publicacao-site-com-justificativa.pdf. Acesso em: 11 set. 2023.

BRASIL. Conselho Nacional de Justiça. Corregedoria Nacional de Justiça. Provimento 141, de 16 de março de 2023. Disponível em: https://atos.cnj.jus.br/atos/detalhar/4996. Acesso em: 23 nov. 2023.

BRASIL. Conselho Nacional de Justiça. Estáticas processuais do direito de família com temas afetos à infância e juventude. online. Disponível em: https://paineisanalytics.cnj.jus.br/single/?appid=3cd3e5fc-5cc5-441e-b508-30261e5d288e&sheet=c0cac07fb08c-492e-ad32-267812fbc70b&theme=horizon&opt=ctxmenu,currsel&select=nome_classe,&select=nome_classe,&select=nome,&select=nome_municipio,&select=sigla_tribunal. Acesso em: 09 set. 2023.

BRASIL. Conselho Nacional de Justiça. Resolução 485 de 18 de janeiro de 2023. Disponível em: https://atos.cnj.jus.br/files/original1451502023012663d29386eee18.pdf. Acesso em: 23 nov. 2023.

BRASIL. Conselho Nacional de Justiça. VIII Jornada de Direito Civil. Enunciado 635. Disponível em: https://www.cjf.jus.br/enunciados/pesquisa/resultado. Acesso em: 05 set. 2023.

BRASIL. Constituição da República Federativa do Brasil. Brasília, DF: Senado Federal, 2016. 496 p. Disponível em: https://www2.senado.leg.br/bdsf/bitstream/handle/id/518231/CF88_Livro_EC91_2016.pdf. Acesso em: 23 ago. 2023.

BRASIL. Decreto-lei 4.657, de 4 de setembro de 1942. Lei de Introdução às normas do Direito Brasileiro. Disponível em: https://www.planalto.gov.br/ccivil_03/decreto-lei/del4657compilado.htm. Acesso em: 28 dez. 2023.

BRASIL. Lei 10.406, de 10 de janeiro de 2002. Institui o Código Civil. Disponível em: https://www.planalto.gov.br/ccivil_03/leis/2002/l10406compilada.htm. Acesso em: 15 out. 2023.

BRASIL. Lei 10.406, de 10 de janeiro de 2002. Institui o Código Civil. Disponível em: https://www.planalto.gov.br/ccivil_03/leis/2002/l10406compilada.htm. Acesso em: 11 set. 2023.

BRASIL. Lei 10.406, de 10 de janeiro de 2002. Institui o Código Civil. Disponível em: https://www.planalto.gov.br/ccivil_03/leis/2002/l10406compilada.htm. Acesso em: 11 out. 2023.

BRASIL. Lei 14.713, de 30 de outubro de 2023. Altera as Leis 10.406, de 10 de janeiro de 2002 (Código Civil), 13.105, de 16 de março de 2015 (Código de Processo Civil), para estabelecer o risco de violência doméstica ou familiar como causa impeditiva ao exercício da guarda compartilhada, bem como para impor ao juiz o dever de indagar previamente o Ministério Público e as partes sobre situações de violência doméstica ou familiar que envolvam o casal ou os filhos. Disponível em: https://www.planalto.gov.br/ccivil_03/_ato2023-2026/2023/lei/l14713.htm. Acesso em: 31 maio 2024.

BRASIL. Lei 8.069, de 13 de julho de 1990. Dispõe sobre o Estatuto da Criança e do Adolescente e dá outras providências. Disponível em: https://www.planalto.gov.br/ccivil_03/leis/l8069.htm. Acesso em: 26 dez. 2023.

BRASIL. Senado Federal. Comissão de Juristas responsável pela revisão e atualização do Código Civil. Relatório final dos trabalhos da Comissão. Brasília, DF: 11 abr. 2024. Disponível em: https://www6g.senado.leg.br/sdleg-getter/documento?dm=9610572&. Acesso em: 03 jun. 2024.

BRASIL. Senado Federal. Projeto de Lei do Senado 394 de 2017. Disponível em: https://www25.senado.leg.br/web/atividade/materias/-/materia/131275. Acesso em: 26 de dez. de 2023.

BRASIL. Superior Tribunal de Justiça. AgInt no AREsp 1.999.359/RJ, relator Ministro Humberto Martins, Terceira Turma, julgado em 09.10.2023, DJe de 16.10.2023. Disponível em: https://processo.stj.jus.br/SCON/GetInteiroTeorDoAcordao?num_registro=202103212482&dt_publicacao=16/10/2023. Acesso em: 15 out. 2023.

BRASIL. Superior Tribunal de Justiça. AgInt no AREsp 2.031.399/RJ, relator Ministro Humberto Martins, Terceira Turma, julgado em 19.06.2023, DJe de 22.06.2023. Disponível em: https://processo.stj.jus.br/SCON/GetInteiroTeorDoAcordao?num_registro=202103759228&dt_publicacao=20/09/2023. Acesso em: 10 out. 2023.

BRASIL. Superior Tribunal de Justiça. AgInt no REsp 1.391.790/TO, relator Ministro Raul Araújo, Quarta Turma, julgado em 21.09.2017, DJe de 19.10.2017. Disponível em: https://processo.stj.jus.br/SCON/GetInteiroTeorDoAcordao?num_registro=201302171026&dt_publicacao=19/10/2017. Acesso em: 15 out. 2023.

BRASIL. Superior Tribunal de Justiça. AgInt no REsp 1.704.218/SC, relator Ministro Moura Ribeiro, Terceira Turma, julgado em 12.06.2018, DJe de 19.06.2018). Disponível em: https://processo.stj.jus.br/SCON/GetInteiroTeorDoAcordao?num_registro=201702683127&dt_publicacao=19/06/2018. Acesso em: 15 out. 2023.

BRASIL. Superior Tribunal de Justiça. AgInt no REsp 2.038.760/RJ, relatora Ministra Nancy Andrighi, Terceira Turma, julgado em 27/3/2023, DJe de 29.03.2023. Disponível em: https://processo.stj.jus.br/SCON/GetInteiroTeorDoAcordao?num_registro=202202120323&dt_publicacao=29/03/2023. Acesso em: 28 dez. 2023.

BRASIL. Superior Tribunal de Justiça. REsp 1.087.163/RJ, Relatora Ministra Nancy Andrighi, Terceira Turma, julgado em 18.08.2011, DJe de 31.08.2011. Disponível em: https://www.stj.jus.br/websecstj/cgi/revista/REJ.exe/ITA?seq=1096596&tipo=0&nreg=200801897430&-SeqCgrmaSessao=&CodOrgaoJgdr= &dt=20111024& formato=PDF&salvar=false. Acesso em: 10 out. 2023.

BRASIL. Superior Tribunal de Justiça. REsp 1.217.415/RS, relatora Ministra Nancy Andrighi, Terceira Turma, julgado em 19.06.2012, DJe de 28.06.2012.

BRASIL. Superior Tribunal de Justiça. REsp 1.454.643/RJ, relator Ministro Marco Aurélio Bellizze, Terceira Turma, julgado em 03.03.2015, DJe de 10.03.2015. Disponível em: https://processo.stj.jus.br/SCON/GetInteiroTeorDoAcordao?num_registro=201400677815&dt_publicacao=10/03/2015. Acesso em: 05 set. 2023.

BRASIL. Superior Tribunal de Justiça. REsp 1.609.701/MG, relator Ministro Moura Ribeiro, Terceira Turma, julgado em 18.05.2021, DJe de 20.05.2021. Disponível em: https://processo.stj.jus.br/SCON/GetInteiroTeorDoAcordao?num_registro=201601667252&dt_publicacao=20/05/2021. Acesso em: 15 out. 2023.

BRASIL. Superior Tribunal de Justiça. REsp 1.756.100/DF, relator Ministro Marco Aurélio Bellizze, Terceira Turma, julgado em 02.10.2018, DJe de 11.10.2018. Disponível em: https://processo.stj.jus.br/SCON/GetInteiroTeorDoAcordao?num_registro=201801193358&dt_publicacao=11/10/2018. Acesso em: 15 out. 2023.

BRASIL. Superior Tribunal de Justiça. REsp 2.039.541/SP, relatora Ministra Nancy Andrighi, Terceira Turma, julgado em 20.06.2023, DJe de 23.06.2023. Disponível em: https://processo.stj.jus.br/SCON/GetInteiroTeorDoAcordao?num_registro=202203629690&dt_publicacao=23/06/2023. Acesso em: 23 dez. 2023.

BRASIL. Superior Tribunal de Justiça. Súmula 383: "A competência para processar e julgar as ações conexas de interesse de menor é, em princípio, do foro do domicílio do detentor de sua guarda". Disponível em: https://www.stj.jus.br/docs_internet/revista/eletronica/stj-revista-sumulas-2013_35_capSumula383.pdf. Acesso em: 10 out. 2023.

BRASIL. Supremo Tribunal Federal (Tribunal Pleno). Ação Direta de Inconstitucionalidade 4277 – DF e Ação de Descumprimento de Preceito Fundamental 132 – RJ. Relator Ministro Ayres Britto, DJ 05 de maio de 2011, Dje 198 13 set. 2011. Disponível em: https://redir.stf.jus.br/paginadorpub/paginador.jsp?docTP=AC&docID=628635. Acesso em: 24 nov. 2023.

BRASIL. Supremo Tribunal Federal. ARE 1267879. Relator: Ministro Luís Roberto Barroso Brasília, 17 dez. 2020. Diário de Justiça Eletrônico. Disponível em: https://portal.stf.jus.br/processos/detalhe.asp?incidente=5909870. Acesso em: 15 out. 2023.

BRASIL. Supremo Tribunal Federal. RE 888815. Órgão julgador: Tribunal Pleno. Relator(a): Min. Roberto Barroso. Redator(a) do acórdão: Min. Alexandre de Moraes. Julgamento: 12.09.2018. Publicação: 21.03.2019. Disponível em: https://jurisprudencia.stf.jus.br/pages/search?base=acordaos&pesquisa_inteiro_teor=false&sinonimo=true&plural=-true&radicais=false&buscaExata=true&page=1&pageSize=10&queryString=RE%20888.815&sort=_score&sortBy=descAcesso em: 10 out. 2023.

BRASIL. Supremo Tribunal Federal. RE 898060, Relator(a): Luiz Fux, Tribunal Pleno, julgado em 21.09.2016, Processo Eletrônico Repercussão Geral – Mérito DJe-187 Divulg 23.08.2017 Public 24.08.2017.

BRASIL. Tribunal de Justiça de Minas Gerais. TJMG – Agravo de Instrumento-Cv 1.0000.21.247006-6/004, Relator(a): Des.(a) Eveline Félix, 4ª Câmara Cível Especializada, julgamento em 17.11.2022, publicação da súmula em 18.11.2022.

BRASIL. Tribunal de Justiça de Minas Gerais. TJMG – Apelação Cível 1.0000.22.028850-0/001, Relator(a): Des.(a) Moacyr Lobato, 21ª Câmara Cível Especializada, julgamento em 26.04.2023, publicação da súmula em 27.04.2023). Disponível em: https://www5.tjmg.jus.br/jurisprudencia/pesquisaNumeroCNJEspelhoAcordao. do;jsessionid=1DFE555794AA2617AAD0DD9323E41053.juri_node2?numeroRe gistro=1&totalLinhas=1&linhasPorPagina=10&numeroUnico=1.0000.22.028850-0%2F001&pesquisaNumeroCNJ=Pesquisar. Acesso em: 10 out. 2023.

BRASIL. Tribunal de Justiça de Santa Catarina. TJSC, Agravo de Instrumento 2012.070559-2, de Gaspar, rel. Monteiro Rocha, Quinta Câmara de Direito Civil, j. 14.02.2013.

BRASIL. Tribunal de Justiça do Estado de Minas Gerais. Justiça autoriza pacto antenupcial com multa de R$ 180 mil em caso de infidelidade. Disponível em: https://www.tjmg.jus. br/portal-tjmg/noticias/justica-autoriza-pacto-antenupcial-com-multa-de-r-180-mil-em-caso-de-infidelidade.htm. Acesso em: 11 set. 2023.

BRASIL. Tribunal de Justiça do Estado de São Paulo. 3ª Câmara de Direito Privado. Apelação Cível 1022163-72.2023.8.26.0576. Comarca: São José do Rio Preto Apelantes: M. de A. S. e F. S. F. Apelado: J. da C. Voto 58.590 (m). Disponível em: https://storage.googleapis. com/jus-jurisprudencia/TJ-SP/attachments/TJ-SP_AC_10221637220238260576_70a47. pdf. Acesso em: 11 out. 2023.

BRASIL. Tribunal de Justiça do Estado de São Paulo. TJSP. Apelação Cível 1002424-49.2016.8.26.0224; Relator (a): Vito Guglielmi; Órgão Julgador: 6ª Câmara de Direito Privado; Foro de Guarulhos – 4ª Vara de Família e Sucessões; Data do Julgamento: 03/12/2019; Data de Registro: 03/12/2019. Disponível em: https://esaj.tjsp.jus.br/cjsg/ getArquivo.do?cdAcordao=13144733&cdForo=0. Acesso em: 31 maio 2024.

BRASIL. Tribunal de Justiça do Paraná. Mulher busca a justiça para ser reconhecida como mãe de uma criança. TJPR, 1 set. 2020. Disponível em: https://www.tjpr.jus.br/noticias/-/ asset_publisher/9jZB/content/mulher-busca-a-justica-para-ser-reconhecida-como-mae-de-uma-crianca/18319/pop_up?inheritRedirect=false. Acesso em: 10 out. 2023.

BRASIL. Tribunal de Justiça do Paraná. TJPR – 18ª Câmara Cível – 0019731-26.2018.8.16.0035 – São José dos Pinhais – Rel.: Juíza de Direito Substituto em Segundo Grau Ana Paula Kaled Accioly Rodrigues da Costa – J. 09.05.2022. Disponível em: https://portal.tjpr. jus.br/jurisprudencia/j/4100000020083811/Ac%C3%B3rd%C3%A3o-0019731-26.2018.8.16.0035#integra_4100000020083811. Acesso em: 10 out. 2023.

BRASIL. Tribunal de Justiça do Rio de Janeiro. Agravo de instrumento. 0025833-15.2023.8.19.0000. Des(a). José Carlos Paes – julgamento: 20.09.2023 – Decima Segunda Câmara De Direito Privado. Disponível em: https://www4.tjrj.jus.br/EJURIS/ ProcessarConsJuris.aspx?PageSeq=0&Version=1.1.20.0. Acesso em: 11 out. 2023.

BUNAZAR, Maurício. *A invalidade do negócio jurídico*. 3. ed. São Paulo: Revista dos Tribunais, Thomson Reuters Brasil, 2023. Disponível em: https://next-proview.thomsonreuters.com/launchapp/title/rt/monografias/246801768/v3/page/1. Acesso em: 10 out. 2023.

BUNAZAR, Maurício. Pelas portas de Villela: Um ensaio sobre a pluriparentalidade como realidade sociojurídica. *Direito Unifacs – Debate Virtual*, 2013. Disponível em: https://revistas.unifacs.br/index.php/redu/article/view/2458 Acesso em: 23 ago. 2023.

CALDERON, Ricardo. *Princípio da Afetividade no Direito de Família*. 2. ed. rev. atual. e ampl. Rio de Janeiro: Forense, 2017.

CALMON, Rafael. *Direito das famílias e processo civil*. São Paulo, Saraiva, 2017.

CARBONNIER, Jean. *Flexible droit*: pour une sociologie du droit sans riguer. 10. ed. Paris: LGDJ, 2001 [1969].

CARDOSO, Fabiana Domingues. *Pacto antenupcial no Brasil*: formalidades e conteúdo. 2009. 305 f. Dissertação (Mestrado em Direito) – Pontifícia Universidade Católica de São Paulo, São Paulo, 2009.

CARVALHO FILHO, João Gualberto Teixeira de. O conceito de família da teoria psicanalítica: uma breve revisão. *Pesquisas e práticas psicossociais*, São João Del Rey, vol. 3, n. 1, p. 117-121, 2008.

CARVALHO, Dimitre Braga Soares de. Contratos familiares: cada família pode criar seu próprio Direito de Família. In: TEIXEIRA, Ana Carolina Brochado; RODRIGUES, Renata de Lima (Coord.). *Contratos, Família e Sucessões*. 2. ed. [livro eletrônico] Indaiatuba: Foco, 2021.

CASTRO, Thamis Dalsenter Viveiros de. *Bons costumes no direito civil brasileiro*. São Paulo: Almedina, 2017.

COPARENTS.WORLD. [sem título] 02 mar. 2020. Disponível em: https://www.instagram.com/p/B9O-Gvwhjwu/. Acesso em: 20 dez. 2023.

COPARENTS.WORLD. *Adoção e coparentalidade Pais Amigos Live 14*: parte 1. 22 de jun. de 2020. Disponível em: https://www.instagram.com/p/CBwUH4nhO5E/. Acesso em: 20 dez. 2023.

COPARENTS.WORLD. *Inseminação Caseira*. Jocax. Genismo. 20 de jul. de 2020. Disponível em: https://www.instagram.com/p/CC4bCLyBG7x/. Acesso em: 20 dez. 2023.

COPARENTS.WORLD. *Multiparentalidade em família poliafetiva Pais Amigos Live 12*: parte 2. 12 jun. 2020. Disponível em: https://www.instagram.com/p/CBWloZtjsnv/. Acesso em: 20 dez. 2023.

COPARENTS.WORLD. *Pais Separados Morando Juntos Pais Amigos Live 11*. 10 jun. 2020. Disponível em: https://www.instagram.com/p/CBRbppqh-Ym/. Acesso em: 20 dez. 2023.

CORREIA, Atalá. Insuficiência da afetividade como critério de determinação da paternidade. *Revista de Direito Civil Contemporâneo*. v. 14. ano 5. p. 335-366. São Paulo: Ed. RT, jan./mar. 2018.

DELGADO, Mário Luiz; SIMÃO, José Fernando. Famílias conjugais e famílias (co)parentais. *CONJUR*. Online. 2020. Disponível em: https://www.conjur.com.br/2020-mar-08/processo-familiar-familias-conjugais-familias-coparentais/. Acesso em: 09 set. 2023.

DIAS, Maria Berenice. "Guarda" no ECA e no Código Civil. *IBDFAM* [online]. 2024. Disponível em: https://ibdfam.org.br/artigos/2106/%22Guarda%22+no+ECA+e+no+C%C3%B3digo+Civil. Acesso em: 15 maio 2024.

DIAS, Maria Berenice. *Alimentos* [livro eletrônico]: direito, ação, eficácia e execução. 2. ed. São Paulo: RT, 2017. Disponível em: https://proview.thomsonreuters.com/launchapp/title/rt/monografias/99895939/v2/document/129657949/anchor/a-129657949. Acesso em: 10 set. 2023.

DIAS, Maria Berenice. *Divórcio* [livro eletrônico]: Emenda Constitucional 66/2014 e o CPC. 2. ed. São Paulo: RT, 2017. Disponível em: https://proview.thomsonreuters.com/launchapp/title/rt/monografias/99895939/v2/document/129657949/anchor/a-129657949. Acesso em: 11 out. 2023.

DIAS, Maria Berenice. *Encerrando nossa série de vídeos sobre a Reforma do Código Civil. Obrigada a todos que me acompanharam até aqui.* Disponível em: https://www.instagram.com/p/C6YoW48M6Q7/. Acesso em: 03 jun. 2024.

DIAS, Maria Berenice. *Homoafetividade e os Direito LGBTI* [livro eletrônico]. São Paulo: RT, 2016.

DIAS, Maria Berenice. *Manual de direito das famílias*. 14. ed. rev. ampl. e atual. Salvador: JusPodivm, 2021.

DINIZ, Maria Helena. *Curso de Direito Civil Brasileiro*: Teoria Das Obrigações Contratuais e Extracontratuais. São Paulo: Saraiva, 2023. v. 3. E-book. Disponível em: https://app.minhabiblioteca.com.br/#/books/9786553628007/. Acesso em: 10 set. 2023.

DINIZ, Maria Helena. *O estado atual do biodireito*. São Paulo: Saraiva, 2017. E-book. Disponível em: https://app.minhabiblioteca.com.br/#/books/9786555598551/. Acesso em: 05 set. 2023.

DUFNER, Samantha. *Famílias Multifacetadas*. São Paulo: RT, 2023. Disponível em: https://proview.thomsonreuters.com/launchapp/title/rt/monografias/307799437. Acesso em: 25 nov. 2023.

EBERLIN, Fernando Büscher von Teschenhausen. *Direitos da criança na sociedade da informação* [livro eletrônico]. São Paulo: Thomson Reuters Brasil, 2020. Disponível em: https://proview.thomsonreuters.com/launchapp/title/rt/monografias/245775767/v1/page/RB-2.9. Acesso em: 13 out. 2023.

EGEREN, Laurie A. Van; HAWKINS, Dyane P. Coming to terms with coparenting: Implications of definition and measurement. *Journal of Adult Development*. 2004; v. 11, n. 3. p. 165-178. Disponível em: https://www.researchgate.net/profile/Laurie-geren/publication/225960849_Coming_to_Terms_with_Coparenting_Implications_of_Definition_and_Measurement/links/5666d16508ae418a786f5a49/Coming-to-Terms-with-Coparenting-Implications-of-Definition-and-Measurement.pdf. Acesso em: 09 ago. 2023.

EHRHARDT JUNIOR, Marcos; ROCHA, Patricia Ferreira. A (im)possibilidade do reconhecimento de responsabilidade civil por incumprimento contratual ante a recusa de entrega ou de recebimento da criança na gestação de substituição: subsídios do direito português para o

Brasil. *Revista Brasileira de Direito Civil*, [S.l.], v. 28, n. 02, p. 97, 2021. Disponível em: https://rbdcivil.ibdcivil.org.br/rbdc/article/view/660. Acesso em: 10 out. 2023.

ENGELS, Friedrich. *A origem da família da propriedade privada e do Estado*. Rio de Janeiro: Global, 1986.

ÉPOCA NEGÓCIOS. *10 youtubers mirins que ganham milhões de dólares*. Disponível em: https://epocanegocios.globo.com/Mundo/noticia/2019/08/10-youtubers-mirins-que-ganham-milhoes-de-dolares.html. Acesso em: 13 de ago. 2023.

ESPOLADOR, Rita de Cássia. Resqueti Tarifa; PAVÃO, Juliana; MENEGUCE, Cassia. Gestação por substituição como negócio biojurídico no contexto das relações familiares contemporâneas. In: PAIANO, Daniela Braga; FERNANDES, Beatriz Scherpinski; SANTOS, Franciele Barbosa; SCHIAVON, Isabela Nabas (Org.). *Direito de Família*: aspectos contemporâneos. São Paulo: Almedina, 2023.

FACHIN, Luiz Edson e RUZYK, Carlos Eduardo Pianovski. A dignidade da pessoa humana no direito contemporâneo: uma contribuição à crítica da raiz dogmática do neopositivismo constitucionalista. *Revista trimestral de direito civil*: RTDC, v. 9, n. 35, p. 101-119, jul./set. 2008.

FACHIN, Luiz Edson. *Direito de família*: elementos críticos à luz do novo Código civil Brasileiro. 2. ed. Rio de Janeiro: Renovar, 2003.

FAMILY BY DESIGN. Disponível em: http://familybydesign.com/content/wp-content/uploads/2012/10/FBD-Co-Parenting-Agreement.pdf. Acesso em: 23 dez. 2023.

FANTÁSTICO. [online]. *Casamento a três*: saiba como garantir os direitos dos filhos em um 'trisal'. Produção: Fantástico. Rede Globo. Disponível em: https://globoplay.globo.com/v/10889003/. Acesso em: 31 maio 2024.

FANTÁSTICO. "Fomos muito felizes durante esses 20 anos", afirma Rose, viúva de Gugu. Produção: *Fantástico*. 09 de fev. de 2020. Rio de Janeiro: Rede Globo. Programa de TV. Disponível em: https://globoplay.globo.com/v/8308029/. Acesso em: 09 set. 2023.

FANTÁSTICO. *Comunidade virtual une gente que está atrás de parceiro para ter filho*. Produção: Fantástico. Rede Globo. 23 jul. 2017. Disponível em: https://globoplay.globo.com/v/6027434/?s=0s Acesso em: 23 dez. 2023

FANTÁSTICO. *Filhas de Gugu Liberato falam sobre disputa pela herança do pai*. Produção: Fantástico. Rede Globo. 25 jun. 2023. Disponível em: https://globoplay.globo.com/v/11729723/. Acesso em: 23 dez. 2023.

FARIAS, Christiano Chaves de. Coparentalidade: parceria formal, regrada, para criação de filhos. *Revista Brasileira de Direito das Famílias e Sucessões*, Belo Horizonte, IBDFAM, v. 49, p. 6-8, fev./mar. 2020.

FEINBERG, Mark E. Coparenting and the Transition to Parenthood: A Framework for Prevention. *Clin Child Fam Psychol Rev*. 2002 September, p. 96-97. online. Disponível em: https://www.ncbi.nlm.nih.gov/pmc/articles/PMC3161510/. Acesso em: 09 ago. 2023.

FERREIRA, Jussara Suzi Assis Borges Nasser; RÖRHMANN, Konstanze. As famílias pluriparentais ou mosaicos. Congresso Brasileiro de Direito de Família (5.: 2005: Belo

Horizonte, MG). *Família e Dignidade: Anais do V Congresso Brasileiro de Direito de Família*. São Paulo: IOB Thomson, 2006.

FONTENELLE, Neíse; MADEIRA, Daniel. O retrocesso do estatuto da família. In *Revista Jurídica Cesumar*. Mestrado, v. 21, n. 2, p. 345-359, maio/ago. 2021. Disponível em: https://periodicos.unicesumar.edu.br/index.php/revjuridica/article/view/8778/6810. Acesso em: 24 nov. 2023.

FRANCA, Leonel. *O Divórcio*. 8. ed. Rio de Janeiro: Agir, 1955.

FREITAS, Ciro Mendes. Cláusula de (in) fidelidade no pacto antenupcial. *IBDFAM*. 2023. Disponível em: https://ibdfam.org.br/artigos/1954/Cl%C3%A1usula+de+%28in%29+fidelidade+no+pacto+antenupcial. Acesso em: 11 set. 2023.

FRIZZO, Giana Bitencourt; KREUTZ, Carla Meira; SCHMIDT, Carlo; PICCININI, Cesar Augusto; BOSA, Cleonice. O conceito de coparentalidade e suas implicações para a pesquisa e para a clínica. *Revista Brasileira Crescimento e Desenvolvimento Humano*. 2005, p. 84-94. Disponível em: https://www.revistas.usp.br/jhgd/article/view/19774/21841. Acesso em: 09 ago. 2023.

FUJITA, Jorge S. *Filiação*. 2. ed. São Paulo: Grupo GEN, 2011. E-book. Disponível em: https://app.minhabiblioteca.com.br/#/books/9788522466917/. Acesso em: 13 jan. 2024.

G1 PR. [online]. Trisal de Londrina anuncia nascimento de segundo bebê: 'Muito feliz com a chegada dele'. Disponível em: https://g1.globo.com/pr/norte-noroeste/noticia/2023/06/11/trisal-de-londrina-anuncia-nascimento-de-segundo-bebe.ghtml. Acesso em: 02 jun. 2024.

GAGLIANO, Pablo S. *O divórcio na atualidade*. São Paulo: Saraiva, 2018. E-book. ISBN 9788553604050. Disponível em: https://app.minhabiblioteca.com.br/#/books/9788553604050/. Acesso em: 13 jan. 2024.

GAMA, Guilherme Calmon Nogueira da; NEVES, Thiago Ferreira Cardoso. Atualização do Código Civil: limites e possibilidades. *CONJUR*. Disponível em: https://www.conjur.com.br/2024-mai-03/atualizacao-do-codigo-civil-limites-e-possibilidades/. Acesso em: 03 jun. 2024.

GHILARDI, Dóris; BORTOLATTO, Ariani Folharini. Contratualização da coparentalidade: reflexões necessárias. In: PAIANO, Daniela Braga; PAVÃO, Juliana Carvalho; ESPOLADOR, Rita de Cássia Resquetti Tarifa (Coord.). *Direito Contratual Contemporâneo*. Londrina: Thoth. 2022. v. IV.

GIROTTO, Guilherme Augusto. Aspectos Civis-Constitucionais Dos Contratos no Direito Das Famílias Pós-Moderno. *Quaderni degli Annali della Facoltà Giuridica*, v. 5, p. 1-80, 2024. Disponível em: https://afg.unicam.it/sites/afg.unicam.it/files/QuadernoAFG-n.5_2024.pdf. Acesso em: 31 maio 2024.

GIROTTO, Guilherme Augusto. Do exercício da guarda compartilhada em face da legislação e o seu acesso pelos guardiões. In: CACHAPUZ, Rosane da Rosa (Coord.). *Do acesso à justiça no direito das famílias e sucessões*: Londrina: Thoth, 2021. v. 2.

GIROTTO, Guilherme Augusto; PAIANO, Daniela Braga; MENDEONÇA, Ana Luiza. Pacto antenupcial como garantidor da autonomia privada dos nubentes. *Revista da Faculdade de Direito do Sul de Minas*, Pouso Alegre, v. 39, n. 1, p. 348-368, jan./jun. 2023. p. 16. Disponível em: https://revista.fdsm.edu.br/index.php/revistafdsm/article/view/549/525. Acesso em: 11 set. 2023.

GIROTTO, Guilherme Augusto; SCHIAVON, Isabela Nabas; SILVA, Viviane Pereira da; BITTENCOURT, Bianca da Rosa. Reflexões acerca da (in) aplicabilidade da união estável na poliafetividade. *XVI Encontro Toledo de Iniciação Científica*, 2020, Presidente Prudente. Anais do XVI Encontro Toledo de Iniciação Científica, 2020.

GIROTTO, Guilherme Augusto; VIEIRA, Diego Fernandes. A Função Preventiva da Responsabilidade Civil: um Novo Olhar em Face do Relacionamento Parental e dos Conflitos Familiares. *Ciências Jurídicas*, v. 24, n. 1, 2023, p. 85-95. Disponível em: https://revistajuridicas.pgsscogna.com.br/juridicas/issue/view/483. Acesso em: 11 set. 2023.

GOMES, Orlando. A Agonia do Código Civil. *Revista de Direito Comparado Luso-Brasileiro*, Rio de Janeiro, n. 7, 1988. http://www.idclb.com.br/revistas/07/revista7%20(6).pdf. Acesso em: 03 jun. 2024.

GOMES, Orlando. *Contratos*. Rio de Janeiro: Grupo GEN, 2022. E-book. Disponível em: https://app.minhabiblioteca.com.br/#/books/9786559645640/. Acesso em: 10 set. 2023.

GOMES, Orlando. *Direito de família*. 14. ed. rev. e atual. por Humberto Theodoro Júnior. Rio de Janeiro: Forense, 2001.

GOMES, Orlando. *Sucessões*. Rio de Janeiro: Grupo GEN, 2019. E-book. Disponível em: https://app.minhabiblioteca.com.br/#/books/9788530986049/. Acesso em: 15 out. 2023.

GROENINGA, Giselle Câmara. *Direito à convivência entre pais e filhos*: análise interdisciplinar com vistas à eficácia e sensibilização de suas relações no poder judiciário. 2011. Tese (Doutorado em Direito Civil) – Faculdade de Direito, Universidade de São Paulo, São Paulo, 2011.

GRZYBOWSKI, Luciana Suárez; WAGNER, Adriana. Casa do Pai, Casa da Mãe: A Coparentalidade após o Divórcio. *Psicologia*: Teoria e Pesquisa. jan./mar. 2010, v. 26, n. 1, p. 77-87. Disponível em: https://www.scielo.br/j/ptp/a/9nVDRLhm4xH44wbQtQMBZxB/abstract/?lang=pt. Acesso em: 09 ago. 2023.

HIRONAKA, Giselda Maria Fernandes Novaes. Famílias paralelas. *Revista da Faculdade de Direito da Universidade de São Paulo*. São Paulo, v. 108, p. 199-219, jan./dez. 2013.

HIRONAKA, Giselda Maria Fernandes Novaes; TARTUCE, Flavio. Famílias paralelas. Visão atualizada. *Revista Pensamento Jurídico*, São Paulo, v. 13, n. 2, dez. 2019.

IDEALISTA. *Como são as famílias em Portugal?* 1 em cada 4 é só de uma pessoa [online]. Disponível em: https://www.idealista.pt/news/financas/economia/2023/01/24/56449-como-sao-as-familias-em-portugal-1-em-cada-4-e-so-de-uma-pessoa. Acesso em: 31 maio 2024.

INCRÍVEL. *10 Famosos que foram criados apenas pelas mães* (nova seleção) [online]. Disponível em: https://incrivel.club/articles/10-famosos-que-foram-criados-apenas-pelas-maes-nova-selecao-1240989/. Acesso em: 31 maio 2024.

KELSEN, Hans. *Teoria pura do direito*. Trad. João Baptista Machado. 8. ed. São Paulo: Editora WMF Martins Fontes. 2009.

LACAN, Jacques. *A família*. 2. ed. Trad. Brigitte Cardoso e Cunha, Ana Paula dos Santos e Graça Lamas Graça Lapa. Lisboa: ASSIRIO & ALVIM, 1981.

LAMELA, Diogo; NUNES-COSTA, Rui; FIGUEIREDO, Bárbara. Modelos teóricos das relações coparentais: revisão crítica. *Psicologia em Estudo* [en linea]. 2010. Disponível em: https://www.redalyc.org/articulo.oa?id=287122130022. Acesso em: 10 set. 2023.

LÊDO, Ana Paula Ruiz; SABO, Isabela Cristina; AMARAL, Ana Cláudia Corrêa Zuin Mattos do. Existencialidade humana: o negócio jurídico na visão pós-moderna. *Civilistica.com*. Rio de Janeiro, a. 6, n. 1, 2017. p. 11-12. Disponível em: http://civilistica.com/existencialidade-humana-o-negocio-juridico/. Acesso em: 10 out. 2023.

LEGRAMANDI, Sabrina. *Gugu Liberato*: STJ suspende ação de união estável de Rose Miriam a pedido de Thiago Salvático. Estadão. 29 de jun. de 2023. Disponível em: https://www.estadao.com.br/emais/gente/gugu-liberato-stj-suspende-acao-uniao-estavel-rose-mirian-pedido-thiago-salvatico-nprec/. Acesso em: 23 dez. 2023.

LEITE, Eduardo de Oliveira. *Famílias monoparentais*. São Paulo: RT, 1997.

LEVASIER, Luana. *Fertilização in vitro*: confira os custos do procedimento e como é feito. online. 2023. Disponível em: https://einvestidor.estadao.com.br/colunas/quanto-custa/fertilizacao-in-vitro-custos/. Acesso em: 11 out. 2023.

LÔBO, Paulo. *Direito civil*: famílias. São Paulo: Saraiva, 2023. v. 5. E-book. Disponível em: https://app.minhabiblioteca.com.br/#/books/9786553628250/. Acesso em: 09 set. 2023.

LÔBO, Paulo. Princípio da solidariedade familiar. *Revista Brasileira de Direito das Famílias e Sucessões*, Porto Alegre: Magister; Belo Horizonte: IBDFAM a. IX, out./nov. 2007.

MACHADO, Uriá. Fachin: *Código Civil ganha vida na aplicação prática*. São Paulo: Folha de São Paulo. [online]. Disponível em: https://www1.folha.uol.com.br/cotidiano/2023/01/codigo-civil-nasceu-velho-mas-lei-ganha-vida-na-aplicacao-pratica-diz-fachin.shtml. Acesso em: 03 jun. 2024.

MADALENO, Rolf. *Direito de Família*. Rio de Janeiro: Grupo GEN, 2023. E-book. Disponível em: https://app.minhabiblioteca.com.br/#/books/9786559648511/. Acesso em: 11 set. 2023.

MALUF, Adriana Caldas do Rego Freitas Dabus. A família na contemporaneidade: aspectos jusfilosóficos. *Revista Trama Interdisciplinar*, v. 3, n. 1, 29 nov. 2012. Disponível em: http://editorarevistas.mackenzie.br/index.php/tint/article/view/5017. Acesso em: 24 nov. 2023.

MALUF, Carlos Alberto Dabus; MALUF, Adriana Caldas do Rego F. *Curso de direito de família* [livro eletrônico]. São Paulo: Saraiva, 2013.

MARTINS-COSTA, Judith. *A boa-fé no direito privado*: critérios para a sua aplicação. 2. ed. São Paulo: Saraiva. 2018.

MATOS, Ana Carla Harmatiuk. Filiação e homossexualidade. *Anais do V Congresso Brasileiro de Direito de Família*. online. 2006. Disponível em: https://ibdfam.org.br/assets/upload/anais/4.pdf. Acesso em: 11 set. 2023.

MATOS, Ana Carla Harmatiuk; TEIXEIRA, Ana Carolina Brochado. Pacto antenupcial na hermenêutica civil-constitucional. In: MENEZES, Joyceane Bezerra de; CICCO, Maria

Cristina de; RODRIGUES, Francisco Luciano Lima (coord.). *Direito civil na legalidade constitucional*: algumas aplicações. Indaiatuba: Foco, 2021.

MAZZUOLI, Valerio de Oliveira. *Curso de Direito Internacional Privado*. Grupo GEN, 2023. E-book. Disponível em: https://app.minhabiblioteca.com.br/#/books/9786559647699/. Acesso em: 28 dez. 2023.

MCHALE, James; KUERSTEN-HOGAN Regina; RAO Nirmala. Growing Points for Coparenting *Theory and Research. J Adult Dev.* 2004 Jul. online. Disponível em: https://www.ncbi.nlm.nih.gov/pmc/articles/PMC2994416. Acesso em: 09 ago. 2023.

MEIRELES, Rose Melo Vencelau. Ação de exigir contas pelo exercício do usufruto legal e administração dos bens dos filhos: análise da decisão proferida pelo STJ no REsp 1.623.098/MG. *Revista Brasileira de Direito Civil* – RBDCivil, Belo Horizonte, v. 17, p. 155-167, jul./set. 2018. p. 166. Disponível em: https://rbdcivil.ibdcivil.org.br/rbdc/article/view/276. Acesso em: 13 out. 2023.

MEIRELES, Rose Melo Vencelau. *Autonomia privada e dignidade humana*. Rio de Janeiro: Renovar, 2009.

MEIRELES, Rose Melo Vencelau. Em busca da nova família: uma família sem modelo. *civilistica.com*, v. 1, n. 1, p. 1-13, 31 jul. 2012. Acesso em: 23 ago. 2023.

MELLO, Marcos Bernardes de. *Teoria do fato jurídico*: plano de existência. São Paulo: Saraiva, 2022. E-book. Disponível em: https://app.minhabiblioteca.com.br/#/books/9786553620261/. Acesso em: 29 dez. 2023.

MENEZES, Joyceane Bezerra de; MORAES, Maria Celina Bodin de. Autoridade parental e privacidade do filho menor: o desafio de cuidar para emancipar. *Novos Estudos Jurídicos*, Itajaí (SC), v. 20, n. 2, p. 501-532, 2015. Disponível em: https://periodicos.univali.br/index.php/nej/article/view/7881. Acesso em: 10 set. 2023.

MIGALHAS. TJ/SP: Não houve união estável entre Luiza Brunet e Lírio Parisotto. [online] Disponível em: https://www.migalhas.com.br/quentes/399146/tj-sp-nao-houve-uniao-estavel-entre-luiza-brunet-e-lirio-parisotto. Acesso em: 31 maio 2024.

MIRANDA, Francisco Cavalcanti Pontes de. *Tratado de Direito de Família*. Campinas: Bookseller, 2001. v. II.

MIRANDA, Francisco Cavalcanti Pontes de. *Tratado de direito privado*. Atual. Rosa Maria Barreto Borriello de Andrade Nery. São Paulo: RT, 2012. t. VII.

MIRANDA, Francisco Cavalcanti Pontes de. *Tratado de direito privado*. 4. ed. São Paulo: RT, 1983. t. III.

MIRANDA, Francisco Cavalcanti Pontes de. *Tratado de direito privado*. 4. ed. São Paulo: RT, 1974. t. V.

MIRANDA, Francisco Cavalcanti Pontes de. *Tratado de direito privado*. 4. ed. São Paulo: RT, 1974. t. III.

MIRANDA, Francisco Cavalcanti Pontes de. *Tratado de Direito Privado*. 2. ed. Rio de Janeiro: Borsoi, 1954, v. III.

MIYASHIRO, Kelly. A proposta ousada de Michael Jackson que Xuxa recusou sem pestanejar. *Veja.* 21 de jul. de 2023. Disponível em: https://veja.abril.com.br/coluna/tela-plana/a-proposta-ousada-de-michael-jackson-que-xuxa-recusou-sem-pestanejar. Acesso em: 23 dez. 2023.MONTEIRO, Washington de Barros. *Curso de Direito Civil.* 35. ed. São Paulo: Saraiva, 2007. v. II.

MONTEIRO, Washington de Barros. *Curso de Direito Civil*: Direito das sucessões. 27. ed. atual. São Paulo: Saraiva, 1991.

MONTENEGRO, Manuel Carlos. Cartórios são proibidos de fazer escrituras públicas de relações poliafetivas. *Agência CNJ de notícias.* Disponível em: https://www.cnj.jus.br/cartorios-sao-proibidos-de-fazer-escrituras-publicas-de-relacoes-poliafetivas/. Acesso em: 24 nov. 2023.

MORAES, Maria Celina Bodin de. A família democrática. In: MORAES, Maria Celina Bodin de. Na medida da pessoa humana. *Estudos de direito civil constitucional.* Rio de Janeiro: Renovar, 2010.

MORAES, Maria Celina Bodin de. A nova família, de novo – Estruturas e função das famílias contemporâneas. *Revista de ciências jurídicas.* v. 18 n. 12. 2013. p. 23. Disponível em: https://ojs.unifor.br/rpen/article/view/2705/pdf. Acesso em: 25 nov. 2023.

MORAES, Maria Celina Bodin de; TEIXEIRA, Ana Carolina Brochado. Contratos no ambiente familiar. In: TEIXEIRA, Ana Carolina Brochado; RODRIGUES, Renata de Lima (Coord.). *Contratos, Família e Sucessões* [livro eletrônico]. 2. ed. Indaiatuba: Foco, 2021.

MULTEDO, Renata Vilela. A potencialidade dos pactos consensuais no fim da conjugalidade. In: TEIXEIRA, Ana Carolina Brochado; RODRIGUES, Renata de Lima (Org.). *Contratos, Família e Sucessões* [livro eletrônico]. São Paulo: Foco, 2021.

NALIN, Paulo. *Do contrato*: conceito pós-moderno em busca de sua formulação na perspectiva civil-constitucional. 2. ed. Curitiba: Juruá. 2008.

NEGREIROS, Teresa. *Teoria dos Contratos.* Novos Paradigmas. Rio de Janeiro: Renovar, 2002.

OASISBR. Disponível em: https://oasisbr.ibict.br/vufind/about/home. Acesso em: 04 ago. 2023.

PAIANO, Daniela Braga. *A Família Atual e as Espécies de Filiação*: da possibilidade jurídica da multiparentalidade. Rio de Janeiro: Lumen Juris, 2017.

PAIANO, Daniela Braga. Reprodução assistida: autoinseminação e suas implicações jurídicas e as alterações trazidas pela Resolução 2294/2021 do Conselho Federal de Medicina. *Civilistica.com.* Rio de Janeiro, a. 11, n. 1, 2022. p. 8. Disponível em: http://civilistica.com/reproducao-assistida-autoinseminacao/. Data de acesso: 10 out. 2023.

PERDIGÃO, Letícia. *Xuxa Meneghel relembra proposta inusitada de Michael Jackson.* Metrópoles. Disponível em: https://www.metropoles.com/celebridades/xuxa-meneghel-relembra-proposta-inusitada-de-michael-jackson. Acesso em: 23 dez. 2023.

PEREIRA, Caio Mário da S. *Instituições de Direito Civil*: Direito de Família. São Paulo: Grupo GEN, 2022. v. V. E-book. Disponível em: https://app.minhabiblioteca.com.br/#/books/9786559643417/. Acesso em: 19 ago. 2023.

PEREIRA, Lafayette Rodrigues. *Direitos de família*. Brasília: Senado Federal, Conselho Editorial: Superior Tribunal de Justiça, 2004.

PEREIRA, Rodrigo da Cunha. *Concubinato e união estável*. São Paulo: Saraiva, 2016.

PEREIRA, Rodrigo da Cunha. Coparentalidade abre novas formas de estrutura familiar. *IBDFAM*. online. 2017. Disponível em: https://ibdfam.org.br/artigos/1229/Coparentalidade+abre+novas+formas+de+estrutura+familiar. Acesso em: 10 out. 2023.

PEREIRA, Rodrigo da Cunha. Coparentalidade abre novas formas de estrutura familiar. *CONJUR*. Disponível em https://www.conjur.com.br/2017-ago-13/processo-familiar-coparentalidade-abre-novas-formas-estrutura-familiar. Acesso em: 9 ago. 2023.

PEREIRA, Rodrigo da Cunha. *Dicionário de direito de família e sucessões ilustrado*. São Paulo: Saraiva, 2015.

PEREIRA, Rodrigo da Cunha. *Direito das Famílias*. São Paulo: Grupo GEN, 2023. E-book. Disponível em: https://app.minhabiblioteca.com.br/#/books/9786559648016/. Acesso em: 09 set. 2023.

PEREIRA, Rodrigo da Cunha. *Direito de Família*: uma abordagem psicanalítica, 4ª ed. Rio de Janeiro: Grupo GEN, 2012. E-book. Disponível em: https://app.minhabiblioteca.com.br/#/books/978-85-309-4413-1/. Acesso em: 22 ago. 2023.

PEREIRA, Rodrigo da Cunha. Princípios fundamentais e norteadores para a organização jurídica da família. 2011. 157 p. *Tese (Doutorado em Direito)* – Universidade Federal do Paraná. Curitiba/PR. Disponível em: https://acervodigital.ufpr.br/bitstream/handle/1884/2272/Tese_Dr.%20Rodrigo%20da%20Cunha.pdf. Acesso em: 10 out. 2023.

PEREIRA, Rodrigo da Cunha. *Tratado de Direito das Famílias*. 2. ed. Belo Horizonte: IBDFAM, 2016.

PERLINGIERI, Pietro. *O Direito civil na Legalidade Constitucional*. Trad. Maria Cristina de Cicco. Rio de Janeiro: Renovar, 2008.

PERLINGIERI, Pietro. *Perfis de direito civil*: introdução ao direito civil constitucional. Trad. Maria Cristina De Cicco. 3. ed. Rio de Janeiro: Renovar, 2007.

PINOTTI, Fernanda. *CNN*. [online] São Paulo. "The Kardashians": conheça os integrantes da família Kardashian-Jenner. Disponível em: https://www.cnnbrasil.com.br/entretenimento/the-kardashians-conheca-os-integrantes-da-familia-kardashian-jenner/. Acesso em: 31 maio 2024.

PORTO, Duina. *O reconhecimento jurídico do poliamor como multiconjugalidade consensual e estrutura familiar*. 2017. Tese (Doutorado) – UFPB/ CCJ, João Pessoa. p. 247. Disponível em: https://repositorio.ufpb.br/jspui/handle/123456789/12253?locale=pt_BR. Acesso em: 25 nov. 2023.

RAMOS, Thaíse. *Gugu Liberato*: Justiça de SP reabre ação sobre união estável do apresentador com Thiago Salvático. Estadão. 23 jun. 2023. Disponível em: https://www.estadao.com.br/emais/gente/gugu-liberato-justica-de-sp-reabre-acao-sobre-uniao-estavel-do-apresentador-com-thiago-salvatico-nprec/. Acesso em: 23 de dez. de 2023.

REIS, Jordana Maria Mathias dos; ALMEIDA, José Luiz Gavião de. Contrato de namoro. *Revista de Direito Privado*, São Paulo, v. 19, n. 93, p. 55-76, set. 2018.

RETTORE, Ana Cristina de Carvalho. *Gestação de Substituição no Brasil*: a estrutura de um negócio jurídico dúplice, existente, válido e eficaz. 2018. 165f. Dissertação de Mestrado – Universidade Católica de Minas Gerais, Belo Horizonte, 1994. p. 107.108. Disponível em: https://bib.pucminas.br/teses/Direito_RettoreAC_1.pdf. Acesso em: 15 out. 2023.

RODRIGUES JUNIOR, Otavio Luiz. Autonomia da vontade, autonomia privada e autodeterminação: notas sobre a evolução de um conceito na Modernidade e na Pós-modernidade. *Revista de Informação Legislativa*, Brasília a. 41 n. 163 jul./set. 2004. Disponível em: https://www2.senado.leg.br/bdsf/bitstream/handle/id/982/R163-08.pdf?sequence=4&isAllowed=y. Acesso em: 11 set. 2023.

RODRIGUES JÚNIOR, Otavio Luiz. *Direito Civil Contemporâneo*: Estatuto Epistemológico, Constituição e Direitos Fundamentais. Rio de Janeiro: Grupo GEN, 2023. E-book. Disponível em: https://app.minhabiblioteca.com.br/#/books/9786559646241/. Acesso em: 04 nov. 2023.

RODRIGUES, Edwirges Elaine; ALVARENGA, Maria Amália de Figueiredo Pereira. Novos Tempos, novas famílias: da legitimidade para a afetividade. *Civilistica.com*. Rio de Janeiro, a. 10, n. 3, 2021. Disponível em: http://civilistica.com/novos-tempos-novas-familias/. Acesso em: 22 ago. 2023.

ROPPO, Enzo. *O Contrato*. Coimbra: Almedina, 2020.

ROSA, Conrado Paulino da. *Curso de Direito de Família Contemporâneo*. 6. ed. rev., ampl. e atual. Salvador: JusPodivm, 2020.

ROSA, Conrado Paulino da. *Ifamily*: um novo conceito de família? São Paulo: Saraiva, 2013. E-book. Disponível em: https://app.minhabiblioteca.com.br/#/books/9788502208674/. Acesso em: 19 ago. 2023.

ROSA, Conrado Paulino da; ALVES, Leonardo Barreto Moreira. *Direito de família mínimo na prática jurídica*. São Paulo: JusPodivm, 2023.

ROUANET, Sergio Paulo. *As razões do Iluminismo*. São Paulo: Companhia das Letras, 1987.

RUGGIERO, Roberto De. *Instituições de Direito Civil*. Trad. Ary dos Santos. 3. ed. São Paulo: Saraiva, 1973. v. III.

RUZYK, Carlos Eduardo Pianovski. *Famílias simultâneas*: da unidade codificada à pluralidade constitucional. 2003. 204 f. Dissertação (Mestrado) – Curso de Direito, Universidade Federal do Paraná, Curitiba, 2003.

SANTOS, Jerbbson Dias dos; VELÔSO, Thelma Maria Grisi. (2021). Estatuto Da Família: Análise Do Discurso De Parlamentares. *Psicologia & Sociedade*, 33 (Psicol. Soc., 2021 33). Disponível em: https://www.scielo.br/j/psoc/a/YFPWxfGRHxskk85PbQvVPnx/#. Acesso em: 24 nov. 2023.

SILVA, Regina Beatriz Tavares. Coparentalidade: egoísmo dos genitores, sofrimento dos filhos. *Estadão*. Disponível em: http://politica.estadao.com.br/blogs/fausto-macedo/coparentalidade-egoismo-dos-genitores-sofrimento-dos-filhos/. Acesso em: 09 set. 2023.

SILVA, Virgílio Afonso da. *A constitucionalização do direito*: os direitos fundamentais nas relações entre particulares. Tese de Livre Docência. São Paulo: USP, 2004.

SIMÃO, José Fernando. Afeto: de valor jurídico à perversão. Eu errei. E muito. *Consultor Jurídico. CONJUR*. 17/12/2023. Disponível em: https://www.conjur.com.br/2023-dez-17/afeto-de-valor-juridico-a-perversao-eu-errei-e-muito/. Acesso em: 31 maio 2024.

SIMÃO, José Fernando. Há limites para o princípio da pluralidade familiar na apreensão de novas formas de conjugalidade e de parentesco? *Revista Brasileira de Direito Civil, [S. l.]*, v. 2, n. 02, 2017. Disponível em: https://rbdcivil.ibdcivil.org.br/rbdc/article/view/121. Acesso em: 11 set. 2023.

SOUZA, Eduardo Nunes de. *Teoria geral das invalidades do negócio jurídico*: nulidade e anulabilidade no direito civil contemporâneo. São Paulo: Almedina, 2017.

SPAGNOL, Débora. Novos arranjos familiares: a coparentalidade. *JUSBRASIL*. Publicado em 2016. Disponível em: https://www.jusbrasil.com.br/artigos/novos-arranjos-familiares-a-co-parentalidade/412146047. Acesso em: 10 set. 2023.

SWIFT, Katherine M. Parenting Agreements, the Potential Power of Contract, and the Limits of Family Law, 34 Fla. *St. U. L. Rev.* (2007). Disponível em: https://ir.law.fsu.edu/lr/vol34/iss3/6. Acesso em: Acesso em: 28 dez. 2023.

TARTUCE, Flávio. *Direito Civil*: Teoria Geral dos Contratos e Contratos em Espécie. v. 3. São Paulo: Grupo GEN, 2023. E-book. Disponível em: https://app.minhabiblioteca.com.br/#/books/9786559646913/. Acesso em: 10 set. 2023.

TARTUCE, Flávio. Estatuto da Família x Estatuto das Famílias. Singular x Plural. Exclusão x Inclusão. *IBDFAM*. Disponível em: https://ibdfam.org.br/artigos/1076/Estatuto+da+-Fam%C3%ADlia+x+Estatuto+das+Fam%C3%ADlias.+Singular+x+plural.+Exclus%-C3%A3o+x+inclus%C3%A3o. Acesso em: 24 nov. 2023.

TARTUCE, Flávio. Novos princípios do Direito de Família Brasileiro. *IBDFAM*. online. 2007. Disponível em: https://ibdfam.org.br/artigos/308/Novos+princ%C3%ADpios+do+Di-reito+de+Fam%C3%ADlia+Brasileiro+(1). Acesso em: 11 set. 2023.

TEIXEIRA, Ana Carolina Brochado. A disciplina jurídica da autoridade parental. In: PEREIRA, Rodrigo da Cunha (Coord.). *Família e Dignidade Humana*. São Paulo: IOB Thomson, 2006. p. 10. Disponível em: https://ibdfam.org.br/_img/congressos/anais/5.pdf. Acesso em: 13 de ago. 2023.

TEIXEIRA, Ana Carolina Brochado. Autonomia existencial. *Revista Brasileira de Direito Civil*, [S.l.], v. 16, p. 75, 2018. p. 104. Disponível em: https://rbdcivil.ibdcivil.org.br/rbdc/article/view/232. Acesso em: 13 out. 2023.

TEIXEIRA, Ana Carolina Brochado. *Família, Guarda e Autoridade parental*. 2. ed. Rio de Janeiro, Rio de Janeiro: Renovar, 2009.

TEIXEIRA, Ana Carolina Brochado; KONDER, Carlos Nelson. Situações jurídicas dúplices: continuando o debate sobre a nebulosa fronteira entre patrimonialidade e extrapatrimonialidade. In: TEIXEIRA, Ana Carolina Brochado; RODRIGUES, Renata de Lima (Coord.). *Contratos, Família e Sucessões*. 2. ed. Indaiatuba: Foco, 2021.

TEIXEIRA, Ana Carolina Brochado; RODRIGUES, Renata de Lima (Coord.). *Contratos, Família e Sucessões*. 2. ed. [livro eletrônico] Indaiatuba: Foco, 2021.

TEPEDINO, Gustavo. A reforma do Código Civil. *Revista Brasileira de Direito Civil* – RBDCivil | Belo Horizonte, v. 32, n. 4, p. 11-13, out./dez. 2023. Disponível em: https://rbdcivil.ibdcivil. org.br/rbdc/article/view/1044/640. Acesso em 03 jun. 2024.

TEPEDINO, Gustavo. Contratos em Direito de Família. In: PEREIRA, Rodrigo da Cunha (oOrg.). *Tratado de Direito de Família*. Belo Horizonte: IBDFAM, 2015.

TEPEDINO, Gustavo. O Supremo Tribunal Federal e a Virada de Copérnico. Editorial. *Revista Brasileira de Direito Civil*. Volume 4 abr./jun. 2015. Disponível em: https://rbdcivil.ibdcivil. org.br/rbdc/article/view/96/92. Acesso em: 23 ago. 2023.

TEPEDINO, Gustavo. O valor jurídico do afeto e a contratualização do direito de família. *Revista Brasileira de Direito Civil* – RBDCivil | Belo Horizonte, v. 31, n. 4, p. 13-15, out./ dez. 2022. p. 15. Disponível em: https://rbdcivil.ibdcivil.org.br/rbdc/article/view/916/572. Acesso em: 11 set. 2023.

TEPEDINO, Gustavo; PEÇANHA, Danielle Tavares. Métodos alternativos de solução de conflitos no direito de família e sucessões e a sistemática das cláusulas escalonadas. In: TEIXEIRA, Ana Carolina Brochado; RODRIGUES, Renata de Lima (Coord.). *Contratos, Família e Sucessões*. [livro eletrônico] 2. ed. Indaiatuba: Foco, 2021.

TEPEDINO, Gustavo; TEIXEIRA, Ana Carolina B. *Fundamentos do Direito Civil*: Direito de Família. v. 6. Rio de Janeiro: Grupo GEN, 2023. E-book. Disponível em: https://app. minhabiblioteca.com.br/#/books/9786559647880/. Acesso em: 10 set. 2023.

TOMASEVICIUS FILHO, Eduardo. [sem título] *Instagram. 28 de maio de 2024*. Disponível em: https://www.instagram.com/p/C7dKgTdIEYc/?img_index=6. Acesso em: 02 de jun. 2024.

TOMASEVICIUS FILHO, Eduardo. Liberação do casamento igualitário abre debate sobre Direito Civil infralegal. *CONJUR*. 2015. Disponível em: https://www.conjur.com.br/2015-jul-13/direito-civil-atual-aval-casamento-gay-abre-debate-direito-civil-infralegal/. Acesso em: 04 nov. 2023.

TOMASEVICIUS FILHO, Eduardo. *O princípio da boa-fé no direito civil*. São Paulo: Almedina. 2020.

VALADARES, Nathália de Campos. *Famílias Coparentais*. Curitiba: Juruá, 2022.

VELOSO, Zeno. *Contrato de namoro*. 2009. Disponível em: http://www.soleis.adv.br/ artigocontratodenamorozeno.htm. Acesso em: 10 set. 2023.

VENOSA, Sílvio de Salvo. *Direito Civil*: Família e Sucessões. Barueri: Grupo GEN, 2022. v. 5. E-book. Disponível em: https://app.minhabiblioteca.com.br/#/books/9786559773039/. Acesso em: 10 set. 2023.

VENTURI, Elton. Transação de Direitos Indisponíveis? *Revista de Processo*. São Paulo: RT, v. 41, n. 251, jan. 2016. 625 p. Disponível em: https://proview.thomsonreuters.com/title. html?redirect=true&titleKey=rt%2Fperiodical%2F92686434%2Fv20160251.2&titleSta-ge=F&titleAcct=i0ad6a6a500000181ef3f924a63d47606#sl=e&eid=d2d7342b46e27f57a-45fa61eaf447571&eat=DTR_2016_63&pg=&psl=&nvgS=false. Acesso em: 15 out. 2023.

VIEIRA, Danilo Porfírio de Castro. O contrato de coparentalidade e a finalidade (ir)resistível: a (des)caracterização da união estável, 7 jan. 2021. *MIGALHAS*. Disponível em: https://www.migalhas.com.br/depeso/338576/o-contrato-de-coparentalidade-e-a-finalidade--ir-resistivel--a--des-caracterizacao-da-uniao-estavel. Acesso em: 09 set. 2023.

VILLELA, João Baptista. Desbiologização Da Paternidade. *Revista da Faculdade de Direito da UFMG*, [S.l.], n. 21, p. 400-418, fev. 2014. ISSN 1984-1841. Disponível em: https://www.direito.ufmg.br/revista/index.php/revista/article/view/1156. Acesso em: 22 ago. 2023.

WÜNSCH, Guilherme. *Do suporte fático ao suporte constitucional como fundamento para o desvelar biotecnológico das famílias contemporâneas*: os contratos de coparentalidade nas famílias design entre estirpe tradicional e a façanha internética. Tese de doutorado. Universidade do Vale do Rio dos Sinos, Programa de Pós-Graduação em Direito. São Leopoldo, RS: Unisinos, 2017. P. 269.

XAVIER, Marília Pedroso. *Contrato de namoro*: amor líquido e direito de família mínimo. Belo Horizonte: Fórum. 2022.

XUXA. O Documentário. Diretores: Pedro Bial, Cássia Dian, Mônica Almeida. Produtora: Anelise Franco. Roteirista: Camila Appel. Empresa produtora: Endemol Shine Brasil. Emissora original: Globoplay. Transmissão original: 13 de julho de 2023 – 10 de agosto de 2023. Disponível em: https://globoplay.globo.com/v/11715004/. Acesso em: 23 dez. 2023.

ZALESNE, Deborah. The Contractual Family: The Role of the Market in Shaping Family Formulations and Rights Formulations and Right. *City University of New York* (CUNY). 2015. Disponível em: https://academicworks.cuny.edu/cgi/viewcontent.cgi?article=1132&context=cl_pubs. Acesso em: 23 dez. 2023.

ANEXOS

ANEXO A – MODELO DE CONTRATO DE COPARENTALIDADE: DISPONÍVEL NO SITE FAMILYBYDESIGN.COM

FamilyByDesign Co-Parenting Agreement Template

A Co-Parenting Agreement can be a wonderful tool for encouraging prospective and current co-parents to have a detailed, meaningful, honest dialogue about their mutual desires, interests, and goals as co-parents. It can also be a great tool for uncovering issues that the co-parents have not even thought about!

FamilyByDesign strongly believes that you should not simply adopt a co-parenting agreement that you may find online or receive from a friend – it is essential that the co-parents talk through the many potential issues on their own and come up with their own unique, customized co-parenting agreement. Nevertheless, a template for some of the items you may wish to discuss and include in your agreement can be a very helpful starting point.

With this in mind, FamilyByDesign has crafted the following Co-Parenting Agreement Template to help you get started. While we don't provide the actual language for each of the sections to be covered, we raise the main issues that you and your co-parent(s) should consider as you draft this agreement for your personal situation. Some of these issues may not apply to your particular situation and should not be included; conversely, you may have other unique issues not listed here that you may wish to include in your Co-Parenting Agreement. We are providing this template for informational purposes only and it is not to be construed as advice for your particular circumstances.

We hope you find this Co-Parenting Agreement Template useful!

Best Wishes,
The FamilyByDesign Team

CO-PARENTING AGREEMENT

Basic Information including party names and date of Agreement. You may wish to consider language along the lines of: "This Co-Parenting Agreement ("Agreement") is made this ___ day of [Month], [Year], by and between [Party 1 Name] and [Party 2 Name] [followed by additional names if applicable], hereafter referred to as the "Parties"."

History of the co-parents. Use this paragraph to describe the relationship between the co-parents. How long have you known each other? How would you describe your personal relationship with each other? When are you expecting children (or have you already had children)?

Introductory clause to the substance of this agreement. Consider something such as: "NOW, THEREFORE, in consideration of the promises of each of the Parties, and in acknowledgement of their mutual belief that the best interests of the child require stable sources of financial, academic, medical and emotional support, the parties enter into this Agreement to guarantee that their child will receive that benefit of having each of them in their life, and agree as follows:"

A. STATEMENT OF CO-PARENTING INTENTIONS

Use this section to describe what the co-parenting intentions are for you and your co-parent(s), and why you're entering into this agreement. What do you want to make clear – not only to each other, but to any future party that reviews this agreement? Items to include in your statement of intentions could include (but are not limited to):

- **Your intent for each of the co-parents in regards to their rights to the child.** If you intend for each of the parents to have equal rights in regards to the child's upbringing, make that clear. If you intend for one of the parents to be the predominant parent in the relationship with greater decision-making rights, make that clear as well.

- **Your intent for each of the co-parents in regards to their obligations to the child.** If your intent is for each of the parents to have equal obligations, so state. If the obligations will fall more on one parent than the other, make that clear.

- **Legal parentage.** Use this section to discuss your intent as to which parties shall be the legal parent(s) of the child. This should reflect upon your intent in regards to rights and responsibilities of the biological parents (if any). If there are more than two co-parents, do you wish for each of them to be equally recognized as parents (i.e., if your state recognizes additional legal parents, or does so in the future)?

- Use this section to also speak of the **spirit in which the co-parents enter this agreement** – e.g., a spirit of mutual respect, open communication, honesty, cooperation, and any other qualities you wish to outline.

- **Your mutual goals for your children.** E.g., providing a stable, nurturing environment, a good education, love and affection, etc.

- **How you will come together as co-parents for the benefit of your children.** You may wish to affirm that you seek to help your children meet their full potential, encourage their creativity and intellectual growth, etc.

- **How you intend for this Agreement to be viewed by other parties.** Language may read something along the lines of "The Parties intend by this Agreement to guide a Court, should it become involved, in determining the best interests of the child".

- **Your intent to maintain the continuity of the parental relationships** that the children rely on, even if the relationship between the parents may come into conflict.

B. ALLOCATION OF PARENTAL RIGHTS AND RESPONSIBILITIES

Break this section into each of the subject matter areas you and your co-parent(s) wish to cover in the co-parenting agreement. You can create as many numbered sub-sections here as there are parental rights and responsibilities you wish to record in writing. Some sections that you and your co-parent(s) may wish to put into writing are:

1. **Baby naming.** Have you agreed upon names if it's a boy/girl? If not, who has the right to name the child?

2. **Birth certificate.** Whose name or names will appear on the birth certificate?

3. **Sharing time and residence.** There are several subsections you might want to think about and possibly write into this discussion, including:

   a. **Initial residence and initial conditions.** When the baby is an infant, who will be the primary parent and which will be the primary residence? Will the co-parents live together during this period? If not, when, how often and under what conditions will the non-custodial co-parent(s) spend time with the child? What roles do you expect each of the co-parents to play at this point in time?

   b. **Post-infancy conditions.** At what age, if any, do you expect to change the time and/or residence-sharing conditions? What would these new conditions be? For example, starting at age X, do you wish that the child might spend certain days and/or nights with the non-custodial co-parent(s)? What other roles do you expect each of the co-parents to play at this point in time?

   c. **Residence location.** Are the co-parents expected to remain in their current residences for the foreseeable future? If one or both of the co-parents plans to change residence location, is there an expectation that they will remain within a certain distance radius of the other co-parent? If one of the co-parents receives an

opportunity to move outside of this radius, does the other co-parent have the right to consent or weigh in on the matter? Does this right expire when the child reaches a certain age?

d. **Vacation time**. When the child has time off from school, are there wishes as to how this is allocated (or shared) between the co-parents? Are there wishes for the co-parents to take vacations together with their children? If so, how often?

e. **Birthdays / Holidays**. Are there expectations as to how holidays are to be spent? Shall the co-parents spend the child's birthday and holidays such as Christmas together or shall they apportion them between families? How are extended families (e.g., grandparents) to be treated when it comes to sharing in the holidays?

f. **Babysitting / Sick Days / Snow Days**. If the custodial parent needs a babysitter due to a commitment, is there an obligation to call the non-custodial parent first to see if they are available? If the children are sick or otherwise home from school unexpectedly during the workday, how shall this be handled between the co-parents?

g. **Time with extended families**. Do you wish to indicate expectations regarding visits with extended family members (either during holiday periods or otherwise)?

4. **Decision-Making Authority**. When it comes to day-to-day parenting issues (think of things like television habits, table manners, etc), how will the co-parents allocate a general decision-making authority? Will both co-parents discuss these issues together and come to mutual agreement, or does one parent have the right to set these rules? If mutual agreement, does one co-parent have the "final say" on some, or all, of the issues if mutual agreement is not reached? Do the rules depend on whose house the child is in at a given time?

Even if one co-parent is given the "final say" on day-to-day matters, the co-parents may want to carve out joint decision-making exceptions for major events, such as:
   a. Circumcision for a boy
   b. Choosing a nanny (if applicable)
   c. Choosing a child-care facility
   d. Use of cell phones and computers for communications by your child
   e. Choosing a primary / high school
   f. Choosing a college
   g. Major health care decisions. If the non-custodial co-parent is not a legal parent, will the legal parent(s) agree to execute a separate health care power of attorney such that they can make medical decisions on behalf of your child?

5. **Finances / Expenses**

a. **General expenses.** How will the co-parents allocate general expenses such as the costs of food, housing, clothing, toys, etc? What percentage of general expenses shall each pay and how? Some options may include:

    i. Conduct a monthly or annual accounting to determine amounts spent and then split the costs according to an agreed-upon percentage for each parent

    ii. Determine a set amount per month for the non-custodial parent to contribute into a spending account used by the custodial parent(s)

    iii. Have each of the co-parents place a certain dollar amount every month into a joint bank account to be used for child expenses

    iv. Each co-parent covers the costs of general expenses incurred while the child is staying in their home or spending time with them

b. **Child-care expenses.** If a nanny or child care is to be utilized, how shall this cost be split between the parties? Give that the costs of child care can vary greatly, do the parties wish to put a cap on costs or describe how expensive this is permitted to get? How do the co-parent(s) choose the nanny and/or child care facility (do they share the decision or does one co-parent have the right to make the decision)?

c. **Educational (pre-college) expenses.** How are educational expenses to be shared, including both costs of tuition, books, and extracurricular activities? If private school, is there a maximum tuition amount that the co-parents are willing to pay?

d. **Higher education expenses.** How are college expenses to be shared? Are there any limitations on paying for more expensive private universities? Will the co-parents pay for any graduate school costs?

e. **Health care expenses.** Who is responsible for health care coverage for your child? If this is dependent on employment coverage, what is the back-up plan if this coverage is lost? If unexpected expenses exceed the costs of health insurance, who is responsible for any excess costs?

f. **Summer activities / other life experiences.** What typical youth experiences (summer camp, travel abroad, etc) do you want to make sure you've planned for and allocated expenses?

g. **Ongoing contributions for future expenses.** Do you plan to set up contribution vehicles now to pay for the child's future expenses? (E.g., 529 Plans and other educational plans, trust accounts?) If so, how will these be funded – how often, in what increments, and by who?

 FamilyByDesign

h. **Claiming tax deductions/credits**. Will the co-parents share the tax benefits related to child-raising costs, or will the custodial co-parent claim all available deductions / credits?

i. **Ability to be reimbursed**. If this Agreement places certain financial obligations on one co-parent that are paid for by another co-parent, shall the responsible co-parent reimburse these costs to the other co-parent? If so, under what timeframe?

C. PARENTAL INTENTIONS FOR YOUR CHILD

Use this section to discuss your mutual intentions for major aspects of your child's upbringing and development. These may include:

1. **Religious intentions**. What role should religion play in your child's life? Is there a single religion you agree upon for your child? Should he/she be exposed to multiple religious beliefs? Do you prefer for religion not to play a role?

2. **Educational intentions**. Have you already agreed upon a course of education? Public school? Private school? Parochial school? Boarding school? Is the school district of either of the co-parents of importance?

3. **Use of discipline**. Are there acceptable forms of discipline that you both agree upon? Are there forms that are unacceptable?

4. **Diet / nutrition**. Do you have specific intentions around nutrition? Are there any categories of foods that are "off-limits"?

5. **Pets**. Will it be OK to raise your child with pets around? If so, which ones? Conversely, if a pre-existing pet proves to be harmful to the child, what will you do with the pet?

6. **Promoting stability in your child's life**. Given the unstructured nature of co-parenting, you may wish to include language that the co-parents agree to provide consistency in their child-rearing and everyday routines so that the children experience predictability regardless of residence. (E.g., bedtime, homework, tv and video game habits, etc.) If the co-parents may be dating, you may also wish to state your desire not to introduce the child to casual dating partners and only to introduce romantic partners to the child if the relationship becomes serious.

D. GUARDIANSHIP / SURVIVORSHIP CONTINGENCY PLANS

Use this section to address how the co-parents will handle the death or complete incapacitation of one of the co-parents – particularly that of the custodial co-parent(s). Who will become the custodial parent in this case? Are there any activities that the deceased / incapacitated parent wants to ensure are continued? (For example, making sure that the child maintains ongoing visits with the deceased's / incapacitated's family members, and how these visits will be structured and paid for?) If each of the co-parents were to die or become incapacitated, who would be the child's guardian? Will there be a separate trustee to manage funds for the child?

Also discuss whether the co-parents will be taking out life insurance / disability insurance in order to meet any financial obligations that may be needed upon their death / incapacitation. If insurance will be taken, by what date? Do you want to specify a policy amount?

You may also wish to discuss in this section any agreed-upon plans for adding the children to your wills, life insurance, and retirement plans as beneficiaries.

E. MAJOR LIFE EVENTS FOR THE CO-PARENTS

Use this section to identify possible future major life events that could have a significant impact on your co-parenting arrangement, and how you agree to deal with those issues as they arise. Some possible life events to be addressed may include:

1. **Future romantic relationships and/or changes in existing romantic relationships.** If one of the co-parents later finds a serious romantic partner, or if their current relationship status otherwise changes, how do the co-parents plan to handle this issue? What role will the new partner play (or not play) in your child's life?

2. **Moving a long distance away.** If one of the co-parents has a reason to consider moving a significant distance away, how will the co-parents handle this issue? Does a move away of one of the parties require joint consent of both parties?

3. **Future parenting opportunities.** Would the co-parents consider having additional children together in the future? What if one of the co-parents is considering having another child with a different co-parent?

4. **Major change in financial standing.** If one of the co-parents loses their job and/or has a major change in their financial capacity, how will the co-parents handle this to ensure that the child is affected to the minimum extent possible?

 FamilyByDesign

F. PARENTAL MEETINGS & REGULAR CO-PARENT AGREEMENT REVIEW SESSIONS

This co-parenting agreement is a "living" document, and should be updated regularly to reflect changes in co-parenting priorities and needs. Use this section to describe how often the co-parents will to come together for a meeting (preferably without the children present) specifically to discuss parenting issues, and to review the co-parenting agreement together.

Many co-parents find it helpful to meet at least quarterly, without children present, to discuss parenting issues and decisions to be made, as well as to review the co-parenting agreement and discuss any changes that should be made to the document. (Consider meeting once a year to have this conversation at a minimum.)

G. CONFLICT / DISPUTE RESOLUTION

This is a very important part of the agreement. As disagreements are bound to come up between the co-parents, how will you agree to handle them? Given that the best time to lay out plans for dispute resolution is before a dispute arises, co-parents should have a plan for how they agree to handle such disputes in the future. Many co-parents find it helpful to work through the following order of steps to attempt to handle disputes.

1. **Agreement to communicate the issue and attempt resolution between co-parents.** Often a co-parent may not articulate the disagreement to the other co-parent(s) and instead they "hold it in" which may lead to bigger problems later. So co-parents may wish to agree here to have open, honest dialogue on an ongoing basis. This may tie-in with regular parental meetings and a co-parenting agreement review.

2. **Request for counseling.** Seeing a counselor together is often the first external step towards conflict resolution. Decide if the co-parents will enter counseling together at the sole request of one of the co-parents, how the cost of counseling will be divided, and what is the minimum number of counseling sessions the non-requesting co-parent(s) agrees to attend in such case.

3. **Agreement for Mediation or Collaborative Law.** If counseling fails, you may wish to add language to this agreement requiring legal mediation as the next step. Decide how a mediator is to be chosen, and what is the minimum number of mediation sessions each co-parent agrees to attend. Alternatively, you may wish to draft language that the co-parents will use collaborative law attorneys to help reach an agreeable conclusion for the parties.

 FamilyByDesign

4. **Agreement for Arbitration.** If mediation or collaborative law methods fail, the parties may wish to agree to binding arbitration. Reasons for choosing binding arbitration over litigation include lower costs, a shortened timeframe, and exposing your child to the least amount of public conflict. If you add language requiring arbitration in place of litigation, you should decide how the arbitration panel is to be chosen (it may consist of more than one arbitrator), the timeframe for arbitration (for example, starting one month after the break-down of mediation / collaborative law methods, the timeframe for hearings, and the timeframe for delivering the subsequent result), and a statement that the outcome of arbitration may be entered as a judgment by either party.

5. **Costs of dispute resolution.** Consider adding language stating how the costs of dispute resolution shall be allocated. (Shared 50/50 regardless of outcome? Losing or prevailing party pays all costs? Or something in between?)

H. LEGAL APPLICATION OF THE CO-PARENTING AGREEMENT

Use this section to affirm how you want this co-parenting agreement to apply to your circumstances. Issues you may wish to address include:

1. **Intent that this Agreement shall be honored by a court.** You may wish to reaffirm your intent that you have crafted this Agreement with the best interests of your child in mind, and you wish for a court of law to honor this co-parenting plan for this reason, should litigation become necessary.

2. **Changes can only be made in writing.** To avoid any doubt or "he said / she said" conflicts, you should affirm that this Agreement can only be amended in writing with the signature of all co-parents.

3. **Affirmation of free will.** You may wish to affirm that the co-parents are each signing this agreement of their own free will, that they have had sufficient time to review the Agreement, etc.

4. **Affirmation of right to legal counsel.** This would include language that the parties recognize that each has the individual right to consult legal counsel and if they choose not to do so, they knowingly waive that right.

5. **Choice of law.** Since the laws that may affect co-parents vary from state to state, and also given that co-parents may reside in different states, you should review relevant state law and list here which state's laws will be used to interpret this Agreement.

6. **Severability of provisions.** If a court declares a particular provision of this Agreement to be unenforceable, you may wish to place language here stating that all other provisions shall survive and be enforceable.

7. **No other materials.** You may wish to include language stating that this is the complete Co-Parenting Agreement between the parties and no other documents exist or are enforceable.

I. OTHER / MISCELLANEOUS

Use this section to draft anything into the Agreement that doesn't fall into the headings of the other sections. If there's anything particular / unique that you want to clarify – both for yourselves as co-parents, and for anyone else who may read this agreement – add this information here.

SIGNATURE PAGE AND NOTARY PAGE

The last page of this agreement should include the printed name of each party, as well as the signature and signed date of each of the parties. (You may also wish to have each of the parties sign their initials to each of the other pages of this agreement.) Attached at the end of the Agreement you should have a notary page, whereby a notary in your state notarizes the signatures of each of the parties to the agreement.

And you're done! Congratulations!

ANEXO B

Tradução livre do anexo anterior

MODELO DE ACORDO DE COPARENTALIDADE FAMILYBYDESIGN

Um Acordo de Coparentalidade pode ser uma ferramenta maravilhosa para encorajar futuros e atuais copais a terem um diálogo detalhado, significativo e honesto sobre seus desejos, interesses e objetivos mútuos como copais. Também pode ser uma ótima ferramenta para descobrir problemas que os copais nem sequer pensaram!

A FamilyByDesign acredita firmemente que você não deve simplesmente adotar um acordo de coparentalidade que você pode encontrar online ou receber de um amigo – é essencial que os coparentais conversem sobre os muitos problemas potenciais por conta própria e criem seu próprio acordo de coparentalidade exclusivo e personalizado. No entanto, um modelo para alguns dos itens que você pode querer discutir e incluir em seu acordo pode ser um ponto de partida muito útil.

Com isso em mente, a FamilyByDesign criou o seguinte Modelo de Acordo de Coparentalidade para ajudar você a começar. Embora não forneçamos o idioma real para cada uma das seções a serem abordadas, levantamos as principais questões que você e seu(s) coparental(ais) devem considerar ao redigir este acordo para sua situação pessoal. Algumas dessas questões podem não se aplicar à sua situação específica e não devem ser incluídas; por outro lado, você pode ter outras questões exclusivas não listadas aqui que você pode desejar incluir em seu Acordo de Coparentalidade. Estamos fornecendo este modelo apenas para fins informativos e não deve ser interpretado como um conselho para suas circunstâncias específicas.

Esperamos que este modelo de acordo de coparentalidade seja útil!

Muitas felicidades,

A equipe FamilyByDesign

ACORDO DE COPARENTALIDADE

Informações básicas, incluindo nomes das partes e data do acordo. Você pode considerar uma linguagem como: "Este Acordo de Coparentalidade ("Acordo") é feito neste dia de [Mês], [Ano], por e entre [Nome da Parte 1] e [Nome da Parte 2] [seguido por nomes adicionais, se aplicável], doravante denominados "Partes".

História dos copais. Use este parágrafo para descrever o relacionamento entre os copais. Há quanto tempo vocês se conhecem? Como vocês descreveriam seu relacionamento pessoal um com o outro? Quando vocês estão esperando filhos (ou já tiveram filhos)?

Cláusula introdutória à substância deste acordo. Considere algo como: "Agora, portanto, em consideração às promessas de cada uma das Partes, e em reconhecimento de sua crença mútua de que os melhores interesses da criança exigem fontes estáveis de apoio financeiro, acadêmico, médico e emocional, as partes firmam este Acordo para garantir que seu filho receberá o benefício de ter cada uma delas em sua vida, e concordam com o seguinte:"

A. DECLARAÇÃO DE INTENÇÕES DE COPARENTALIDADE

Use esta seção para descrever quais são as intenções de coparentalidade para você e seu(s) coparental(ais), e por que vocês estão entrando neste acordo. O que você quer deixar claro – não apenas um para o outro, mas para qualquer parte futura que analise este acordo? Itens a serem incluídos em sua declaração de intenções podem incluir (mas não estão limitados a):

- Sua intenção para cada um dos copais em relação aos seus direitos sobre a criança. Se você pretende que cada um dos pais tenha direitos iguais em relação à criação da criança, deixe isso claro. Se você pretende que um dos pais seja o pai predominante no relacionamento com maiores direitos de tomada de decisão, deixe isso claro também.

- Sua intenção para cada um dos copais em relação às suas obrigações para com a criança. Se sua intenção é que cada um dos pais tenha obrigações iguais, então declare. Se as obrigações recairão mais sobre um dos pais do que sobre o outro, deixe isso claro.

- Filiação legal. Use esta seção para discutir sua intenção sobre quais partes serão os pais legais da criança. Isso deve refletir sua intenção em relação aos direitos e responsabilidades dos pais biológicos (se houver). Se houver mais de dois copais, você deseja que cada um deles seja igualmente reconhecido como pais (ou seja, se seu estado reconhecer pais legais adicionais, ou o fizer no futuro)?

- Use esta seção para falar também sobre o espírito com que os copais celebram este acordo – por exemplo, um espírito de respeito mútuo, comunicação aberta, honestidade, cooperação e quaisquer outras qualidades que você queira destacar.

- Seus objetivos mútuos para seus filhos. Por exemplo, proporcionar um ambiente estável e acolhedor, uma boa educação, amor e afeição etc.

- Como vocês se unirão como pais em benefício dos seus filhos. Você pode afirmar que busca ajudar seus filhos a atingirem seu potencial máximo, incentivar sua criatividade e crescimento intelectual etc.

- Como você pretende que este Contrato seja visto por outras partes. A linguagem pode ser algo como "As Partes pretendem por este Acordo orientar um Tribunal, caso este se envolva, na determinação dos melhores interesses da criança".

- Sua intenção de manter a continuidade dos relacionamentos parentais em que as crianças confiam, mesmo que o relacionamento entre os pais possa entrar em conflito.

B. ATRIBUIÇÃO DE DIREITOS E RESPONSABILIDADES PARENTAL

Divida esta seção em cada uma das áreas de assunto que você e seu(s) copai(s) desejam cobrir no acordo de coparentalidade. Você pode criar aqui quantas subseções numeradas forem os direitos e responsabilidades parentais que você deseja registrar por escrito. Algumas seções que você e seu(s) copai(s) podem desejar colocar por escrito são:

1. Nomeação de bebês. Vocês concordaram com os nomes se for menino/menina? Se não, quem tem o direito de dar o nome à criança?

2. Certidão de nascimento. De quem será o nome ou nomes que constarão na certidão de nascimento?

3. Compartilhando tempo e residência. Há várias subseções que você pode querer pensar e possivelmente escrever nesta discussão, incluindo:

a. Residência inicial e condições iniciais. Quando o bebê for um bebê, quem será o pai principal e qual será a residência principal? Os copais viverão juntos durante esse período? Se não, quando, com que frequência e em que condições os copais sem custódia passarão tempo com a criança? Quais papéis você espera que cada um dos copais desempenhe neste momento?

b. Condições pós-infância. Em que idade, se houver, você espera mudar o tempo e/ou as condições de compartilhamento de residência? Quais seriam essas novas condições? Por exemplo, a partir da idade X, você deseja que a criança passe certos dias e/ou noites com o(s) copai(s) sem custódia? Quais outros papéis você espera que cada um dos copais desempenhe neste momento?

c. Localização da residência. Espera-se que os copais permaneçam em suas residências atuais por um futuro previsível? Se um ou ambos os copais planejam mudar de local de residência, há uma expectativa de que eles permanecerão dentro de um certo raio de distância do outro copai? Se um dos copais receber uma oportunidade de se mudar para fora desse raio, o outro copai tem o direito de consentir ou opinar sobre o assunto? Esse direito expira quando a criança atinge uma certa idade?

d. Tempo de férias. Quando a criança tem folga da escola, há desejos sobre como isso é alocado (ou compartilhado) entre os copais? Há desejos de que os copais tirem férias juntos com seus filhos? Se sim, com que frequência?

e. Aniversários / Feriados. Há expectativas sobre como os feriados devem ser passados? Os copais devem passar o aniversário da criança e feriados como o Natal juntos ou devem dividi-los entre as famílias? Como as famílias extensas (por exemplo, avós) devem ser tratadas quando se trata de compartilhar os feriados?

f. Babá / Dias de doença / Dias de neve. Se o pai com a guarda precisar de uma babá devido a um compromisso, há uma obrigação de ligar para o pai sem a guarda primeiro para ver se ele está disponível? Se as crianças estiverem doentes ou de outra forma em casa da escola inesperadamente durante o dia de trabalho, como isso deve ser tratado entre os copais?

g. Tempo com famílias extensas. Você deseja indicar expectativas em relação a visitas de familiares (durante períodos de férias ou não)?

4. Autoridade de tomada de decisão. Quando se trata de questões cotidianas de criação de filhos (pense em coisas como hábitos de televisão, modos à mesa etc.), como os copais alocarão uma autoridade geral de tomada de decisão? Ambos os copais discutirão essas questões juntos e chegarão a um acordo mútuo, ou um dos pais tem o direito de definir essas regras? Se houver acordo mútuo, um dos copais tem a "palavra final" sobre algumas ou todas as questões se o acordo mútuo não for alcançado? As regras dependem de em qual casa a criança está em um determinado momento?

Mesmo que um dos pais tenha a "palavra final" em questões do dia a dia, os pais podem querer criar exceções de tomada de decisão conjunta para eventos importantes, como:

a. Circuncisão para um menino

b. Escolha de uma babá (se aplicável)

c. Escolha de uma creche

d. Uso de celulares e computadores para comunicação por seu filho

e. Escolha de uma escola primária/secundária

f. Escolhendo uma faculdade

g. Principais decisões sobre cuidados de saúde. Se o copai sem custódia não for um pai legal, os pais legais concordarão em executar uma procuração separada para cuidados de saúde, de modo que possam tomar decisões médicas em nome do seu filho?

5. Finanças / Despesas

a. Despesas gerais. Como os copais alocarão as despesas gerais, como os custos de alimentação, moradia, roupas, brinquedos etc.? Qual porcentagem das despesas gerais cada um pagará e como? Algumas opções podem incluir:

i. Realizar uma contabilidade mensal ou anual para determinar os valores gastos e, em seguida, dividir os custos de acordo com uma porcentagem acordada para cada pai;

ii. Determinar um valor fixo por mês para o pai/mãe sem a guarda contribuir para uma conta de despesas usada pelo(s) pai(s) com a guarda;

iii. Cada um dos pais deve depositar uma certa quantia em dólares todos os meses em uma conta bancária conjunta para ser usada nas despesas dos filhos;

iv. Cada copai cobre os custos das despesas gerais incorridas enquanto a criança estiver em sua casa ou passando tempo com eles.

b. Despesas com cuidados infantis. Se uma babá ou creche for utilizada, como esse custo será dividido entre as partes? Considerando que os custos de creche podem variar muito, as partes desejam colocar um teto nos custos ou descrever o quão caro isso pode ficar? Como os copais escolhem a babá e/ou creche (eles compartilham a decisão ou um dos copais tem o direito de tomar a decisão)?

c. Despesas educacionais (pré-universitárias). Como as despesas educacionais serão compartilhadas, incluindo os custos de mensalidade, livros e atividades extracurriculares? Se for escola particular, há um valor máximo de mensalidade que os copais estão dispostos a pagar?

d. Despesas com ensino superior. Como as despesas da faculdade serão compartilhadas? Há alguma limitação para pagar por universidades privadas mais caras? Os copais pagarão por quaisquer custos de pós-graduação?

e. Despesas com saúde. Quem é responsável pela cobertura de saúde do seu filho? Se isso depender de cobertura de emprego, qual é o plano de backup se essa cobertura for perdida? Se despesas inesperadas excederem os custos do seguro saúde, quem é responsável por quaisquer custos excedentes?

f. Atividades de verão / outras experiências de vida. Quais experiências típicas dos jovens (acampamento de verão, viagens ao exterior etc.) você quer ter certeza de ter planejado e alocado despesas?

g. Contribuições contínuas para despesas futuras. Você planeja criar veículos de contribuição agora para pagar as despesas futuras da criança? (Por exemplo, Planos 529 e outros planos educacionais, contas fiduciárias?) Se sim, como eles serão financiados – com que frequência, em quais incrementos e por quem?

h. Reivindicação de deduções/créditos fiscais. Os copais dividirão os benefícios fiscais relacionados aos custos de criação dos filhos ou o copai com a guarda reivindicará todas as deduções/créditos disponíveis?

i. Capacidade de ser reembolsado. Se este Acordo impuser certas obrigações financeiras a um copai que são pagas por outro copai, o copai responsável deverá reembolsar esses custos ao outro copai? Se sim, em que prazo?

C. INTENÇÕES DOS PAIS PARA SEU FILHO

Use esta seção para discutir suas intenções mútuas para os principais aspectos da criação e desenvolvimento do seu filho. Elas podem incluir:

1. Intenções religiosas. Qual papel a religião deve desempenhar na vida do seu filho? Existe uma única religião que vocês concordam para o seu filho? Ele/ela deve ser exposto/a a múltiplas crenças religiosas? Você prefere que a religião não desempenhe um papel?

2. Intenções educacionais. Vocês já concordaram com um curso de educação? Escola pública? Escola particular? Escola paroquial? Internato? O distrito escolar de qualquer um dos pais é importante?

3. Uso da disciplina. Existem formas aceitáveis de disciplina com as quais ambos concordam? Existem formas que são inaceitáveis?

4. Dieta / nutrição. Você tem intenções específicas em relação à nutrição? Há alguma categoria de alimentos que são "proibidos"?

5. Animais de estimação. Será aceitável criar seu filho com animais de estimação por perto? Se sim, quais? Por outro lado, se um animal de estimação preexistente provar ser prejudicial à criança, o que você fará com ele?

6. Promovendo estabilidade na vida do seu filho. Dada a natureza desestruturada da coparentalidade, você pode desejar incluir uma linguagem que os copais concordam em fornecer consistência em suas rotinas diárias e de criação dos filhos para que as crianças experimentem previsibilidade independentemente de residência. (Por exemplo, hora de dormir, dever de casa, hábitos de TV e videogame etc.) Se os copais podem estar namorando, você também pode desejar declarar seu desejo de não apresentar a criança a parceiros casuais e apenas apresentar parceiros românticos à criança se o relacionamento se tornar sério.

D. PLANOS DE CONTINGÊNCIA DE TUTELA/SOBREVIVÊNCIA

Use esta seção para abordar como os copais lidarão com a morte ou incapacidade completa de um dos copais – particularmente a do(s) copai(s) com custódia. Quem se tornará o pai/mãe com custódia neste caso? Há alguma atividade que o pai/mãe falecido/incapacitado deseja garantir que seja continuada? (Por exemplo, certificar-se de que a criança mantenha visitas contínuas com os familiares do falecido/incapacitado, e como essas visitas serão estruturadas e pagas?) Se cada um dos copais morresse ou ficasse incapacitado, quem seria o tutor da criança? Haverá um administrador separado para administrar os fundos para a criança?

Discuta também se os co-pais farão um seguro de vida/seguro de invalidez para cumprir quaisquer obrigações financeiras que possam ser necessárias em caso de morte/incapacitação. Se o seguro for feito, até que data? Você quer especificar um valor de apólice?

Você também pode querer discutir nesta seção quaisquer planos acordados para adicionar os filhos aos seus testamentos, seguro de vida e planos de aposentadoria como beneficiários.

E. PRINCIPAIS EVENTOS DA VIDA DOS COPAIS

Use esta seção para identificar possíveis eventos importantes da vida futura que podem ter um impacto significativo no seu acordo de coparentalidade e como você concorda em lidar com essas questões à medida que elas surgem. Alguns possíveis eventos da vida a serem abordados podem incluir:

1. Futuros relacionamentos românticos e/ou mudanças em relacionamentos românticos existentes. Se um dos copais mais tarde encontrar um parceiro romântico sério, ou se o status atual do relacionamento mudar de alguma forma, como os copais planejam lidar com essa questão? Que

papel o novo parceiro desempenhará (ou não desempenhará) na vida do seu filho?

2. Mudando para uma longa distância. Se um dos copais tiver um motivo para considerar se mudar para uma distância significativa, como os copais lidarão com essa questão? A mudança de uma das partes requer consentimento conjunto de ambas as partes?

3. Oportunidades futuras para pais. Os copais considerariam ter filhos adicionais juntos no futuro? E se um dos copais estiver considerando ter outro filho com um copai diferente?

4. Grande mudança na situação financeira. Se um dos pais perder o emprego e/ou tiver uma grande mudança em sua capacidade financeira, como os pais lidarão com isso para garantir que a criança seja afetada o mínimo possível?

F. REUNIÕES DE PAIS E ACORDO REGULAR DE COPAIS

Sessões de revisão

Este acordo de coparentalidade é um documento "vivo" e deve ser atualizado regularmente para refletir mudanças nas prioridades e necessidades da coparenta-lidade. Use esta seção para descrever com que frequência os coparentais se reuni-rão para uma reunião (de preferência sem as crianças presentes) especificamente para discutir questões parentais e para revisar o acordo de coparentalidade juntos.

Muitos copais acham útil se reunir pelo menos trimestralmente, sem a presença das crianças, para discutir questões parentais e decisões a serem toma-das, bem como para revisar o acordo de coparentalidade e discutir quaisquer mudanças que devam ser feitas no documento. (Considere se reunir uma vez por ano para ter essa conversa no mínimo.)

G. RESOLUÇÃO DE CONFLITOS/DISPUTAS

Esta é uma parte muito importante do acordo. Como desentendimentos são obrigados a surgir entre os copais, como você concordará em lidar com eles? Dado que o melhor momento para estabelecer planos para resolução de disputas é antes que uma disputa surja, os copais devem ter um plano de como concor-dam em lidar com tais disputas no futuro. Muitos copais acham útil trabalhar na seguinte ordem de etapas para tentar lidar com disputas.

1. Acordo para comunicar o problema e tentar resolvê-lo entre os copais. Muitas vezes, um copai pode não articular o desacordo com o(s) outro(s)

copai(s) e, em vez disso, eles "guardam" o que pode levar a problemas maiores mais tarde. Então, os copais podem querer concordar aqui em ter um diálogo aberto e honesto em uma base contínua. Isso pode estar vinculado a reuniões regulares dos pais e uma revisão do acordo de coparentalidade.

2. Pedido de aconselhamento. Consultar um conselheiro juntos é frequentemente o primeiro passo externo em direção à resolução de conflitos. Decida se os copais entrarão em aconselhamento juntos a pedido exclusivo de um dos copais, como o custo do aconselhamento será dividido e qual é o número mínimo de sessões de aconselhamento que o(s) copai(s) não solicitante(s) concorda(m) em comparecer em tal caso.

3. Acordo de Mediação ou Direito Colaborativo. Se o aconselhamento falhar, você pode desejar adicionar linguagem a este acordo exigindo mediação legal como a próxima etapa. Decida como um mediador deve ser escolhido e qual é o número mínimo de sessões de mediação que cada copai concorda em comparecer. Alternativamente, você pode desejar redigir uma linguagem que os copais usarão advogados de direito colaborativo para ajudar a chegar a uma conclusão agradável para as partes.

4. Acordo de Arbitragem. Se a mediação ou os métodos de direito colaborativo falharem, as partes podem desejar concordar com a arbitragem vinculativa. Os motivos para escolher a arbitragem vinculativa em vez do litígio incluem custos mais baixos, um prazo mais curto e expor seu filho ao mínimo de conflito público. Se você adicionar linguagem exigindo arbitragem no lugar do litígio, você deve decidir como o painel de arbitragem deve ser escolhido (pode consistir em mais de um árbitro), o prazo para a arbitragem (por exemplo, começando um mês após o colapso dos métodos de mediação/direito colaborativo, o prazo para audiências e o prazo para entrega do resultado subsequente) e uma declaração de que o resultado da arbitragem pode ser inserido como um julgamento por qualquer uma das partes.

5. Custos de resolução de litígios. Considere adicionar linguagem declarando como os custos da resolução de disputas devem ser alocados. (Compartilhado 50/50 independentemente do resultado? A parte perdedora ou vencedora paga todos os custos? Ou algo entre os dois?)

H. APLICAÇÃO LEGAL DO ACORDO DE COPARENTALIDADE

Use esta seção para afirmar como você quer que este acordo de coparentalidade se aplique às suas circunstâncias. Questões que você pode querer abordar incluem:

1. Intenção de que este Acordo seja honrado por um tribunal. Você pode reafirmar sua intenção de que elaborou este Contrato tendo em mente os melhores interesses do seu filho e deseja que um tribunal honre este plano de coparentalidade por esse motivo, caso seja necessário um litígio.

2. As alterações só podem ser feitas por escrito. Para evitar qualquer dúvida ou conflito do tipo "ele disse/ela disse", você deve afirmar que este Contrato só pode ser alterado por escrito com a assinatura de todos os copais.

3. Afirmação do livre arbítrio. Você pode desejar afirmar que os copais estão assinando este acordo por livre e espontânea vontade, que tiveram tempo suficiente para revisar o Acordo etc.

4. Afirmação do direito a aconselhamento jurídico. Isso incluiria uma linguagem que as partes reconhecem que cada uma tem o direito individual de consultar um advogado e, se optarem por não fazê-lo, elas conscientemente renunciam a esse direito.

5. Escolha da lei. Como as leis que podem afetar os copais variam de estado para estado, e também considerando que os copais podem residir em estados diferentes, você deve revisar a legislação estadual relevante e listar aqui as leis de quais estados serão usadas para interpretar este Contrato.

6. Divisibilidade das disposições. Se um tribunal declarar que uma disposição específica deste Contrato é inexequível, você pode desejar colocar aqui uma linguagem declarando que todas as outras disposições sobreviverão e serão exequíveis.

7. Nenhum outro material. Você pode incluir uma linguagem declarando que este é o Acordo de Coparentalidade completo entre as partes e que nenhum outro documento existe ou é executável.

I. OUTROS / DIVERSOS

Use esta seção para rascunhar qualquer coisa no Acordo que não se enquadre nos títulos das outras seções. Se houver algo em particular/único que você queira esclarecer — tanto para vocês como copais, quanto para qualquer outra pessoa que possa ler este acordo — adicione esta informação aqui.

Página de assinatura e página de tabelião

A última página deste acordo deve incluir o nome impresso de cada parte, bem como a assinatura e a data assinada de cada uma das partes. (Você também pode desejar que cada uma das partes assine suas iniciais em cada uma das outras páginas deste acordo.) Anexado ao final do Acordo, você deve ter uma página de notário, por meio da qual um notário em seu estado autentica as assinaturas de cada uma das partes do acordo.

E pronto! Parabéns!